PROPAGANDA

Teoria, técnica e prática

Dados Internacionais de Catalogação na Publicação (CIP)
(Câmara Brasileira do Livro, SP, Brasil)

Sant'Anna, Armando
  Propaganda : teoria, técnica e prática /
Armando Sant'Anna, Ismael Rocha Junior, Luiz
Fernando Dabul Garcia. - 9. ed. rev. -
São Paulo : Cengage Learning, 2022.

  4. reimpr. da 9. ed. de 2015.
  Bibliografia.
  ISBN 978-85-221-2192-2

  1. Propaganda 2. Propaganda - Leis e legislação -
Brasil 3. Publicidade I. Rocha Junior, Ismael.
II. Garcia, Luiz Fernando Dabul. III. Título.

15-08649   CDD-659.1

Índices para catálogo sistemático:
  1. Propaganda 659.1
  2. Publicidade 659.1

PROPAGANDA

Teoria, técnica e prática

9ª edição revista

Armando Sant'Anna

Ismael Rocha Junior

Luiz Fernando Dabul Garcia

CENGAGE

Austrália • Brasil • México • Cingapura • Reino Unido • Estados Unidos

Propaganda: teoria, técnica e prática
9ª edição revista

Armando Sant'Anna, Ismael Rocha Junior e Luiz Fernando Dabul Garcia

Gerente editorial: Noelma Brocanelli

Editora de desenvolvimento: Gisela Carnicelli

Supervisora de produção gráfica: Fabiana Alencar Albuquerque

Pesquisa iconográfica: ABMM Iconografia

Editora de aquisições: Guacira Simonelli

Especialista de direitos autorais: Jenis Oh

Copidesque: Fábio Gonçalves

Revisão: Norma Gusukuma e Luicy Caetano de Oliveira

Projeto gráfico e diagramação: PC Editorial Ltda.

Capa: Buono Disegno

Imagem da capa: ixpert/Shutterstock

© 2016 Cengage Learning Edições Ltda

Todos os direitos reservados. Nenhuma parte deste livro poderá ser reproduzida, sejam quais forem os meios empregados, sem a permissão, por escrito, da Editora. Aos infratores aplicam-se as sanções previstas nos artigos 102, 104, 106 e 107 da Lei nº 9.610, de 19 de fevereiro de 1998.

A editora não se responsabiliza pelo funcionamento dos links contidos neste livro que possam estar suspensos.

Para informações sobre nossos produtos, entre em contato pelo telefone 0800 11 19 39

Para permissão de uso de material desta obra, envie seu pedido para
direitosautorais@cengage.com

© 2016 Cengage Learning. Todos os direitos reservados.

ISBN-13: 978-85-221-2192-2
ISBN-10: 85-221-2192-3

Cengage Learning
Condomínio E-Business Park
Rua Werner Siemens, 111 – Prédio 11 – Torre A – Conjunto 12
Lapa de Baixo – CEP 05069-900 – São Paulo – SP
Tel.: (11) 3665-9900 – Fax: (11) 3665-9901
SAC: 0800 11 19 39

Para suas soluções de curso e aprendizado, visite
www.cengage.com.br

Impresso no Brasil
Printed in Brazil
4. reimpressão – 2022

Apresentação da 9ª edição

Vivemos na era do conhecimento e da informação, em que todos estão conectados ou estarão em breve. É uma ótima oportunidade e um grande desafio para a propaganda ser relevante em qualquer plataforma, seja na TV, no rádio, seja nos jornais e nas revistas, nos portais, nas redes sociais, no YouTube, nos links patrocinados, no mobile, na mídia OOH e indoor, no merchandising, nas experiências que estão sendo desenvolvidas nos PDVs e nos eventos. Este livro *Propaganda: teoria, técnica e prática*, do inesquecível Armando Sant'Anna, é uma referência fundamental para mergulhar nos fundamentos da nossa atividade, ampliando seu conhecimento para fazer acontecer em nosso mercado.

Conheci o Armandão e pude vivenciar sua paixão pelo nosso ofício de construir e posicionar marcas. Lendo este livro, você verá que a propaganda será relevante se for criativa e pertinente, sabendo destacar os produtos e serviços, diferenciando-os pelo posicionamento de suas marcas, alicerçado na missão e nos valores das empresas. Hoje, ao bom e velho *storytelling*, a nossa criatividade de traduzir os valores das empresas em boas histórias, nós temos de somar a nossa capacidade de aplicar a tecnologia criando interações e experiências com os consumidores. Isso porque a comunicação não é mais unilateral, e os consumidores não querem mais ficar passivamente só recebendo as mensagens comerciais. Os consumidores querem um diálogo interativo, querem receber e produzir conteúdo, e que as marcas sejam tratadas como pessoas, replicando e cocriando campanhas, fazendo a "campanha da campanha", reverberando o tempo todo. A reputação das marcas está permanentemente em discussão, e o verdadeiro SAC (serviço de atendimento ao consumidor) já acontece nas redes sociais. Enfim, de uma propaganda unidirecional de massa, alavanca do marketing de conquista, passamos a uma propaganda multidimensional, inclusiva, colaborativa, instantânea e segmentada. Uma propaganda da qual o consumidor é cada vez mais protagonista, e nossa missão é saber usar a intersecção entre criatividade e tecnologia para provocar conexão, mobilização, engajamento e conquistar a preferência pelas marcas dos nossos clientes.

Os professores Luiz Fernando Garcia e Ismael Rocha Junior tiveram o desafio de revisar e atualizar o livro. São professores com enorme vivência acadêmica, profissionais com uma profundidade e um didatismo que facilitam o entendimento desse cenário, trazendo, numa leitura simples e gostosa dos textos, conceitos sobre propaganda, teorias de marketing, o mundo digital, a prática e a criação publicitária integrada com as novas tecnologias, além do arcabouço jurídico com as leis e os regulamentos da nossa indústria.

Recomendo que você exercite sua curiosidade em cada capítulo, porque este livro já fez a diferença na formação e no aprendizado de milhares de estudantes e profissionais em universidades de todo o país e, certamente, trará enorme contribuição para seu futuro. Afinal, com capital e tecnologia fartos, os produtos e serviços estão cada vez mais assemelhados. O que os diferencia? As marcas. Com a tecnologia, as cadeias tradicionais de produção, distribuição, comercialização e consumo estão mudando rapidamente. A indústria virou varejo. O varejo virtual desregulamenta e reinventa produtos e serviços. O consumidor usará a tecnologia e desenvolverá seus produtos de forma customizada.

Lendo este livro, você estará mais preparado – como publicitário ou profissional de marketing e comunicação – para participar da produção de conteúdos, de experiências e da integração de plataformas que promoverão um diálogo aberto e livre com os consumidores, que terão mais acesso à informação para tomar suas decisões. Mesmo cada vez mais críticos e voláveis, como seres humanos, os consumidores sempre se conectarão com boas histórias e se identificarão emocionalmente com os valores de uma marca.

Olhando para os fundamentos e atualizando este livro para os desafios que hoje vivemos, os professores Luiz Fernando Garcia e Ismael Rocha Junior estão corajosamente nos convidando para esse debate e essa reflexão. Agora é só você abrir o livro e começar a escrever sua história.

Boa leitura!

LUIZ LARA[1]
Sócio e chairman da LEW'LARA/TBWA

Setembro de 2014

---

1. Luiz Lara, sócio e *chairman* da LEW'LARA\TBWA. Recebeu os prêmios Profissional de Planejamento (Prêmio Caboré 1996), Empresário do Ano (Prêmio Caboré 2003 e 2010), Homem do Ano da Comunicação (Prêmio Colunistas e Prêmio About), Publicitário do Ano (revista *Vip* – Editora Abril), eleito Empreendedor do Ano nas Comunicações pela revista *Isto É Dinheiro* em 2010, Personalidade do Ano – Troféu Ouro (VII Prêmio Anatec 2011), Publicitário do Ano – Prêmio Destaque Profissional 2013 da ABP (Associação Brasileira de Propaganda).

Apresentação da 8ª edição

Pediram-me uma apresentação para esta nova edição revisada do livro *Propaganda: teoria, técnica e prática*, do notável Armando Sant'Anna.

Não hesitei um segundo para aceitar a tarefa e demorei vários dias para entender o porquê dessa rapidez.

Imagino ter conseguido encontrar algumas razões. A primeira foi ter conhecido e convivido com o Armando Sant'Anna durante muitos anos. Nossas agências eram parecidas no tamanho, no tipo de clientes que prospectavam e também se assemelhavam quanto ao produto final, o anúncio.

Sant'Anna foi de uma personalidade singular. Grandalhão, sempre falando alto, agindo sob impulso, parecia uma força da natureza, quase sempre indomável, mas também um animal político até a raiz dos (poucos) cabelos. Por sorte, tudo isso se encaminhava para o bem e, assim, pudemos trabalhar juntos nas campanhas do Montoro para governador, das Diretas Já e na conscientização do Colégio Eleitoral que elegeu Tancredo Neves para a presidência.

Lembro-me também que foi Sant'Anna quem rebatizou a Caixa Econômica do Estado de São Paulo de Nossa Caixa. Pouca coisa?

Muita coisa, devo dizer. Os publicitários e as agências interferem, quase sempre positivamente, na questão das marcas e, na maioria das vezes, em alguns aspectos do marketing de seu cliente. Mesmo sem receber algo por isso, além de um tapinha nas costas.

Vejam o caso de outro brilhante profissional de nosso setor, Jefferson Scotti, sócio da Adag durante muitos anos: foi o inventor do protetor solar à base de caroteno, criou marca, nome, embalagem e pariu o Cenoura & Bronze. Com esse lançamento que dominou imediatamente o mercado, a empresa fabricante foi vendida para um dos gigantes do setor. De sua privilegiada cabeça nasceram também o refresco em pó Fest e dezenas de outros produtos que facilmente encontramos nas gôndolas dos supermercados. A agência ganhava apenas quando fazia os anúncios, o que nem sempre ocorria. "Bela camisa, Fernandinho", "Não é assiiim... uma Brastemp" foram slogans vencedores produzidos nas oficinas da Talent, apenas para citar alguns dos mais famosos.

Os exemplos são infindáveis, mas, voltando à Nossa Caixa, o Sant'Anna marcou um gol de placa. Não morreu mais rico por isso.

A segunda razão é que, durante mais de 30 anos, lecionei na área de publicidade, tanto na USP como na ESPM, tendo poucos livros que aproximassem, de forma eficiente, os alunos da profissão. Eram basicamente três, o do Eugênio Malanga, o do Robert LeDuque e o do Armando Sant'Anna.

Confesso que, do ponto de vista institucional, preferia o do LeDuque, excluindo as chatíssimas tabelas de preço de veículos europeus; já na parte prática, o do Sant'Anna. O do Malanga, bom amigo também, foi tornando-se gradualmente esquecido, por falta de revisões periódicas.

Nesses momentos, jurava que um dia iria fazer o livro dos livros, aquele definitivo sobre nosso setor. Nunca passou de uma boa ideia escondida no meio da falta de tempo e da preguiça endêmica que teimam em me acompanhar.

Assim, chegamos ao terceiro motivo, este momento em que o best-seller do Armando Sant'Anna deixa os estaleiros da ESPM, feitos os reparos necessários, capazes de fazê-lo navegar como dantes, agora não mais em mares amenos, mas nas águas bravias e desconhecidas de uma nova propaganda, de um novo marketing e, ainda melhor, de um novo consumidor.

Luiz Fernando Garcia e Ismael Rocha aceitaram a tarefa de aperfeiçoar esta obra menos pelos meus motivos e muito mais por suas próprias razões. O importante é que ambos fazem parte de uma elite intelectual desenvolvida pela ESPM e por seus méritos intelectuais. São jovens, com uma respeitável bagagem como professores, diretores e chefes de departamento na escola, onde já demonstram de sobejo suas credenciais para fazer a grande intervenção que esta obra estava por merecer. Respeitando, porém, aquilo que mais a distingue: seu projeto original.

Sou, no entanto, obrigado a confessar que existe, sim, um último motivo. Gostava muito do Armandão, como o chamava, e acho, com toda sinceridade, que agora ele poderá descansar onde quer que esteja, sabendo que a menina de seus olhos tomou um banho de loja e voltará a ser a mais desejada do baile.

Luiz Celso de Piratininga
Publicitário, fundador e sócio da agência Adag,
ex-presidente da ESPM, falecido em 2009

Sumário

Apresentação da 9ª edição   v

Apresentação da 8ª edição   ix

Introdução: recriando um clássico?   xvii

1   Introdução ao estudo da propaganda   1

O estudo das comunicações e da propaganda   1
Como o brasileiro percebe e avalia a propaganda   6
Propaganda e desenvolvimento   7
Contexto nacional   9
Noções de marketing   30
Merchandising   36
Promoção de vendas   39
Campo de atuação da promoção de vendas   42
Relações públicas   56
Pesquisa de mercado   59
Pesquisa motivacional   63

2   Teoria da publicidade   67

Propaganda e publicidade   67
O anúncio   70
Níveis de comunicação   72
Teoria publicitária   73

As leis publicitárias 75
Efeitos da publicidade na economia das empresas 76
Marketing na sociedade contemporânea 78
A publicidade na economia contemporânea 81

3 Técnica de publicidade 85

Princípios psicológicos da publicidade 85
A psicologia da propaganda 85
A necessidade do consumidor 87
O consumidor típico 88
As molas da ação humana 88
Necessidades humanas 89
A psicologia da compra e venda 90
Fatores de influência 92
Mecanismo de ação da publicidade 94
Atenção e percepção 97
Compreensão 97
Elementos psicológicos 98
Elementos afetivos 99

4 Prática da publicidade 101

Planejando e executando uma campanha de publicidade 101
Planejamento publicitário 106
Inteligência 107
Execução 115
Briefing 119
Posicionamento 122
Características do produto para a formulação do tema 123
As funções da publicidade 124
Estágios de ciclo de vida do produto e perfis das campanhas 128
A determinação da verba publicitária 131
Métodos de avaliação da eficiência publicitária 133

5 Criação publicitária 139

Para começar a falar de... 139
Pertinência é o oposto de inovação? 140
A ideia e sua expressão 141
Por que se fala tanto em repertório? 151
Dicas e mais dicas 157
Métodos de criatividade 158
Como fazer grandes anúncios? 162
Conceitos de William Bernbach 163
Teorização de John Caples 166
A ação psicológica dos componentes do anúncio 167
Tema (argumento principal) 167
O anúncio para a televisão 175
Criação para televisão 176
Seis regras para fazer comerciais de TV engraçados 178
A criação comercial 183
Outdoor e mobiliário urbano 184
Rádio 189
Slogan 193
Três conceitos básicos 194
Essência da composição artística 194
Layout 196
Ilustração (com sentido de direção de arte) 201
O emprego da cor 205
Produção gráfica 206
Conclusões sobre a prática da publicidade 210

6 Mídia 215

Uma breve introdução sobre mídia 215
Estrutura do plano da mídia 220
Os veículos publicitários 223
Usos publicitários das mídias e agências anunciantes 223
Fatores determinantes na seleção de meios (características) 231
Negociação de investimento em mídia 244

Critérios de avaliação técnica de custos   251
Gross Rating Points (GRP) – pontos brutos de audiência ou audiência bruta acumulada   252
Target Audience Point (TRP) – Audiência no público-alvo   254
Tiragem, circulação e cobertura   255
Dimensões do anúncio   256
Multimídia (ou multimeios)   257
Pesquisa de mídia   257
Formatos de comercialização dos meios   260
Briefing de mídia   266
Defesa ou justificativa do plano de mídia   270
Otimizador simplificado de mídia   273
Futuros possíveis   274

7 Internet e mobile   275

Hardware   276
Internet   280
Jogos digitais   299
E-commerce   305
Mobile   309
M-commerce   315
Boas práticas e negociação   316

8 Agência de publicidade   319

Agência: histórico e funções   319
Em busca de um modelo   321
Mais um pouco de história – A instituição agência de publicidade   324
Organizando uma agência   325
Diretrizes administrativas   329
Aptidões do publicitário e o trabalho em agência de propaganda   330
Prospecção de novos negócios   341
Relatório de visitas a *prospects* e clientes   344
As sete exigências para o anunciante-cliente   344
Como escolher a agência certa para sua empresa   347

9 Propaganda política   353

Propaganda política: conceitos   353
Propaganda do tipo leninista   357
Propaganda do tipo hitlerista   359
Democracia e propaganda   362
Opinião e propaganda   363
Mito, mentira e fato   365
Leis e técnicas   367
A manipulação política   372
O marketing na política brasileira   377
O marketing político e a propaganda governamental   379
A informação como essência da democracia   381
Conclusões   383

10 Leis e regulamentos   387

As regras do jogo   387
Princípios básicos na relação entre agências e cliente   388
Sobre defesa da concorrência   389
Sobre associações do setor   391
Sobre filmes   392
Sobre fotografia   393
Sobre contratos, cartas, atas e outros documentos   394
Leis mais relevantes para o setor   396

11 As novas questões da propaganda   409

Consumismo   410
Modelo de negócio e remuneração   411

Apêndice – Datas comemorativas   415

Modelos de contratos   443

Referências   461

Introdução: recriando um clássico?

O livro *Propaganda: teoria, técnica e prática*, de Armando Sant'Anna, é uma obra clássica nessa área do ensino.

Quando em 2007 a editora nos procurou oferecendo a oportunidade de revisar e atualizar esta obra, para sua oitava edição, buscando mantê-la com a mesma utilidade, ficamos honrados, mas pensamos bastante. Afinal, o que se faz diante dos clássicos? Respeita-se. E muito. A saída? Reinventar o necessário para que a obra permanecesse um clássico. Como o professor Armando sempre fez. Enfim, um desafio dos grandes.

Algumas gerações de publicitários tiveram nestas páginas parte de sua formação principal, construída a partir da visão de um dos poucos publicitários de sua época com a vocação de não apenas se desenvolver profissionalmente, mas de desenvolver também o dom da partilha, de pensar no todo, de querer ver crescer o próprio ofício.

Hoje, e após tantas revisões e atualizações, não podemos mais contar com o professor Armando e suas visões de presente e futuro. Mas podemos honrar sua obra, preservando o que ela continua trazendo de atual. Assim ocorreu com a oitava edição. E agora, em 2015, esse desafio se repetiu, em escala ainda maior, para esta nona edição.

Muitos dos leitores que conhecem as versões anteriores, ao depararem com esta nona edição, assim como os que conheceram a oitava, perceberão trechos inteiros mantidos, como também notarão trechos inteiros alterados parcial ou totalmente, ou ainda eliminados ou acrescentados. Com a responsabilidade de quem busca pelo menos preservar o enorme valor desta obra – com sua qualidade de conteúdo e sua fluência única e didática, tanto embasada quanto opinativa, o que só poucos profissionais em cada geração têm a autoridade de fazer.

Esse é um fato tão marcante do livro que em alguns trechos os leitores encontrarão, inclusive, nossos comentários apontando que o texto original ainda é bastante aplicável em algumas situações, porém já existem movimentos que tendem a modificar aquela realidade. Porque, como diz o ditado popular, a fila anda. E precisa andar!

No Capítulo 1, "Introdução ao estudo da propaganda", manteve-se como no original uma considerável parte do texto. Esse capítulo apresenta conceitos e dados que servem ao leitor como pilares para a construção de um cenário que apresente a realidade da publicidade brasileira e, por isso, muitos números e fontes foram adicionados ou apenas atualizados. Em comparação com as versões anteriores do livro, esse trecho possui diversas referências a sites que serviram de base de dados para parte das atualizações, como o do IBGE. Assim, aproveita-se a capacidade de atualização da internet com a força estrutural e conceitual desta obra.

No Capítulo 2, "Teoria da publicidade", adicionou-se e complementou-se grande parte do conteúdo considerando as novas teorias do marketing e da publicidade, bem como as da comunicação social e os diversos estudos sobre o consumo na sociedade contemporânea e o papel da publicidade nesse contexto.

O Capítulo 3, "Técnica de publicidade", continua apresentando estudos sobre a psicologia do consumidor e a utilização desses estudos na criação publicitária. Por tratar de algo tão fundamental, as novidades estão nas abordagens e percepções de conceitos clássicos.

No Capítulo 4, "Prática da publicidade", a essência do texto percorre o planejamento, que se inicia na compreensão mercadológica e evolui para o planejamento de comunicação, destacando a coleta de dados, o diagnóstico/prognóstico e a construção do plano de ação.

O Capítulo 5, "Criação publicitária", aborda o lado mais famoso da publicidade. Envolvendo os diversos aspectos da criação para cada mídia, esse trecho sofreu grandes mudanças porque considera as características da publicidade contemporânea, na qual tudo é válido, desde que pertinente. A supervisão técnica do professor Heraldo Bighetti Gonçalves nesse capítulo foi decisiva na manutenção de alguns dos textos originais por servirem de base de estudo, porém ele atenta que devem ser interpretados levando em consideração o cenário da publicidade atual e já propõe visões mais contemporâneas. Nesta nona edição, foram ainda acrescentados dois tópicos sobre gamificação e *storytelling*.

No Capítulo 6, "Mídia", apresentam-se estruturas de planejamento, definições, termos, técnicas, medidas e práticas do profissional de mídia. Sendo referência nessa profissão, o professor Amadeu Nogueira de Paula auxiliou na supervisão técnica do capítulo, considerando as novas práticas de utilização dos meios, bem como as novas tecnologias que surgiram nos últimos anos, para a estruturação didática do texto. Nesta 9ª edição, o professor Mauro Berimbau promoveu uma revisão completa e ampliou o universo de mídia e internet.

O Capítulo 7, "Internet e mobile", é um capítulo que trata do novo lado da comunicação e, por consequência, da publicidade, o qual foi introduzido na oitava e foi bastante alterado nesta nova edição. O professor Mauro Berimbau, especialista com foco na pesquisa acadêmica sobre internet, mobilidade e jogos eletrônicos, produziu esse capítulo, auxiliando o leitor a compreender quais são os fatores que diferenciam a comunicação on-line daquela "tradicional", considerando interatividade, imersão e comunidades, bem como estruturas básicas para anúncios e mensuração de resultados.

O Capítulo 8, "Agência de publicidade", apresenta a história desse tipo de empresa no Brasil, suas funções, estruturas organizacionais, aptidões necessárias e papel dos diversos profissionais de uma agência. Com a proposta de ser norteador, o capítulo é útil para estudantes que desejam entender o funcionamento de uma agência de publicidade, para profissionais que vão começar a lidar com uma agência (ou já o fazem) e para empreendedores que procuram abrir sua própria empresa no ramo publicitário.

O Capítulo 9, "Propaganda política", passou por poucas atualizações nesta edição por razões óbvias: os conceitos aqui apresentados pouco mudaram com o passar do tempo. Se houve significativa alteração, ela está na própria publicidade, com seus conceitos e formatos, bem como na evolução dos meios – mas pouco nos conceitos de comunicação política. Por isso, foram mantidas a estrutura e as bases teóricas, migrando para um cenário contemporâneo.

No Capítulo 10, "Leis e regulamentos", manteve-se o propósito original do livro: servir como referência para o publicitário e outros profissionais da área. No entanto, a versão anterior apresentava documentos e leis inteiras – e isso, hoje, não é mais necessário graças aos diversos sites, muitos do próprio governo brasileiro, que possuem tal conteúdo atualizado. Mas quais seriam esses sites? Essa é a pergunta a que o Capítulo 10 responde, oferecendo os principais contatos e referências para estudantes e profissionais. Em vez de apresentar leis inteiras (algumas possuem mais de 20 páginas), optou-se pelas sínteses. Da mesma forma, seis modelos de contrato estão disponíveis ao final do livro. Todos com a devida referência à organização que os apresenta, de maneira que o capítulo possa ajudar nos primeiros passos em busca do que realmente se deseja.

No Capítulo 11, "As novas questões da propaganda", procurou-se encerrar o tema do livro com pontos relevantes à publicidade contemporânea. Por se tratar da atualização de um conteúdo forte, referencial e bem encadeado, muitos temas não puderam ser abordados onde, talvez, seria o mais adequado. Dessa forma, ao se apresentar o que é discutido hoje no meio publicitário, levantam-se questões de maneira que o leitor se aproprie do debate atual no mercado e possa avançar por si nesses novos pontos.

Este livro não espera encerrar todos os pontos da publicidade. Como qualquer campo das ciências humanas, não há regras fechadas, imutáveis, leis absolutas, verdades universais. Pelo contrário, o próprio exercício da profissão mostra que muitas das decisões que tomamos são baseadas na nossa experiência, na vivência do dia a dia, lidando com os clientes e seus problemas de comunicação. Será possível estruturar todo esse conhecimento em um livro? Talvez. Mas, de qualquer forma, esse não foi o objetivo em nenhum momento na concepção dessa atualização. Procurou-se apresentar conceitos que estruturam a compreensão do que é a publicidade em diversos aspectos, incluindo a percepção (e experiência) de profissionais, pesquisadores e professores.

Com isso, buscou-se construir o conteúdo do livro como colunas que dão o sustento para compreender o que é propaganda. Nessa atualização, ainda colocamos tijolos, fechando diversos espaços que o tempo deixou em seu conteúdo original. Espera-se, ao final da leitura, que o leitor pinte a parede e faça a decoração. E que tenha todas as ferramentas para fazê-lo com consistência e originalidade. Sempre lembrando: a função desta obra é servir de ponto de partida para a reflexão dos estudantes sobre as questões contemporâneas do mercado e da propaganda em suas realidades regionais, sabendo que ao final do percurso por esta obra (por toda ela ou em capítulos), cabe a cada profissional compreender e empreender em sua própria realidade, adaptando ou criando modelos.

Aos colegas professores, aos pesquisadores e aos jovens estudantes, o desejo de um bom proveito e um canal aberto para ouvirmos suas críticas e sugestões, visando já a uma nova atualização – que, no ritmo de nossos dias, com certeza virá rapidamente.

São Paulo, março de 2015.

Ismael Rocha
Luiz Fernando D. Garcia

(Sempre com a inestimável colaboração do professor Mauro Berimbau, a quem mais uma vez manifestamos nossos maiores agradecimentos por todo o apoio durante o processo de reedição.)

1

INTRODUÇÃO AO ESTUDO DA PROPAGANDA

O estudo das comunicações e da propaganda

A propaganda há muito não pode ser pensada nem estudada como um fenômeno isolado. Ela faz parte do panorama geral da comunicação e está em constante envolvimento com fenômenos paralelos, dos quais colhe subsídios.

O termo *comunicação*, todavia, envolve uma esfera mais ampla. Tudo comunica. No campo da comunicação mercadológica, é impossível acreditar que um produto tenha sido adquirido, em qualquer circunstância ou local, sem que houvesse um elemento que informasse ao consumidor a sua existência. Considere não apenas a produção publicitária midiática – na TV, no rádio, no cinema e na internet – mas os cartazes espalhados pela cidade, a decoração estratégica do ponto de venda, o desenho da embalagem e até a uniformização e o treinamento dado ao vendedor de uma loja enquanto representante daquela marca.

A estruturação de mestrados e doutorados em comunicação trouxe uma contribuição significativa para tornar matéria acadêmica e objeto de pesquisa todos os elementos que constroem de forma direta ou indireta esse campo da ciência. A comunicação é uma das matérias mais interessantes no estudo do comportamento humano, o que é compreensível, já que se trata de um processo social fundamental. Sem a comunicação, não existiriam os grupos e as sociedades.

Nos estudos continuamente realizados, não se cuida apenas da comunicação de massa, mas também da comunicação interpessoal: da palavra falada, do sinal, do gesto, da imagem, da exibição, da impressão, da radiodifusão, do cinema, da internet – de todos os signos e símbolos por meio dos quais os seres humanos tratam de transmitir significados e valores a outros seres humanos.

O processo de comunicação é o mesmo, independentemente de que os sinais sejam transmitidos em sistemas de TV a cabo ou ditos por um jovem ao ouvido de sua namorada ou em mensagem enviada por meio de seu telefone celular. O meio de comunicação coletivo pode ser entendido simplesmente como um facilitador de comunicação que tem uma relação muito grande de entradas e saídas. Pode também ser visto como um objeto de comunicação com características muito próprias; ou, ainda, focar a concepção de mensagens individuais ou individualizadas.

Conceitos

Em sua forma mais simples de explicação, o processo de comunicação consiste em um transmissor, uma mensagem e um receptor. Devemos lembrar que um dos princípios básicos da teoria da comunicação é que os sinais emitidos só têm significado se o receptor souber interpretá-los.

Com relação à influência para promover ou modificar atitudes, o transmissor deve conseguir que o receptor o aceite e o considere e que a comunicação ultrapasse a censura e as normas opostas dos grupos visados. Comunicação é, portanto, o processo de transmitir ideias entre indivíduos.

Para os seres humanos, o processo não só é fundamental, como vital.

É fundamental porque toda sociedade humana – da primitiva à contemporânea – se baseia na capacidade do homem de transmitir suas intenções, seus desejos, sentimentos, conhecimentos e experiência, de pessoa para pessoa. E é vital porque a habilidade de comunicar-se aumenta as chances de sobrevivência do indivíduo, enquanto sua falta é geralmente considerada uma séria forma de patologia.

Entre os vários métodos pelos quais as ideias são transmitidas nas sociedades humanas, dos mais primitivos gestos às mais sofisticadas técnicas digitais, há um setor bastante importante que foi selecionado pela maioria dos estudiosos – a transmissão simbólica comumente identificada como comunicação de massa. Na segunda metade do século XX, a comunicação de massa teve seu apogeu e ainda é bastante representativa, em escala planetária, particularmente quando se estuda a esfera do consumo capitalista.

No uso popular, a expressão *comunicação de massa* evoca imagens de televisão, rádio, cinema, jornais, revistas, histórias em quadrinhos etc. Mas esses instrumentos técnicos não podem ser confundidos com o processo que nos interessa. Comunicação de massa não é simplesmente um sinônimo de comunicação por intermédio de rádio, TV ou qualquer outra técnica moderna.

A transmissão em rede nacional de uma convenção política é comunicação de massa; a transmissão, em circuito fechado, das operações de uma linha de montagem industrial, controlada por um engenheiro, não. Um filme de Hollywood é comunicação de massa; um filme doméstico, sobre as férias da família, não o é, se sua exibição for restrita. Afinal, com o advento da internet e a possibilidade de divulgar um determinado produto ou marca em um site onde vídeos, fotos, sons e textos são colocados e o usuário seleciona o que quer ver e quando, pensou-se que a comunicação de massa havia chegado ao fim. No entanto, é possível admitir que esse tipo de comunicação seja considerado *de massa* (em que há um grupo com alguma característica comum, mas se desconhecem as características de cada indivíduo), pois atinge, indistintamente, inúmeras pessoas, mesmo que seja dada a cada uma delas a opção de ser objeto ou não dessa comunicação.

O sociólogo espanhol Manuel Castells (2009), ao dar enfoque ao poder da comunicação na sociedade contemporânea, constrói o conceito de *mass self-communication*, ou autocomunicação de massa, na tradução. Ela é facilitada a partir das novas tecnologias, como as plataformas colaborativas (web 2.0), blogs e redes sociais digitais, que permitem a qualquer um disseminar mensagens para uma audiência global, potencialmente. Existe em contraste com a comunicação de massa porque, segundo Castells (2009, p. 55), "a produção da mensagem é decidida de modo autônomo pelo remetente, a designação do receptor é autodirecionada e a recuperação de mensagens das redes de comunicação é autosselecionada". Nessa relação em que muitos se comunicam com muitos, Castells vê uma nova realidade da comunicação cuja linguagem é digital e cujos emissores estão espalhados pelo globo, interagindo uns com os outros. É claro que a existência de novas formas de comunicação não anula, de modo algum, as anteriores. Comunicação de massa, tradicionalmente estudada e utilizada por publicidade, é ainda a realidade do cotidiano das agências, e dificilmente deixará de ser.

Portanto, não são os componentes técnicos dos modernos sistemas de comunicação que os distinguem como veículos de comunicação de massa. Na verdade, comunicação de massa é um tipo especial de comunicação envolvendo condições de operação distintas, entre as quais está, em primeiro lugar, a natureza da audiência, da experiência comunicadora e do comunicador.

A comunicação de massa é dirigida para uma audiência relativamente grande, heterogênea e anônima. Ela pode ser caracterizada como pública, rápida e transitória.

A expressão *audiência de massa* encerra apenas qualidades de tamanho, heterogeneidade e anonimato. Mas, em seu uso primitivo, técnico e corrente, audiência de massa significa algo mais. Sugere que as audiências compartilham muitas ou todas as características sociológicas de um tipo especial de coletividade humana: uma massa.

Massa – conceito

O sociólogo Herbert Blumer separa quatro componentes sociológicos que, em conjunto, identificam a massa. Primeiro: seus membros podem vir de qualquer profissão e de todas as camadas sociais. A massa pode incluir pessoas de diversas posições sociais, de diferentes vocações, de variados níveis culturais e de riqueza. Segundo: a massa é um grupo anônimo ou, mais exatamente, composto de indivíduos anônimos. Terceiro: existe pouca interação ou troca de experiências entre os membros da massa, exceto quando fazem parte de um clube de compras e trocam experiências sobre o que compram e o uso que fazem dos produtos (a internet criou um novo conceito dentro do processo de integração de consumidores: quando nos nichos, ou até em "nanonichos", os consumidores se conhecem e se retroalimentam com informações e opiniões sobre produtos e serviços adquiridos). Essa característica de troca de informações, no entanto, não invalida o terceiro componente definido por Blumer.

Por fim, o quarto componente sociológico: a massa é frouxamente organizada e não é capaz de agir de comum acordo e com a unidade que caracteriza a multidão. Entretanto, a tecnologia que permite que milhares de pessoas possam se comunicar em segundos pela internet ou pelo telefone celular e suas mensagens instantâneas coloca em risco a afirmação de que a "massa é incapaz de agir de comum acordo". O fato é que o processo de mobilização, mesmo com toda a tecnologia disponível, é raro, porém deixa de ser impossível.

O conceito apresentado por Herbert Blumer considera a audiência não apenas heterogênea, mas também anônima, e seus elementos, isolados uns dos outros. Vale a ressalva de que esse conceito tem aderência para grupos e pessoas que não estejam conectados entre si. Em resumo, eles são como elementos únicos separados que, juntos, formam a audiência de massa.

Geralmente, acompanhando esse conceito de audiência de massa, existe uma mensagem dos veículos de comunicação agindo diretamente sobre os membros de uma audiência individual, atingindo ou não cada um deles, influenciando-os ou não, diretamente.

Essa visão da comunicação de massa é identificada como *o modelo da agulha hipodérmica*: cada membro da audiência é "picado" direta e pessoalmente pela mensagem. Uma vez que tenha sido atingido, a comunicação pode ou não influenciá-lo, dependendo de sua resistência para recebê-la.

Nas últimas décadas, esses conceitos – de audiência de massa e modelo da agulha hipodérmica – têm sofrido modificações em função do surgimento de inúmeros caminhos pelos quais a comunicação de massa tem sido efetivada.

Um novo conceito surgiu dando maior destaque ao contexto social no qual cada membro da audiência opera. O indivíduo, embora continue sendo anônimo, na maioria das vezes, para o comunicador, poucas vezes é anônimo no seu ambiente social. Geralmente, é membro de uma rede de agrupamentos primários e secundários – família, grupos de amizade, círculos ocupacionais, e assim por diante – que influenciam suas opiniões e atitudes. E não podem deixar de afetar a maneira como o indivíduo é exposto à comunicação de massa: como ele interpreta, como reage a qualquer comunicação específica, e até onde pode ou poderá modificar seu comportamento em obediência à mensagem.

Existem estudos em favor da hipótese de que as mensagens de comunicação de massa não atingem sempre, diretamente, a última escala da audiência (modelo da agulha hipodérmica).

Algumas vezes, no processo de comunicação, isso acontece em duas ou mais etapas, atingindo primeiro uma camada da sociedade (os chamados líderes de opinião ou influenciadores), que, por sua vez, transmite a mensagem aos que a consultam ou utilizam em forma de conselho ou informação para o seu círculo de influenciados.

Da mesma forma, o comportamento de compra, atitudes e hábitos de tais líderes de opinião têm contribuído para que exista a disseminação do conceito ou da informação, impactando indiretamente uma grande camada da população.

Casos ocorrem em que, atingidos primeiro pela comunicação, esses líderes na experiência e na formação de opinião apontam sua não adesão à mensagem ou ao produto, e a maioria dos esforços torna-se inútil. Exemplo rápido do jornalismo especializado em automóveis, diante de um grande esforço de lançamento de um modelo por uma montadora: por mais que a propaganda preconize as maravilhas da nova tecnologia embarcada e seus resultados, se a imprensa especializada der um forte parecer contrário, há um enorme risco de todo aquele esforço ser transformado em fracasso. Ou, se vier também daí a opinião positiva, pode reforçar ainda mais o impacto da mensagem publicitária. Porém, nada é tão direto. As pessoas demonstram ter critérios próprios e podem, apesar da propaganda e dos chamados formadores de opinião, apresentar opinião e comportamento diferentes do esperado.

Este é o mais gratificante dos nossos desafios: as pessoas não são programáveis, não reagem sempre da mesma forma, nem toda vez como esperado. O que exige estudos contínuos de psicologia social e sociologia, principalmente, e um acompanhamento contínuo de todos os esforços promovidos em propaganda para saber se realmente estão atingindo seus efeitos esperados.

Para tornar mais tangível nosso estudo sobre a propaganda desde o início desta obra, vale observarmos uma síntese de excelente pesquisa sobre como o povo brasileiro percebe a propaganda.

Como o brasileiro percebe e avalia a propaganda

No final de 2009, a Associação Brasileira de Propaganda (Abap) encomendou ao Ibope uma pesquisa: "como o brasileiro percebe e avalia a propaganda". Pautada em pesquisas quali e quantitativas, com grande valor amostral, a pesquisa – apresentada pela primeira vez ao público em 2010 – até hoje traz em si um grande valor como base de análise da efetividade da propaganda. A pesquisa completa pode ser encontrada no site da Abap (www.abapnacional.com.br)[1] e é dela que destacamos alguns tópicos que entendemos como fundamentais para estudantes e pesquisadores da comunicação mercadológica:

- 69% dos respondentes declaram estar expostos, sempre ou frequentemente, à propaganda de produtos ou serviços;
- destes, as mulheres se mostraram mais receptivas e avaliando melhor os esforços de comunicação;
- a classe A foi mais favorável, mas também mostrou-se mais crítica;
- as principais funções percebidas na propaganda foram:
  - informativa – 66% (divulga e informa sobre produtos/serviços; atualiza e mantém as pessoas informadas);
  - persuasiva – 25% (faz comprar; dá mais escolhas ao consumidor);
  - econômica – 10% (gera concorrência entre as marcas; ajuda a gerar empregos; contribui para o desenvolvimento econômico; permite que as emissoras de TV ofereçam uma boa programação);
  - divertimento – 9% (gera entretenimento e divertimento às pessoas);
- 56% gostam muito/gostam de propaganda; 13% não gostam muito/não gostam;

---

[1] Muitas outras pesquisas relevantes para os estudos sobre publicidade podem ser encontradas aqui e, por isso, preferimos disponibilizar o *link*. Acesso em: dez. 2014.

- o gostar de propaganda aponta como impacto emocional (múltipla escolha):
  - 77% fez rir
  - 68% deixou com vontade de comprar
  - 67% deixou com vontade de ver de novo a peça de propaganda
  - 43% emocionou
  - 38% fez sentir mais inteligente
- por outro lado, quem não gostou apontou que:
  - 35% se irritou
  - 87% se ofendeu
- 53% acham que a influência é boa e 7% apenas acham que é ruim;
- 71% acham que ela melhorou nos últimos 5 anos (mais inovadora, mais chamativa);
  - deste grupo, 59% entendem que ela respeita mais o consumidor; 14%, que ela respeita menos.

Recomendamos fortemente que você busque ler a pesquisa completa, de onde ainda destacamos as seguintes conclusões:

- as pessoas percebem a atividade como moderna, de qualidade e evoluindo, independentemente da percepção de alguns problemas mais ligados ao conteúdo;
- compreendem o papel das campanhas de utilidade pública, o que valoriza a função; tendem a rejeitar as formas mais tradicionais de propaganda política;
- uma "atitude restritiva", embora não tão intensa, já se faz presente – percebem as restrições de cigarros e bebidas, entendem o impacto sobre crianças (mas os pais de crianças pequenas não veem isso como um problema), valorizam os esforços de autorregulação, porém estes (como o Conar) ainda são pouco conhecidos;
- valorizam os profissionais que atuam na área principalmente como criativos e inteligentes; uma muito pequena parcela aponta como mentirosos.

Propaganda e desenvolvimento

A atual propaganda mercadológica, tal como é entendida e sentida nos seus efeitos, teve sua origem em dois acontecimentos que, de certa maneira, se interligam:

1) o aperfeiçoamento dos meios físicos de comunicação e
2) o aumento da produção industrial pelo aperfeiçoamento tecnológico.

No primeiro caso, o ponto de partida foi a expansão da empresa. Algumas das empresas de comunicação deixaram de ser apenas um órgão veiculador de notícias para o interesse restrito de uma determinada comunidade e se transformaram em uma indústria das mais complexas, com seus grandes parques gráficos e tecnológicos, exigindo investimentos crescentes de capitais.

Pode-se afirmar que, com a conquista primeiro do jornal como importante canal de difusão, teve origem, realmente, a propaganda moderna aplicada ao mundo dos negócios.[2] No início do século XX, Toulouse-Lautrec, com seus cartazes, pôs em relevo o valor da imagem, ampliando, assim, as possibilidades do anúncio.

Mas a expansão da imprensa não era um fenômeno isolado. Decorria, por sua vez, do desenvolvimento das técnicas que, desde a Revolução Industrial, vinham modificando completamente o panorama da sociedade capitalista que nela se iniciara. Máquinas e equipamentos cada vez mais aperfeiçoados teriam de determinar o aumento crescente da produção, fosse da tiragem de um jornal diário ou de um periódico, ou de bens de consumo e mercadorias de todos os tipos.

E aí teremos de levar em conta o segundo fator apontado como o desencadeador dos métodos modernos de propaganda que atingiriam sua mais alta expressão nos organismos especializados nesse setor: as agências de propaganda.

Antes do impetuoso avanço da tecnologia, as fábricas limitavam-se a produzir aquilo de que o consumidor parecia realmente necessitar e estava em condições de adquirir. Com o advento da produção em massa para um

---

[2] (...) Vivemos basicamente um tempo de pregões. Com arautos e ambulantes, os profissionais do governo e os do mercado. Esquecendo os funcionários, por desinteressantes, vamos ao que nos importa: época do "quem quer comprar", do "quem vai querer", que naturalmente se incorporaram à nossa publicidade, feitos origem, essência popular da mensagem de vendas. Então, em 1808, surgiu o nosso primeiro jornal, e nele, a *Gazeta do Rio de Janeiro*, o nosso primeiro anúncio. A partir daí, mais ou menos facilmente, podemos balizar as várias fases que trilhamos. (...) O campo da propaganda se estende, a partir de 1821, com o aparecimento de um novo jornal carioca, o *Diário do Rio de Janeiro*, que se apresenta como jornal de anúncios. De 1824 são *O Espectador Brasileiro* e o *Almanaque dos Negociantes*, cujos nomes dizem da sua destinação comercial. Enquanto isso acontecia no Rio, lançava-se no Recife o *Diário de Pernambuco*, o mais antigo jornal em circulação na América Latina. Seu primeiro número (1825) estampa uma introdução bem significativa: "faltando nesta cidade assás populosa um Diário de Anúncios por meio do qual se facilitassem as transações, e se comunicassem ao público notícias..." (GRACIOSO e PENTEADO, 2004, p. 21 e 22)

mercado que já principiava a superar a fase de consumir apenas o essencial, os industriais viram-se forçados a encontrar meios rápidos de escoar o excesso de produção de máquinas cada vez mais aperfeiçoadas e velozes. E o meio mais eficaz encontrado foi a propaganda.

Esta deixou de ser um simples instrumento de venda para se transformar em um fator econômico e social dos mais relevantes. A propaganda, com suas técnicas aprimoradas, poderia contribuir para que as grandes massas aceitassem novos produtos, promovendo novos hábitos de consumo, mesmo que não correspondessem à satisfação plena de suas necessidades básicas: comer, vestir, morar e tratar da saúde.

Chega-se ao estágio que Galbraith (1968), em *O novo estado industrial*, define como "o controle da demanda pelos industriais". Esse controle só poderia ser feito através dos meios de comunicação, além da imprensa periódica e diária, de que já dispunham, a essa altura, dos recursos de rádio, televisão e cinema. Por esses canais deveriam fluir as mensagens provocadoras de um consumo cujos índices teriam de se elevar continuamente para a sobrevivência da própria sociedade industrial.

Revela-se a propaganda, desse modo, como um símbolo de abundância de produtos e serviços que o progresso tecnológico colocava diariamente à disposição de todas as classes. Torna-se parte integrante do processo do desenvolvimento econômico de um país. Sustenta o crescimento com a procura incessante de novos consumidores para produtos cada vez mais sofisticados. Dissemina a ideia de *status* conferido pela aquisição de objetos ligados ao conforto e lazer.

Considerada durante muito tempo simples auxiliar de vendedores que, por ela, poderiam atingir o consumidor potencial, não identificável, a propaganda, pela evolução de suas técnicas, adquiriu nova dimensão, sendo capaz de influenciar e modificar hábitos de uma população em seu conjunto.

Contexto nacional

Apresentar o que significa publicidade, conceitos básicos e sua história no Brasil é o primeiro passo para a contextualização do leitor quanto aos aspectos contemporâneos de propaganda. A construção de um cenário histórico e teórico a respeito da publicidade nacional é apenas parte desse palco, que possui muitos outros elementos importantes para que se monte o espetáculo. Não podemos esquecer o quanto é fundamental conhecer o público ao qual se vai falar antes de começar qualquer peça.

Essa é a crítica feita para muitas das propagandas importadas, veiculadas diretamente nas mídias brasileiras, que apenas passam por tradução e dublagem. Ou melhor, nem sempre passam. As empresas estão se tornando globais e, muitas vezes, com o objetivo de diminuir custos, usam a mesma publicidade em localidades diferentes. Questiona-se se aquela mensagem, construída para um cliente que existe em uma realidade mercadológica diferente, realmente se enquadra nos costumes regionais, de maneira que a publicidade seja eficiente. É a propaganda feita para o "Brazil". Em outras palavras: a propaganda americana publicada diretamente no Brasil oferece o mesmo resultado como se fosse construída para o mercado nacional? Essa é uma pergunta difícil de responder.

Em alguns casos, mais comuns com as grandes marcas globais, tais criações são mais aceitas. A Coca-Cola e seu urso polar apareceram no início dos anos 1990 com uma mensagem "universal" que funcionou de tal forma que até hoje o mascote é lembrado por seus consumidores. Da mesma maneira, os vídeos publicitários que surgem a todo instante na internet são vistos e aceitos por pessoas de diversos países – tão aceitos que alguns mais marcantes são divulgados pelo próprio usuário. No entanto, isso não é regra. Por tal motivo, muitos publicitários e profissionais de marketing investem uma enorme parte de seu tempo e dinheiro para compreender o público com quem vão falar. Mesmo quando o assunto é a internet, com toda a conotação de "global" que essa mídia tem, são intermináveis os questionamentos sobre o conteúdo do site e se este está de acordo com o perfil do público que vai acessá-lo.

Por isso, nesta parte da obra serão apresentadas diversas informações sobre a população e a economia de nosso país. Com a compreensão desse panorama, fica mais claro o contexto em que clientes anunciantes e audiência estão e como os publicitários podem utilizar tal ambiente para a construção de estratégias e táticas consistentes com a realidade nacional. Antecipa-se, porém, que este é um quadro dinâmico e que deve ser atualizado a cada utilização.

Brasil – síntese macroambiental

O Brasil está entre os maiores países do mundo, totalizando uma superfície de 8.515.767,049 km^2, divididos em 27 unidades da Federação e 5.565 municípios. O Instituto Brasileiro de Geografia e Estatística (IBGE) aponta que houve um incremento de aproximadamente 0,001% do valor publicado de 2010 em relação ao território por alterações de natureza legal ou judicial, modificações na pertinência territorial de algumas localidades por decisões judiciais, ajustes cartográficos, inovações tecnológicas e ajustes e refinamentos cartográficos dos contornos dos polígonos estaduais e municipais (Quadro 1.1).[3] Com isso, a posição do país se mantém como o quinto maior território do mundo, estando atrás de Rússia, Canadá, China e Estados Unidos (somando os territórios do Alasca e Havaí).

A população brasileira, pelo Censo do IBGE de 2010, estava praticamente em 190 milhões de habitantes – um incremento de mais de 20 milhões desde o Censo 2000 –, distribuída em 57.324.185 domicílios particulares permanentes.[4] Ainda que revele um crescimento (precisamente) de 12,3%, foi inferior ao crescimento da década anterior (1991-2000), que foi de 15,6%.

QUADRO 1.1 População brasileira em 2000 e 2010, com percentuais de crescimento, segundo regiões e unidades da Federação

	População em 2000	População em 2010	Crescimento (%) 2000-2010
Brasil	169.799.170	190.732.694	12,33
Região Norte	12.900.704	15.865.678	22,98
Rondônia	1.379.787	1.560.501	13,10
Acre	557.526	732.793	31,44
Amazonas	2.812.557	3.480.937	23,76
Roraima	324.397	451.227	39,10
Pará	6.192.307	7.588.078	22,54
Amapá	477.032	668.689	40,18
Tocantins	1.157.098	1.383.453	19,56
Região Nordeste	47.741.711	53.078.137	11,18
Maranhão	5.651.475	6.569.683	16,25
Piauí	2.843.278	3.119.015	9,70
Ceará	7.430.661	8.448.055	13,69
Rio Grande do Norte	2.776.782	3.168.133	14,09
Paraíba	3.443.825	3.766.834	9,38
Pernambuco	7.918.344	8.796.032	11,08
Alagoas	2.822.621	3.120.922	10,57
Sergipe	1.784.475	2.068.031	15,89
Bahia	13.070.250	14.021.432	7,28
Região Sudeste	72.412.411	80.353.724	10,97
Minas Gerais	17.891.494	19.595.309	9,52
Espírito Santo	3.097.232	3.512.672	13,41
Rio de Janeiro	14.391.282	15.993.583	11,13
São Paulo	37.032.403	41.252.160	11,39

(continua)

---

[3] Confira o texto completo do IBGE disponível em: <http://www.ibge.gov.br/home/geociencias/cartografia/default_territ_area.shtm>. Acesso em: set. 2014.

[4] O IBGE define um "domicílio particular permanente" como "o domicílio construído para servir exclusivamente à habitação e que, na data de referência, tinha a finalidade de servir de moradia a uma ou mais pessoas". Confira o glossário do Censo 2010 para outros termos e explicações metodológicas. Disponível em: <http://censo2010.ibge.gov.br/materiais/guia-do--censo/glossario>. Acesso em: set. 2014.

	População em 2000	População em 2010	Crescimento (%) 2000-2010
Região Sul	25.107.616	27.384.815	9,07
Paraná	9.563.458	10.439.601	9,16
Santa Catarina	5.356.360	6.249.682	16,68
Rio Grande do Sul	10.187.798	10.695.532	4,98
Região Centro-Oeste	11.636.728	14.050.340	20,74
Mato Grosso do Sul	2.078.001	2.449.341	17,87
Mato Grosso	2.504.353	3.033.991	21,15
Goiás	5.003.228	6.004.045	20,00
Distrito Federal	2.051.146	2.562.963	24,95

Fonte: IBGE. Censo 2010. Disponível em: http://censo2010.ibge.gov.br/resultados/>. Acesso em: dez. 2014.

A densidade demográfica demonstra aproximadamente os mesmos padrões, com uma concentração da população nas regiões Sudeste e Sul (Quadro 1.2 e Figura 1.1).

QUADRO 1.2 Densidade demográfica brasileira segundo regiões

	Norte	Nordeste	Sudeste	Sul	Centro-Oeste	Brasil
População absoluta	15.864.454	53.081.950	80.364.410	27.386.891	14.058.094	190.755.799
Área total (km²)	3.853.575,6	1.554.387,7	924.596,1	563.802,1	1.606.366,8	8.502.728,3
Densidade demográfica (hab./km²)	4,12	34,15	86,92	48,58	8,75	22,43

Fonte: IBGE. Censo 2010. Disponível em: http://censo2010.ibge.gov.br/resultados/>. Acesso em: dez. 2014.

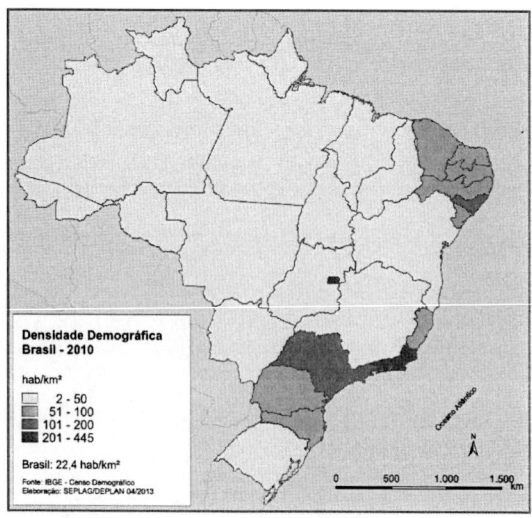

Fonte: IBGE. Censo 2010. Disponível em: http://censo2010.ibge.gov.br/resultados/>. Acesso em: dez. 2014.
FIGURA 1.1 Densidade demográfica: Brasil 2010.

A taxa de urbanização aumentou ainda mais. Tínhamos, em 2000, 81% dos brasileiros vivendo nas cidades, e o último censo atualizou o número para 84%. Isso também impacta na composição das populações das regiões do país. A região Sudeste se manteve como a mais populosa do Brasil, mas na relação entre a população total nacional, perdeu participação (de 42,8% para 42,1%) junto com o Nordeste (de 28,2% para 27,8%) e o Sul (14,8% para 14,4%), enquanto cresceram as regiões Norte (7,6% para 8,3%) e Centro-Oeste (de 6,9% para 7,4%).

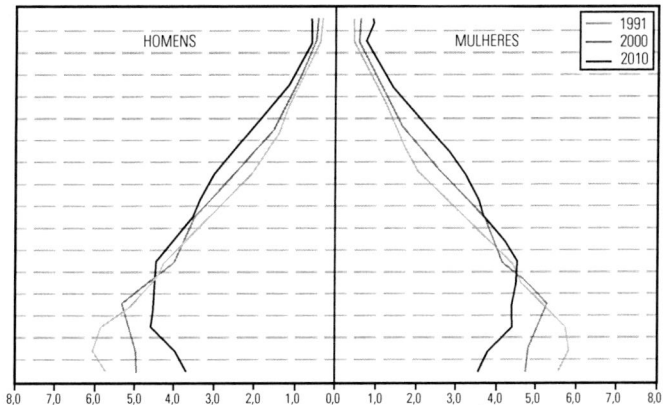

Fonte: IBGE. Censo 2010. Disponível em: <http://censo2010.ibge.gov.br/resultados/>. Acesso em: dez. 2014.

FIGURA 1.2 Pirâmide etária relativa para o Brasil – 1991, 2000 e 2010.

Ao compararmos os resultados dos estudos de população realizados em 1991, 2000 e 2010, notamos um nível decrescente de nascimentos, por meio de um encolhimento da base da pirâmide, e um aumento da expectativa de vida através do alargamento de seu centro (Figura 1.2).

O Brasil é um país com mais mulheres, são 97.342.162; quanto aos homens, 93.390.532. Proporcionalmente, o sexo feminino representa 51% da população.

O IBGE ainda recortou a população nacional por grupos de idade (Quadro 1.3):

QUADRO 1.3 População nacional por grupos de idade, segundo regiões

Anos de vida	Norte	Nordeste	Sudeste	Sul	Centro-Oeste	Brasil
< 1	302.465	819.180	1.026.440	354.173	210.986	2.713.244
1 a 4	1.251.083	3.412.730	4.157.854	1.409.571	851.677	11.082.915
5 a 9	1.640.865	4.626.691	5.647.514	1.928.936	1.125.369	14.969.375
10 a 14	1.756.264	5.246.090	6.620.412	2.290.637	1.253.358	17.166.761
15 a 19	1.644.489	5.137.131	6.594.988	2.349.554	1.264.708	16.990.870
20 a 24	1.554.353	5.049.883	6.997.170	2.337.896	1.305.888	17.245.190
25 a 29	1.476.691	4.779.095	7.181.458	2.340.714	1.326.455	17.104.413
30 a 34	1.301.607	4.261.149	6.774.660	2.155.816	1.251.280	15.744.512
35 a 39	1.083.530	3.648.373	6.049.719	2.003.578	1.103.381	13.888.581
40 a 44	919.930	3.355.055	5.742.463	1.991.231	1.000.688	13.009.367
45 a 49	755.202	2.918.138	5.377.421	1.914.467	868.123	11.833.351
50 a 54	615.863	2.398.259	4.768.559	1.652.864	704.857	10.140.402
55 a 59	480.643	1.973.999	3.898.398	1.369.989	553.190	8.276.219
60 a 64	355.543	1.646.160	3.020.734	1.070.581	416.101	6.509.119
65 a 69	269.088	1.268.305	2.212.130	786.116	305.171	4.840.810
70 a 74	192.303	1.006.642	1.723.361	592.678	226.653	3.741.637
75 a 79	127.027	666.524	1.216.154	409.853	143.890	2.563.448
> 80	137.508	868.546	1.354.975	428.237	146.319	2.935.585
TOTAL	15.864.454	53.081.950	80.364.410	27.386.891	14.058.094	190.755.799

Fonte: IBGE. Censo 2010. Disponível em: <http://censo2010.ibge.gov.br/resultados/>. Acesso em: dez. 2014.

O povo brasileiro tem as mais diversas origens. Quando os portugueses chegaram ao Brasil, existiam aqui várias denominações nativas, destacando-se as tupi-guarani. Posteriormente, parte de sua população constituiu-se dos escravos trazidos da África, que originaram os mulatos, frutos da miscigenação. O Brasil recebeu mais de 5 milhões de imigrantes provindos da França, Itália, Alemanha e Inglaterra entre 1850 e 1950. Em menor número, vieram eslavos, sírios, poloneses, libaneses e espanhóis. Por volta de 1920 predominou a imigração japonesa, que hoje soma, entre migrantes e seus descendentes, mais de 1,5 milhão. Durante a Guerra Civil dos Estados Unidos, muitos norte-americanos também vieram para o Brasil. Todos esses povos se entrosaram perfeitamente em nosso país, fazendo essa grande nação que é o Brasil.

Geograficamente, o Brasil divide-se em cinco regiões. É um país de muitos contrastes, contando com uma imensa floresta, como a amazônica, que é hoje um ponto de bastante atenção no equilíbrio ecológico do mundo. Possui regiões montanhosas, planícies, grandes rios e uma imensa costa para o oceano Atlântico. Em seu enorme território, encontram-se os climas quente, temperado e frio.

Em comparação com o censo anterior (2000), notou-se que os estados de São Paulo, Minas Gerais e Rio de Janeiro perderam participação na percentagem relacionada à população total do país. Mesmo assim, ainda representam 40,28% da população total do país (foi 40,82% em 2000). Os maiores crescimentos nesse período ocorreram nos estados do Amapá (40,18%), Roraima (39,10%) e Acre (31,44%), e os menores foram no Rio Grande do Sul (4,98%), Bahia (7,28%) e Paraná (9,16%).

O IBGE também considerou as diferentes cores ou raças na composição da população brasileira. Nota-se, pelo gráfico, um destaque da população de pele parda, salvo no Sul e Sudeste. Mas a maioria ainda é branca, apesar da redução, em termos de proporção em relação ao levantamento anterior. É preciso destacar aqui o método de coleta de dados da pesquisa: para identificar a cor ou raça do indivíduo, este responde a um questionário ou a uma pergunta, feita em entrevista; portanto, não se trata de mera observação do pesquisador, mas de uma declaração do pesquisado. Por isso o IBGE entende que o aumento da população parda e negra e a consequente diminuição da população branca estão relacionados a uma "recuperação da identidade racial" (IBGE, 2014).[5] Em outras palavras, a população está se sentindo mais confortável em assumir suas particularidades identitárias.

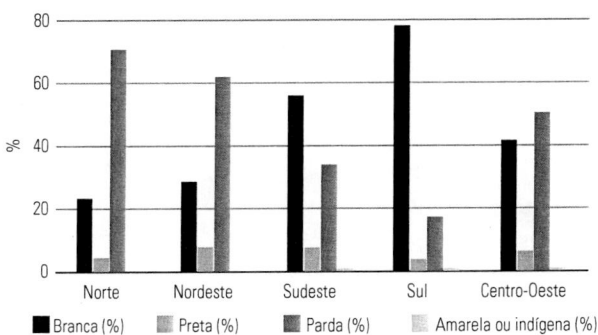

Fonte: IBGE TEEN. Distribuição da população. Disponível em: <http://teen.ibge.gov.br/mao-na-roda/cor-ou-raca?print=1&tmpl=component>. Acesso em: dez. 2014.

FIGURA 1.3 Indicadores de cor ou raça por regiões.

Em números absolutos, e considerando todo o Brasil, temos que a maior parte da população é branca (90.621.281), seguida da parda (82.820.452), preta (14.351.162), amarela (2.105.353) e indígena (821.501). Pelo gráfico anterior, evidencia-se a distribuição étnica pelo país, com predominância de brancos no Sul e Sudeste e de pardos nas outras regiões.

---

[5] Veja mais a respeito no site do IBGE. Disponível em: <http://teen.ibge.gov.br/mao-na-roda/cor-ou-raca?print=1&tmpl=component>. Acesso em: dez. 2014.

Ao tratarmos de religião (Quadro 1.4), nota-se que o Brasil é um país de predominância católica, seguida das religiões evangélicas. Nota-se que a maior parte das religiões tem fiéis dos sexos masculino e feminino em quantidades mais ou menos proporcionais à da população nacional. No entanto, no último censo, muitos brasileiros se declararam "sem religião", com destaque para a população masculina.

QUADRO 1.4 População residente, por situação do domicílio e sexo, segundo os grupos de religião – Brasil – 2010

Grupos de religião	População residente		
	Total	Homens	Mulheres
População total	**190.755.799**	**93.406.990**	**97.348.809**
Católica Apostólica Romana	123.280.172	61.180.316	62.099.856
Outras religiosidades cristãs	1.461.495	666.772	794.723
Testemunhas de Jeová	1.393.208	579.466	813.742
Espírita	3.848.876	1.581.701	2.267.176
Umbanda	407.331	182.119	225.213
Candomblé	167.363	80.733	86.630
Outras afro-brasileiras	14.103	6.636	7.467
Judaísmo	107.329	53.885	53.444
Hinduísmo	5.675	2.942	2.733
Budismo	243.966	110.403	133.563
Novas religiões orientais	155.951	63.813	92.139
Sem religião	15.335.510	9.082.507	6.253.004
Não determinada e múltiplo pertencimento	643.598	302.807	340.791

Fonte: IBGE. Censo 2010. Disponível em: <http://censo2010.ibge.gov.br/resultados/>. Acesso em: dez. 2014.

A população rural encolheu nos últimos dez anos. Isso não a torna menos expressiva (Quadro 1.5):

QUADRO 1.5 População residente, total, urbana e rural, segundo as regões – 2010

População	Norte	Nordeste	Sudeste	Sul	Centro-Oeste	Brasil
Urbana	1.664.509	38.821.246	74.696.178	23.260.896	12.482.963	160.925.792
Rural	4.199.945	14.260.704	5.668.232	4.125.995	1.575.131	29.830.007

Fonte: IBGE. Censo 2010. Disponível em: <http://censo2010.ibge.gov.br/resultados/>. Acesso em: dez. 2014.

Economia

O produto interno bruto (PIB) do país vem crescendo nos últimos anos. Na sua composição, vemos uma predominância (crescente) de serviços. Destaca-se o constante déficit da balança comercial, com a importação predominando sobre a exportação (Quadro 1.6).

QUADRO 1.6 Divisão do PIB brasileiro, organizado por setores, com valores de importação e exportação, entre 1995 e 2013.

Valores correntes (R$ 1.000.000)

Período	Agropecuária	Indústria	Serviços	Total	Exportação de bens e serviços	Importação de bens e serviços (–)
1995	35.555	169.578	410.938	616.071	51.207	61.920
1996	40.958	193.025	508.878	742.861	55.421	70.606
1997	44.824	217.033	568.771	830.628	64.056	84.714
1998	47.845	222.200	595.951	865.996	67.890	87.471
1999	50.782	240.735	636.321	927.838	100.229	115.191
2000	57.241	283.321	681.086	1.021.648	117.691	138.492
2001	66.819	301.171	750.623	1.118.613	158.619	175.748
2002	84.251	344.406	844.472	1.273.129	208.323	185.954
2003	108.619	409.504	952.491	1.470.614	254.770	205.272
2004	115.194	501.771	1.049.293	1.666.258	318.892	243.622
2005	105.163	539.283	1.197.807	1.842.253	324.842	247.362
2006	111.566	584.952	1.337.903	2.034.421	340.457	271.679
2007	127.267	636.280	1.524.311	2.287.858	355.672	315.217
2008	152.612	719.987	1.707.850	2.580.449	414.295	408.534
2009	157.232	749.699	1.887.448	2.794.379	355.653	360.847
2010	171.177	905.852	2.150.151	3.227.181	409.868	448.752
2011	192.653	972.156	2.366.062	3.530.871	492.570	522.953
2012	198.137	969.234	2.557.699	3.725.069	552.843	616.374
2013	234.594	1.026.624	2.849.160	4.110.378	608.210	728.528

Fonte: IBGE. Indicadores: Contas Nacionais Trimestrais. Disponível em: <http://www.ibge.gov.br/home/estatistica/indicadores/pib/defaultcnt.shtm>. Acesso em: dez. 2014.

Com estabilidade econômica mais recente (desde a implantação do Plano Real, em 1994), mas com um longo histórico de altos e baixos na economia, o Brasil acompanha a economia internacional e, apesar de alguns quadros recessivos mundiais, apresenta um crescimento lento mas positivo, com desenvolvimento em vários setores. Mais recentemente, com a crescente demanda global por alternativas energéticas, o país vê a produção de álcool combustível e biodiesel despontar em importantes regiões de produção agrícola.

Em 2013 não foi diferente. Grandes ganhos vieram do petróleo e do álcool, bem como da indústria de veículos automotores. Em compensação, houve um significativo encolhimento das atividades farmacêuticas e de edição, impressão e reprodução de gravações. Esta última impacta diretamente o campo da publicidade, já que a redução de atividades midiáticas exige que publicitários e profissionais de marketing encontrem alternativas cada vez mais eficazes para atingir seus consumidores e públicos-alvo, com pertinência (Figura 1.4).

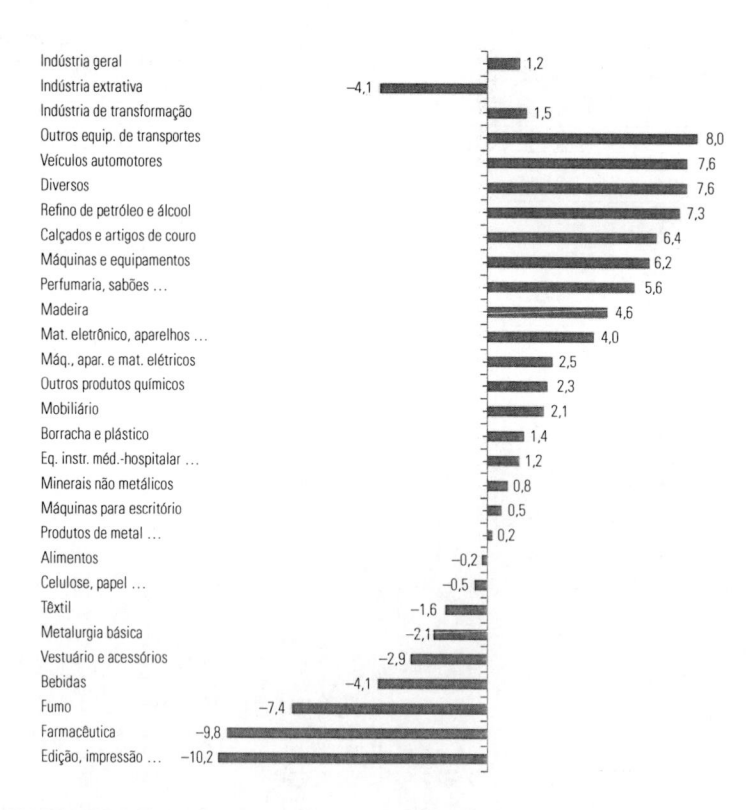

Setor	%
Indústria geral	1,2
Indústria extrativa	−4,1
Indústria de transformação	1,5
Outros equip. de transportes	8,0
Veículos automotores	7,6
Diversos	7,6
Refino de petróleo e álcool	7,3
Calçados e artigos de couro	6,4
Máquinas e equipamentos	6,2
Perfumaria, sabões ...	5,6
Madeira	4,6
Mat. eletrônico, aparelhos ...	4,0
Máq., apar. e mat. elétricos	2,5
Outros produtos químicos	2,3
Mobiliário	2,1
Borracha e plástico	1,4
Eq. instr. méd.-hospitalar ...	1,2
Minerais não metálicos	0,8
Máquinas para escritório	0,5
Produtos de metal ...	0,2
Alimentos	−0,2
Celulose, papel ...	−0,5
Têxtil	−1,6
Metalurgia básica	−2,1
Vestuário e acessórios	−2,9
Bebidas	−4,1
Fumo	−7,4
Farmacêutica	−9,8
Edição, impressão ...	−10,2

Fonte: BANCO DO NORDESTE. BNB Conjuntura Econômica (Escritório Técnico de Estudos Econômicos do Nordeste – Etene). Edição jul./set. 2013, n. 39. Disponível em: <www.bnb.gov.br/projwebren/exec/rcePDF.aspx?cd_rce=45>. Acesso em: dez. 2014.

FIGURA 1.4 Brasil: Desempenho setorial da produção industrial em 2013 (%).

A imagem de que o Brasil sobrevive apenas de produção de matérias-primas e sua exportação é antiga e pouco adequada. São vários os setores da economia em que empreendedores investem e fundam novos negócios, que vêm aumentando em quantidade e qualidade ano a ano. Estudos do Sebrae[6] feitos com diversas empresas constituídas em 2007 analisaram quais são os negócios que estão iniciando atividades pelo país e qual sua taxa de mortalidade – ou seja, quantas empresas abertas a partir de 2005 sobreviveram, pelo menos por dois anos, contando até 2010. E o cenário é positivamente surpreendente.

Foi um total de 39.306 indústrias constituídas no período, que apresentaram uma taxa de sobrevivência média de 79,9%, com variações entre 59% e 86%, dependendo do seu segmento. O estudo estima que a "fabricação de bebidas", que apresentou sobrevivência mais baixa, é um setor muito tradicional, consolidado, com baixo uso de tecnologia e, por isso, baixo investimento para entrada, o que leva a uma saturação da oferta e uma mortalidade alta. Em contrapartida, as áreas relacionadas a tecnologias da informação e comunicação (TIC) contêm alto grau de diferenciação de produtos e tendem a ter uma demanda crescente conforme aumentam o poder aquisitivo e o grau de escolaridade da população.

No comércio, foram 265.731 empresas abertas que apresentaram 77,7% de sobrevivência em média, com variação de 44% a 89%. O primeiro retrata o setor dos "representantes comerciais e agentes do comércio de produtos alimentícios, bebidas e fumo", com muitas pessoas trabalhando por conta própria, sem empregados. O segundo retrata o "comércio varejista especializado de instrumentos musicais e acessórios", que se beneficia do aumento da renda e do grau de escolaridade da sociedade.

Na área de construção, surgiram 17.720 empresas, com 72,5% de sobrevivência nos dois primeiros anos. O estudo revelou uma alta taxa de sobrevivência para "incorporação de empreendimentos imobiliários", com 84%, enquanto empresas de obras de urbanização, bem como as de geração e distribuição de energia elétrica para telecomunicações, apresentaram a menor taxa entre os pesquisados: 62%.

Surgiu uma grande quantidade de empresas novas na área de serviços (198.940), apresentando uma taxa de sobrevivência média de 72,2%. Ainda segundo os estudos do Sebrae, a "reparação e manutenção de equipamentos de informática e comunicação e de objetos pessoais e domésticos" foi a que apresentou maior sobrevivência, com 81%, enquanto as empresas de tele-

---

[6] SEBRAE. Sobrevivência das empresas no Brasil. Coleção Estudos e pesquisas, 2013. Disponível em: <http://www.sebrae.com.br/Sebrae/Portal%20Sebrae/Anexos/Sobrevivencia_das_empresas_no_Brasil=2013.pdf>. Acesso em: dez. 2014.

comunicações chegaram à sobrevivência de 54%, e as de "seleção, agenciamento e locação de mão de obra", aos alarmantes 44%.

Nota-se um padrão. Empresas cujo trabalho é pouco especializado, com baixas barreiras de entrada, tendem a ter altas taxas de mortalidade. Ao mesmo tempo, o aumento do poder aquisitivo da população, e consequentemente da educação, tende a elevar a demanda por produtos e serviços mais especializados, contribuindo para o cenário de empresas que atuam em áreas especializadas.

O Sebrae alerta que os fatores mais comuns para a mortalidade das empresas estão relacionados às características dos administradores ou donos, como a falta de planejamento, de formação, baixa experiência em gestão, falta de comportamento empreendedor etc. São fatores diretamente relacionados à competência em administração e marketing dos principais responsáveis pelo direcionamento do negócio.

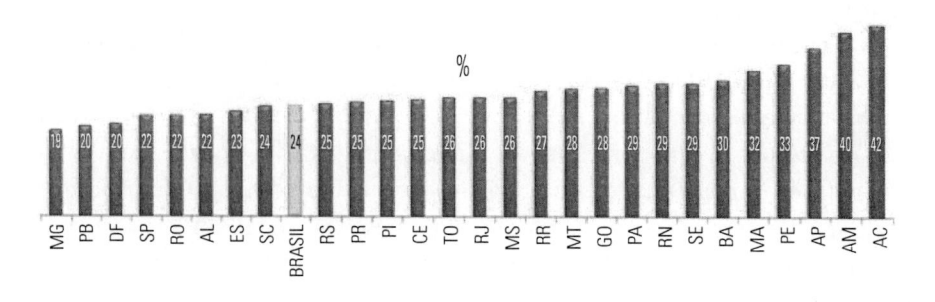

Fonte: Sebrae. Sobrevivência das empresas no Brasil. Coleção Estudos e pesquisas, 2013, p. 33. Disponível em: <http://www.sebrae.com.br/Sebrae/Portal%20Sebrae/Anexos/Sobrevivencia_das_empresas_no_Brasil=2013.pdf>. Acesso em: dez. 2014.

FIGURA 1.5 Taxa de mortalidade de empresas de 2 anos, para empresas constituídas em 2007, por unidade da Federação.

A média nacional da mortalidade corporativa (nos dois primeiros anos de atuação) é de 24%. Considerando as regiões, apenas o Nordeste apresentou um aumento da taxa de mortalidade em 0,6 ponto percentual. Portanto, no Brasil todo há um aumento da quantidade de empresas que sobrevivem aos dois primeiros anos de atuação.

Segundo a avaliação do Sebrae, a taxa de sobrevivência é relativamente alta quando se compara à de outros países. O Brasil mantém taxas próximas a países como Eslovênia (78%), Luxemburgo (76%), Estônia (75%) e Canadá (74%), ficando à frente de Espanha (69%), Itália (68%), Finlândia (63%), Eslováquia (62%), Nova Zelândia (56%), Hungria (56%), Portugal

(51%) e Holanda (50%). Assim, esses números da taxa de sobrevivência das empresas demonstram que, ano a ano, a quantidade de organizações que sobrevivem no mercado vem diminuindo consideravelmente. Parece claro, nesse momento, que a sensação de que o mercado nacional está cada vez mais competitivo não é apenas "sensação". É cada vez menor o número de empresas que conseguem sobreviver às pressões competitivas.

Isso também implica nos salários e empregos, com mais ofertas disponíveis. Abaixo, vemos as taxas de desocupação entre março de 2002 e abril de 2014 (Figura 1.6). Enquanto as taxas de 2003 atingiam 13% da população desocupada, temos, em 2014, um dos mais baixos índices registrados no período.

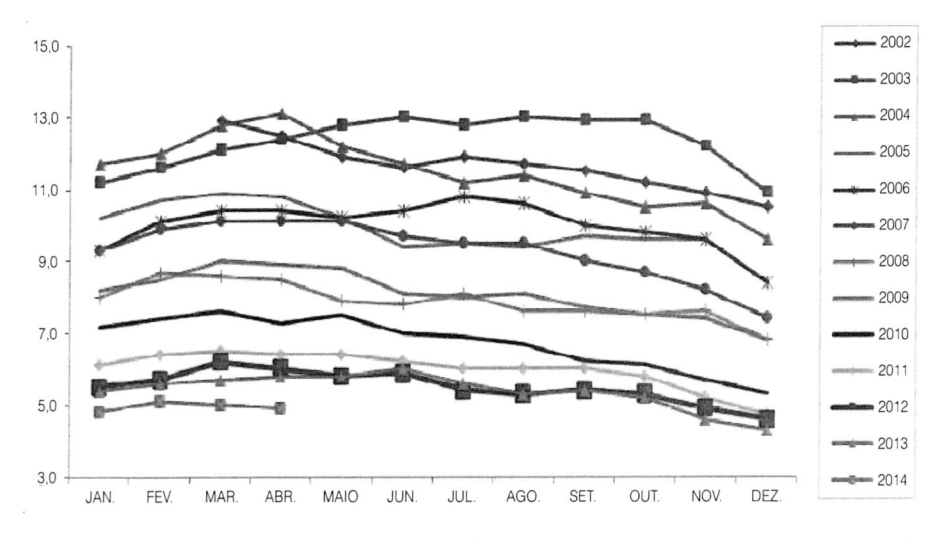

Fonte: IBGE. Pesquisa Mensal de Emprego – Abril de 2014. Disponível em: <http://www.ibge.gov.br/home/presidencia/noticias/imprensa/ppts/00000017582305112014233122333208.pdf>. Acesso em: dez. 2014.

FIGURA 1.6 Evolução da taxa de desocupação de março de 2002 a abril de 2014, no total das seis regiões metropolitanas abrangidas na pesquisa.

Além da maior disponibilidade de empregos, o brasileiro também teve aumento de seu salário. Com o valor aumentado para R$ 724,00 em 2013, passou a ter maior poder de consumo, o que influencia de maneira determinante qualquer profissional que trabalhe com marketing e publicidade.

TABELA 1.1 Empresas e outras organizações, pessoal ocupado total e assalariado em 31.12, salários e outras remunerações e salário médio mensal, segundo as faixas de pessoal ocupado total e a seção da classificação de atividades – Brasil – 2009-2010

Faixas de pessoal ocupado total e seção da classificação de atividades	Empresas e outras organizações	Pessoal ocupado em 31.12		Salários e outras remunerações (1.000 R$)	Salário médio (salários--mínimos)
		Total	Assalariado		
2010					
Total	5.128.568	49.733.384	43.000.578	908.823.997	3,2
Faixas de pessoal ocupado					
0 a 4	3.899.524	6.321.998	1.865.722	23.569.792	1,6
5 a 9	655.132	4.238.122	3.128.507	33.504.114	1,7
10 a 19	329.089	4.335.643	3.593.335	42.216.539	1,8
20 a 29	91.499	2.170.318	2.002.962	25.442.765	2,0
30 a 49	65.775	2.476.197	2.363.627	33.440.375	2,2
50 a 99	43.410	2.973.282	2.897.145	45.249.488	2,5
100 a 249	24.765	3.799.469	3.758.011	68.511.026	2,8
250 a 499	9.552	3.325.117	3.310.990	66.375.708	3,1
500 e mais	9.822	20.093.238	20.080.279	570.514.188	4,4

Fonte: IBGE. Censo 2010. Disponível em: <http://censo2010.ibge.gov.br/resultados/>. Acesso em: dez. 2014.

O IBGE ainda revela, através do último censo, que, de 2009 para 2010, mais brasileiros são assalariados (Tabela 1.1). Micro e pequenas empresas tendem a trabalhar mais na informalidade e pagam menos – em média, 1,6 salário por mês. Grandes empresas são as que mais comumente pagam salários, e maiores, com valores médios de 4,4 salários por mês. O salário médio de um brasileiro, considerando todas as regiões, é de 3,2 salários-mínimos (em 2010).

Das empresas e organizações particulares (excluindo administração pública), é na área da alimentação (bares e restaurantes) que temos a maior parte dos assalariados do país (1,3 milhão), seguida de áreas relacionadas à saúde (1,1), construção civil (1,09), comércio varejista (1,07) e educação (1,01). Salários médios mais expressivos são encontrados na área da justiça (14,8), fabricação de automóveis (10,8), desenvolvimento e licenciamento de software (10,4), empresas de seguridade social obrigatória (9,5), atividades de televisão aberta (8,9), extração de minério de ferro (8,8), bancos (8,3), transporte aéreo de passageiros (8,2), fabricação de medicamentos (7,8) e ensino superior (7).

Neste Censo 2010, registraram-se 12.935 agências de publicidade que empregam diretamente 49.858 pessoas, sendo 30.688 assalariadas, ganhando em média 5,3 salários-mínimos. A pesquisa também considerou "atividades de publicidade não especificadas anteriormente", que englobam a criação e montagem de estandes para feiras e exposições, promoção de vendas, marketing direto, consultoria em publicidade, publicidade aérea, serviços de autofalante e sonorização, entre outras,[7] onde foram contadas 11.921 empresas que empregam 57.845 pessoas diretamente, sendo 41.541 registradas em carteira recebendo em média 2,2 salários-mínimos (média a partir da escala nacional).

Apesar do cenário promissor, a situação econômica para muitas famílias ainda é difícil. É sabido que um dos principais problemas nacionais está na concentração de renda. É o que mostra o gráfico abaixo: 46,34% das pessoas com 10 anos ou mais de idade ganham até dois salários-mínimos, enquanto apenas 5,26% das pessoas recebem mais de cinco (Figura 1.7).

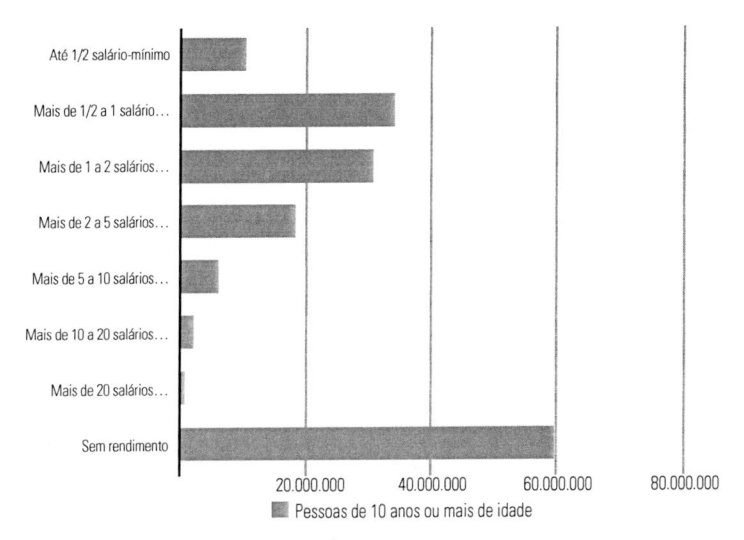

Fonte: IBGE. Censo 2010. Disponível em: <http://censo2010.ibge.gov.br/resultados/>. Acesso em: dez. 2014.

FIGURA 1.7 Pessoas de 10 anos ou mais de idade, por classes de rendimento nominal mensal – Brasil – 2010.

Aqueles cuja renda familiar é menor que R$ 154,00 por mês podem ser beneficiados pelo programa Bolsa Família, que distribui valores a partir de R$ 77,00 até R$ 175,00, sendo o valor médio de pagamento aos beneficiários R$ 150,60.[8] São diversos os debates que apresentam o programa como importante para a inclusão social das famílias que vivem em estado de miséria, enquanto outros mostram que ele ainda mantém as mulheres de certos

---

[7] Confira no site do IBGE: Concla – Comissão Nacional de Classificação. Disponível em: <http://www.cnae.ibge.gov.br/classe.asp?codclasse=7319-0&TabelaBusca=CNAE_200@CNAE%202.0>. Acesso em: dez. 2014.
[8] LOURENÇO, Luana. Valor do benefício básico do Bolsa Família sobe para R$ 77. Agência Brasil. 02/05/2014. Disponível em: <http://agenciabrasil.ebc.com.br/geral/noticia/2014-05/valor-do-beneficio-minimo-do-bolsa-familia-sobre-para-r77>. Acesso em: 16 dez. 2014.

núcleos sob um baixo "grau de empoderamento" (ALMEIDA et al., 2012) perante o homem, apesar de o benefício ser entregue preferencialmente a ela. Ou ainda há quem alerte para uma situação de falta de engajamento dos participantes em diversos processos importantes para a inclusão social, como a educação infantil, sustentando uma situação em que "os pais incentivam os filhos a frequentar as aulas ou pela necessidade de manutenção do benefício [...] ou pela distribuição da merenda escolar, mas sem um envolvimento maior com a educação e o crescimento pessoal" (CORRÊA, 2012, p. 12), falhando na emancipação de seus beneficiários. Mesmo assim, entende-se que esta é uma medida provisória, que está trazendo algum ganho para o país, ainda que estejamos no processo de medir com mais precisão quais são todos os seus impactos positivos e negativos.

TABELA 1.2 Quantidade de famílias inscritas no cadastro único, em total e em proporção de famílias, organizadas por renda

Unidades da Federação	Famílias inscritas no cadastro único					
	Total			Proporção de famílias (%)		
		Características			Características	
	Total	Com renda per capita mensal até ½ salário-mínimo	Beneficiárias do Bolsa Família		Com renda per capita mensal até ½ salário-mínimo	Beneficiárias do Bolsa Família
Brasil	26.229.277	23.576.574	13.841.665		89,9	52,8

Fonte: Censo 2010. RI Bolsa Família e Cadastro Único – Visão geral Brasil. Disponível em: <http://aplicacoes.mds.gov.br/sagi/RIv3/geral/relatorio_form.php?p_ibge=&area=0&ano_pesquisa=&mes_pesquisa=&saida=pdf&relatorio=153&ms=623,460,587,589,450,448>. Acesso em: dez. 2014.

Marcas e publicidade

Os movimentos mais recentes do governo, incluindo o Bolsa Família, procuram formatar o Brasil como "um país de consumidores".[9] É com essa promessa que encontramos grandes investimentos em comunicação e marketing, procurando aproveitar as oportunidades dos mercados emergentes ou ainda explorar melhor mercados consolidados e altamente competitivos. Em ambos os casos, a publicidade tem se tornado cada vez mais importante, especialmente quando falamos sobre construção de imagem de marca.

---

[9] PIMENTA, Angela. O que a Dilma quer para o Brasil. Publicado em Exame.com, 28 abril 2010. Disponível em: <http://exame.abril.com.br/revista-exame/edicoes/0967/noticias/ela--quer-brasil-553805?page=7>. Acesso em: dez. 2014.

A Interbrands, em pesquisa,[10] apontou que uma marca forte é construída a partir de fatores internos e externos. Nos fatores internos, destacam-se:

- Clareza: sobre os valores corporativos, seu posicionamento e proposta de valor e também sobre públicos-alvo e seu comportamento.
- Comprometimento: compromisso da organização com a marca e com a compreensão de sua importância para o negócio. Pode representar o quanto recebe de apoio em tempo, influência nas decisões de negócio e investimento financeiro.
- Proteção: o quanto a marca é segura em âmbitos legais, de registros e propriedade intelectual dos elementos de sua identidade ou presença geográfica.
- Capacidade de resposta: habilidade de responder a mudanças, desafios e oportunidades do mercado, tendo um senso interno de liderança e desejo e habilidade de evoluir constantemente para se renovar.

Nos fatores externos, é importante que a marca tenha:

- Autenticidade: atendimento das altas expectativas dos consumidores, com base em uma promessa real e capacidade de entregá-la.
- Relevância: a adequação das entregas da marca às necessidades e aos desejos e critérios de decisão dos clientes/consumidores por todas as extensões demográficas e geográficas relevantes.
- Diferenciação: o quanto clientes/consumidores percebem um posicionamento diferenciado da marca, distinto da concorrência.
- Consistência: o grau em que uma marca ganha vida sem falhas em todos os pontos de contato ou formatos.
- Presença: o grau em que a marca é percebida como onipresente e recebe comentários positivos de consumidores, clientes e formadores de opinião, tanto na mídia tradicional como na digital.
- Entendimento: a existência de um entendimento profundo dos valores, qualidades e características únicas da marca pelos seus públicos.

As marcas que mais se destacaram em 2013 podem ser vistas na Figura 1.8, a seguir:

---

[10] INTERBRANDS. Marcas brasileiras mais valiosas 2013. Disponível em: <http://issuu.com/interbrand_sp/docs/131113_encarte_bbb>. Acesso em: dez. 2014.

18	▲ 58,2%	Hering	10		BTGPactual
12	▲ 41,7%	CASAS BAHIA	19		Ipiranga
7	▲ 41,5%	BRAHMA	20		PORTO SEGURO
11	▲ 35,0%	cielo	25		AREZZO

Fonte: INTERBRANDS. Marcas brasileiras mais valiosas 2013. Disponível em: <http://issuu.com/interbrand_sp/docs/131113_encarte_bbb>. Acesso em: dez. 2014.

FIGURA 1.8 As 25 marcas brasileiras mais valiosas – ranqueamento 2013.

É sempre importante lembrar que taxas médias e outros valores não devem ser encarados como símbolos de sucesso ou fracasso iminente, mas sim como parâmetros que podem servir para avaliar o grau de dificuldade de inserção ou saída de um setor, por exemplo. Criar ou gerenciar um negócio nunca foi tarefa simples, mas vem se demonstrando cada vez mais desafiador – e não apenas para quem participa diretamente da organização, mas para todos os outros setores conectados a ela, de maneira orgânica, que fornecem produtos e serviços para que toda a cadeia funcione. Dentro dessa cadeia – portanto, participando de tal desafio – estão os publicitários, dos quais é exigida uma evolução constante em resultados.

A sociedade vem se organizando de uma maneira diferente. O IBGE entende que as famílias podem ser organizadas de três maneiras: unipessoal (composta por uma pessoa); duas ou mais com parentesco ou duas ou mais sem laços de parentesco. No último levantamento, as pessoas que vivem sozinhas no Brasil já somam 12,1% da população, aumentando em quase três pontos percentuais em relação ao Censo 2000. Além disso, identificaram-se mais mulheres como responsáveis por sua família, subindo de 22,2% em 2000 para 37,3% em 2010.

O tamanho médio da família brasileira é de 3,3 integrantes. É perceptível que a população tem menos filhos, já que em 2000 o número médio era de 3,8.

O acesso a serviços básicos também aumentou. No último censo percebeu-se que a energia elétrica estava presente em 97,8% dos lares, a coleta de lixo, em 87,4% das moradias, o abastecimento de água atinge 82,7% e o de esgoto sanitário, 67,2%.

Com essas necessidades fundamentais saciadas, o brasileiro se motiva a outros consumos, especialmente àqueles que se entende por "bens duráveis" (Figura 1.9). Pelo gráfico, nota-se a importância da televisão, que ainda é um item mais frequente nos lares (presente em 54,5 milhões de domicílios) que a geladeira (53,7 milhões). Destaca-se também o rádio (46,7 milhões) como o quarto item mais presente, indo contra qualquer argumento que profetiza o fim das mídias mais antigas, com a chegada das novas. Mas o que impressiona é a penetração do telefone celular (47,7 milhões), já o terceiro item mais presente nos lares nacionais, ficando bem à frente do telefone fixo (23,3 milhões). O computador (21,9 milhões) é quase tão comum quanto o carro (22,6 milhões). Mas nem todos têm acesso à internet. Estes, especificamente, estão presentes em 17,6 milhões de lares. Vale lembrar que a quantidade de pessoas que têm computador com acesso à internet em casa não necessariamente representa a quantidade de pessoas com acesso à internet em geral, já que ela pode ser acessada por outros aparelhos como smartphones, televisões e tablets ou ainda em *lan houses* espalhadas pelo país.

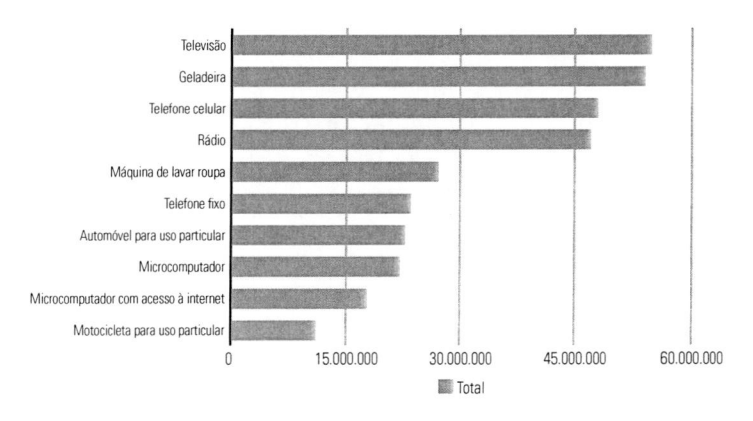

Fonte: IBGE. Censo 2010. Disponível em: <http://censo2010.ibge.gov.br/resultados/>. Acesso em: dez. 2014.

FIGURA 1.9 Existência de alguns bens duráveis em domicílios particulares permanentes – 2010.

O uso de internet aumentou significativamente nos últimos anos. A Tabela 1.3 demonstra o percentual das pessoas que utilizaram a internet nos últimos três meses (independentemente de ter os aparelhos em casa), organizando o uso por idade e ao longo do tempo. É evidente o quanto esse território digital se tornou importante para os brasileiros de todas as idades. Hoje, já temos quase metade da população acessando a internet com certa frequência. Mas notamos que o consumo da mídia é parte da maioria das pessoas quando consideramos quem tem menos de 34 anos.

TABELA 1.3 Percentual de pessoas que utilizaram a internet nos últimos três meses, organizado por idade, entre 2005 e 2011

	2005	2008	2009	2011
Total (1)	20,9	34,7	41,6	46,5
10 a 14 anos	24,3	50,9	58,6	63,6
15 a 17 anos	33,7	62,7	71,0	74,1
18 ou 19 anos	32,7	59,6	68,6	71,8
20 a 24 anos	30,9	52,2	61,6	66,4
25 a 29 anos	27,0	44,1	53,6	60,3
30 a 34 anos	22,4	36,6	44,7	53,9
35 a 39 anos	20,0	31,4	39,0	48,4
40 a 44 anos	18,6	27,2	34,5	41,3
45 a 49 anos	16,1	24,2	30,7	36,8
50 a 54 anos	13,7	19,1	25,4	29,6
55 a 59 anos	9,5	15,1	19,9	24,0
60 anos ou mais	3,2	5,7	8,2	10,8

Fonte: IBGE. Pnad: Acesso à Internet e posse de telefone móvel celular para uso pessoal 2011. Disponível em: <http://www.ibge.gov.br/home/estatistica/populacao/acessoainternet2011/default.shtm>. Acesso em: dez. 2014

Os números mais impressionantes estão nos aparelhos de telefonia celular. Em 2005, tínhamos 36,6% da população com aparelho celular. Seis anos depois, quase 70% dos brasileiros possuíam aparelho. Nota-se que é um item comum a todas as idades, mas atinge mais de 80% da população entre 20 e 39 anos (Tabela 1.4).

TABELA 1.4 Percentual de pessoas que utilizaram telefone celular nos últimos três meses, organizado por idade, entre 2005 e 2011

	2005	2008	2009	2011
Total (1)	36,6	53,7	57,6	69,1
10 a 14 anos	19,2	28,3	29,3	41,9
15 a 17 anos	35,0	49,2	51,8	67,5
18 ou 19 anos	42,3	61,8	65,1	77,5
20 a 24 anos	47,3	66,9	70,6	82,3
25 a 29 anos	49,2	69,9	73,6	83,1
30 a 34 anos	46,5	67,8	72,4	83,2
35 a 39 anos	43,7	65,0	70,1	80,6
40 a 44 anos	41,1	61,4	66,8	78,1
45 a 49 anos	38,7	58,8	63,2	75,8
50 a 54 anos	35,6	53,9	59,5	71,1
55 a 59 anos	30,1	47,8	53,0	65,9
60 anos ou mais	16,8	29,1	32,8	43,9

IBGE. PNAD: Acesso à Internet e posse de telefone móvel celular para uso pessoal 2011. Disponível em http://www.ibge.gov.br/home/estatistica/populacao/acessoainternet2011/default.shtm. Último acesso em dezembro de 2014

O relatório Mobilize (CAVALLINI, XAVIER; SOCHACZEWSKI, 2010) somou, em 2010, mais de 185 milhões de linhas de telefonia celular. Desde então, o número não parou de crescer – e de maneira bastante expressiva. O website Teleco[11] atualiza o número com certa frequência e calculou 276,2 milhões de aparelhos ativos até julho de 2014, o que proporciona 136,2 aparelhos para cada grupo de 100 habitantes (ou seja, temos mais aparelhos celulares ativos do que brasileiros em nosso território!). O mesmo website contabilizou o número de celulares por tecnologia. No fim de 2013, tínhamos quase 160 milhões de aparelhos GSM (ou 2G), que detêm as funções básicas da telefonia celular, sendo o principal recurso a conversação. Esses aparelhos representam metade da base de celulares ativos, mas estão sofrendo um encolhimento de 13,5% ao ano, dando lugar a dispositivos que permitem acesso à internet, como os aparelhos 3G (WCDMA). Estes já superam os 94 milhões de aparelhos e a quantidade vem crescendo a uma taxa de 25% ao ano. Os mais novos aparelhos 4G (LTE), que preveem um tráfego de dados com muito mais velocidade (100 Mbps), ainda são pequenos em quantidade quando comparados com os outros números: 1,3 milhão de unidades. Mas estão crescendo em grandes taxas (149,7% a.a.) e, com o lento barateamento da tecnologia, devemos apenas notar aumento.

---

[11] Estatísticas de celulares no Brasil. Disponível em: <http://www.teleco.com.br/ncel.asp>. Acesso em: dez. 2014.

Através desses números, percebemos que o Brasil sofreu muitas mudanças macroambientais na última década. Desde o Plano Real, o país vem passando por mudanças (geralmente positivas) no âmbito econômico, o que tem estimulado o investimento em diversas áreas. Não por acaso o brasileiro tem aumentado sua renda, enquanto procura ser mais empreendedor, mas precisa tomar cuidado com aspectos administrativos se quiser se manter ativo e competitivo no mercado. Especialmente quando nos deparamos com o novo cenário competitivo, marcado pelos planos de fim da miséria e ascensão da classe média, bem como pela explosão da internet e da telefonia celular (mobile), que tem trazido novas oportunidades de negócio.

Pensar em marketing e comunicação nunca pareceu tão pertinente em uma sociedade que está cada vez mais economicamente ativa, procurando produtos e serviços para atender aos seus desejos e necessidades, e sempre conectada digitalmente com as outras sociedades.

Noções de marketing

A American Marketing Association assim define o marketing: "é a atividade, conjunto de organizações e processos utilizados para criar, comunicar, entregar e comercializar ofertas que oferecem valor para consumidores, clientes, parceiros e sociedade em geral"[12]. O conceito de marketing envolve, portanto, todas as atividades comerciais relacionadas com a movimentação de mercadorias e serviços, de sua produção física até seu consumo final. Marketing implica conhecer o que o consumidor necessita ou deseja; implica estudar a produção do produto ou serviço, produzi-lo, distribuí-lo ao consumidor, orientando-o, ao mesmo tempo, sobre como consumi-lo.

Marketing também exige de seus profissionais que compreendam o processo básico de produção, no sentido de geração de artigos vendáveis, desejados pelos consumidores, úteis e de custo acessível ao maior número deles.

Antigamente, eram comuns anúncios que mostravam apenas o produto, a fábrica e o próprio dono da fábrica. Tais anúncios eram típicos de uma concepção de propaganda que era geral: o anunciante dizia ao consumidor aquilo de que ele, consumidor, deveria gostar. Nenhum esforço era feito para saber, propriamente, quais as necessidades e as preferências dos consumidores, nem para fazer um produto e criar, também, a propaganda que estivesse de acordo com essas necessidades e preferências.

---

[12] Tradução livre do original: *"Marketing is the activity, set of institutions, and processes for creating, communicating, delivering, and exchanging offerings that have value for customers, clients, partners, and society at large."* AMERICAN MARKETING ASSOCIATION. *Dictionary.* Disponível em: <https://www.ama.org/resources/Pages/Dictionary.aspx?dLetter=M>. Acesso em: dez. 2014.

Hoje, tudo mudou. O consumo é o objetivo mais importante, mais do que a produção. Em consequência, podemos afirmar que, atualmente, na economia, é o consumidor que se encontra no ponto central, "senhor absoluto" do universo comercial. São as companhias que giram em torno do consumidor, e não o inverso. É um novo conceito de marketing – o conjunto de atividades que são exercidas para criar e levar a mercadoria do produtor ao consumidor final. É a atividade total de relacionamento com todos os envolvidos no processo. Estuda as tendências do mercado, as preferências do consumidor e a distribuição do produto.

Marketing é algo que vem antes da mercadoria, compreende também a mercadoria e vai além dela:

1. Antes – na pesquisa de mercado, de gosto, de opinião, de motivação que antecede a criação das mercadorias conforme os desejos, necessidades e até mesmo caprichos do consumidor.
2. Também – por compreender a mercadoria em sua essência, como o objeto ou o instrumento de satisfação para o consumidor.
3. Além – porque marketing compreende também as atividades de transporte, financiamento, manuseio, armazenagem e outras funções que se exercem em razão da mercadoria, mas não necessariamente na mercadoria.

É um princípio de marketing que a empresa tenha uma real atividade no mercado. Deve participar dele. A administração do marketing deve estudar o mercado (suas tendências), o consumidor (suas preferências), informá-lo (pela propaganda e todos os processos de comunicação), promover o produto e organizar sua distribuição. O marketing deve estar integrado com as outras funções administrativas da empresa.

O plano de marketing é a programação das várias atividades destinadas a estudar, compreender e atender um mercado e precisa ser preparado com criatividade e sistematicamente. O plano deve conter uma pesquisa de mercado, a análise do produto, seu preço, política de propaganda e de promoção de vendas e os meios de distribuição, seleção de vendedores, sistemas de vendas e controle das atividades. O plano deve possuir um orçamento criterioso, elaborado nas proporções que o tornem mais efetivo e rigorosamente obedecido.

Um dos modelos para o plano de marketing é constituído por seis passos, ou seja, as atividades individuais no processo que visa à preparação e ao planejamento mercadológico:

1. Pesquisa de mercado – para obter as informações mercadológicas de modo a decidir com base em fatos.
2. Planejamento do produto – desenvolvimento de um produto que atenda as necessidades do consumidor e possibilite o uso de toda a capacidade de produção da empresa.
3. Fixação de preços – em função dos custos e dos fatores do mercado.
4. Propaganda – tornar o produto conhecido e provocar a sua procura. Levar o consumidor ao produto.
5. Promoção de vendas – levar o produto ao consumidor por meio de atividades auxiliares de venda.
6. Distribuição do produto – colocar o produto ao alcance do consumidor final, facilitando a compra.

Marketing é, assim, a execução, por uma empresa, de todas as atividades necessárias para criar, promover e distribuir produtos que estejam de acordo com a demanda atual e potencial, com a sua capacidade de produção e suas expectativas de lucratividade.

Alguns empresários ainda pensam que podem vender tudo o que produzem. É uma ilusão que eles têm, até certo nível de produção. Mas a concorrência aumenta com a instalação de novas empresas, ao mesmo tempo que, a cada dia, novos produtos surgem para competir com um mesmo poder de compra, que já é bastante limitado. Todos os bens competem entre si pelo dinheiro que sobra após a satisfação das necessidades básicas do consumidor. E, em alguns casos, competem até mesmo com essas necessidades.

Funções do marketing

O marketing em si constitui função de uma organização cooperativa estreitamente integrada. Marketing não é tudo na empresa, embora seja extremamente importante na orientação dos negócios e possa até mesmo se tornar sua parte mais agressiva. Dentro do marketing, por sua vez, existem outras funções ou outros processos básicos que devem ser realizados.

A. Funções de troca:
1. compra (concentração);
2. venda (distribuição).

B. Funções de suprimento físico:
1. transporte;
2. armazenagem.

C. Funções facilitadoras:
1. financiamento;
2. riscos;
3. pesquisa;
4. padronização;
5. classificação.

Marketing-mix

Marketing-mix é a estratégia mercadológica que envolve todos os elementos do composto de marketing: produto, preço, comunicação e distribuição. É a multiplicidade de possíveis combinações que o profissional de marketing pode usar para atingir os seus objetivos. Em propaganda, por exemplo, ele pode decidir-se pelo uso do rádio AM ou FM, TV aberta ou fechada, jornais, mala direta, e-mail marketing ou combinações deles, ou até mesmo usar todos eles. É evidente que só no campo da propaganda já há uma infinidade de escolhas e que são muitas as combinações possíveis. Imagine, então, quando combinamos todos os elementos do mix.

Para traçar a política de marketing, devem ser analisadas as seguintes questões: o produto, o mercado, as compras, as vendas, os suprimentos físicos, os serviços, a propaganda, a promoção de vendas, as relações públicas e os demais elementos que possam vir a participar da comunicação com o mercado.

Marketing cultural

O grande patrimônio de uma empresa é a sua marca, cuja personalidade ganha força com o passar do tempo, pela atuação, filosofia e política de negócios. Mas, em nosso país, as metas dos programas mercadológicos quase sempre são de curto prazo. Não é costume ver traçadas políticas de investimentos em longo prazo, e alguns ainda consideram os investimentos na imagem institucional um desperdício. São muitas as variáveis que fazem o sucesso de uma empresa e de seus produtos. Porém o principal, sem dúvida, é a sua imagem, o melhor ponto de apoio.

O marketing cultural, estimulado no Brasil por leis federais e estaduais (em algumas localidades, até mesmo municipais), está ganhando espaço como ação importante do marketing institucional e tem sido bastante utilizado por várias grandes empresas. Porém, poderia ser ainda mais utilizado por muitas empresas de médio e até pequeno porte, que não o fazem por não conhecerem os benefícios, no médio e no longo prazos, da presença institucional em eventos dessa natureza e, também, pela má compreensão do que sejam tais formas de marketing.

O marketing cultural não pode continuar a ser considerado uma técnica adicional de vendas ou uma forma de economizar anúncios na mídia. O patrocínio de uma audição musical no lançamento de uma linha de produtos é interpretado como um oferecimento agradável, como um brinde, e tem como resultado a fixação da marca, que conquista a simpatia do público. Não é o que ocorre com a realidade de uma audição realizada para a venda de um produto em estandes. Nesse caso, trata-se de uma estratégia na qual o público percebe que é apenas mais uma técnica de vendas, que estimula a oferta da audição para provocar a venda do produto, e a associação da imagem pode ter efeito negativo.

No marketing cultural os objetivos visam à conquista, à consolidação e ao aumento da simpatia pela empresa. Mas, na maioria das vezes, esse esforço é perdido pela "eterna mania de levar vantagem". Muitas empresas participam de eventos culturais com a ideia de economizar na mídia, não valorizando a marca como o valor do evento. Passam a ser mais uma na parafernália de muitas marcas que avalizam o espetáculo. E, como resultado, ninguém memoriza qual o verdadeiro patrocinador. A eficiência de um anúncio saturado de logomarcas é praticamente nula. O destaque de um evento na mídia, sem perfil de identidade com o patrocinador, perderá o destaque deste.

Assim, na estruturação do plano de marketing deve haver um estudo profundo dos objetivos, das metas pretendidas e dos resultados que devem ser alcançados para que a participação seja verdadeiramente um investimento e não um favor que se presta e que se transforma em desperdício. Lembrando Ogilvy (1971), "cada anúncio (cada evento) é parte do investimento a longo prazo na personalidade da marca".

É fundamental que a empresa defina se é de sua identidade participar do universo cultural (ou de qualquer outro) e fazê-lo com critérios claros e constância para que a soma de seus esforços renda resultados positivos e verdadeiramente adequados à sua imagem e reputação. Apoiar um evento aqui e outro ali, de vez em quando, poderá até ser bom para os eventos, mas tenderá a não trazer nada para a marca. Por outro lado, em um ambiente em que os produtos e serviços já não apresentam tamanha diferenciação, ter uma marca notável e bem sustentada em sua área institucional pode fazer toda a diferença para seu sucesso mercadológico.

Marketing esportivo

As verbas de marketing esportivo têm crescido exponencialmente, tanto no Brasil como nos Estados Unidos. Envolvendo tudo, do *hot-dog* ao patrocínio de algum evento de televisão, a indústria norte-americana do esporte já superou importantes setores, como o de seguros. Nesse bolo, todo tipo de esporte vem atraindo cada vez mais o interesse das empresas, que procuram um vínculo saudável e não fazem economia para alcançá-lo. Hoje já são milhares de empresas que investem no setor. Em 1982, eram apenas dez.

Em sua forma original, o marketing esportivo não passava da contratação de um atleta para divulgação de um produto. Hoje a preferência das empresas norte-americanas vem recaindo sobre os eventos de um modo geral, uma estratégia que oferece estabilidade em longo prazo e ajuda a construir uma imagem forte. O esporte está sendo usado para lançar novos produtos, para aumentar a empatia do consumidor em relação a uma empresa, até mesmo para minar a liderança regional de uma marca.

No princípio, os objetivos eram apenas institucionais. À medida que os resultados foram aparecendo com o fortalecimento da imagem da empresa, novos caminhos foram descobertos. Patrocínios de equipes têm provocado consideráveis aumentos de vendas. No patrocínio de transmissão de grandes eventos esportivos pela televisão, em que uma "dobradinha eficiente" é feita de modo que os anunciantes comprem cotas de patrocínio, as empresas adquirem direito a uma espécie de merchandising, que assegura a exposição de seu logotipo durante a transmissão do evento. Automobilismo, futebol, golfe, tênis, vôlei de praia e basquete são muito utilizados.

E esse esforço ganhou rapidamente, nas duas últimas décadas, espaço no Brasil, superando o que até então parecia ser o único esporte de interesse nacional, o futebol. Várias empresas aderiram ao marketing esportivo e têm obtido retorno, com bons reflexos no desempenho dos atletas, como ficou evidenciado nos Jogos Pan-Americanos do Rio de Janeiro em 2007, e também nos diversos campeonatos de futebol, nas corridas de automóveis (da Fórmula 1 à Fórmula Truck), no vôlei de praia e nas mais diferentes modalidades esportivas. Calcula-se que, no Brasil, esse tipo de estratégia absorve um percentual significativo e crescente das verbas publicitárias.

Todavia, deve ficar patente que o marketing esportivo não faz milagres e tem limites. Algumas modalidades são tão utilizadas que provocam saturação em curto período de tempo, o que pode deixar de ser um bom negócio. Do mesmo modo, é preciso haver uma enorme adequação entre a marca e o esporte. E constância e coerência no investimento. Mais uma vez, repetimos: não adiantam esforços isolados. Para conseguir resultados em patrocínios, deve-se ter um planejamento bem delineado.

Merchandising

O conceito de merchandising pode ser apresentado a partir de diferentes prismas. O *merchandising na indústria* aponta para um processo de gestão do processo produtivo, fazendo que o produto esteja no ponto de venda no momento certo e com todas as características exigidas pelo consumidor.

Já o *merchandising promocional* está ligado às ações que se realizam no ponto de venda com o intuito de ampliar a venda por meio da melhor exposição do produto. É preparar a mercadoria para que seja apresentada ao consumidor da melhor maneira possível para que ela esteja adequada às necessidades dele.

No Brasil, há um fenômeno também chamado simplesmente de merchandising, que é a utilização simulada de produtos ou serviços por atores, principalmente em filmes ou novelas. Nesse setor, liderado pela Rede Globo, as emissoras de televisão constituíram departamentos de merchandising que vendem espaços em suas novelas e outros programas para empresas que queiram veicular seus produtos como parte dos hábitos e costumes dos personagens ou apresentadores.

Há também outra ação que faz uso do termo *merchandising*, agora como merchandising social. Ela acontece quando uma novela promove uma atividade social, como a doação de órgãos ou a necessidade de tomar vacina, ou até mesmo respeitar os mais velhos, mas isso dentro do contexto da história e com o uso dos atores como personagens.

Merchandising na indústria

Merchandising é o planejamento promocional do produto antes de ser lançado no mercado. É a planificação necessária para que se possa efetuar – com rendimento ideal – o marketing. É, até certo ponto, uma previsão de consumo do produto do ponto de vista de sua aceitação: tamanho, durabilidade, facilidade de manejo, aparência, forma, cheiro, sabor, embalagem, peso, estilo, cor etc. Daí se determinam, depois, o coeficiente de custo de produção *versus* preço de venda, quantidades a serem produzidas etc.

A função do merchandising é orientar a indústria, ajudando-a a produzir mercadorias para as quais exista uma demanda real ou potencial. Merchandising seria, portanto, a preparação da mercadoria para torná-la adequada à necessidade do consumidor e ao seu caminhar pelos canais de distribuição. É o estudo do produto em si. A palavra *certa* é a chave para entender bem o que é merchandising. A mercadoria CERTA na quantidade CERTA no momento CERTO no lugar CERTO pelo preço CERTO com apresentação CERTA.

Uma tradução que, nesse aspecto, parece bastante adequada para o merchandising seria comercialização. Analisando, então, as mercadorias do ponto de vista da comercialização, encontramos uma correlação entre os produtos e o seu grau de necessidade para o consumidor. Exemplificando, elas podem ser essenciais, necessárias, convenientes, supérfluas ou de luxo.

Todo produto pode também ser estudado sob as duas grandes categorias de gênero e especialidade. Os produtos naturais (arroz, feijão, minério de ferro) são gêneros. Os produtos industriais são especialidades. O produto A é diferente do similar produto B, e assim por diante.

Mark Wiseman faz uma classificação de mercadorias que é sempre útil ter em mente quando estamos com qualquer problema de preparação da mercadoria para torná-la adequada às necessidades do consumidor e ao seu caminhar pelos canais de distribuição. Segundo ele, toda mercadoria se destina à satisfação de uma necessidade, e a resposta à pergunta "para que serve essa mercadoria?" é a sua ideia de venda. A ideia de venda, no entanto, apresenta-se em três graus:

a) primário – quando responde especificamente à pergunta "para que serve?";
b) qualificado – quando, além de servir para um fim primário, a mercadoria satisfaz a uma necessidade de maneira diferente do que fazem mercadorias semelhantes;
c) integrado – quando, além de satisfazer uma necessidade, a mercadoria o faz de maneira especial e ainda possui um símbolo de prestígio social ou *status*.

Alguns autores dizem que o merchandising funciona como uma brigada de reconhecimento do marketing.

Merchandising promocional

Tanto em propaganda como em promoção de vendas não criamos necessidades, mas motivos de compra que estabelecem o elo do produto com as necessidades ou os desejos dos consumidores. Promoção de vendas é uma técnica de marketing acionada quando a rotina de vendas emperra, pretendendo um retorno imediato por um custo menor. Promover é fazer avançar, dar impulso, desenvolver. A promoção é a semeadura, e a venda é a colheita.

A promoção sempre tende a oferecer algo ao consumidor para que se sinta recompensado quando adquirir um produto. Uma boa promoção costuma ser mais bem-sucedida quando tem uma boa cobertura publicitária, e vice-versa. Se, no passado, no Brasil, existia mais criatividade em propaganda do que em promoção, hoje em dia as principais agências de promoção brasileiras são reconhecidas mundialmente pelo alto grau de profissionalismo e criatividade.

É preciso lembrar que, em promoção, o mais importante são o planejamento e a implementação. Devem-se prever os riscos (falta de energia, equipamento disponível, local) e tudo deve ser revisado, sempre considerando que cada caso é um caso. O plano é de difícil execução e deve ser baseado em um apurado planejamento, girar em torno de uma ideia básica, transformar o fato em um acontecimento.

Usado comumente no campo de promoção de vendas, nesse aspecto, o merchandising apresenta diferentes versões. Para alguns, significa a criação e produção de simples bandeirolas, cartazes, faixas, displays etc. Merchandising envolve essas atividades, mas é muito mais do que isso: é planejamento promocional do produto antes de ser lançado no mercado. É a preparação da mercadoria para torná-la adequada às necessidades do consumidor. O marketing define o que e onde vender. O merchandising, como e por que vender.

Segundo definição da American Marketing Association,[13] *merchandising* é um termo utilizado de várias formas. Pode: (1) estar relacionado a atividades promocionais de fabricantes que fazem seu uso em displays de lojas, ou (2) identificar quais os melhores locais que os produtos e linhas de produtos podem ocupar dentro do varejo.

Quase não há fronteiras em muitas de suas áreas de atuação com promoção de vendas, sendo quase sempre confundido com ela. Afinal, ambas as atividades atuam no ponto de venda. Entretanto, o merchandising usa a promoção como seu meio para efetivar sua estratégia e, para dar consecução à estratégia, recorre, muitas vezes, às ações promocionais dirigidas a balconistas, lojistas, revendedores e consumidores finais, ou a todos eles.

Das técnicas utilizadas, a mais simples e mais importante operação de merchandising é a *exibitécnica* (alguns também usam a expressão *displayagem* – neologismo derivado de *display*).

Todas as ações da propaganda, promoção etc. convergem para um único ponto – o ponto de venda. É o momento em que se tem a resposta. Aí tudo vira sucesso ou fracasso. Embalagem, design, destaque, boa exposição, arrumação, material promocional, decoração... a boa exibitécnica, enfim, é que pode ditar qual o destino do produto.

Merchandising é, portanto, complemento de outras formas de atividades publicitárias, da mesma maneira como os cartazes são complementares

---

[13] AMERICAN MARKETING ASSOCIATION. *Dictionary*. Disponível em: <https://www.ama.org/resources/Pages/Dictionary.aspx?dLetter=M>. Acesso em: dez. 2014.

para a TV como veículo de publicidade, cada um fazendo um trabalho diferente, apesar de todos servirem para o mesmo fim, informando e persuadindo o consumidor a comprar ou consumir determinada marca.

Se usarmos a palavra *merchandising* significando todo o processo de produção e comercialização lucrativa, então merchandising engloba vários fatores relativos ao processo físico de distribuição e venda. Assim, merchandising seria a atividade que engloba todos os aspectos de venda do produto ou serviço ao consumidor, estabelecidos no ponto de venda, e não por meio dos veículos de comunicação tradicionais. Trata-se, então, de trazer as mercadorias certas para uma perfeita distribuição e para uma melhor exibição no ponto de venda.

Ultimamente, os veículos de comunicação têm utilizado o merchandising com grande sucesso, tanto na imprensa como na TV. É a presença de produtos que são consumidos pelos artistas e pelo público telespectador. É o cartaz que surge em um cenário.

Promoção de vendas

A cada dia, torna-se mais importante e mais necessária a promoção de vendas, diante da quantidade e qualidade da concorrência existente, o que força os industriais, varejistas e prestadores de serviço a melhor se aparelharem para não sucumbirem na luta pela conquista de mercados.

A sutileza dessa técnica consiste em levar o consumidor a solicitar, no ato da compra, a marca anunciada. No varejo, pela própria natureza do negócio, tudo é promoção de vendas, desde que haja orientação adequada para se atingir o fim desejado: vender mais e melhor.

Para tanto, é importante não deixar "a propaganda morrer no ponto de venda". Não é bastante anunciar ou promover campanhas publicitárias se isso não estiver apoiado em um trabalho paralelo de promoção de vendas. Consequentemente, promoção de vendas é um acontecimento em torno do produto ou no local da venda. Poderíamos ainda defini-la como a pesquisa, o estudo, a afinação e a aplicação de todas as ideias e iniciativas que possam conduzir à coordenação, ao melhoramento e ao desenvolvimento das vendas.

A publicidade também ajuda a promover as vendas e, nesse aspecto, faz parte dos esforços de promoção. A diferença reside, sobretudo, nos gêneros de ação e nos seus pontos de aplicação: os de promoção de venda propriamente ditos ajudarão os produtos a encontrar seus compradores; os de publicidade atuarão sobre os possíveis compradores, dirigindo-os para os pontos de venda e, dentro deles, aos produtos.

A publicidade leva o consumidor ao produto. A promoção de vendas traz o produto até o consumidor. A propaganda efetua a venda prévia na mente da clientela. A promoção de vendas atua sobre o consumidor no local da venda.

Promoção junto ao vendedor

O primeiro objetivo da promoção de vendas é auxiliar os vendedores a desempenharem bem sua função, e uma das melhores maneiras de auxílio consiste na administração de custos de venda. Outra maneira compreende o fornecimento de um manual de vendas ou um portfólio que facilite aos vendedores a apresentação de seus argumentos ao consumidor.

Devem-se também organizar e realizar cursos sobre como vender mais e melhor, preparar convenções de vendas e planejar e orientar a produção de todo o material que ajude o profissional de varejo a vender de maneira mais criativa e efetiva.

Promoção junto ao revendedor

O segundo objetivo da promoção de vendas é auxiliar o distribuidor a escoar a mercadoria da gôndola. As principais atividades envolvidas são:

- Organizar e ministrar cursos especiais para vendedores, ensinando-os não só a vender, de modo geral, como também a vender especificamente o seu produto.
- Cooperar na elaboração do layout das lojas, de modo a colocar o produto com destaque e, dessa forma, chamar a atenção do comprador quando entrar na loja.
- Planejar, organizar e executar concursos de vendas para varejistas ou seus vendedores, visando estimular a saída do produto.

Promoção junto ao consumidor

A promoção de vendas desempenha o seu maior papel quando se faz junto ao consumidor. Nesse estágio, ela reforça e amplia a ação da propaganda, e essa ação pode ocorrer de múltiplas maneiras, como as ofertas de preço, os concursos, as amostras etc.

Objetivos da promoção de vendas

Basicamente, a função da promoção de vendas é ocasionar estímulos capazes de fomentar a demanda de um dado produto ou serviço, agindo no curto prazo no sentido de construir a oferta e explorar a fidelidade à marca. Os resultados dessa ação são sentidos de imediato. É na promoção de vendas que mais se salienta a necessidade de integrar os múltiplos recursos do marketing.

A promoção de vendas precisa facilitar o escoamento do produto, nas diversas etapas do processo de distribuição, culminando ao atingir o consumidor final, sem contradizer a ação da propaganda, sem conflitar com ela; ao contrário, ela deve servir para a mais rápida difusão da mensagem, destruindo os resíduos da resistência porventura existentes, além de servir para ampliar ou reforçar o desejo de compra.

A promoção de vendas atua para:

- acelerar as vendas;
- bloquear a penetração da concorrência;
- aditar novas razões de consumo;
- reativar um produto cujas vendas tenham entrado em declínio;
- divulgar um novo produto;
- aumentar a eficiência e a eficácia da força de vendas;
- injetar estímulos na rede de intermediários.

O objetivo geral e comum a todas as promoções é a manutenção ou ampliação do consumo, de forma sistemática e ordenada, dos serviços ou produtos oferecidos pela entidade vendedora mediante a obtenção de uma atitude favorável dos consumidores.

A verba para promoção de vendas

A melhor técnica para a fixação de verba de promoção de vendas é fazer a análise de cada caso em si. Preferencialmente, ela deve ser fixada produto a produto, dependendo de seu estágio no mercado (lançamento, introdução, sustentação, revitalização etc.) e do *share of market* que o produto detém, pois há itens de compra por impulso que reagem muito bem às ações promocionais e produtos mais sofisticados, caso em que a ação promocional se desenvolve diretamente junto aos grupos influenciadores.

O ideal para o cálculo da verba promocional de produto em lançamento é calcular um percentual sobre o potencial de mercado e as expectativas de venda. No caso de produto já lançado e posicionado no mercado, a fórmula ideal é a extraída de uma percentagem sobre as vendas médias do produto.

Calendário promocional

As atividades de promoção e de merchandising normalmente baseiam-se em um calendário promocional, no qual constam todas as datas importantes para anunciar e lançar campanhas para lojas, de janeiro a dezembro. Também devem ser incluídas as que poderão ser utilizadas para anúncios institucionais, além das datas oficiais dos países com quem mantemos relações, datas de aniversário, acontecimentos sazonais, tudo bem programado, e o estudo de aproveitamento que poderemos fazer de cada fato.

A vantagem do calendário é que ele se transforma em um *check-list* que permite um controle eficiente de todas as atividades. É sabido que é necessário planejar com antecedência as atividades a serem promocionalmente desenvolvidas ao longo do ano, prevenindo-se contra as dificuldades que possam surgir, e o calendário promocional em muito contribui para se fazer o planejamento anual. A inclusão de todos os eventos previsíveis permite o desenvolvimento de um perfeito planejamento. Um calendário completo deve fixar as providências de compras a efetuar, de modo a se ter o produto a promover já estocado antes do início da promoção. Como é sabido, entre o pedido do produto e o seu recebimento pode existir um prazo razoável, o que obriga a uma correta previsão da data certa de compra.

O segundo item do calendário é o controle de recebimento de mercadorias a serem promovidas no mês seguinte. Por exemplo, em janeiro, as lojas já deverão receber as mercadorias de carnaval.

O terceiro item refere-se às promoções do mês. Assim, em janeiro, a promoção deverá ser de artigos de férias, roupas leves etc.

Finalmente, o quarto item registra as datas importantes que poderão ser aproveitadas para maior motivação da promoção.

Para ilustração, buscamos o calendário promocional apresentado no site Janela Publicitária, em que o autor, Marcio Ehrlich, fez uma extensa compilação entre diversas fontes, que vêm a ser ajustadas, obviamente, a cada realidade, e "nas quais encontramos algumas informações controversas, como eventos citados em dias diferentes. Nesses casos, você encontrará a ressalva".

Campo de atuação da promoção de vendas

O campo de atuação da promoção de vendas é vasto. Entre os mais importantes, classificamos os seguintes:

QUADRO 1.7 Promoção de vendas – Os mais relevantes campos de atuação.

A – Itens promocionais	C – Festejos e ocorrências sazonais
Vale-brinde	Dia das Mães
Sorteios	Dia dos Pais
Prêmios	Dia dos Namorados
Concursos	Natal
Cuponagem	Dia da Pátria etc.
Brindes (*Premium*)	Aniversário de fundação
Amostras	Jubileu
Banded pack	Centenário
Gift pack	**D – Programa de incentivo de vendas**
Oferta assemelhada	
B – Acontecimentos e eventos promocionais	**E – Música ambiente e decoração**
Liquidação	**F – Peças de ponto de venda**
Ofertas especiais	Exibitécnica
Quinzena de ofertas	Vitrines
Artigos do dia	Cartazes
Saldos e retalhos	Móbiles
Saldos de balanços	Displays
Remarcação de saldos	Dispensers
Vendas a portas fechadas	Tags de preços etc.
Demonstrações e degustações	**G – Consórcios**
Concursos de beleza	
Feiras e exposições	**H – Showroom**
Gincanas	**I – Marketing direto promocional**
Festivais	**J – Mala direta promocional**
Desfiles	
Seminários	**K – Audiovisual**
Simpósios	**L – Embalagem**
Convenções	
Congressos	**M – Campanhas cooperativas**

FONTE: EHRLICH, Márcio. Site *Janela Publicitária*. Disponível em: <http://janela.com.br>. Acesso em 18 ago. 2015.

Itens promocionais

Os consumidores parecem ser mais impactados por apelos que oferecem uma vantagem econômica. Ao adquirir um produto a preço abaixo do normal do mercado, o consumidor tem uma sensação e um sentimento de ganho – às vezes, até uma sensação de "esperteza". Assim, mesmo quando o consumidor se recusa a se autogratificar, a promoção pode ser um empurrão para ele se decidir a comprar.

Existe também a paixão pela busca de pechinchas, que desaparece no autosserviço e que, no caso, é substituída pela oferta ou item promocional. O "algo adicional" ao produto é o forte argumento de vendas, funcionando ainda como compensação psicológica pelo tempo despendido nas compras em detrimento do lar e dos filhos.

Outra variável importante na definição dos itens promocionais a serem utilizados é o aspecto legal. Cada ação promocional a ser colocada em prática deve passar primeiro pelo crivo da legislação vigente, que define valores, impostos e dinâmicas que sistematizam e limitam o uso da ferramenta. O não cumprimento da lei pode impactar negativamente a empresa e seus produtos ou serviços com pesadas multas ou, pior, com a imagem de uma organização não ética que buscou ludibriar seus consumidores.

É necessário averiguar as leis municipais, estaduais ou federais que regem o uso da ferramenta de promoção de vendas, em cada caso. O profissional deve se cercar de toda a garantia para que não incorra em erros, que podem ser drásticos para sua trajetória. A distribuição gratuita de prêmios mediante sorteio, vale-brinde ou concurso é regulada pela Lei nº 5.768, de 20 de setembro de 1971,[14] e tal legislação é atualizada constantemente.

Vale-brinde

É a promoção em que o consumidor, ao achar o vale-brinde dentro do produto, ganha o prêmio prometido. A sua eficiência reside no fato de que a sorte depende do próprio consumidor. Ele é que testa sua própria sorte. Basta pegar, achar e ganhar. A prática tem revelado que é uma eficiente mecânica de promoção de vendas. Achou, ganhou... essa é sua rápida mensagem.

O vale-brinde deve ser colocado no interior do produto, ou dentro da embalagem, atendidas as normas dos órgãos de Saúde Pública e do controle de pesos e medidas.

Sorteios

Premiação vinculada diretamente ao acaso ou à sorte de cada um dos participantes. O processo é a entrega de cupom ou o elemento sorteável, numerado, e vence aquele que tiver o número coincidente com o sorteado, no dia mencionado.

O sorteio também pode acontecer por correspondência (cartas, e-mails, mensagens etc.) enviada a uma central contendo rótulos, embalagens, códigos ou mensagens conforme a mecânica definida ou ser realizado com cupons encartados em veículos de mídia impressa, devidamente preenchidos e remetidos ao endereço divulgado.

---

[14] A lei e suas alterações podem ser encontradas em: <http://www.dataprev.gov.br/sislex/paginas/42/1971/5768.htm>. Acesso em: dez. 2014.

Prêmios

O prêmio difere do brinde porque deve estar associado a uma venda, só é concedido se o consumidor adquirir o produto. Pode ser distribuído mediante a troca de tampas marcadas, certo número de rótulos, embalagens ou, ainda, o rótulo e certa importância em dinheiro. Nesse último caso, chama-se *self-liquidating-premium*.

Outra forma de premiar é adicionar o prêmio ao produto adquirido. Assim, ao comprar determinado produto, o consumidor ganha imediatamente seu prêmio, que pode, com vantagens, ser associado ao produto. Por exemplo, saboneteira na compra de um pacote de sabonetes ou medidor na compra de um pacote de açúcar.

Cuponagem

Trata-se da distribuição de cupons principalmente por jornais, revistas, tabloides de supermercados, panfletos entregues em locais de grande circulação, ou porta a porta, dando direito a um desconto especial na compra de determinado produto. Poderá também ser feita por meio de cupons que deverão ser juntados à proporção que o consumidor compra o produto. Cada cupom tem um valor e, quando sua soma atinge determinado total, o consumidor troca-o pelo prêmio.

Finalmente, pode-se organizar uma promoção à base de selos com vários prêmios relacionados em um catálogo. Cada prêmio exigirá certo número de selos, e o consumidor pode adquirir quantos prêmios quiser desde que colecione os selos necessários. Veículos de comunicação impressa, como jornais, têm utilizado com frequência a cuponagem buscando aproximação ou fidelização junto ao seu *target*, ou público-alvo.

Amostras

A distribuição de amostras é outra forma de permitir ao consumidor levar para casa um exemplar do produto para testar e provar. Também conhecida como *sampling*, a distribuição de amostras tem como objetivo fazer que o consumidor conheça, contate e experimente o produto.

Realizada junto ao target, sem maiores dispersões, provoca no consumidor o uso e a experimentação do produto em condições favoráveis, quebrando barreiras em relação à utilização e tornando o produto conhecido.

Concursos

O concurso exige do consumidor um envolvimento efetivo na conquista de um prêmio. Ganhar o concurso não é somente uma questão de sorte, mas de habilidade em responder ou atender de maneira correta a questão proposta. É uma competição na qual várias pessoas se arvoram a disputar um prêmio, um bem que faz parte do desejo coletivo do público consumidor. Com o envolvimento dos participantes, a empresa divulga seus produtos e constrói um cadastro, que poderá ser utilizado para comunicação direta, além de servir para melhor conhecer características específicas do target.

No concurso, as pessoas respondem a uma questão ou sugerem uma frase, que deve ser enviada a uma central, muitas vezes com o rótulo ou embalagem de um determinado produto, ou ainda um código presente no momento da compra. Na data marcada, há o sorteio e, se a resposta estiver correta, o indivíduo sorteado recebe seu prêmio.

No caso de uma frase, após o julgamento, é informado o ganhador, o que melhor atendeu ao desafio. A apuração do concurso pode ser feita tanto na própria empresa que realiza a promoção como nos auditórios de emissoras de rádio e TV. Tem sido comum a utilização de empresas de auditoria, para maior confiabilidade do esforço. Afinal, todo participante precisa realmente crer que possui alguma chance de ganhar, de maneira transparente, por seu mérito e esforço.

Brindes

O brinde é uma forma agradável de fazer que o nome de determinada organização seja lembrado, suas mensagens tenham repercussão e, automaticamente, ela seja favorecida na hora das decisões de compra.

Há uma tradição de envio de brindes nos finais de ano. Calendários, agendas, objetos de uso institucional ou pessoal são entregues na busca de tornar a imagem de marca presente na mente do consumidor durante o restante do ano. É um mercado muito dinâmico e que busca, como em todo nosso mercado, oferecer o que os consumidores realmente possam vir a desejar e sempre com um aspecto inédito ou pelo menos diferenciado, que aparente valor.

Packs

Banded packs e *gift packs* são envoltórios que embalam vendas combinadas, ofertas de três pelo pagamento de dois, por exemplo, ou que contêm um presente. É importante que o consumidor seja informado de que se trata de uma ação promocional, com tempo determinado de duração que pode ser medido cronologicamente, ou até sobre o número de *packs* oferecidos, para que ele entenda que aquela oferta é por tempo limitado, apresse a aquisição e não se frustre quando as ofertas voltarem ao normal.

Oferta assemelhada

Quando a promoção não é concurso, sorteio ou vale-brinde, é enquadrada como oferta assemelhada, que pode ser entendida como uma válvula que permite que as promoções *sui generis*, dependendo de suas características, obtenham a necessária autorização. Como a legislação sobre promoção tem sido bastante dinâmica, é fundamental o seu conhecimento antes da proposição da promoção pela agência e da definição pela empresa cliente.

Acontecimentos e eventos promocionais

Os eventos criam uma atmosfera de curiosidade, condicionando o indivíduo que interage com o ambiente em que se encontra. A empresa pode realizar seus próprios eventos, criando maior predisposição do consumidor em favor de seus produtos e de sua imagem. A grande força de um evento reside no envolvimento que ele permite. Alguns exemplos: inaugurações, feiras e exposições, shows, festejos, desfiles, festivais, liquidações, convenções, congressos, simpósios, seminários, caravanas, gincanas, comemorações, concursos de rainhas e misses etc.

Várias empresas fazem uso dessa ação promocional, como Skol Beats, Coca-Cola Vibezone e TIM Festival. São empresas de diferentes setores, promovendo seus produtos e serviços, ampliando a percepção de marca junto ao seu público-alvo, seja público final ou público intermediário, formador de opinião etc.

Liquidação

Oferece bons resultados nos casos em que realmente constitui um evento não rotineiro. Leva à satisfação do consumidor em obter uma vantagem econômica ao adquirir um produto por preço abaixo de seu preço normal. As liquidações que sempre apresentam êxito são as que se referem às estações do ano, como as de inverno, verão etc. A força da liquidação reside no motivo que a justifique.

Sempre bem-sucedidas são aquelas que envolvem vendas e ofertas especiais, dentro de um período preestabelecido, seja semana, quinzena, mês, estação do ano etc. Também bem-sucedidas são as que se referem ao artigo do dia. Temos ainda os saldos de retalhos, os saldos de balanço, as remarcações decorrentes de pequenos defeitos, as vendas a portas fechadas, às quais apenas uma determinada quantidade de clientes tem acesso etc.

Atualmente, há diversos formatos de programas televisivos (também transmitidos pela internet) com esforços bastante focados em oferecer promoções de lojas e fábricas e que vêm apresentando resultados muito positivos. Porém, como em toda oferta promocional, tudo precisa ser muito bem ponderado para não "derrubar" a percepção positiva da marca. É típica a situação criada pelas liquidações em que se resolve um problema imediato de estoque e de entrada de dinheiro (fluxo de caixa), porém a imagem de marca sai arranhada, com uma percepção de menor valor.

Convenções e shows

Antes de termos os consumidores motivados com referência a um produto, é preciso que os vendedores estejam a par dele e devidamente motivados. O seu entusiasmo será transmitido ao consumidor e facilitará a venda. O principal objetivo de uma convenção é motivar a organização de vendas da empresa. É momento de treinamento, de retorno, de definição de metas, de reconhecimento e de premiação pelo já realizado, de motivação e desafios. É momento de união e de crescimento e de tornar o clima da empresa e de seus vendedores muito mais agradável e favorável aos esforços que serão realizados.

Já os shows se distinguem por poderem ser dirigidos a um público diferente, sejam consumidores diretos, distribuidores ou varejistas dos produtos promotores do show. Show é momento de encontro, de união, de demonstrar aos diversos públicos envolvidos que a empresa está realmente se esforçando para motivá-los, para que eles percebam sua real importância. É ponto de chegada e de partida da empresa e de seus públicos, aproveitando um evento que já esteja ocorrendo ou criando um especialmente para a ocasião.

Convenções e shows devem ser momentos mágicos, em que todos saiam diferentes de como entraram: mais animados, dispostos, felizes, gratificados. Senão, foi só "uma festinha".

Demonstrações

As demonstrações para promover vendas são largamente empregadas. Um dos melhores meios de vender um produto consiste em mostrar como ele funciona ou em dar ao consumidor a oportunidade de experimentá-lo. Geralmente, essas demonstrações são realizadas na loja, podendo, no entanto, ser feitas de casa em casa, nas escolas e nos clubes.

Vários produtos são vendidos assim: cosméticos, utilidades domésticas, *lingerie*, entre outros. Há também um conceito que, nos primeiros anos do século XXI, ocupa espaço crescente, que é o chamado marketing experiencial, o qual consiste em levar pessoas a usarem determinados produtos, simulando uma condição da vida real. Lojas promovem esse conceito com espaços que simulam o dia a dia do consumidor, permitindo que ele tenha a experiência da utilização do produto, contato como usuário, percebendo como aquele bem pode trazer algum benefício para sua vida.

Degustações

É o tipo de demonstração empregado para produtos alimentícios ou bebidas. Sentir pela primeira vez o gosto de um produto, muitas vezes, é fator decisivo para a sua compra. Utilizado principalmente em supermercados, voltado a quebrar barreiras em relação ao consumo de determinado alimento ou bebida, é também colocado em prática quando se trata de produtos de higiene e beleza. Nesse caso, o conceito de degustação se confunde com o de experimentação. Curiosamente, o mundo editorial (jornais e revistas) costuma utilizar a expressão *degustação* quando da distribuição de exemplares gratuitos para seus potenciais leitores e/ou assinantes.

Feiras comerciais

A feira é dinâmica e atuante. É uma exposição de vendas e construção de imagem institucional, voltada à ampliação do negócio no mercado. É um certame eminentemente industrial, passando o estande do expositor a ser uma verdadeira "filial" da empresa. O estande pode até mesmo ter as características de uma loja ou de um escritório de negócios:

- **Vitrine** – onde os produtos de maior interesse do expositor deverão ser expostos de maneira criativa.
- **Mostruário completo** – na apresentação de um estoque de todos os seus produtos, é absolutamente necessário ao expositor ter um mostruário completo.
- **Escritório** – o estande deverá ter um local em que o expositor poderá sentar-se com seu cliente, conhecê-lo melhor, entabular negociação, combinar os detalhes do fornecimento e conseguir a assinatura do pedido.
- **Distribuição de material de comunicação** – um fôlder ou similar contendo dados sobre sua indústria, detalhes de fabricação, vantagens e qualidade dos produtos.
- **Brindes e amostras** – voltados a presentear o visitante do estande, têm como objetivo tornar a lembrança do encontro e a imagem de marca presentes em sua mente. Permitem também que informações importantes sejam levadas pelo visitante, como o site da empresa, telefone de contato, localização de filiais e revendedores e outros pontos de possíveis contatos.

- **Sistema para registro de visitantes** – é um excelente meio para conseguir nomes e endereços de pessoas interessadas nos produtos, alimentando, assim, um bom banco de dados para conhecimento do público e para relacionamento.

Festas e ocorrências sazonais

São as comemorações que se realizam em datas determinadas: Dia das Mães, Dia dos Pais, Dia dos Namorados etc. Todas essas datas são comercialmente ótimas para despertar o interesse dos consumidores. É sempre maior a receptividade e até mesmo o sentimento de obrigação de comprar e trocar presentes nessas ocasiões.

Também os festejos são altamente aproveitáveis em relação a vendas, como Natal, Carnaval, Páscoa, Ano Novo, entre outros. As festas religiosas regionais são muito importantes e devem sempre ser destacadas, pois, em algumas regiões, são tão ou mais importantes que as de impacto nacional.

Há ainda as ocorrências sazonais e climáticas, como início e fim de estações: primavera, verão, outono e inverno, ou festas regionais, como as que acontecem em junho e julho no Nordeste do Brasil ou em outubro em Santa Catarina. Também podem ser aproveitadas as ocorrências habituais, como início das aulas etc.

Programa de incentivo de vendas

É a distribuição gratuita de prêmios a vendedores e representantes comerciais da pessoa jurídica, a título de incentivo à produtividade. Se não envolver sorteios, vale-brinde, concurso ou operação assemelhada, independe de autorização.

Música ambiente e decoração

Locais em que o consumidor se sente bem predispõem à compra. E isso não é restrito à decoração. Estudos indicam que uma adequada escolha do fundo musical nas lojas pode contribuir substancialmente para aumentar as vendas.

Nos supermercados, é comum haver uma busca por trilhas sonoras que procurem participar ativamente da dinâmica da loja: em momentos de excessiva aglomeração, a música deve ter ritmo acelerado, dinâmico, vibrante, forçando o consumidor a apressar inconscientemente seu processo de compras. Por outro lado, nos horários de pouca movimentação, de pequeno tráfego, é aconselhável a escolha de uma música calma, tranquilizante, suave, que motivará o consumidor a demorar-se mais dentro da loja, criando, com isso, um aumento de tráfego e maior possibilidade para a compra por impulso. E isso não vale só para lojas, mas também para pontos de consumo: um restaurante tende a buscar que o cliente permaneça mais. Observe suas cores e seus padrões. Uma lanchonete *fast-food* quer que o cliente se decida de uma vez por tudo, consuma e abra espaço para que outra pessoa se alimente. Com certeza, haverá música dinâmica, cores mais fortes, ritmo mais acelerado.

Aroma, padrões de cores, boa exposição, decoração, iluminação e exibitécnica podem fazer o sucesso ou fracasso de um supermercado ou de uma loja. Repare em uma loja de joias finas. Repare também em uma concessionária de veículos novos de médio e alto luxo. Perceba como todos esses elementos costumam estar muito bem resolvidos e combinados entre si.

E, às vezes, alguns detalhes fazem muita diferença: durante o verão, as cores devem ser mais suaves e, no inverno, mais quentes – em ambos os casos, funcionando como compensação do ambiente. Tudo pelo bem-estar do cliente.

Aniversários, centenários e jubileus

A comemoração de centenários, jubileus e aniversários de fundação é uma excelente oportunidade para aumentar as vendas e valorizar institucionalmente a empresa. São acontecimentos que não podem deixar de ser explorados.

O prestígio adquirido pela empresa e pelos seus produtos ao longo dos anos pode ser altamente capitalizado durante essas efemérides. Porém, saiba sempre equilibrar o tom utilizado, pois, muitas vezes, a antiguidade – que deveria ser percebida como tradição, isto é, competência reconhecida ao longo do tempo – pode ser percebida como velhice, defasagem, sensação de antiquado.

Peças de ponto de venda

O grande desenvolvimento do mercado varejista vem diminuindo cada vez mais a barreira no relacionamento da indústria com o comércio. Por isso, essa relação de maior aproximação e parceria precisa acontecer de forma estreita. E os esforços do chamado visual merchandising precisam estar presentes.

O maior interesse do produtor é que seus artigos tomem uma porcentagem mais expressiva nos mercados competitivos. Assim, terá de forçosamente se preocupar com os problemas de promoção de vendas nos pontos de venda, podendo, para tanto, dispor de uma extensa lista de material. Ao mesmo tempo, o interesse do revendedor está sempre atrelado a uma equação entre margem lucrativa e giro dos produtos (velocidade de vendas). Ambos, então, costumam utilizar muitas peças, entre as quais destacamos:

- displays para melhor expor suas mercadorias;
- demonstradoras que ressaltem os principais pontos de venda dos produtos;
- painéis;
- adesivos de chão;
- móbiles;
- faixas de gôndola;
- cartazes promocionais de preço;
- *take one*;
- tags de preços etc.

Enfim, há uma série de materiais promocionais para vendas que age como peça complementar à técnica de mostrar a mercadoria nos pontos de venda. E é importante também dar atenção especial às vitrines, onde deve ser exposto o máximo possível, porém com arte e diretriz. Exponha de preferência as mercadorias da época que estão sendo anunciadas e procuradas, fazendo novas vitrines todas as semanas.

Broadside

Uma das primeiras tarefas promocionais é a motivação do revendedor. Se ele não for convencido, não comprará o produto, que, por sua vez, não estará acessível ao público. Assim, é importante que o primeiro trabalho seja o de comunicação convincente com o revendedor. Para tanto, aconselha-se a confecção de um *broadside*, que é um impresso, semelhante a um fôlder, muito utilizado para lançar um produto ou explicar detalhes da companhia a vendedores ou revendedores de determinada empresa, com amostras da propaganda e argumentos de vendas. Muitas vezes, esse material pode estar relacionado com esforços de apresentação (convenções, feiras etc.) e/ou com anúncios em publicações dirigidas ao público de intermediação e distribuição (*trade*).

Um *broadside* pode conter o seguinte:

- ligeiro histórico da empresa;
- descritivo do produto;
- análise comparativa do produto com os principais competidores;
- descritivo da campanha publicitária a ser realizada;

- relação de material de promoção de vendas à disposição dos revendedores;
- possíveis ações promocionais de incentivo às vendas, aos revendedores.

Propaganda cooperativa

A propaganda cooperativa (ou cooperada) é uma decisão de importância cada vez maior para as empresas que lançam mão de canais indiretos de comercialização. Ela tem de ser vista como um reforço à campanha. Sua principal função é fazer que o consumidor saiba onde e por quanto comprar o produto, principalmente se for lançamento. Há hoje até mesmo práticas na área de bebidas e alimentos em privilegiar um maior revendedor com a exclusividade de oferta de um novo produto por um breve período.

É imprescindível também que a indústria contribua para o desenvolvimento dos negócios de seus revendedores, com campanhas cooperativas normais ou aliadas a uma estreita colaboração permanente de merchandising no ponto de venda. Como teoria, a propaganda cooperativa é um método pelo qual o fabricante e o intermediário participam do custo de propaganda, em partes que são definidas pelos envolvidos – muitas vezes, sem desembolso em dinheiro, mas "trocado" por custo das próprias mercadorias.

Categorias de lojas

Toda campanha promocional deverá levar em conta o tipo de loja a que ela se destina. Consideramos três tipos básicos: a loja promocional, a semipromocional e a não promocional.

Promocional

É aquela que trabalha em constante ritmo acelerado de vendas, fazendo ofertas com preços reduzidos, e que conta com um público consumidor um tanto incerto, que procura o mais barato, onde quer que se apresente. Assim, suas principais características são:

- não tem consumidor fiel;
- vive em constantes liquidações;
- compete pelo preço, não fazendo questão de qualidade;
- público consumidor primordialmente sensível a preços acima de tudo; maior frequência das classes B, C e D;
- propaganda de custo reduzido e em veículos que atingem a classe de público à qual se destina.

Semipromocional

É a loja que realiza uma ou duas liquidações anuais, oferecendo eventualmente algumas ofertas oportunas. Suas atividades costumam acompanhar o calendário promocional, sem utilizar a prática de redução de preços, possuindo um estoque variado e de boa qualidade. Seus preços são razoáveis e acessíveis a uma classe de poder aquisitivo mais elevado, e sua política de negócios é definida, não partindo para os exageros.

Suas outras características são:

- seu público é mais selecionado que o da loja promocional;
- tem consumidor definido, pela criação do hábito de compras mediante ofertas regulares, especiais, de liquidação e de prestígio;
- mantém anúncios constantes, bem preparados e que tomam espaços dominantes nos veículos de divulgação que atingem todas as classes sociais, dando sempre a ideia de que existem mercadorias novas, para todos;
- suas mensagens atingem homens e mulheres das classes A, B e C, prioritariamente;
- tem maior volume de negócios pelo tráfego que atrai para a loja, pelo grande interesse que desperta, ocasiões mais propícias e bem dentro do nível de seu poder aquisitivo;
- os veículos de divulgação escolhidos podem atingir todas as classes de poder aquisitivo de A a D, excluindo-se, aproximadamente, 20% da primeira e da última (dependendo do segmento de mercado e da região, existem veículos muito mais adequados);
- a principal função dos anúncios, com várias ofertas – tipo catálogo –, é a de atrair o maior número possível de pessoas à loja;
- procura vender exclusivamente aquilo de que o cliente precisa e como ele prefere;
- a sua personalidade se faz sentir por suas exposições internas, vitrines, anúncios e por intermédio dos próprios produtos comercializados;
- em todos os detalhes, observa-se que o valor, a utilidade e a qualidade das mercadorias estão acima de tudo;
- o cliente paga pelo que a mercadoria vale e sente-se recompensado pelos demais quesitos encontrados na loja (localização, estacionamento, atendimento, ambiente etc.).

Não promocionais

Finalmente, temos as lojas que visam atender um público mais sofisticado: as não promocionais, cujas principais características são:

- mercadorias para consumidores de poder aquisitivo mais elevado;
- proprietários e/ou atendentes são pessoas com grande preparação e, muitas vezes, com perfil similar ao do comprador;
- não usam processos de vendas que exijam maiores esforços e atividades;
- estoques reduzidos, mas de alto preço;
- costumam atuar dentro de espectro específico (somente roupas sociais, somente alimentos e bebidas diferenciados etc.);
- consumidor leal e conservador;
- anúncios bem feitos, mais de caráter institucional;
- praticamente não fazem ofertas ou reduções de preços. Se assim procederem, será em uma linguagem muito requintada.

Conceituações adotadas pela Associação de Marketing Promocional (Ampro)

Estes são os conceitos adotados pela Ampro,[15] sobre os mais variados temas da área, apresentados ao mercado durante o 1º Encontro Brasileiro das Empresas de Marketing Promocional (Ebemp), que aconteceu em agosto de 2003, contando com a presença de renomados profissionais do setor, palestrantes, moderadores e debatedores nacionais e internacionais.

Definição de marketing profissional da Ampro

Atividade do marketing aplicada a produtos, serviços ou marcas, visando, por meio da interação com seu público-alvo, alcançar os objetivos estratégicos de construção de marca, vendas e fidelização.

As ferramentas do marketing promocional

Os conceitos e princípios delineados pela Ampro aplicam-se a todas as técnicas, meios e instrumentos utilizados pelo marketing promocional, em todos os níveis, referindo-se a todas e quaisquer campanhas que envolvam:

- promoções com distribuição gratuita de prêmios, por meio de concursos, sorteios, vales-brindes ou operações semelhantes;

---

[15] Veja o site da Ampro, disponível em: <http://www.ampro.com.br>. Acesso em: dez. 2014.

- ações constituídas de ofertas, descontos, liquidações, trocas, coleções, amostras grátis, brindes, vendas condicionadas com quaisquer itens acoplados a produtos, prêmios;
- ações de demonstração, degustação e amostragem;
- atividades de marketing de incentivo: concursos de vendas e programas de incentivo à produtividade e desenvolvimento de produtos e serviços para efetivação dos programas de incentivo;
- eventos de qualquer natureza, incluindo os de lançamento de produtos, corporativos, sociais, culturais e esportivos;
- produtos, equipamentos e serviços para realização de eventos de todos os portes;
- organização e implementação de feiras, exposições, convenções, seminários, reuniões, encontros, fóruns, simpósios, congressos, cursos, festivais, gincanas, desfiles, festejos, efemérides, certames, shows, patrocínios, copas, circuitos;
- as atividades de *in store marketing* em geral;
- cuponagens, material de literatura e promocional de ponto de venda;
- projetos de embalagens, marcas, logotipos, logomarcas, símbolos, programação visual e demais peças que envolvem os produtos;
- identidade visual corporativa;
- ações de merchandising e materiais de PDV;
- atividades de coordenação de assessoria de imprensa e relações públicas;
- atividades de marketing de relacionamento, incluindo gerenciamento e coordenação de marketing direto, DBM, CRM, telemarketing, *call* e *contact center*;
- programas de marketing esportivo, cultural e social;
- coordenação e gerenciamento de diversos tipos de pesquisa;
- trabalhos de endomarketing;
- internet e sua utilização na área;
- criação de brindes, *gimmicks*, produtos interativos/virtuais;
- recursos humanos e tecnológicos especializados.

Relações públicas

Formadores de opinião – pessoas conhecidas do grande público, artistas – ganham salários para que exercitem seu poder de influenciar outras em relação a marcas, produtos ou serviços. Geralmente são jornalistas, escritores, publicitários e sociólogos, com poder de julgamento e lógica, aliado ao sentido da criação; discretos, objetivos, possuindo larga base cultural e profunda curiosidade intelectual. Intuitivos, analíticos e sintéticos, segundo Walter Poyares, um dos pioneiros: "com capacidade de aprender e compreender, de situar o particular no geral, de estabelecer ligações, de comunicar com clareza e objetividade", e têm de conhecer as ciências sociais porque são manipuladores dos fatores que integram a opinião pública. São obrigados a gostar de pessoas e atuar em profundidade nos meios de comunicação. A medida do seu êxito é a imaginação, que pode ser excitada ou desenvolvida.

José Gaspar Nunes Gouveia lembra que a história das relações públicas (RP) – desenvolvida desde Alexandre Magno, mas institucionalizada por Ivy Lee nos Estados Unidos, no início do século XX – atravessou quatro etapas, cada uma representada por uma frase:

- O público que se dane.
- O público deve ser informado.
- Que o público seja compreendido.
- Deve-se trabalhar para o público.

Ivy Lee, considerado o "pai das relações públicas", descobriu que as políticas sólidas e sua difusão sincera encerram a chave para a publicidade bem-sucedida. Graças a esse pensamento, conseguiu transformar a imagem de John D. Rockefeller, de um capitalista duro e insaciável, em um filantropo amigo das artes e dos operários.

Quem usou, porém, pela primeira vez a expressão *relações públicas* foi Theodore Vail, presidente da American Telephone and Telegraph Company, no relatório anual publicado em 1908, ao mencionar a introdução, na companhia, de um sistema de informações a cargo de jovens treinadas.

O termo é empregado atualmente em vários sentidos, vindo daí as suas múltiplas conceituações. Pode representar as relações de um indivíduo ou instituição com determinados grupos ou clientes e pode ser aplicado aos processos pelos quais as empresas estabelecem relações com o público em geral ou com parcelas do público.

Cuidadoso estudo das causas e dos resultados da conduta humana; sistema de relações com pessoas; arte gentil de acomodar os indivíduos à nossa própria trajetória; arte de fazer bem as coisas e obter crédito por elas; comunicação serena do comportamento meritório; filosofia de dirigir que põe o interesse do povo antes de qualquer decisão ou ação – relações públicas, antes de tudo, é um método de interferência na formação de correntes de opinião pública.

A função do profissional de relações públicas é aproximar todos os perfis de público de interesse, sejam eles institucionais ou de mercado, ao real papel que a empresa e seus produtos possuem. Para os principais públicos, tem-se usado também a expressão *stakeholders*.

Aprimorar o relacionamento existente entre a empresa e seus públicos traz longevidade para a organização, minimização de impactos negativos, proteção para sua imagem e aumento de sua capacidade em atingir seus objetivos.

Algumas das funções específicas exercidas pelo profissional de RP são:

- relacionamento com a imprensa, procurando organizar e promover notícias de interesse da empresa, da melhor forma possível, junto aos veículos de comunicação;
- comunicação com o público interno, permitindo que o chamado "principal consumidor de uma organização" seja impactado com informações sobre todos os acontecimentos que envolvem a corporação e seu relacionamento com o mercado;
- apoio às ações de comunicação publicitária, mediante eventos com públicos específicos, permitindo que a marca seja mais bem recebida e entendida junto a perfis distintos de consumidores;
- promoção de políticas públicas, com ações que promovam ideias ou conceitos, privados ou públicos, junto a autoridades governamentais.

No início do século XXI, as atividades de relações públicas ganham importância, pois direcionam ferramentas e linguagens de comunicação a públicos específicos, destacando fatos que se perderiam na enorme quantidade de impactos a que cada indivíduo é sujeito diariamente.

Se, no passado, propaganda comercial era coisa de agência de publicidade, e propaganda institucional era de agência de RP, hoje os sentidos convergem e se complementam: em um momento em que boa parte dos produtos de consumo apresenta poucas características realmente diferenciais, a imagem da empresa pode ser o atributo para a escolha. Isso envolve, inclusive, ações de responsabilidade social, empresarial e de investimento social privado, com as quais as empresas buscam demonstrar sua preocupação com as questões sociais e ambientais em sua cadeia produtiva e nos ambientes de seu maior interesse.[16]

---

[16] Para saber mais, consulte: <http://www.ethos.org.br> e <www.gife.org.br>. Acesso em: dez. 2014.

Pesquisa de mercado

Em marketing e mais especificamente em publicidade, vários recursos são utilizados buscando-se prever resultados: testes de venda, testes psicológicos, estudo e análise das estatísticas, pesquisas motivacionais, de mercado e de opinião.

A pesquisa de mercado consiste em completar, suplementar o conjunto de critérios ou opiniões, ou mesmo "reconhecimentos" ou intuições do administrador, procurando reconstituir todas as relações que se estabelecem entre os fatos ou descrever, por meio de sondagens periódicas, as tendências das vendas em um mercado que está em permanente mudança e transformação.

O objetivo de uma pesquisa de mercado é fazer uma sondagem com os usuários de determinado produto para travar um conhecimento com as necessidades do mercado, com os níveis de preferência entre os produtos de determinada fabricação e os de sua concorrência, a fim de planificar a produção industrial indo ao encontro dos desejos do consumidor, diminuindo as suas resistências no ato da compra.

O gestor de marketing e comunicação necessita tomar inúmeras decisões com alto índice de precisão e acerto. Tais decisões impactam de maneira efetiva e decisiva nos negócios de uma organização, exigindo implementações ou alterações no produto e quanto à sua política de preço, formas e conteúdos de comunicação e o local e a maneira como será exposto para ser adquirido. A pesquisa tem como propósito minimizar o risco na tomada de decisões em qualquer uma dessas escalas, pois apresenta fatos com maior índice de precisão, descortina realidades, aponta caminhos mais efetivos.

A pesquisa com tal função traz elementos para que se encontrem as melhores ferramentas na construção da imagem de um produto ou empresa, na medida em que consegue avaliar o impacto e a força da marca na mente do consumidor. Sabendo-se qual o papel que certa marca ocupa na mente de um determinado público com maior índice de precisão, a função de ajustá-la ao posicionamento desejado apresenta-se com maior percentual de acerto. O mesmo raciocínio vale para percepções de preço, valor, qualidade, localização e número de pontos de venda, portfólio de produtos oferecidos, ações de comunicação, entre outros itens do composto de marketing.

Outra função da pesquisa de mercado consiste em conhecer as condições e os fatores relacionados com a variação nas vendas, encontrando-se esses fatores e condições nas seguintes áreas:

- produto (ou serviço);
- organização e política de vendas;

- canais de distribuição;
- mercado consumidor.

Segundo a American Marketing Association, pesquisa de mercado é a atividade que liga consumidor, cliente e público ao mercado por meio da informação – informação essa usada para identificar e definir oportunidades e problemas, gerando, refinando e avaliando ações mercadológicas, monitorando sua *performance* e melhorando a compreensão dos processos de marketing. A pesquisa de mercado especifica quais são as informações necessárias para a resolução dessas questões, definindo métodos para a coleta de informação, gerenciando e implementando a coleta de dados, a análise de resultados e comunicando suas implicações.

O propósito da pesquisa consiste em identificar os consumidores, determinar os meios para atingi-los, conhecer a motivação de seu comportamento e testar a eficiência das mensagens e dos canais de distribuição. Com os dados obtidos pela pesquisa, a indústria deixa de seguir os caminhos da aventura e os seus empreendimentos têm maior chance de obter êxito.

A luta inevitável com os principais dominadores do mercado obriga-nos a ultrapassar a concorrência para vencer a corrida em busca do consumidor e, assim, manter um ritmo de produção que proporcione uma base de lucro estável, trabalhando com serenidade e segurança. Vem daí a necessidade de conhecer a evolução dos mercados, as modificações da preferência pública, a variação da capacidade periódica de consumo do público.

Precisamos conhecer o terreno em que iremos pisar. É necessário, portanto, o conhecimento do mercado em bases altamente racionais. O estudo do mercado é ponto de partida para qualquer inversão de capital em bases promocionais. É por seus resultados que se conhece exatamente o valor dessa incógnita que tanto desorienta as organizações que disputam uma praça. E, se não for possível fazer uma previsão das mais plenas, que pelo menos se diminuam o desconhecimento e o inerente risco.

Conhecer as simpatias do público, seus índices econômicos, seus hábitos de compra, os períodos em que se mostra mais propenso à compra etc. é muito importante para qualquer iniciativa industrial ou comercial. Conhecendo-se a curva de evolução do mercado, sabendo-se qual a linha de preferência pública e qual a conduta da concorrência, não nos restará outro caminho senão nos equiparmos em todos os setores para acompanhar esse mercado e mesmo dominá-lo em uma porcentagem maior do que a que vem sendo obtida.

Formas de pesquisa de mercado

As pesquisas podem ser:

- de consumidor (acompanha a evolução dos mercados e mede as variações das preferências do público);
- de mídia (classificação e seleção de leitores e ouvintes);
- de propaganda (avaliação e eficiência dos anúncios);
- psicológicas, que se dividem em:
  - qualitativas, também conhecidas como psicológicas motivacionais ou intensivas;
  - quantitativas, também conhecidas por estatísticas ou extensivas.

A qualitativa permite observar as diferenças individuais, certas atitudes e reações típicas implicadas em um comportamento de compra, podendo as entrevistas interpretar toda a variedade de fatores básicos que formam uma atitude ou caracterizam uma preferência; profunda, ou em profundidade, deve ser considerada como uma extensão ou modalidade das técnicas psiclínicas. Os entrevistados são convidados a responder livremente sobre certos assuntos, e suas respostas são exploradas intensivamente.

Para realizar uma perfeita campanha publicitária, é necessário conhecer não apenas o produto a ser anunciado, como também a situação real do mercado em que vai ser vendido. Para isso, além de colher informações junto ao cliente-anunciante, a agência deve investigar o emprego do produto, suas vantagens e desvantagens, comparando-as com as dos concorrentes; a categoria social e econômica dos consumidores, sua localização; e quais os argumentos mais convincentes à persuasão do público.

Essas e outras informações igualmente importantes a agência obtém com três tipos de pesquisa:

- pesquisa de dados internos – realizada no âmbito da empresa do cliente-anunciante, por meio de cuidadosos questionários, que abrangem todos os aspectos industriais e comerciais do produto ou serviço;
- pesquisa exploratória – levada a efeito com departamentos governamentais, bibliotecas, associações de classe e outras fontes de informações de natureza estatística, técnica ou econômica; a internet é um meio de grande agilidade para ampliar essa pesquisa e dar-lhe maior qualidade;

- pesquisa de campo – feita por entrevistadores incumbidos de contatos diretos com o público consumidor, vendedores, atacadistas etc., preenchendo-se questionários que completem e ratifiquem as informações colhidas em outras fontes. Também está sendo bastante utilizada a pesquisa de autopreenchimento, pela internet, mas não há unanimidade dos pesquisadores sobre seu valor final.

Dividem-se as pesquisas ainda em quantitativa e qualitativa. **Quantitativa** é aquela que estabelece a quantificação do universo consumidor para um determinado produto ou serviço. É elaborada e realizada para determinar o número (em quantidade), a extensão e outras medidas físicas das possibilidades de consumo do produto ou serviço. Em síntese, a pesquisa horizontal busca determinar o mercado potencial.

Qualitativa, ou em profundidade, é aquela que, depois de determinado o universo consumidor do produto ou serviço, tem como objetivo o levantamento dos hábitos de consumo desse mercado, incluindo suas normas e conceituações que influem em seu comportamento.

Do ponto de vista publicitário, na maioria das vezes, o que mais interessa conhecer de um mercado consumidor, com referência a um dado produto, é o seguinte:

- Quem compra ou usa o produto (idade, sexo, categoria socioeconômica etc.)?
- Qual o perfil comportamental de quem compra ou usa o produto (o que pensa, a qual "tribo" pertence, quais os locais que frequenta, hábitos de lazer, perfil do consumo etc.)?
- Para que fins ou em que circunstâncias é comprado (para consumo próprio ou alheio, para consumo corrente ou só em ocasiões especiais, para ser usado para os fins anunciados ou para outros, como sucedâneo de outro produto)?
- Que amplitude tem o mercado (porcentagem de pessoas que habitualmente compram o produto)?
- Como se distribui o mercado (em que cidades, estados, regiões ou classes do mercado mais denso)?
- Quais os canais de venda do produto (em que gênero de estabelecimentos está o produto mais procurado)?
- Quais as determinantes da escolha (que motivos tem a maioria dos consumidores para comprar o produto: o preço, a qualidade, o gosto, o aroma, a durabilidade, a embalagem, o prestígio de marca ou outro motivo)?

- Quais os estímulos mais adequados aos anúncios (que necessidades, desejos, interesses ou sentimentos, relacionados com o produto, têm mais influência no consumidor)?
- Quais os veículos publicitários mais aptos a cobrir o mercado (quais meios e veículos atingem melhor o grupo consumidor)?

Entretanto, como, em geral, o produto tem similares, ou concorrentes diretos, é importante saber também a situação destes no mercado:

- Quais são os competidores que dominam o mercado?
- Quais as razões dessa superioridade (publicidade, vantagens especiais aos revendedores, reputação da marca, outros motivos)?
- Há quanto tempo vêm mantendo suas posições e quais alterações ocorreram nos últimos tempos?
- Têm eles vantagens de fato sobre o nosso produto? Em que sentido (preço menor, qualidade, estilo, embalagem, durabilidade ou outro motivo)?

Pesquisa motivacional

O primeiro aplicador da pesquisa motivacional foi o professor Ernest Dichter, médico psiquiatra e diretor do Instituto de Pesquisas Motivacionais em Prickley Pear Hill, em Crotonlon-Hudson, Nova York. Austríaco, foi para os Estados Unidos em 1938. Desde então, foi considerado um "psicanalista das massas". Ele afirmava que as pessoas, ao procurarem um médico devido a dores no pé, não se importavam se o médico começasse a examiná-las pela cabeça. As pessoas acreditam que o organismo seja interdependente e que, portanto, os pés possam ser afetados pelo que ocorre na cabeça. O professor Dichter procura fazer o mesmo com os produtos. Se não há venda, ele medica a cabeça do paciente.

Alguns publicitários dizem que Dichter rompeu com os métodos e maneiras convencionais de olhar as coisas. Uma de suas consultas referia-se à imagem de charutos. Nas palavras de um publicitário, Dichter e os homens da agência sentavam-se em torno da mesa e Dichter perguntava: "Como você pensa num charuto – numa posição vertical ou horizontal?". A resposta: "Numa posição horizontal descansada". "Então", dizia Dichter, "o que se bebe com um charuto? Martíni, uísque com água? Talvez – mas geralmente você pensa em Drambuie – ou algum licor... de novo, numa sensação de tranquilidade e repouso".

Os publicitários passaram a considerar a cor. Os anúncios de charutos publicados usavam uma tonalidade suave de azul. Agora, porém, ao considerarem esse aspecto, o amarelo e o laranja quentes, cores de fogo, pareciam mais apropriados. Dichter menciona frequentemente a venda de uma casa como exemplo de identificação de um produto. Ele cita o exemplo do proprietário de uma casa que o procura porque não consegue vender sua linda casa. No entanto, Dichter percebe que, apesar de linda, ela está localizada ao lado de um rio em que não há ponte que lhe dê acesso. Trata-se de um exemplo muito simples, porém que reflete a necessidade de se criar uma identificação do cliente com o produto.

Para fazer suas pesquisas, Dichter lançava mão de 1.500 a 2.000 entrevistadores e mantinha em Crotonlon-Hudson um grupo de consumidores composto de mil famílias de vários níveis econômicos. Desse grupo em rotação, tirava seu "laboratório de *modus vivendi*". De 12 a 16 pessoas sentavam-se ao redor de uma mesa em uma discussão em comum, olhavam, conversavam, ruminavam e praticavam a associação de ideias para Dichter. Elas podiam, por exemplo, assistir aos programas comerciais de televisão e conversar sobre suas ações – segundo por segundo – durante o programa.

Dichter insistia em ser notificado sobre os novos aspectos da pesquisa em elaboração para o cliente. Os estudos geralmente se iniciavam com uma breve reunião que incluía Dichter, o contato, o pesquisador e possivelmente um dos sociólogos de Dichter, quando o assunto era discutido por alto. Durante o encontro, anotavam-se cuidadosamente as ideias e os comentários de Dichter. Então o grupo saía e testava várias hipóteses. Feito isso, o relatório era apresentado a Dichter e, quando não continha nenhuma de suas ideias, ele exigia uma explicação detalhada de cada hipótese e a razão por que falhou.

O objetivo da pesquisa motivacional é desvendar por que as pessoas agem de determinada forma e, com a análise de suas reações, desvendar o subconsciente do consumidor de modo a, conhecendo os seus anseios, fabricar produtos ou apelos que vão ao encontro dos seus desejos.

A pesquisa motivacional é, pois, uma técnica que permite aos fabricantes orientarem os consumidores a comprar produtos – não em função de propriedades físicas, mas de gratificações psicológicas que proporcionarem.

Dos vários métodos empregados na pesquisa motivacional, o mais usado é a entrevista em profundidade, uma espécie de psicanálise instantânea. A pessoa é entrevistada superficialmente, à maneira da pesquisa de mercado: Por que você gosta, ou não gosta, deste produto? Que melhoria você gostaria de ver nele? O que lhe agrada ou desagrada na publicidade deste produto? Por trás disso, uma verdadeira entrevista em profundidade está sendo realizada.

O entrevistador é um psicólogo e aplica testes psicológicos clássicos. Ou, então, mostram-se ao entrevistado fotografias de 12 homens e pede-se que ele escolha seis de sua preferência. Ele escolherá os seis que psicologicamente mais se pareçam consigo (ou com a autoimagem que gostaria de ter). Às vezes, um grupo de entrevistados é submetido a testes de olhos vendados para ver se consegue identificar o produto pelo gosto, tratando-se de alimento. Se os entrevistados não podem identificá-lo pelo gosto, a pesquisa motivacional revela que a atração do produto é apenas psicológica e emocional. No caso de cigarros, por exemplo, nunca foi encontrado um consumidor capaz de identificar o seu fumo favorito. Quando de olhos vendados, fuma-se uma imagem.[17]

As entrevistas (de 500 a 2 mil) revelam as associações emocionais que o produto possui na mente do público. A propaganda a ser feita, então, reforçará essas associações emocionais. As bebidas exercem atração diferente sobre diferentes tipos de personalidade. Quem bebe cerveja quer ser um boa-praça, amigo de todos, mas o bebedor de uísque está, conscientemente, buscando uma situação melhor ou superior. O homem que bebe *bourbon* é um individualista, alega que o uísque tem gosto de remédio e mostra consciência de que seus apreciadores o bebem por atitude social. O rum constrói uma imagem bastante masculina; é a bebida da fantasia, da fuga. A vodca é exótica e cria uma sensação de superioridade. O vinho representa aristocracia. O algodão é *sexy* e feminino. A lã é *sexy* e masculina.

A pesquisa motivacional é a descoberta do processo de profundidade que visa canalizar nossos hábitos irrefletidos, nossas decisões de compra e nossos processos de pensamento, com o emprego de conhecimentos buscados na psiquiatria e nas ciências sociais. Tipicamente, os esforços concernentes buscam abaixo do nosso nível de consciência, de tal modo que os aspectos que os influenciam são, muitas vezes, em certo sentido, "ocultos".

Hoje em dia, há maior quantidade de especialistas atuando em diversas frentes de compreensão do chamado comportamento do consumidor, percorrendo de uma visão mais freudiana até a chamada neurociência. Não é nossa finalidade detalhar esses processos, mas apontar a enorme importância da determinação correta de um modelo de pesquisa que pareça mais adequado às necessidades e características de cada situação. E, por fim, apontar

---

[17] Mantivemos o exemplo dos cigarros, produto que hoje encontra fortes restrições em sua comunicação, comercialização e até mesmo uso, por se tratar de um dado histórico e de um produto com aspectos marcantes.

que o investimento efetuado em pesquisa – mesmo que pareça elevado – é um passo mais certeiro na determinação de objetivos e estratégias com maior chance de sucesso.

2

TEORIA DA PUBLICIDADE

Propaganda e publicidade

Embora usados como sinônimos, os vocábulos *publicidade* e *propaganda* não significam rigorosamente a mesma coisa. *Publicidade* deriva de *público* (do latim *publicus*) e designa a qualidade do que é público. Significa o ato de vulgarizar, de tornar público um fato, uma ideia, enquanto propaganda é definida como a propagação de princípios e teorias.

A palavra *propaganda* foi traduzida pelo papa Clemente VII, em 1597 – quando fundou a Congregação da Propaganda, com o fito de propagar a fé católica pelo mundo –, como derivação do latim *propagare*, que significa reproduzir por meio de mergulhia, ou seja, enterrar o rebento de uma planta no solo. *Propagare*, por sua vez, deriva de *pangere*, que quer dizer enterrar, mergulhar, plantar. Seria, então, a propagação de doutrinas religiosas ou princípios políticos de algum partido.

Conceitos e definições

Comercialmente falando, anunciar visa promover vendas, e para vender é necessário, na maior parte dos casos, convencer, promover uma ideia sobre um determinado produto. Em virtude da origem eclesiástica da palavra, muitos preferem usar *publicidade* em vez de *propaganda*; contudo, hoje em dia, ambos os termos são usados indistintamente, em particular no Brasil.

Antes do advento do rádio, o conceito era de que "publicidade é a arte de vender pela letra impressa". O rádio invalidou-o e a evolução do conceito de vendas deu lugar a novos conceitos sobre a publicidade. De todos eles, tiramos as seguintes conclusões:

- a publicidade é um meio de tornar conhecido um produto, um serviço ou uma marca;
- seu objetivo é despertar, nos consumidores, o desejo pela coisa anunciada, ou destacar aspectos que diferenciam o produto de seus concorrentes ou o aumento de seu valor junto ao target;
- ela faz isso abertamente, sem encobrir o nome e as intenções do anunciante;
- os anúncios são matéria paga.

A publicidade é, sobretudo, um grande meio de comunicação com grupos de pessoas – de maneira genérica, alguns também utilizam a expressão *propaganda de massa*. Seu discurso deve ser ajustado ao perfil que constitui o grupo consumidor visado pelo anunciante. Esse público é conhecido como **target primário**.

Mas outras pessoas que possuem perfis diferentes do objeto da ação de comunicação também podem adquirir o produto anunciado. Quando isso acontece, há o fenômeno denominado **demanda marginal**, ou o que vem à margem do público inicialmente desejado. Quando o número de consumidores "marginais" cresce a ponto de concorrer com o target primário, é necessário rever a estratégia, pois ou houve um erro de foco na comunicação ou o produto possui características para atender a mais de um perfil de consumidores, exigindo da empresa uma mudança de postura para que não venha a perder nenhum dos dois públicos.

A publicidade é uma técnica de comunicação de massa, paga, com a finalidade precípua de fornecer informações, desenvolver atitudes e provocar ações benéficas para os anunciantes, geralmente para vender produtos ou serviços. Ela serve para realizar as tarefas de comunicação de massa com economia, velocidade e volume maiores que os obtidos com quaisquer outros meios.

A publicidade brasileira é reconhecidamente uma das melhores do mundo, e não apenas no aspecto da criação, estando ligada ao progresso industrial e social. Ajuda a industrialização do país, que, por sua vez, a favorece. Sem publicidade não teria sido possível o surgimento de nossos grandes mercados de consumo, que permitiram o aparecimento da fabricação em série, base do desenvolvimento da indústria moderna.

Se entendermos o verbo *vender* em um sentido amplo, generoso, de levar aos outros a mensagem capaz de interessá-los em determinada ação, a finalidade vende a ideia preservadora da saúde infantil. Quando aponta os proveitos do pagamento de impostos, vende a noção que favorece o contribuinte e a coletividade.

Não devemos cair no excesso de pensar que apenas a publicidade pode vender determinada mercadoria. Ela ajuda, estimula, motiva a venda, mas, sem os demais fatores essenciais – qualidade do produto, apresentação atraente, facilidade de distribuição, condições de preço etc. –, é insensato pensar que a mensagem publicitária alcançará os objetivos desejados.

Só pode estar ao lado dos opositores da publicidade, apregoando que os gastos feitos são dispensáveis, quem não conhece a função e os efeitos da publicidade no mundo contemporâneo. Sem a publicidade não teria havido a possibilidade de consumo estável que determinou a fabricação em série, cujo segredo é produzir em grandes quantidades, a fim de reduzir os custos unitários. Assim, o que se investe em publicidade é apenas uma fração mínima do que se teria de gastar por unidade fabricada não fosse a produção em série, até hoje um dos pilares do modelo econômico (há uma tendência de modificação desse patamar, buscando-se ofertar produtos com aspectos diferenciados e quase que individualizados para determinados públicos).

É necessário destacar que a publicidade permitiu também que produtos não produzidos em série viessem a fazer parte do mercado como o conhecemos hoje. Produtos de alto luxo, elaborados, muitas vezes, artesanalmente, podem ser adquiridos porque são anunciados a um restrito número de pessoas – não como mídia de massa, mas como ações pontuais, mediante as quais a mensagem chega ao possível comprador. Pequenos empresários, que atendem a nichos específicos, não trabalham no mercado de massa, produzindo em série, mas também fazem uso da publicidade para vender seus produtos.

E, finalmente, as organizações não governamentais (ONGs), que, muitas vezes, comercializam produtos confeccionados por pessoas atendidas por seus programas de inclusão social e cidadania, não fazem comunicação de massa nem ao menos produzem em série, mas lançam mão das ferramentas da publicidade para comercializar seus produtos e buscar, com isso, sua sustentabilidade e a de seus projetos sociais.

Resumindo: a publicidade bem utilizada é uma fonte de economia para os produtores e de benefícios para os consumidores.

Mas os benefícios da publicidade não são só econômicos. A liberdade de imprensa, por exemplo, é resultante da publicidade e de sua ação democrática. Sem a receita dos anúncios, nem os jornais nem as rádios ou a televisão poderiam informar e recrear os leitores e ouvintes, como o fazem. É a publicidade que garante ao público receber serviços por um valor várias vezes superior aos preços pagos. Muitas revistas de cobertura nacional seriam proibitivas para um público de menor poder aquisitivo, pois seu preço seria alto em relação ao estabelecido atualmente como valor de capa. Ela, a publicidade, é também um importante fator como esteio do regime democrático. Suprima-se a publicidade e desaparecerá a liberdade de imprensa no formato que conhecemos. E, sem essa liberdade de imprensa, estará comprometido o regime democrático. É pela publicidade que subsistem muitos dos órgãos de divulgação dos mais variados matizes. Graças a ela, as opiniões mais diferentes são emitidas, permitindo o confronto que precede a seleção dos melhores.

A publicidade é uma das maiores forças da atualidade. Para seus maiores defensores, a propaganda vende, educa e estimula o progresso; para muitos dos críticos, induz as pessoas a consumirem o que não necessitam. E para nós? E para a nossa realidade brasileira? E para a sua realidade regional? Como a propaganda pode realmente desempenhar sua vocação de desenvolvimento social e econômico? Essas são as perguntas que todo profissional consciente sempre se faz cotidianamente para atuar com coerência e ética.

O anúncio

O anúncio é uma das grandes peças do imenso tabuleiro publicitário para comunicar algo com o propósito de vender serviços ou produtos, criar uma disposição, estimular um desejo de posse ou para divulgar e tornar conhecido algo novo e provocar interesse nos consumidores, ou em parte deles.

O bom anúncio baseia-se no conhecimento da natureza humana. Para atrair a atenção, é imprescindível saber como captá-la; para interessar, é necessário conhecer cada uma das reações do ser humano, seus instintos e sentimentos. O publicitário deve ter algo de psicólogo, deve ter uma sólida base técnica, conhecer os princípios da comunicação e saber as limitações impostas pelos diferentes meios de comunicação com seus públicos.

O publicitário deverá possuir um amplo conhecimento da estrutura e dos fatores do anúncio para que este seja potente, atrativo e alcance seus objetivos práticos: vender o produto ou serviço anunciado e destacar uma marca. Bons anúncios podem ter efeito nulo em virtude de uma construção deficiente ou por algum defeito que reduza consideravelmente sua eficiência.

É importante destacar que o verbo "vender" aqui empregado está diretamente ligado ao conceito de *troca*, que não envolve necessariamente um valor monetário ou medido em moeda corrente. Quando um anúncio é veiculado, podem existir inúmeros propósitos, não somente a compra efetiva de um produto ou serviço. Muitas vezes, o objetivo é destacar um diferencial que ainda não foi solidamente sedimentado, ou aumentar o *share of mind*, tornar conhecido um produto a um determinado perfil de consumidor, construir uma marca forte, reter o avanço da concorrência, entre tantos outros. Os objetivos são mercadológicos, e certamente trarão ganhos no processo de compra e venda de produtos ou serviços, mas o destaque é para o processo de troca, favorecendo a mudança de percepção do target sobre o que é anunciado.

O anúncio diferenciado

Já foi o tempo em que o publicitário era codificado como a pessoa que tinha boas ideias e "sacadas criativas" apenas. Na verdade, é difícil afirmar se essa época realmente existiu. De qualquer maneira, a publicidade deve ser entendida em uma dimensão maior. A publicidade não se limita a uma boa ideia; ela é boa quando envolve um planejamento de viabilidade para introdução em um ambiente de comunicação, que converge para o consumidor de modo que ele fique envolvido com a mensagem, independentemente dos meios de comunicação utilizados. Isso é uma campanha publicitária.

O desenvolvimento de campanhas de sucesso com anúncios diferenciados e eficientes exige talento, mas também muita dedicação e trabalho. Júlio Ribeiro, publicitário e ex-presidente e criador da Talent, uma das mais premiadas agências de propaganda do Brasil, afirma que são necessárias horas de transpiração para equilibrar minutos de inspiração e boas ideias.

O professor Emmanuel Publio Dias (2007, p. 45), publicitário e vice-presidente da Escola Superior de Propaganda e Marketing (ESPM), aponta quais são os atuais desafios para os profissionais:

- envolver o consumidor a partir de uma grande ideia, desconsiderando totalmente o meio e a mídia. Não se cria mais uma ideia para outdoor, para rádio, para revista;
- então, são necessários novos processos de criação e conceituação para saber como e se essa ideia pode ser economicamente traduzida/ reproduzida em qualquer tipo de meio;
- a plataforma de mídia dá forma à ideia e deve buscar interagir com o consumidor, de preferência envolvendo o consumo, o processo da compra. O varejo e os canais de marketing são os maiores exemplos disso;
- provocar um ambiente de convívio com a marca, tornar a marca um assunto e um agente de conexão entre as diversas comunidades de consumidores e formadores de opinião. Aqui, promovendo a utilização de diferentes elementos para conseguir esses resultados, como games, esportes, eventos, promoções etc.

Quando o professor Dias observa a nova postura da indústria da publicidade mundial, destaca alguns outros aspectos, resumidos nos seguintes pontos:

- o que tem valor são ideias, experiências, e não frases e slogans;
- a boa ideia deve ser factível e dar certo. Para isso, é preciso ter informações (database) e estudos sobre o consumidor, estratégia e criatividade aplicadas sobre um completo conhecimento do funcionamento das diversas mídias;
- para tudo isso funcionar, agências, empresas e os grupos de comunicação devem organizar-se em plataformas multissetoriais, envolvendo os diferentes tipos ou meios que interagem e impactam o consumidor; a partir da ideia criada, seu condutor irá procurar os especialistas em cada uma das plataformas para realizá-la. Quem será o condutor da ideia? Não importa. Irá realizá-la quem tiver a melhor *expertise*.

Portanto, o que tem valor é a ideia e, por ela, agências e outros fornecedores serão remunerados, e não somente pela mídia. Até porque há grande quantidade de novas ideias que funcionam e não utilizam mídia de massa ou tradicional.

Isso não significa que a forma tradicional de fazer comunicação tenha acabado, ou perdido sua força. No entanto, é necessário entender as mudanças que surgem a cada dia na dinâmica construção da publicidade mundial, em que não mais existem barreiras. As ideias são propagadas, não importando como, onde ou quando, desde que impactem de maneira efetiva o consumidor.

Níveis de comunicação

A publicidade é uma das várias forças de comunicação que, atuando isoladamente ou em combinação, conduz o consumidor por sucessivos níveis que podemos denominar níveis de comunicação: desconhecimento, conhecimento, compreensão, convicção e ação.

- Desconhecimento: é o nível mais baixo de comunicação. Nele estão as pessoas que jamais ouviram falar da empresa e do produto.
- Conhecimento: como base mínima, temos de nos esforçar para conseguir a identificação do produto por parte do consumidor.
- Compreensão: nesse estado, o consumidor não só tem conhecimento do produto ou serviço, mas também conhece a marca e reconhece a

embalagem, bem como possui certo conhecimento do que é o produto e para que serve.
- Convicção: além dos fatores racionais do produto, a preferência do consumidor se dá, também, por motivos emocionais.
- Ação: o último nível é aquele em que o consumidor realizou algum movimento premeditado para efetivar a compra do produto.

A publicidade cumpre a sua missão quando contribui para levar o consumidor por um ou mais níveis de comunicação: o conhecimento da existência do produto, a compreensão de suas características e vantagens, a convicção racional ou emocional de seus benefícios e, finalmente, a ação que conduz a uma venda.

Para que a publicidade consiga exercer sua missão de contribuir para levar o consumidor a um estágio avançado em relação àquele em que se encontra, dados os níveis de comunicação ou de conhecimento sobre produto e marca, é necessário identificar primeiro em qual estágio ele está. Esse papel é da pesquisa de marketing, codificando o momento atual de cada grupo de consumidores, e mais, identificando quais os motivos que os levaram a ele. Com tais dados é possível construir mensagens específicas com o claro objetivo de conduzir o consumidor ao estágio final, o da ação.

Esses modelos de passos são extremamente didáticos, mas podem nos induzir a entender que todos os processos, de produtos e serviços, ocorrem sempre da mesma forma. Obviamente que não. Porém, eles facilitam a compreensão de passos básicos, de pontos importantes na reflexão sobre como buscar a máxima eficiência da publicidade.

Teoria publicitária

Os fenômenos publicitários apresentam simultaneamente características de ordem física, fisiológica, psicológica e econômica.

No fenômeno físico temos, por exemplo, que, se o vermelho é uma cor mais dinâmica que o azul, é porque, talvez, o vermelho possui um comprimento de onda superior ao do azul.

No fenômeno de ordem fisiológica, observa-se que os motivos musicais lentos, em tom menor, exercem efeitos deprimentes sobre a atividade cardíaca e que, ao contrário, o *Trovador* de *Carmen* (Bizet) ou a *Marselhesa* (hino nacional da França) produzem efeitos tônicos.

Nos fenômenos de ordem psicológica, observamos que, entre as numerosas tendências básicas das ações humanas, a publicidade trata de pôr em jogo aquela que – em cada caso particular – determina mais adequadamente o resultado que se espera obter.

É comum observar que propagandas de cerveja fazem uso do amarelo, uma cor quente, a cor do verão, do sol, da alegria. Seguindo o mesmo raciocínio, campanhas de balas que propõem trazer frescor e a percepção de algo "geladinho" fazem uso do azul, ou cinza, cores consideradas mais frias. O mesmo vale para os ritmos dos jingles, que, quando mais lentos, levam o consumidor a uma maior reflexão; e quando o ritmo é mais acelerado, promove nos indivíduos a sensação e o estímulo para uma ação.

No entanto, os aspectos de ordem física, fisiológica e psicológica, que cientificamente podem ser constatados – como o comprimento de onda –, não são unanimidade quanto ao fato de influírem no comportamento de compra. Autores consagrados afirmam que o uso de uma cor ou de um ritmo musical compõe um universo que impacta o consumidor, mas pela mensagem da peça publicitária. É como se cores e sons tivessem o papel de moldura para a mensagem ali contida.

A dimensão na qual todos os seres humanos convivem e são impactados milhares de vezes todos os dias é composta de estímulos, sejam auditivos, olfativos, tácteis, gustativos ou visuais, e sua somatória impacta na forma de agir de cada indivíduo. Não é possível descartar a teoria que afirma o importante papel dos estímulos sonoros ou visuais como contribuição para a publicidade, mas, sem real comprovação científica, seria incoerente afirmar que, isoladamente, têm papel preponderante no sucesso ou insucesso de uma campanha publicitária.

No que se refere à ordem econômica, o desenvolvimento da publicidade encontra-se não só intimamente ligado ao progresso das indústrias, do comércio, da cultura, da técnica e das artes aplicadas etc., como também é função da conjuntura econômica (nos períodos de prosperidade, aumentam o volume e a qualidade da publicidade, que diminuem nos períodos de depressão econômica). Aqui, por sinal, destaca-se até mesmo uma possível incoerência, pois o investimento publicitário, muitas vezes, é diminuído ou eliminado nos momentos em que mais se faz necessário.

Ao investigar as causas dos fenômenos publicitários, observamos que quase sempre dependem umas das outras. Citemos novamente a relação existente entre a publicidade e a conjuntura econômica: a publicidade obtém resultados favoráveis, influenciando em certas épocas, porque existe uma tendência geral à prosperidade, mas, inversamente, a própria publicidade representa um fator apreciável quando a fase é negativa. A ciência publicitária tem, pois, por objeto a investigação das relações existentes entre certos fenômenos de ordem física, fisiológica, psicológica ou econômica, com o objetivo de tratar de estabelecer leis.

As leis publicitárias

É lei científica a comprovação e o enunciado das relações constantes, uniformes, que se estabelecem entre certo número de fenômenos, sempre que se cumprem determinadas condições. A investigação de leis é o objeto da atividade humana em todos os campos do saber.

Numerosos exemplos demonstram que os fenômenos inerentes à publicidade apresentam relações constantes, uniformes, sempre que se cumprem certas condições, o que permite afirmar que existem leis publicitárias. Pode-se mesmo assegurar que as leis publicitárias são da mesma natureza que as do mundo da mecânica.

Existem diversas teorias que admitem a possibilidade de uma interpretação estatística da sociedade, interpretação que excede o marco da sociedade humana para estender-se a todo um universo. Essa é, obviamente, uma opinião entre tantas e deve receber o mesmo respeito que as demais.

A característica comum a todas as ciências sociais é não se ocupar da conduta individual do homem, por ser seu único e exclusivo fim os resultados coletivos derivados da reunião em sociedade de uma massa de indivíduos. É fácil compreender que, se a intervenção do livre-arbítrio é excepcional, sua ação resultará praticamente nula quando, ao se manifestar em certos casos, essas intervenções aparecerem escondidas no conjunto. Quando se trata de um ato individual, existe a possibilidade de liberdade e, portanto, do imprevisto. Ao contrário, quando a ação é global, há certo determinismo e alguma possibilidade de previsão.

O fato de todos sermos livres não impede que cada um se deixe arrastar pela corrente e que, em um determinado número de indivíduos, certa porcentagem a siga fixamente. Essa porcentagem, que pode ser conhecida previamente, sofre o influxo de ordens sociais e se introduz por si mesma no determinismo. A previsão não se refere, pois, a indivíduos determinados, mas a determinadas porcentagens. Poderemos dizer, assim, que as leis publicitárias representam apenas um cômodo sistema de agrupar certo número de fatos observados. Naturalmente, estão sujeitas a contingências, são relativas e só permitem prever com certo grau de probabilidade mais ou menos elevado os efeitos de certas causas cujo grau pode ser conhecido com exatidão.

Particularmente, é sempre importante buscar entender o perfil do público estudado a partir de revisão histórica de comportamentos e de suas interpretações mais isoladas, utilizando-se a psicologia social e a sociologia.

Hoje em dia, também, é bastante utilizada a técnica de observação (pesquisa) etnográfica, uma das ferramentas-chave do estudo da antropologia. Com ferramentas bastante sérias e profundas como essas, e tendo em foco os fenômenos da publicidade, podem-se buscar as previsibilidades de determinados comportamentos grupais. E, por consequência, da propaganda nesses grupos.

Uma das características mais bonitas da propaganda é que, se ela valoriza, por um lado, quem aprende suas lições, quem sabe lidar com seus instrumentais, com seu estofo teórico e sua prática, por outro, ela diariamente cobra inovação, que é trazida quase sempre dos modelos de análise das ciências, principalmente as humanas.

Efeitos da publicidade na economia das empresas

A publicidade comercial para a venda de produtos ou serviços pela sua marca tem os seguintes efeitos:

a) Criação de mercados

Quando se trata de um produto, serviço ou novidade, a publicidade e o marketing podem identificar um novo mercado, abrindo, dessa forma, horizontes ilimitados e amplos campos de ação para a indústria e o comércio, seja destacando necessidades que podem se manifestar de diferentes maneiras (da ampliação dos benefícios dos cremes dentais até férias com crianças, para a 3ª idade ou o chamado "turismo religioso"), seja revelando e permitindo satisfazer necessidades preexistentes (televisão 3D, automóvel de três portas). É preciso observar que qualquer empresa que deseja vender um produto de grande consumo tem de obter a colaboração dos intermediários, oferecendo-lhes um bom benefício, ou criar a procura pelos consumidores, obrigando, dessa forma, que os intermediários o adquiram para atender sua demanda.

b) Ampliação de mercados

Se o mercado já existe, a publicidade e o marketing permitem ampliá-lo em duas direções:

1. verticalmente – alcançando novas faixas de consumidores, os consumidores potenciais ou não usuários do produto;
2. horizontalmente – ampliando o campo de uso do produto.

Em um país em que existe um número reduzido de consumidores para determinadas categorias de produtos, o objetivo é fazer que cada um deles aumente o próprio consumo, a frequência de compra, caracterizando o fenômeno chamado **aumento do ticket médio**. Isso pode acontecer aumentando o volume adquirido em cada oportunidade ou fazendo que o consumidor vá às compras um número maior de vezes.

c) Ação reguladora

O conhecimento do produto ou serviço graças à identificação de sua marca, e se oferece vantagens por seus atributos, garante ao produtor certa preferência em sua escolha, e normalmente à custa dos produtos concorrentes.

Generalizando, quando o ciclo de produção não se desenvolve paralelamente ao de consumo, a publicidade revela-se um autêntico regularizador, um estabilizador. O trabalho de publicidade consiste sempre em aumentar o consumo durante os períodos em que interessa forçá-lo, com o objetivo de evitar o excesso de estoque nos vários ciclos de distribuição.

d) Redução dos custos

Taylor escandalizou os seus contemporâneos ao estabelecer o princípio de que o custo unitário mais baixo para o fabricante resulta perfeitamente compatível com um salário mais alto para o operariado. Hoje esse princípio é aceito sem discussão e também é aplicável ao comércio da seguinte maneira: o preço mais baixo de venda de uma mercadoria, assim como um lucro menor obtido sobre ele, são compatíveis com o lucro global mais elevado para a empresa. Exemplifiquemos:

QUADRO 2.1 Comparativo vendas quantidade × margem

Custo	Unidades vendidas	Preço unid.	Lucro unid.	Custo public. unit.	Preço venda	Lucro total
1	300.000	9,50	0,50	nenhum	10	150.000
2	1.000.000	8,90	0,35	0,25	9,5	350.000

No segundo caso, a mercadoria sofre uma carga de 0,25 por investimento publicitário, mas o aumento de produção permite reduzir o preço de custo e o lucro unitário e o preço de venda, resultando, todavia, em um aumento do lucro global.

Trata-se de um exemplo teórico, mas que corresponde, não obstante, à evolução observada em numerosos mercados, onde a produção em série foi obtida graças ao uso da publicidade, ofertando-se produtos padronizados aos consumidores – o que, sem dúvida, foi o fator predominante na baixa dos preços.

e) Ação sobre os preços

A publicidade favorece a prática de preços reduzidos para atrair a atenção dos consumidores, largamente utilizada pelo varejo.

Além disso, a publicidade também é ferramenta para criação e exploração de imagem de marcas e produtos, de modo a criar um ambiente no qual o valor percebido pelo consumidor aumenta e, dessa forma, o preço do produto é alavancado.

f) Efeito regulador de estoques

A publicidade permite acelerar o ritmo de rotação de estoques (*turn over*), o que representa a vantagem de liberar o capital de giro de sua função na distribuição, permitindo que seja utilizado para outros fins, facilitando também uma redução do preço de custo e do preço de venda.

De maneira inversa, a publicidade cria e amplia valores de modo a auxiliar o posicionamento de produtos em mercados em que o giro de estoque é baixo, como o mercado de luxo.

g) Melhoria da qualidade

Já que a publicidade é um investimento, não deve ser usada para um produto de qualidade inferior. É certo que sempre se pode pegar o consumidor desprevenido, e conseguir resultados imediatos, mas o lançamento de um produto é demasiado custoso se as compras não se renovam.

Por ser um compromisso público, a publicidade influi na qualidade. Um só produto de má qualidade pode comprometer o conjunto de produtos de um mesmo fabricante, o prestígio da empresa – conceito que faz do produto anunciado, com grande frequência, sempre um produto de qualidade comprovada.

Marketing na sociedade contemporânea

É fato que a publicidade tem um importante papel para a movimentação das engrenagens econômicas de nossa sociedade. Vivemos na era em que a publicidade dá o sustentáculo às mídias de massa – sem a sua verba, muitas organizações simplesmente não existiriam.

No entanto, a comunicação com o mercado não pode ser entendida como separada do universo, e que não influencia toda a sociedade nem sofre dela influência – ela é um galho da árvore "mercado" que necessariamente se nutre e se desenvolve de acordo com as características e os comportamentos da sociedade. Por isso é necessário entender melhor a sociedade contemporânea, além das causas e dos efeitos da publicidade nesse cenário.

Tal abordagem conceitual da publicidade não se sobrepõe ao fato de que organizações, sejam elas agências, anunciantes ou a própria mídia, se adaptam a esse cenário. Isso significa que teorias sobre o momento contemporâneo estão servindo de base para as mais recentes técnicas em comunicação, que podem ser vistas na prática das propostas de campanha em agências ou simplesmente assistindo a comerciais na TV.

A pós-modernidade

O professor Francisco Gracioso, ex-presidente e conselheiro associado da ESPM, em artigo para a revista acadêmica da instituição (2007), sistematiza os pontos dessa grande discussão e aponta as características principais da sociedade contemporânea, denominada por alguns autores como pós-moderna:

- hedonismo – a busca frenética pelo prazer que leva à obsessão pelo espetáculo;
- conflito entre indivíduo e coletividade – a contradição que existe entre a força do grupo, provocando o surgimento das tribos urbanas, e a busca dolorosa de si próprio que atormenta os seres humanos;
- negação dos valores e da autoridade – uma revolução sem causa que procura destruir as estruturas sociais, pregando a liberdade sem limites e o esquecimento dos valores morais vigentes;
- vulgarização da informação – ao contrário da terminologia usada por muitos, não se pode falar da explosão do conhecimento. As massas de hoje são talvez mais ignorantes e perigosas do que nunca, mas, em teoria, têm à sua disposição uma pletora de informações que não são capazes de interpretar e utilizar;
- velocidade das mudanças – as mudanças sempre caracterizaram a história da humanidade. A rigor, todas as épocas foram de transição e mudanças. Mas o que ocorre é que a velocidade dessas mudanças torna difícil sua sedimentação. O mundo está em constante revolução, e isso aprofunda o fosso entre gerações.

É nesse cenário que a publicidade e o marketing se desenvolvem. Principalmente quando são considerados o primeiro e o segundo pontos, fica muito claro que as campanhas de hoje – para essas situações – precisam ir além de vender um produto ou um serviço; precisam vender principalmente uma ideia: de que é possível ser, bastando ter.

Considerando os outros três pontos, temos uma sociedade:

- que está revoltada, mas não sabe identificar o motivo;
- que tem acesso à informação, mas não sabe o que fazer com ela;
- que pertence a um mundo que não consegue entender.

Tais aspectos deixam clara uma parte dos motivos que levam as pessoas a buscar a fuga da realidade.

Marketing pós-moderno

O entretenimento ganha enorme importância nesse momento histórico e impulsiona não apenas a sua própria indústria, com os filmes *blockbusters*, megashows de todos os tipos e estilos de música, games e os milhares de aplicativos mobile, mas também toda a publicidade, que transforma tudo em um grande espetáculo – o show da F1 em São Paulo e da Stock Car em todo o Brasil, as Festas do Peão que acontecem em centenas de grandes e pequenas cidades, as feiras do agronegócio, a moda e suas "Semanas de Moda" que convergem os olhares e a atenção de milhares de pessoas ligadas diretamente ou não ao segmento, o Carnaval e as micaretas ou "carnaval fora de época", as festas regionais da cerveja, do marreco, da laranja, do folclore, das nações e tantas outras que surgem aos borbotões, os shopping centers e hipermercados que são "catedrais do consumo"; segundo Gracioso (2007) tudo atrai e diverte.

Usar o show como ferramenta de publicidade não é típico da pós-modernidade. Desde a Roma antiga, os políticos e nobres utilizavam as arenas, onde montavam belíssimos espetáculos que entretinham as massas. Não há grande diferença disso para os patrocínios feitos pelas grandes marcas aos clubes de futebol, ou aos diversos shows de música.

No cenário pós-moderno, cada vez mais aparecem campanhas e planejamentos estratégicos que envolvem expressões como "trazer ganho à marca" e "experiência de marca", adicionando um universo paralelo a um produto, com o consumo não se encerrando em si, mas se expandindo para a sensação de individualidade do consumidor. O que é uma "experiência de marca" senão a sensação de se expressar por meio de um produto?

A própria internet pode ser considerada um grande palco para esses espetáculos, que hoje podem ser montados e contados com maior facilidade. As ferramentas on-line permitem que os sites, blogs e portais sejam cada vez mais interativos (optar por informações) e imersivos (dentro de um contexto geralmente lúdico), e, com isso, a sensação de fuga da realidade se expressa.

As redes sociais – Facebook, Google+, Instagram, Twitter, entre outros –, sugerem o distanciamento da realidade para uma vida paralela, irreal e ilusória.

Publicitários hoje constroem grandes e criativas peças baseadas em elementos que não estão relacionados de forma direta com aquilo que é comercializado.

O que é vendida é a "experiência", é ser alguma coisa por intermédio do objeto adquirido. A marca representa valores que não são tangíveis, mas que são sentidos. "*Just do it*", criado pela Wieden+Kennedy para a fabricante de materiais esportivos Nike, é um convite ao consumidor para "ser" e não simplesmente "estar com". O consumidor expressa-se pela marca que compra.

É assim que diversas marcas pelo mundo estão se posicionando: aliando-se fortemente ao entretenimento e ao lúdico, construindo um palco onde os consumidores conseguem se expressar.

A publicidade na economia contemporânea

Em virtude da forte concorrência, somada à maior capacidade de produção, o empresário é obrigado a confiar cada vez mais nas formas de comunicação com o mercado para manter ou aumentar o volume dos negócios e dos lucros.

Ademais, a maioria das empresas está dedicada a um programa de desenvolvimento de produtos, e a publicidade tem de fazer frente a uma carga mais pesada para introduzir, anualmente, um maior volume de novos produtos que estão saindo dos laboratórios e centros de pesquisa.

Surge aí um grande desafio para os profissionais de marketing e para os publicitários da pós-modernidade: quando uma empresa consegue oferecer um produto inovador, um serviço diferenciado, em pouco tempo a oferta é copiada pela concorrência.

Atualmente, novidades só se consolidam como tais por pouco tempo – e existem vantagens em ser o primeiro. Mas o fato é que os esforços de marketing e comunicação vão além de apenas auxiliar na apresentação de novos produtos ou conceitos. Estão repensando características de produto e benefícios que atraiam a atenção do consumidor e adicionem valores à marca.

Esse valor adicionado não está relacionado apenas com o produto em si. Com base em consistentes estudos sobre o consumidor, valores podem ser gerados a partir de um conjunto de ferramentas de marketing que são organizadas em quatro grupos, os quais formam o que é conhecido como **mix de marketing**. Com o seu entendimento e utilização, adaptados às necessidades identificadas ao target, é possível desenvolver a oferta e a imagem da empresa para ocupar um lugar destacado na mente do consumidor.

Segundo a opinião geral dos profissionais de negócios, a publicidade constitui uma força importante e crescente na venda competitiva, na apresentação de novos produtos e na criação, no estabelecimento ou na ampliação do posicionamento da marca e identidade da empresa. Mas ela não é a única força, tampouco age sozinha.

Os 4 Ps do marketing – mix de marketing

Produto: é o que a empresa oferta. Não inclui apenas o produto em si, aquilo que é realmente consumido, mas também envolve atributos como design, embalagem, qualidade de matéria-prima e marca, bem como qualquer serviço adicionado a ele. O mais importante é que o produto deve ser entendido como "aquilo que deve atender às necessidades do consumidor-alvo", e quando se fala de necessidades, também se destacam os desejos, sensações, valores e percepções. Por isso, um produto pode ser considerado um bem material, mas também "um serviço, uma experiência, eventos, pessoas, lugares, propriedades, organizações, informações e ideias", como afirma Philip Kotler (2000, p. 416).

Preço: como ferramenta de marketing, envolve todos os cálculos de precificação de produtos, descontos, adequação aos diferentes canais e aos diferentes mercados, regulação de demanda, competitividade em relação à concorrência... Mas, como ferramenta de planejamento de comunicação, deve-se entender o preço como algo que lida também com o fator psicológico do consumidor, e a maior preocupação deve ser adequar o preço ao valor percebido do produto. Isso significa que o consumidor enxerga o preço de um produto sendo alto ou baixo com base em uma percepção pessoal sobre as suas características de qualidade, ou seja, a qualidade percebida. Por isso, um produto caro ou barato não é aquele que exige um gasto maior de dinheiro para ser adquirido, mas sim aquele cujo esforço financeiro para ser adquirido não condiz com os benefícios que proporciona. Ou seja, uma lata de refrigerante a R$ 5,00 pode ser considerada cara, da mesma forma que um carro a R$ 150.000,00 pode ser considerado barato, porque precificar corretamente também é colocar na balança a qualidade percebida do produto pelo consumidor.

Praça: envolve toda a distribuição do produto de forma que ele se torne não apenas disponível, mas também acessível para o consumidor. Envolve o mapeamento de todo o processo de distribuição do produto e também de todo o processo decisório dos canais. Ao utilizar a praça como parte de um planejamento de comunicação, não se deve apenas pensar que o produto deve estar disponível para todos – algumas vezes, ser seletivo pode significar muito para a imagem percebida do produto, uma vez que as características e os valores do lugar podem ser transferidos para o próprio produto. O mel que está na gôndola do supermercado tem um valor percebido diferente daquele comprado no próprio apiário, ainda que o produto seja igual. Mesmo dentro do próprio ponto de venda, o local em que está na prateleira e a forma como está disponibilizado podem significar muito para o consumidor. De qualquer modo, quando se trabalha com distribuição, o importante não é necessariamente estar sempre disponível, mas quando for conveniente para o consumidor.

Promoção: aqui o sentido da palavra é de promover um produto, torná-lo conhecido, e por isso envolve todas as atividades de comunicação. É nesse campo que o publicitário se sente à vontade para agir, utilizando os diversos formatos e métodos, por exemplo:

- promoção de vendas – envolve todo tipo de concurso, jogos, sorteios, cuponagem e premiações, organização e participação em feiras e exposições, distribuição de amostras e demonstrações, programas de fidelização de clientes, eventos e shows de entretenimento, além dos descontos temporários;
- relações públicas – desenvolvimento de kits para a imprensa ou para outros líderes de opinião, organização de palestras, seminários e cursos, publicação de comunicação interna da empresa em jornais, folhetos ou e-mails e participação em patrocínios, doações e relacionamento com comunidades;
- vendas pessoais – estruturação, organização e desenvolvimento de reuniões ou outros processos de comunicação com o time de vendas, materiais de apresentação, amostragem, eventos, feiras e programas de incentivo;
- marketing direto – desenvolvimento de catálogos, malas diretas e serviços de telemarketing, bem como construção e acompanhamento de sites de vendas on-line;
- propaganda – desenvolvimento de anúncios impressos ou eletrônicos, de embalagens, manuais, cartazes, folhetos, cupons, outdoors, painéis, hot-sites e portais, de qualquer material de ponto de venda como displays, wobbler, stopper e adesivos, de material audiovisual como filmes, spots de rádio, vídeos, CDs e DVDs, além do desen-

volvimento de marcas, símbolos e logotipos (como se percebe, nesta definição dos 4 Ps a partir da visão de Kotler, propaganda tem um sentido mais amplo e engloba as ações de merchandising – no PDV – e de design/programação visual).

Percebe-se que o trabalho de um publicitário envolve muito mais que apenas a propaganda, que em si já é um grande universo. No entanto, a construção de campanhas eficientes, que posicionam a marca na mente dos consumidores, é feita com a utilização de um grupo de ferramentas que agem em conjunto e se influenciam mutuamente.

É importante ter atenção em dois aspectos:

- as ferramentas de marketing estão em "mix", misturadas e, por isso, agem em conjunto, de maneira sinérgica – o que significa que é impossível mexer em uma ferramenta sem influenciar as demais;
- a importância de ocupar um lugar de destaque na mente do consumidor, já que a vasta disponibilidade de produtos e serviços e todas suas marcas exigem que sejam construídas campanhas marcantes, que transformem aquilo que é anunciado em uma forte opção de compra, no mínimo. Destacar-se na mente do consumidor também significa ter um posicionamento adequado na mente do consumidor atual e potencial. E, para posicionar-se corretamente, é de suma importância não apenas um slogan ou uma boa peça publicitária em revista de destaque, mas uma campanha inteligente e criativa, que envolva as ferramentas mais adequadas do mix de marketing de maneira sinérgica, para adequar-se totalmente às necessidades, aos desejos e percepções dos consumidores-alvo. E, para isso, não bastam inspirações e insights.

3

TÉCNICA DE PUBLICIDADE

Princípios psicológicos da publicidade

De modo muito simplificado, podemos afirmar que o homem é um ser em eterna busca de equilíbrio entre a razão e a emoção, e isto por si só é uma das bases da maioria das correntes de compreensão psicológica do ser humano. Há até mesmo quem afirme que a publicidade, provocando as emoções nos indivíduos, cuida de impulsionar seus desejos latentes com tanta força que eles se sentem impelidos a trabalhar para poder satisfazê-los.

Às vezes, a publicidade atua sobre indivíduos isolados; em outras circunstâncias, é dirigida a indivíduos que integram uma multidão. Cada um dos indivíduos integrantes dessa multidão adquire, então, uma psicologia diferente de sua própria quando se encontra isolado e age como se a mesma multidão se constituísse em uma entidade movida por certas leis psicológicas particulares.

Para buscar compreender esse fato com um pouco mais de profundidade, examinaremos sucessivamente algumas das principais linhas de compreensão da motivação das compras, as molas da ação humana, as necessidades humanas, a psicologia da compra e venda e os fatores de influência.

A psicologia da propaganda

Antes de estudarmos os fatores que influem na mente das pessoas, sozinhas ou em grupos, recapitulemos alguns conceitos de psicologia que são fundamentais para o bom encaminhamento de uma campanha publicitária.

QUADRO 3.1 Conceitos fundamentais para a propaganda

Atenção	É a capacidade de concentração da consciência sobre um objeto; o poder de notar um objeto no meio de um conjunto.
Inibição	É a faculdade que tem a nossa consciência de, a cada momento, deixar de lado tudo que a cerca, permitindo a concentração sobre um único objeto. Quanto mais concentrada é nossa atenção, maior é nossa inibição para o resto do mundo.
Interesse	Prestamos tanto mais atenção em um objeto quanto mais ele nos interessa. O interesse depende das inclinações, das tendências inatas de cada pessoa.
Memória	É a faculdade de lembrar-se dos fatos, ou a faculdade de conservar, reproduzir e reconhecer os estados de consciência anteriores, relacionando-os com nossa experiência passada.
Percepção	É o registro de um objeto em nossa consciência.
Identidade	É a proposta de reconhecimento feita para uma marca, um produto ou um serviço.
Imagem	É a representação de uma percepção anterior da identidade. Em propaganda, define-se imagem como conceitos ou preconceitos intelectuais ou emotivos existentes na mentalidade do público em torno de um produto, um serviço ou uma empresa.
Imaginação	É a faculdade de reviver na consciência objetos ausentes no momento. É a faculdade de formar imagens de coisas não percebidas naquela ocasião, ou a faculdade de representar objetos ausentes.
Emoção	É a consciência que temos das modificações orgânicas que se produzem após a percepção de um estímulo de natureza afetiva. É toda perturbação violenta e passageira do tônus afetivo. Resulta de uma modificação súbita no meio que nos cerca. É uma oscilação do nível mental e é sempre causada pela presença de um fenômeno representativo em nossa consciência. Só nos emocionamos quando conhecemos algo de novo ou de inesperado.
Vontade ou ato voluntário	É aquele em que o indivíduo escolhe sua forma de agir. É a capacidade de o indivíduo agir segundo suas preferências.
Conduta	É toda forma de ação do indivíduo, é tudo que o homem diz ou faz, ou se prepara para fazer.
Necessidades biológicas	São os fatores dinâmicos da conduta. A necessidade é uma ruptura do equilíbrio do organismo.
Desejo	É a expressão consciente da vontade, seja ela movida pela necessidade ou não.
Associação de ideias	É a capacidade que temos de unir as ideias, os fatos, as lembranças, os sentimentos existentes em nosso espírito.
Motivação	É a predisposição para o indivíduo agir de uma maneira determinada. Na prática, é o mesmo que preparação.

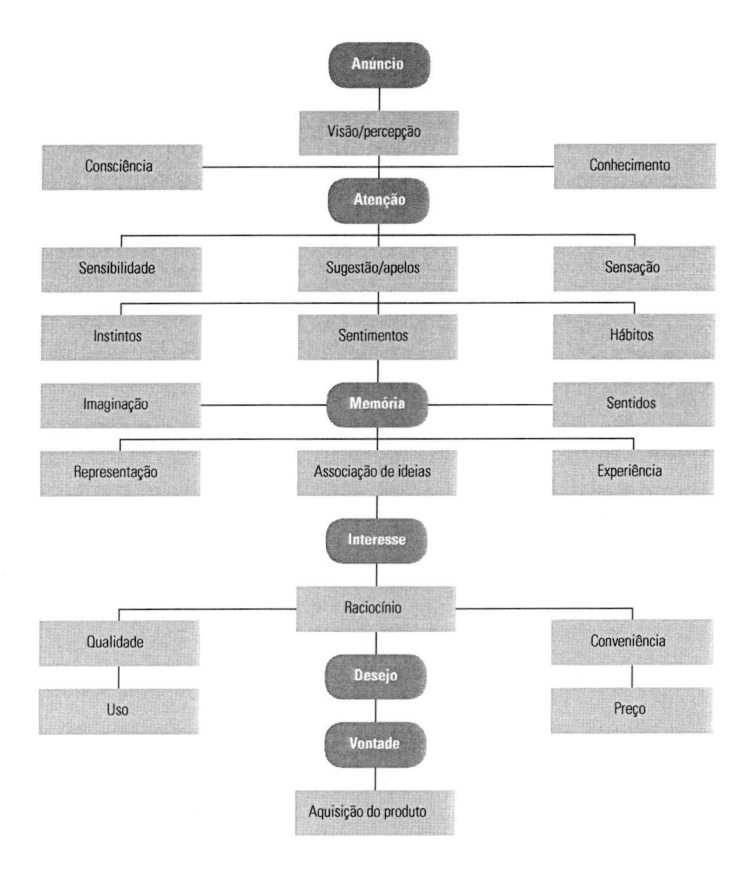

FIGURA 3.1 Fluxograma do processo de decisão de aquisição.

A necessidade do consumidor

Sendo principalmente um meio de promover vendas em maior escala, a publicidade visa a três objetivos:

- promover uma ideia na mente dos consumidores;
- despertar o desejo pela coisa anunciada;
- levar o consumidor ao ato da compra.

Para isso, a publicidade tem de interessar, persuadir, convencer e levar à ação, ou seja, tem de influir no comportamento do consumidor. Para influir no comportamento de alguém, é preciso conhecer esse alguém, o que deve abranger:

a) a natureza humana: as necessidades básicas, os desejos e paixões que fazem agir o ente humano;
b) seus hábitos e motivos de compra.

O consumidor típico

Como o publicitário não tem contato direto e pessoal com os clientes, não é possível conhecer individualmente cada um deles, mas é necessário que conheça o comportamento do grupo visado como um todo, isto é, as reações e os gostos médios do conjunto de indivíduos que formam o mercado a atingir.

Enquanto o vendedor pensa e age em termos de indivíduo, o publicitário tem de fazê-lo em termos de grupo ou, de modo mais abrangente, até mesmo de massa. Ele precisa discernir na massa o indivíduo típico, o denominador comum, aquele que expressa em si a média de necessidades, desejos, gostos etc. da maioria. Para esse conhecimento, contamos com a pesquisa.

O conhecimento do mercado, a análise de reações, hábitos e motivos de compra do consumidor típico, seus hábitos de consumo das mídias tradicionais ou digitais/interativas, sua forma de buscar informações a respeito do produto ou serviço oferecido, o conhecimento real deste em relação aos concorrentes são as bases do planejamento publicitário, buscando-se entender um consumidor típico para, a partir dele, entender o todo. E saber comunicar-se com ele.

As molas da ação humana

A publicidade baseia-se no conhecimento da natureza humana. Quanto mais conhecermos o valor das palavras, as necessidades, os desejos e impulsos humanos e as emoções que desencadeiam, mais saberemos sobre a técnica de persuasão e seu modo de operar.

As necessidades biológicas são os fatores dinâmicos da conduta. As necessidades de ar, alimento, sexo, repouso, autodefesa e mais alguns impulsos instintivos são as forças básicas que no fundo de nosso ser nos impelem a agir. O organismo é um sistema que se mantém intacto. Quando se quebra o seu equilíbrio interior, ele inicia os movimentos necessários à sua construção.

Assim, uma necessidade é uma ruptura do equilíbrio do organismo. Sentimos sede quando o organismo tem o seu equilíbrio rompido por falta de água. Essa necessidade leva então o ser vivo a pôr em ação a conduta, isto é, fazer os movimentos necessários para obter água e restabelecer o equilíbrio vital. Mas a necessidade pode estar dormente e só se manifestar ante um estímulo externo.

Há necessidades que provocam reações na ausência de um estímulo externo (atos espontâneos – ir tomar café). Há os estímulos que provocam reações sem que exista uma necessidade aparente (você não pensa em comprar e sente o desejo repentino ao ver um modelo). Há os estímulos que não provocam reação alguma (se você comprou antes, não desejará o produto quando o vir novamente em exposição).

Concluímos que, para existir excitação, para haver receptividade ao estímulo, é necessário que realmente exista, no momento, uma disposição a ser perturbada por esse estímulo. Embora as necessidades sejam o motor da conduta, são os desejos (ou interesses) que verdadeiramente põem o motor em ação. Respiração: falta de ar – desejo de ar.

Assim, o motivo imediato atual da ação humana é o desejo, pois ele é a expressão consciente da necessidade. Só quando percebemos a necessidade e esta se manifesta em desejo por determinada coisa é que a nossa conduta se põe em ação. Ante a vontade de beber, alguém toma água; outro, aguarda a saída do trabalho para tomar cerveja. Cada qual satisfaz a necessidade da sede à sua moda. A conduta de cada um foi ditada pelo desejo, e não apenas pela necessidade.

Normalmente, sentimos que alguma coisa nos está faltando, mas não sabemos exatamente o quê até que topamos com uma situação que faz a necessidade se revelar claramente em um desejo. Impelidos pelo desejo é que tomamos a resolução de agir.

A atividade humana tem, pois, como força remota, as necessidades, e como motivo atual, imediato, os desejos. Assim, para o anúncio provocar uma reação, ou seja, para levar o leitor ou espectador a considerar a aquisição do produto ou serviço anunciado, é preciso que faça apelo a uma necessidade (despertando com isso um desejo) ou excite um desejo já manifesto no consciente.

Desse modo, para vender um batom, pode-se apelar para a necessidade de atração sexual, por meio do desejo de ser bela ou, mais diretamente, do desejo de atrair seu companheiro. Ou pode-se apelar para um padrão estético diferenciado entre as mulheres, muito mais relacionado ao *status* do que à sexualidade.

Necessidades humanas

É comum encontrar muitas simplificações nas explicações das motivações humanas. A principal talvez seja a de que o ser humano, resumidamente, busca evitar a dor e obter prazer. Um pouco mais complexa é: ou a pessoa quer satisfazer a si mesma (hedonismo) ou quer se destacar em relação ao outro (*status*). E a mais usual definição aponta uma base aspiracional de pertencimento (ao buscar ser aceito por um grupo que admira, assimila seus hábitos de consumo) ou de destaque (já participando desse grupo, busca utilizar alguns diferenciais de consumo, visando se diferenciar). Aprofundando um pouco mais, e a título de orientação, segue uma lista de algumas das principais necessidades humanas:

- ambição – desejo de progredir, de ser alguém;
- amor à família – afeto aos pais, filhos, irmãos etc.;
- aparência pessoal – asseio e bem-vestir;
- apetite – paladar, amor à boa mesa;
- aprovação social – desejo de ser apreciado, de ser igual socialmente;
- atividade – esporte, jogos e semelhantes;
- atração sexual – conquista amorosa, casamento, namoro;
- beleza – sentimento estético, desejo pelo que é belo;
- conformismo – hábitos, tendências à imitação, a seguir líderes;
- conforto – desejo de repouso, bem-estar, tendência à euforia;
- cultura – sede de saber, desejo de instruir-se;
- curiosidade – necessidade de saber o que se passa, bisbilhotice;
- economia – de dinheiro, de tempo, de esforços, desejo de lucrar;
- evasão psicológica – desejo de esquecer a realidade, escapismo;
- impulso de afirmação – desejo de se impor, de se afirmar;
- segurança – proteção contra sinistro, previdência;
- saúde – higiene, defesa contra doenças.

A psicologia da compra e venda

As operações de anunciar ou de vender são, em essência, iguais. Em uma e na outra se visa, em última análise, sugestionar, propor, convencer. Para que alguém compre alguma coisa, é preciso que, na sua mente, se desenvolvam, sucessivamente, os seguintes estados:

- a existência de uma necessidade;
- a consciência dessa necessidade;
- o conhecimento do objeto que pode satisfazê-la;
- o desejo de satisfazê-la;
- a decisão por determinado produto ou marca que, a seu ver, melhor satisfará o desejo.

Uma vez despertada a necessidade e conhecido o objeto que pode satisfazê-la, acorda dentro do indivíduo o desejo por tal objeto. Esse desejo pode, contudo, não surgir com suficiente vigor para levá-lo a decidir-se pela compra. Motivos de ordem moral, econômica ou outros desejos podem refreá-lo ou levar o indivíduo a adiar a compra. Para que esta se concretize, é preciso, então, que o desejo tenha força ou, por outras palavras, é preciso que a satisfação ou a vantagem que o indivíduo espera do objeto supere quaisquer outros desejos que porventura sinta. Por fim, é preciso que o indivíduo se decida por um determinado produto ou marca que, a seu ver, lhe dará maior vantagem ou satisfação em troca de seu dinheiro.

À publicidade compete:

- tornar o consumidor ou grupo de consumidores consciente da necessidade, quando ela não é manifesta;
- despertar-lhes o desejo, ou reforçá-lo, mostrando-lhes o objeto que pode satisfazê-lo;
- salientar a capacidade do objeto em satisfazer o desejo, demonstrando que a satisfação excede, e bem, o esforço da compra.

Compramos em termos de desejo e não apenas em termos racionais. Compramos aquilo que nos agrada e não o que nos é apenas útil. Não compramos o que realmente precisamos, mas o que desejamos – isto é, o que as nossas forças afetivas nos impulsionam a comprar. Os produtos valem não por suas qualidades intrínsecas, mas pelo prestígio ou satisfação que conferem. É sobretudo esse prestígio (o valor psicológico ou subjetivo) dos objetos que a publicidade deve salientar e vender, porque ele é que dá ao consumidor a verdadeira satisfação. Não se deve, porém, iludir os consumidores. O valor subjetivo de um produto tem de ser fundamentado em qualidades reais.

Os modelos a seguir, quase todos bastante tradicionais e até mesmo antigos no estudo da publicidade, ainda são esquemas muito interessantes para facilitar a compreensão esquemática dos processos ou passos que levam uma pessoa à ação.

Estados de consciência (AIDA)

Baseia-se no pressuposto de que, para convencer alguém a comprar, é preciso colocar a sua consciência, sucessivamente, em quatro estados, a saber: Atenção, Interesse, Desejo e Ação.

A publicidade (ou o vendedor), conseguindo levar o consumidor a esses estados mentais, terá, como consequência, a concretização da venda.

Estímulo e resposta

O comportamento humano é resultado das reações (respostas) do indivíduo às situações (estímulos) com que ele se depara. O conceito leva em conta dois fatores: um interno (as necessidades ou os impulsos instintivos e a disposição de ânimo no momento de receber o estímulo); outro externo, que é o próprio estímulo.

O estímulo, o excitante adequado, desde que apresentado com habilidade e oportunamente, pode, com efeito, provocar respostas favoráveis. Excitando as necessidades fundamentais, ou os desejos mais comuns dos consumidores, é que a publicidade, na maioria dos casos, faz agir.

Necessidade e solução

O indivíduo é um ser dinâmico. Suas reações, seus motivos para comprar dependem, sobretudo, de fatores internos, isto é, de seus desejos, que são a expressão consciente das necessidades. Não é a imposição pura e simples do estímulo que o fará agir, mas a capacidade do objeto em satisfazer – isto é, dar solução – a uma necessidade que ele tenha.

Concluindo: para fazer o público reagir, ou seja, para fazê-lo comprar, é preciso que a publicidade apele para uma das necessidades básicas dos indivíduos ou para um desejo que se presume existir na maioria deles – necessidade ou desejo que o produto ou serviço a vender satisfaça plenamente.

O tema ou ideia da campanha deve constituir, pois, implícita ou explicitamente, um excitante, um estímulo que atinja o ponto sensível do grupo consumidor em relação ao produto.

Fatores de influência

Para influir na mente dos consumidores, utilizamos um destes três fatores, ou então uma combinação deles.

Sugestão

Significa uma ideia ou um plano de ação que o indivíduo aceita incondicionalmente. É a faculdade de aceitarmos uma ideia exterior sem exame, sem a submeter a uma crítica mais aprofundada, sem termos um fundamento racional. Ela atua pelo sentido afetivo da mente, não pelo conteúdo racional.

Algumas pessoas são mais sugestionáveis que outras; e um mesmo indivíduo pode ser mais sugestionável em certos momentos ou em certas condições do que em outras. A sugestão atua por prestígio quando emana de pessoas de conceito. Aplica-se por meio de testemunho de pessoas com autoridade para falar do assunto:

- Ela atua pela repetição. Tanto ouvimos um conceito que acabamos por acreditar em sua veracidade. Repetir é provar.

- Atua pela convicção – quem fala com convicção, quem tem confiança naquilo que diz, tem mais probabilidade de sugestionar.
- Atua pela atmosfera – a atmosfera que circunda um objeto ou que emana da propaganda é um veículo sutil de sugestão, desde que adequada ao produto anunciado.

A sugestão pode ser direta quando se caracteriza por uma ordem ou um convite: compre, faça, experimente, beba... Ela é indireta se não tenta impor uma conduta, não dá uma ordem. Limita-se a depositar na mente a ideia e a deixa fermentar. Ela dá ao indivíduo a sensação de que ele está comprando, e não de que alguém está lhe querendo vender. Nos últimos tempos, essa tem sido a grande tendência da propaganda mundial: buscar sair de um sentido imperativo para um sentido propositivo.

Imitação

Fazemos uma infinidade de coisas em nossa vida exclusivamente porque vemos os outros fazerem. Nossas crenças, nossos hábitos, nossas atitudes são, em grande parte, ditados pelo que os outros fazem. Imitar é uma tendência inata do ser humano, como a sugestão, da qual é o aspecto ativo.

A moda é a expressão máxima da imitação. Há certas modas que dominam uma cidade, um país e até o mundo inteiro, em determinada época, para depois decrescerem de intensidade e cederem lugar a... outra moda. Assim acontece com o vestuário, com o estilo de cabelos, com as músicas, com as gírias e, mais ainda, com os sentimentos. E se o indivíduo isolado possui instinto de imitação, o fenômeno atinge mais força nas coletividades. A psicologia social aponta que o homem, no seio da coletividade, sente-se irresistivelmente atraído a imitar as atitudes dos demais membros do grupo, para sentir-se pertencendo a esse grupo.

Empatia

É o aspecto coletivo ou sentimental da sugestão-imitação. É a capacidade de nos identificarmos com outras pessoas, experimentar os mesmos sentimentos que elas experimentam ou viver mentalmente situações que desejaríamos experimentar.

Quando outras pessoas ao redor de nós manifestam certos sentimentos, parece natural que sintamos da mesma maneira. Esse sentir com os outros constitui simpatia. Para simpatizarmos inteiramente com outra pessoa, precisamos usar de imaginação, temos de nos colocar em seu lugar e encarar as coisas de seu ponto de vista. E, para que nossa simpatia seja eficaz, precisamos mais do que sentimento de companheirismo; precisamos saber como lidar com a situação que influi em nossos amigos; precisamos de experiência na conduta cooperadora.

Empatia significa mais "sentir o que se passa no íntimo", "sentir dentro" da pessoa ou coisa, sentir com o indivíduo ou coisa. Pode ser que a pessoa não esteja expressando sentimento algum, mas se encontre em situação que despertaria em nós certos sentimentos se nos achássemos nessa situação. E, imaginando-nos em seu lugar, chegamos ao sentimento apropriado à situação. Identificamo-nos com a pessoa. O sentimento da empatia frequentemente se manifesta no comportamento externo.

Quando lemos um romance ou assistimos a um filme ou uma novela, tendemos a nos identificar com o herói (ou heroína), ficamos aflitos sempre que ele ou ela está em dificuldades e deliciamo-nos quando tudo acaba bem. Podemos considerar esses sentimentos como empatia porque estamos mais a colocar-nos na situação do herói do que a imitar qualquer expressão de alegria ou pesar que o autor tenha criado.

A uma pessoa que se mostre que ela pode ficar forte, viril, é quase certo que sua imaginação se ponha a trabalhar e, por empatia, ela se veja logo com o corpo de um atleta.

De modo geral, quem trabalha com propaganda precisa saber utilizar essa capacidade de praticamente abandonar seus gostos, desejos e critérios para realmente compreender o perfil do público com quem ele irá se comunicar. Sem isso, há uma enorme chance de que essa comunicação apenas agrade a quem emite, mas tenderá a não alcançar efetividade em quem atinge.

Mecanismo de ação da publicidade

A vida econômica de uma pessoa pode resumir-se, em sua totalidade, em três fases: necessidades, que provocam desejos e paixões; esforços, para obter o objeto de seu desejo e satisfazer a paixão; e satisfação, obtida com a realização. A publicidade só atua sobre as duas primeiras: desperta ou excita as necessidades, os desejos, as paixões (que, uma vez despertas, crescem progressivamente), e diminui os esforços necessários do indivíduo para satisfazê-las.

Observamos que as necessidades são de origem fisiológica, ao passo que os desejos são mais de ordem psicológica e estão orientados até a uma determinada necessidade.

A publicidade de um produto, de um serviço ou de uma ideia não pode tentar adivinhar as tendências e as necessidades de um indivíduo isoladamente, nem fazer uma combinação dos melhores desejos capazes de influenciá-lo. Tal medida é inconcebível. Na prática, trata-se de descobrir a tendência comum predominante, a necessidade similar, na maior proporção possível dos indivíduos que se deseja atingir e, em seguida, escolher os meios apropriados para pôr em jogo essa tendência com o objetivo de excitar o desejo, de pelo menos despertar a vontade desse consumidor de buscar conhecer mais de perto o produto ou serviço anunciados.

A publicidade pode atuar sobre a conduta da média e não sobre a do indivíduo em particular; ela tenta influir sobre a opinião pública e não sobre a individual. Portanto, a ação publicitária deve considerar que:

1) existe um fator de conduta comum, uma opinião pública que tem uma influência receptiva à publicidade. A comunicação deve estabelecer-se com ela, da melhor forma possível e com predominância;

2) existe um fator de conduta comum, ou de opinião pública, que influi desfavoravelmente sobre a publicidade. Consequentemente, é indispensável sobrepor-se a ele, romper o laço que sirva de união com as condutas individuais ou com as opiniões individuais. Para isso, a publicidade trata de:
   a) descobrir, por um lado, os pontos de divergência nas condutas individuais e opiniões pessoais que possam existir em estado latente, debaixo da aparente unidade da conduta comum ou da opinião pública, e, por outro, os pontos comuns;
   b) dar destaque a esses pontos de divergência (naturalmente, sem mencionar os pontos comuns), até conseguir incutir em cada indivíduo a ideia que é necessária, adaptar à conduta e ao pensamento, aos admitidos como regra geral.
   c) favorecer ao máximo a livre conduta, ou expressão de pensamento de cada indivíduo.

3) na realidade, não existe o que se chama de conduta comum ou opinião pública, mas apenas um conjunto de condutas individuais ou juízos particulares. Nesse caso, a publicidade tem por objetivo agrupar todas essas condutas individuais e opiniões particulares em torno de um ponto que é comum, destacando tal fator, visando minimizar os fatores de divergência.

Então, terá lugar uma cristalização. São esquecidos rapidamente aqueles pontos que criavam a falta de unidade para ser considerada apenas a importância adquirida pelo fator comum. Mas é preciso que exista pelo menos um ponto comum, já que a publicidade não é poderosa. Ela só é eficaz quando existe um desejo ou uma opinião comum, de forma consciente ou inconsciente, em cada um dos indivíduos a quem ela se dirige. A publicidade pode fecundar e fazer frutificar esse desejo, mas de nenhum modo poderá realizar a geração espontânea.

Naturalmente, esses estados não se produzem seguindo uma ordem rigorosa, ao contrário, sobrepõem-se, misturam-se e dirigem-se uns aos outros, manifestando-se, normalmente, por seu resultado em conjunto.

No entanto, com o avanço tecnológico no campo da comunicação e da pesquisa de marketing, destacou-se outra realidade na publicidade, em que é possível falar diretamente com o indivíduo. Isso se torna realidade construindo um conteúdo específico para cada um, oferecendo soluções mais ajustadas e adequadas.

A comunicação chamada de 1 a 1 (*one-to-one*) ocorre principalmente quando o produto ou o serviço oferecido é algo de alto valor agregado. O mapeamento do comportamento de compra, dos hábitos e atitudes de determinado perfil de consumidor permite que as ações de comunicação sejam totalmente construídas para atender suas necessidades e seus desejos. Quando uma grande parte do processo de busca de informações a respeito de determinado produto ou serviço, e até mesmo sua aquisição, ocorre em plataforma interativa, esse grau de conhecimento aumenta e muito, permitindo criar uma base de conhecimento ainda mais sofisticada para que a publicidade possa se pautar em seus esforços de comunicação e, finalmente, alcançar a possibilidade de mensurar a efetividade de cada esforço.

Mesmo tratando-se de produtos mais populares, a customização é um fenômeno presente e em níveis sofisticados. É possível comprar um tênis, uma calça jeans ou uma camisa feitos de acordo com o desenho de cada consumidor. Se o produto pode ser customizado com rigor de detalhes, é porque a comunicação conseguiu promover em cada indivíduo uma informação para que o círculo pudesse se fechar.

Assim, os conceitos para consumo de massa apresentados neste capítulo atendem às expectativas dos profissionais que irão construir sua comunicação nessa mesma direção. É necessário, no entanto, ressaltar que o avanço vertiginoso da tecnologia da informação (TI) possibilitou conhecer cada consumidor com mais detalhes, permitindo que novos caminhos viessem a se apresentar como alternativas para uma comunicação mais pontual, individual e customizada, através das diversas plataformas de interatividade das marcas com as pessoas, como os sites, os blogs, as redes sociais e os aplicativos para telefonia móvel. E, a cada dia, surge uma tecnologia de relacionamento que permite ser cada vez mais seletivo e direto no diálogo com os consumidores.

A opção por um caminho ou outro é função de inúmeras variáveis, que dependerão da decisão conjunta entre anunciante e agência, avaliando cada uma das alternativas com maior rigor.

Atenção e percepção

De modo mais superficial, porém atendendo as finalidades de compreensão destes tópicos, pode-se afirmar que a atenção manifesta-se de três formas:

- **atenção espontânea** – que se desprende dos sentidos e da afetividade, sendo o equivalente de uma inquietude afetiva que corresponde a uma ruptura do contínuo físico provocado por um choque de maior ou menor intensidade;
- **atenção voluntária** – é a forma de atenção mais determinante, já que possui um valor ativo de percepção (costuma-se dizer que olhar e escutar são fenômenos ativos; ouvir e ver são fenômenos passivos). Nesse caso o indivíduo domina sua atuação e, ainda que a atenção esteja estritamente aplicada a um objeto, tem consciência dela porque a domina e pode desprender-se livremente, abandoná-la;
- **atenção fascinada** – o indivíduo absorve-se no objeto que atrai sua atenção, esquecendo-se de si mesmo ante ele; fixa seu pensamento e, levado ao extremo, é conduzido ao sonho, à ideia fixa. A atenção converte-se em contemplação, o mecanismo mental fica bloqueado. A publicidade só deve provocar a atenção fascinada quando se trata de fazer o indivíduo reagir de acordo com um mecanismo automático.

Compreensão

Compreender significa, no sentido etimológico (*cum prehendere*), captar em conjunto. O espírito humano, diante de uma série de excitações, elege uma delas e fixa-se na sua origem por um fenômeno de atenção espontânea. Entre a atenção espontânea e a voluntária, para que possa haver a compreensão, existe algo mais que uma simples diferença de grau: há uma diferença de natureza. A atenção voluntária opõe-se à debilitação, ao desvio de atenção espontânea. Prepara o espírito para uma série de confrontações entre a nova representação e as antigas relacionadas com o objeto ou a ideia que se examina e que permanece na memória. Dessa confrontação surgirá a decisão: a pessoa vai ou não se interessar. Portanto, a compreensão depende da rapidez, da clareza, da intensidade das representações que são objeto da atenção voluntária. Assim sendo, o objeto da publicidade deve identificar-se com a manifestação da atenção voluntária, a fim de que seja interpretado pela consciência do homem sem ser independente de sua representação – pelo contrário, deve ser interpretado com essa relação exterior e integrando-se a ela.

É por esse motivo que pouco importa que o público goste do anúncio ou do cartaz; que ache o texto sagaz ou uma ilustração divertida; o importante é que ele tenha atenção pelo próprio produto. Sabe quando você lembra da história do comercial, mas não consegue lembrar da marca que ele promoveu? Então, isto é tudo que nós não queremos!

Desse ponto de vista, a compreensão depende de duas ordens de elementos: elementos psicofisiológicos, que facilitem a fixação da atenção voluntária, e elementos afetivos, que nos obriguem a prestar mais atenção àquilo cuja natureza pode nos comover, não ao que nos deixa indiferentes.

Elementos psicológicos

Ainda que haja uma ciência publicitária, não se exclui que a técnica publicitária emprega a arte em grande escala. A colaboração entre artistas e publicitários é tão necessária, tão íntima que, para muitos, a publicidade é uma espécie de arte menor. Todavia, devem-se distinguir a arte "finalidade sem fim", a arte pela arte, e a arte aplicada à publicidade.

Ao contrário da arte, a arte publicitária está subordinada ao fim de vender. Nesse caso, é o público que tem importância, pois é a ele que a publicidade tem a missão de vender o produto, o serviço ou a ideia. Na arte aplicada, a publicidade (o artista) parte de um material, de um assunto que não tem sua origem em um impulso anterior irresistível, mas está orientado pelos objetivos da campanha que impõem um certo número de condições de limitações, devendo constituir sua preocupação primordial o ponto de vista do público.

O artista que trabalha para a publicidade deve buscar a verdade sensorial subjetiva, aquilo com que o público se sente familiarizado, preferencialmente sobre as combinações das tendências intelectuais da arte.

O problema não é imitar a natureza, mas obter a essência do sujeito representado. Não se trata de representar integralmente os objetos ou uma série de personagens, mas de evocar um sentimento, suscitar certas sensações, determinados sentimentos. O artista, ao projetar para fora o seu pensamento no mundo do extraordinário e pôr sua interpretação na mente dos leitores, deve ter a suscetibilidade não só de comunicar seu pensamento, mas também de determinar e provocar a ação desses leitores.

É preciso que a arte enriqueça a publicidade, contribuindo para mostrar da melhor maneira a mensagem, para que o público entenda mais facilmente o que o anúncio tenta comunicar.

Elementos afetivos

O espírito humano só se detém naquilo que lhe interessa pessoal e diretamente, desviando-se do que não cativa a sua atenção. O interesse que uma pessoa dirige a um objeto de sua atenção voluntária é uma função do valor que esse objeto representa para ela. A pessoa só vê e compreende realmente o que interessa ao seu próprio ser.

Dessa forma, encontrando-se a atenção ligada à compreensão pela noção do interesse egocêntrico, é importante observar que uma pessoa tenta compreender o objeto de uma ação da publicidade que tenha atraído sua atenção desde que ela apresente um fato que lhe pode interessar, enfocado de seu ponto de vista (e não do ponto de vista do criador, do fabricante ou do vendedor), e desde que esse fato a impressione e a motive.

Ao público interessa muito mais a satisfação que pode obter com o produto do que o próprio produto. Para adotar o ponto de vista do público, muitas vezes é melhor a adoção de argumentos afetivos indiretos, por serem, no caso, mais poderosos que os argumentos diretos. Existem múltiplos exemplos típicos da superioridade dos textos sugestivos (*human interest copy*) sobre os textos explicativos (*reasons-why copy*).

O consumidor sempre pensa: Eu! O que isso significa para mim? Então, é preciso projetar-se dentro dos consumidores, compreender os seus sentimentos, a razão de seus atos, os seus pensamentos. Classifique a pessoa interessada, examine-a, meça-lhe as aptidões, descubra do que ela necessita, estabeleça as necessidades, peça informações, inspecione, crie descontentamentos com o *status quo*.

A questão de pôr o consumidor no centro das atenções ou raciocinar em relação ao que este "pode fazer" e o que o produto significa para ele constitui mais do que uma diferença semântica. Faz uma "grande diferença" nos resultados das vendas. Faz que o vendedor (no caso, o publicitário) comece a pensar no ponto de vista do comprador: ele se põe no lugar deste e os resultados chegam a ser assombrosos.

4

PRÁTICA DA PUBLICIDADE

Planejando e executando uma campanha de publicidade

Anos 1920, nos Estados Unidos: um publicitário definia uma série de premissas que compreendia, por sua experiência, como extremamente importantes. Seu nome: Claude Hopkins, considerado por muitos como o primeiro grande redator da publicidade mundial. É dele um livro básico no estudo dos primórdios da propaganda, *A ciência da propaganda* (Cultrix, 1987, p. 30, 31, 35), do qual vale a pena destacar alguns conceitos-chave:

> Quando você estiver planejando e preparando um anúncio, tenha diante dos olhos um comprador típico. [...] Não pense nas pessoas como massa. Isso lhe dará uma visão anuviada. (p. 30)
>
> O fabricante de um artigo anunciado conhece o lado da manufatura e provavelmente o lado do negócio. Mas esse mesmo conhecimento muitas vezes o desencaminha com respeito ao consumidor. Os interesses de um não são os dos outros. (p. 31)
>
> O homem de propaganda estuda o consumidor. Tenta colocar-se na posição do comprador. Seu êxito depende grandemente disso... (p. 35)
>
> A razão da maioria dos malogros em propaganda é o tentar vender às pessoas aquilo que elas não querem. (p. 35)
>
> As pessoas podem ser persuadidas, mas não levadas à força. Tudo o que fazem, fazem-no para seu próprio prazer. Um número muito menor de erros seria cometido em propaganda se estes fatos nunca fossem esquecidos. (p. 35)

Só para registrar: ele faleceu em 1932, e muitos de seus princípios ainda são mais do que válidos até hoje.

Aquilo que Hopkins intuiu há mais de 80 anos é o foco do trabalho estratégico da publicidade: conhecer realmente o público e entender como ele pode perceber ou já percebe o produto ou serviço ofertado. Naquela época, seu conselho era similar ao de hoje: vá às ruas. Não descanse. Coloque-se no lugar do vendedor e tenha contato direto com o consumidor, enquanto comprador e enquanto usuário. Ouça tanto os que gostam do produto quanto os que preferem os concorrentes. Pesquise. Verifique. Não aceite facilmente as visões e percepções preestabelecidas de que o consumidor é deste ou de outro jeito e que ele sempre percebe o produto de tal modo.

A maioria das pesquisas efetuadas com consumidores de marcas mais do que consagradas muitas vezes aponta que, para parcelas significativas, os motivos que levam à compra e ao uso desses produtos nem sempre são realmente os que foram destacados como fundamentais em sua propaganda.

Ao mesmo tempo, na época de Hopkins preconizava-se que o fabricante conhecia o produto, mas não o seu público. Contemporaneamente, com a sofisticação das atividades de marketing – principalmente com pesquisa de mercado –, as grandes marcas tendem a conhecer muito bem seus consumidores, por despenderem grandes esforços nesse objetivo. Afinal, mercados muito competitivos e elevados investimentos praticamente obrigam a isso.

De todo modo, em qualquer situação, quando se fala em gerar um esforço de propaganda, é fundamental que ele seja embasado em conhecimento: do produto, do mercado, do consumidor, da concorrência, das tendências etc. E, mesmo quando ele vier muito bem "embalado", busque sempre fazer uma checagem, pois as pessoas não tendem a ser constantes em suas percepções, em seus valores e opiniões, e o que valia há tempos atrás pode ter mudado radicalmente na percepção das pessoas.

Para conseguirmos mobilizar e persuadir um público determinado, é preciso estabelecer, em primeiro lugar, a forma como iremos orientar a operação. É necessário ter consciência de como iremos trabalhar, de quais meios iremos utilizar e quais as possíveis reações das pessoas que receberão as mensagens.

É imprescindível, portanto, obedecer a determinadas normas, algumas delas já bastante antigas, mas muito interessantes para serem consideradas:

1. Vivemos momentos em que há excesso de informação disponível sobre quase tudo. Logo, não é aquele que mais grita quem realiza a

melhor propaganda. São tantos os que gritam que já não se distingue a voz de ninguém. Esse é o caso de investimento econômico sem norma, sem padrão nem controle. É preciso conhecer as particularidades psicossociais, saber onde e como o público adequado estará acessível e com maior disposição em prestar atenção à mensagem. É para isso que serve a pesquisa.

2. É preciso levar em conta que ao público não interessam somente os meios clássicos de busca de informações. Para muitos especialistas, existem duas correntes ou pressões modeladoras da opinião pública que ajudam a gerar os líderes de opinião:

   a) a primeira, motivada pelos órgãos ou meios de divulgação, de onde se depreende credibilidade; afinal, na percepção popular, se algo foi noticiado, é porque deve ser importante;

   b) a segunda, motivada pelas pessoas conhecidas como **formadoras ou líderes de opinião** que, com sua opinião ou adesão ao produto ou serviço, podem servir de referência para que outras também o façam. São também chamadas de **influenciadores de grupos**. Atualmente, com o crescimento rápido das chamadas mídias sociais e dos blogs, cresceu em muito a quantidade de pessoas que expõem suas opiniões e experiências através desses meios. Também é crescente o número de espaços formais de exposição de opiniões a respeito de marcas, produtos e serviços, gerando um extenso volume de informações disponíveis para auxiliar a tomada de decisão de compra.

3. Além de atingir o público diretamente, em muitos casos a campanha precisa conseguir identificar-se fortemente com os **tipos informados**. Aí a ação dos meios pode conseguir sua máxima eficiência. A informação chega ao consumidor nas duas direções (pela mídia e pelos formadores de opinião). Porém, para tanto, devemos saber ainda melhor quais são os compradores potenciais, que hábitos eles têm, onde vivem, quantos são, que evoluções sociais estão experimentando, quais os competidores, quais apelos usam. Não devemos esquecer que, em publicidade, é indispensável o estudo das motivações antes de se decidir a agir.

Mobilizar vontades não é tarefa fácil, nem pode ser reduzido apenas aos esforços da propaganda. Afinal, se a propaganda tivesse toda essa força sozinha, ninguém mais dirigiria após ter bebido, as pessoas utilizariam preservativos, ninguém deixaria crianças soltas no banco de trás dos veículos etc. A propaganda precisa ser afinada com as tendências sociais e com as motivações humanas para ter chance de sucesso.

De maneira bastante simplista, podemos listar as principais **fontes psíquicas** que engendram a motivação e nos mostram as características que movem a uma determinação. São as seguintes:

Instintos de nutrição

    Sexo
    Conservação
    Dominação

Desejo de prestígio

    Bem-estar
    Intelectualização
    Sociabilidade

Reação de inferioridade

    Ressentimento
    Frustração
    Ambivalência

Hábito social

    Psíquico

Psicose social

    Mental

Com frequência, é a soma de várias dessas fontes psíquicas que determina a raiz da motivação. Ou, como inteligentemente comenta Júlio Ribeiro, um de nossos maiores nomes do planejamento publicitário, se alguém destampar uma garrafa e aparecer um gênio afirmando que ele tem direito a três desejos, desde que não sejam saúde, dinheiro e amor, provavelmente a maioria das pessoas não saberia o que pedir.

Para ter sucesso duradouro

Muitos acreditam que basta dispor de uma boa distribuição ou de uma campanha publicitária para ter sucesso nas vendas. Isso pode até dar certo se o objetivo for vender apenas uma só vez, mas é preciso levar em conta que à empresa interessa vender muitas vezes e continuamente.

É evidente que, para construir uma campanha de sucesso duradouro, cabe ao decisor do investimento em propaganda (quase sempre o responsável pelo marketing da empresa) o papel essencial da escolha criteriosa do produto e de sua qualidade intrínseca, sobre os quais atuam fatores ligados à situação do mercado naquele momento específico, como a transformação das técnicas de produção, a evolução do consumo, o papel desempenhado pelo modismo, o peso da emulação e a extensão de certo tipo de educação – fatores que influem na escolha por parte do público.

O segundo aspecto a ser assinalado é o que se refere ao escalonamento das vendas, ou seja, se o produto se vende na mesma proporção durante todo o ano, ou se as vendas são mais elevadas em um ou mais períodos. No último caso, é útil conhecer o ritmo de aquisição e de consumo do produto ao longo do tempo.

O terceiro participante a ser considerado é o público a que se destina o produto. O público não é um agente passivo; ele é definido segundo certos parâmetros socioeconômicos. Não é suficiente o conhecimento de sua categoria social, idade, sexo, lugar de residência, mas também de seus hábitos (usos e costumes), seus anseios, motivações e interesses. Hoje, há uma enorme preocupação em buscar entender não apenas as pessoas, mas como determinados grupos agem e reagem diante dos processos de conhecimento, decisão, aquisição, utilização e possível recompra. E, dependendo do tipo de produto ou serviço, muitas pessoas podem participar exercendo papéis diferentes no processo de escolha, aquisição e uso.

O próximo elemento a se colocar são as exigências criativas da campanha, as quais, em uma campanha embasada, na verdade são fruto direto do trabalho do planejador. Deve-se fixar o que se quer dizer aos consumidores, considerando o ponto de vista deles. Quando se quer definir o que dizer, faz-se uma escolha que interessa ao marketing e à publicidade.

A partir dessa fixação de objetivos de campanha (o que se diz, a quem se diz), determina-se o tema criativo da campanha. O problema consiste em selecionar, entre as várias proposições, aquela que, naquele momento específico, se adapta melhor às experiências do público e que, ao mesmo tempo, respeite a identidade da marca para não criar ruídos desnecessários.

Na sequência, escolhem-se os meios de expressão a serem utilizados no desenvolvimento do tema. É preciso conhecer quais os elementos de um anúncio e em que proporção eles influenciarão o consumidor potencial. Para isso, deve-se verificar o que será transmitido na proposição publicitária e como será compreendido.

Finalmente, o último elemento, mas não menos importante, é a seleção de meios para que a ação possa alcançar melhores resultados com a aplicação de uma verba adequada. Essa escolha está relacionada a uma definição precisa do público que se quer atingir e à melhor adequação do meio à mensagem. Aqui, é sempre importante destacar que, no passado, com a limitada oferta dos meios, primeiro se definia a mensagem para depois se definir o próprio meio. Atualmente, é comum ver criação e mídia pensando juntos, buscando a melhor relação de adequação de meio e mensagem. Essa é uma seleção entre inúmeras possibilidades de comunicação, entre elas a propaganda em seu sentido mais convencional.

De todo modo, é necessário fixar uma escala de valores para cada um dos meios de comunicação para obter um equilíbrio harmônico em seu uso, de maneira que sejam atendidas as conveniências do plano. O assunto será mais bem apresentado no Capítulo 6.

Planejamento publicitário

O objetivo global do planejamento é proporcionar soluções práticas, baseadas nos fatos, para problemas específicos de marketing e propaganda. A análise, a síntese e a interpretação de dados reunidos pela empresa e pela agência, e possivelmente ampliados pelas novas pesquisas, são componentes essenciais das responsabilidades do planejador. Obviamente, o planejamento não pode ser separado dos aspectos organizacionais, operacionais, de venda e de controle das atividades comerciais. Para que o planejamento seja o âmago do conceito mercadológico, terá de envolver tanto o curto quanto o longo prazos.

O planejamento deve ser o pivô que centraliza, coordena e integra todos os fatores necessários à realização dos objetivos mercadológicos e de propaganda. Ele deve incluir avaliação e ajustes constantes. Todos os métodos têm aspectos limitativos ou restrições, mas podem ser também força motivadora.

Até passado recente, era concebível imaginar um planejamento mercadológico gerado apenas a partir do departamento de marketing ou comercial para, somente depois de ele estar definido, ser concebido um planejamento de comunicação. Atualmente, na era da comunicação integrada, é comum encontrar esforços que se definem quase que simultaneamente, entendendo que tudo comunica: o nome, a marca, a embalagem, o próprio design do produto, os veículos de transporte dos produtos, a determinação e a ambiência dos pontos de venda, as características dos vendedores e promotores, o serviço de atendimento ao cliente (SAC), os canais institucionais da organização (principalmente seu site e demais canais em redes sociais). E toda a sua comunicação, tanto institucional quanto mercadológica, não pode mais ser concebida de modo isolado.

O planejamento baseado na pesquisa, projetado para atender às exigências dos consumidores e para realizar os objetivos do anunciante, é básico para toda a organização. A abordagem administrativa da empresa deve também ser baseada no planejamento mercadológico. Por causa de sua importância e complexidade, o planejamento deve ser objeto de profundos estudos envolvendo praticamente toda a organização. Ele, obviamente, precede a execução e abrange as tarefas que devem ser levadas a cabo antes que um programa se torne operacional.

Porém, por mais que deva sempre ser concebido dentro de uma visão ampla da organização, o planejamento de comunicação deve receber um detalhamento técnico de alta precisão para que possa gerar um plano de ação eficiente e eficaz, em curto, médio e longo prazos.

Estrutura de planejamento

Existem muitos modelos e fórmulas preconizados para ajudar profissionais em seu planejamento de campanha. Porém, esse modo de pensar e de organizar as informações varia conforme o segmento de mercado em que se atua, o perfil do cliente que se atende, a necessidade de comunicação, a ênfase do projeto etc. O que pode ser dado é a sugestão de um guia de organização que ajude o planejador a saber em qual gaveta colocará cada informação coletada dentro de seu arquivo de projeto de campanha. Esse tipo de guia jamais deve ser visto como uma "receita de bolo de caixinha": não basta apenas segui-lo passo a passo e se deliciar ao final.

Quem estrutura o planejamento deve ter a sensibilidade de fazer as devidas adaptações conforme a sua necessidade de estudo, de organização, ou conforme sua equipe e seus clientes compreendam melhor. Seu resultado deve ser a boa exposição de raciocínios e ideias. A estruturação completa de um planejamento ocorre em duas grandes etapas: inteligência e execução.

Inteligência

Esta primeira etapa envolve basicamente a coleta de informações, estruturada em raciocínio lógico, com objetividade e análise, de modo que esse conjunto de informações coletadas, mas ainda soltas, se transforme em inteligência, apresentando ao final um cenário de atuação do planejamento.

Esse estudo pode ser organizado em três "ambientes", que envolvem momentos diferentes do entendimento do negócio, separados conforme aumenta a distância de controle das forças agentes sobre a realidade analisada. Pode-se dizer que qualquer problema identificado na comunicação interna, com os funcionários, é mais fácil de ser resolvido do que um problema de comunicação com o público-alvo. E facilidade aqui significa menos gastos de recursos: dinheiro, pessoas envolvidas e tempo. Da mesma maneira, pode ser mais fácil para a empresa resolver o problema de comunicação com o mercado do que se adaptar internamente por causa de uma alteração no modelo econômico ou na política nacional. Por isso, o estudo organiza-se em "camadas", que são conhecidas como ambiente interno,[1] microambiente e macroambiente:

Ambiente interno

Conjunto de informações sobre a estrutura e organização da empresa do cliente. É aquilo que a caracteriza, podendo envolver as informações sobre:

- Histórico – eventos mais importantes para a empresa, fusões, aquisições, lançamentos recentes de produtos, bem como sua visão, missão, seus valores, localização da matriz, filiais, escritórios e lojas. Para compreender a organização e as condições atuais da marca e do produto, quase sempre as respostas se encontram bem delineadas em seu histórico. E são raras as empresas que efetivamente contam com registros precisos a esse respeito. Cuidado com os textos muito adjetivados dos fôlderes e dos sites. Elimine os adjetivos, prefira os substantivos, para uma leitura mais objetiva.

- Estrutura e recursos humanos – tamanho da fábrica, metragem da loja, disposição de produtos, ambientação, número de funcionários, políticas de salário e benefícios, motivação, organograma, organização do departamento (ou das pessoas responsáveis) de marketing e comunicação, principais funções das pessoas dos decisores acima. Isto é, tudo que atua mais diretamente na gestão produtiva e mercadológica da organização. Obviamente, se você atua com um produto de consumo (sabão em pó, por exemplo), isso poderá ser menos importante do que se atuar em um serviço no qual o fator humano é um elemento forte (por exemplo, um hotel ou um banco).

- Produção (ou organização de serviços) – fluxo de produção, sistema de controle de qualidade, capacidade produtiva instalada e utilizada,

---

[1] Alguns autores preferem, em lugar de ambiente interno, simplesmente apontar a empresa como um indivíduo, este sim existindo em ambientes possíveis de serem identificados.

origem do *know-how*. Quase sempre é a área mais conhecida pelas próprias organizações.

- Finanças – faturamento de, pelo menos, três últimos anos fiscais, demonstrativos de lucros e perdas, balanços, margens, formação de custos e preços. Na maioria das vezes, essas informações não estão facilmente disponibilizadas, porém, sem elas, todo o processo de determinação de investimentos em esforços de mercado pode ficar absolutamente sem parâmetros reais com a realidade da empresa.
- Suprimentos (ou estrutura para viabilização de serviços) – mapeamento dos fornecedores da empresa, identificando parcerias, exclusividades, dependências de insumos para diferenciação, tipos de insumo utilizados. A busca por valor adicionado tem sido uma constante no trabalho mercadológico e, muitas vezes, o grande diferencial não está necessariamente em seu modelo de produção, mas nas matérias-primas (por exemplo, orgânicas, recicladas, derivadas de produtos menos poluentes ou que se certificam do não envolvimento com trabalho escravo ou infantil etc.).
- Marketing – entendimento da estrutura interna, do papel e da importância do marketing e da comunicação dentro da instituição, além do mapeamento do mix de marketing, que envolve:
  - Produto – descrições detalhadas de produtos comercializados e serviços prestados, serviços adicionados (assistência técnica, garantia) e estrutura de atendimento.
  - Preço – política de formação e de utilização de preço, flexibilidade de preço, posicionamento de preço (para posterior comparação com a concorrência).
  - Praça (distribuição) – remuneração, premiação, treinamento e controle do corpo de vendas e representantes, canais utilizados, volumes por cliente, por região, sistema de transporte de produtos.
  - Promoção (comunicação) – símbolos e logotipos utilizados, embalagens, últimas campanhas (pelo menos os três últimos anos), campanhas mais famosas, estilos, mensagens, promoções, comunicação em ponto de venda, relações públicas, participações em eventos, feiras e exposições. Quanto mais esse relato tiver não apenas seu rol de peças, mas um breve descritivo (causa da comunicação, como ela foi efetuada, incluindo investimentos, praças e meios, e seus principais resultados conquistados), maior será a qualidade da análise.

Microambiente

São os recortes sociais e organizacionais que estão próximos da empresa estudada, que se relacionam diretamente com essa organização, influenciando-a e sendo influenciados por ela:

- Mercado – participação de todos os atuantes no setor, por produto, por linha, por região, por volume, demanda de mercado, taxas de crescimento, análises de mercado interno e externo, sazonalidade e outras características que se mostrem relevantes.
- Fornecedores – funcionamento do setor dos fornecedores, características do setor, relações econômicas e políticas de fornecedores atuais e potenciais com a empresa. Neste tópico, dois pontos se destacam: compreender se existe algum diferencial que possa ser adicionado à imagem do produto ou serviço, ou se existe algum risco de alteração competitiva (imagine que você consiga promover um volume maior de vendas e que a fábrica não consiga entregar por falta de matéria-prima. Suas metas também deverão ser parametradas por essas questões).
- Distribuição – canais disponíveis no setor, relacionamento com canais atuais e potenciais, desempenho de cada canal. A esse setor, costuma-se chamar de *trade*, de onde derivará posteriormente o conceito de atuação de comunicação e promoção nesta etapa, denominado *trade marketing*.
- Concorrência – principais atuantes no setor, análise de concorrência com base no mix de marketing, posicionamentos, possibilidade de novos entrantes no setor.
- Consumidor – descrição do público-alvo da empresa, estudo do comportamento do consumidor atual e do potencial, frequência de compra, necessidades atendidas, motivos de compra, identificação de potenciais influenciadores, decisores, compradores e usuários do produto ou serviço (podem ser pessoas diferentes), identificação dos clientes mais importantes e dos menos importantes, identificação de dependência estratégica de clientes por parte da organização.

Quando falamos em consumidor, entramos no ponto mais importante de quase todos os planejamentos. Tudo que é planejado, arquitetado, investido e executado é para a conquista e/ou manutenção de mercados – ou seja, de grupos de consumidores. Sempre, é claro, compreendendo a necessária equação entre a ocupação de mercado (*market share*) e a lucratividade (rentabilidade da operação para a organização).

Comportamento dos consumidores

O marketing baseia-se em consideráveis tentativas analíticas e de compreensão para apreender quais são as carências e as necessidades materiais, as motivações, os hábitos e as ações dos consumidores. O nível de consumo em uma cultura é determinado em alto grau pelo caráter dessa cultura e pelas atitudes e pelo comportamento dos consumidores que nela vivem.

A análise dos consumidores em uma economia de livre mercado é contínua porque as necessidades e os interesses dos consumidores estão constantemente se modificando. A interpretação das atividades empresariais como um processo de satisfação das necessidades e desejos dos consumidores, e não apenas um processo de produção de bens, é o ponto de partida para a avaliação das oportunidades de mercado. Essa visão filosófica orienta a atenção da administração para o mercado e para os consumidores e obriga ao desenvolvimento de uma estratégia para oferecer ao mercado os bens e serviços que possuam características que satisfaçam necessidades e desejos.

Todas as abordagens mercadológicas convergem essencialmente para a área de comportamento dos consumidores, e qualquer conhecimento novo sobre as atitudes, os hábitos e as necessidades dos consumidores é importante.

Procura efetiva dos consumidores (Consumidores potenciais)

A procura efetiva é um fator mercadológico significativo que se compõe do poder aquisitivo (capacidade para comprar) e do desejo (a inclinação para comprar). A procura de produtos e serviços é essencialmente uma decisão final do indivíduo (ou de seu grupo imediato – por exemplo, a aquisição de um novo automóvel para a família tende a envolver todos os seus membros). Porém, os especialistas em marketing estão também interessados na procura dos indivíduos capazes de adquirir um produto, sejam eles já participantes do mercado (consumidores da concorrência e, às vezes, até mesmo antigos consumidores de sua marca, mas que a trocaram por outra) ou consumidores potenciais que, por algum motivo, não entraram nesse mercado.

Parte do trabalho do marketing é identificar quais são as barreiras que dificultam a entrada desses consumidores no mercado. Procurar novos consumidores significa, ao mesmo tempo, estudar novas características de consumo, hábitos e características dessa população – e é esse entendimento que pode gerar a comunicação adequada para incentivar esse grupo à ação de experiência de consumo do produto.

Mercados potenciais costumam ser explorados quando o setor é bastante competitivo. Ou seja, quando todos já têm uma fatia do bolo, e a conquista de parte do mercado dos concorrentes leva muito tempo e muita verba, trazer mais consumidores para o mercado é uma solução que pode valer o investimento. No entanto, deve-se considerar que as pessoas não são estáticas. Toda a sociedade se altera ao longo do tempo e, por isso, novos consumidores podem surgir e atuais consumidores podem desaparecer em qualquer momento do ciclo de vida de um produto.

Costuma-se afirmar que manter clientes atuais é mais rentável do que conquistar novos. À medida que se modificam os estilos de vida de uma sociedade, os meios de distribuição e os produtos ou serviços oferecidos no mercado talvez precisem também se modificar, para atender até mesmo os atuais clientes. As mudanças nos estilos de vida são um fator básico que influencia a procura dos consumidores e molda as atividades mercadológicas. A análise contínua dessas mudanças pode ajudar as empresas a prestar serviços mais efetivos e lucrativos aos consumidores atuais e a buscar conquistar os novos.

Macroambiente

São as forças sociais e naturais amplas que afetam direta ou indiretamente a empresa estudada e todo o seu microambiente. Por outro lado, há influência mínima no raciocínio contrário: a empresa, o setor e o mercado, isoladamente, normalmente pouco influenciam tais forças.

- Demografia – taxas de natalidade, mortalidade, idade, estrutura familiar, escolaridade, classe social, diversidade populacional e outras estatísticas populacionais relevantes para a empresa (pensando tanto no mercado atual quanto no potencial).
- Economia – fatores que afetam positiva ou negativamente o poder aquisitivo do consumidor, fatores que influenciam o crescimento da indústria produtora, fornecedora ou distribuidora, tendências e padrões de gastos e quaisquer outras interferências econômicas, no mínimo dos últimos três anos, e previsões futuras que pareçam relevantes para a empresa e outros atuantes desse mercado.
- Legislação e política – benefícios e restrições governamentais ao negócio, grupos de pressão e leis.
- Tecnologia – aparecimento de novas oportunidades e novos mercados graças a algum advento tecnológico, influências das novas tecnologias ou do acesso a elas no mercado ou quaisquer outras características e mudanças tecnológicas que influenciem o setor.
- Natureza – influência de chuvas, características do terreno, custos de matéria-prima, de energia elétrica, petróleo, geração de poluição (e

impacto no negócio como resultado) e outras influências do ambiente natural no negócio.
- Cultura – influências de percepção, de valores, de atitudes e de comportamento exercidas por instituições e grupos, identificação e mapeamento dos grupos influenciadores, identificação das características de costumes de uma região que influenciam no negócio ou no comportamento do mercado e quaisquer outras características e mudanças culturais que podem afetar o negócio a médio ou longo prazo.

Os planejadores costumam afirmar, jocosamente, que até aqui o trabalho foi essencialmente de pernas (ir atrás das informações) e braços (coleta e registro). Daqui em diante, começa o trabalho realmente cerebral. Obviamente, o processo não acontece assim, pois localizar e selecionar as informações mais adequadas exige muito conhecimento teórico e prático. Mas é uma boa simbologia.

Depois de ter estudado toda a empresa e os ambientes que a influenciam e são influenciados por ela, o planejador já deve ter percebido que o cliente apresenta problemas – problemas que a comunicação pode resolver ou não. E é aí que se mostra necessário buscar sistematizar suas análises, construindo um diagnóstico e um prognóstico.

O diagnóstico e o prognóstico devem sintetizar:

a) a natureza do produto, suas vantagens e suas fragilidades, reais e subjetivas, em relação às da concorrência;
b) o mercado, suas tendências, suas características sociodemográficas, os hábitos de consumo com relação ao produto e em relação aos concorrentes;
c) a concorrência, sua posição no mercado, imagem de marcas, apelos utilizados, possibilidades financeiras, qualidade e rapidez de reações;
d) a empresa anunciante, sua organização, sua adaptabilidade, seus meios de distribuição, sua imagem de marca;
e) as previsões da campanha a ser realizada, com estimativas de verbas e os períodos (de curto, médio e longo prazos).

Diagnóstico

Diagnosticar é, em termos mais simples, dizer como está a situação da empresa e do produto hoje. Com certeza, o planejador não é capaz de afirmar uma série de pontos fortes e problemas a resolver antes de ter estudado todos os ambientes, mesmo que já possua uma boa ideia do que deve ser feito. O planejador experiente pode até ter uma percepção bastante aguçada sobre os mais prováveis problemas de um cliente só de ouvir falar de seu setor de atuação, mas somente depois de toda a pesquisa estruturada, clara, com consistência de raciocínio, é que se pode saber o que precisa ser alterado para conseguir atuar no cenário. E é nessa própria estruturação que se enxergam, e se ajuda os outros a enxergarem também, os caminhos de resolução de problemas, exploração de oportunidades, defesas de pontos fracos etc.

O diagnóstico é uma espécie de fotografia cujas características são identificadas pelo pesquisador ou planejador. A partir dele, entende-se a situação atual e o que fez que se chegasse a ela. Diagnosticada a condição da empresa e do produto, a próxima pergunta de qualquer paciente seria "e o que vai acontecer comigo, se eu não fizer nada?" Entramos então no prognóstico.

Prognóstico

Prognóstico é a projeção de uma situação – na verdade, de um conjunto de situações que, quando constam no mesmo conjunto, chamamos de cenário. Então, o prognóstico é a projeção de um ou alguns cenários.

Vamos voltar rapidamente ao diagnóstico para entender melhor o prognóstico: dissemos que o diagnóstico é uma "foto" de como estão a empresa e os ambientes que a permeiam (micro e macroambiente). Como qualquer outra foto, o diagnóstico é estático – ele apresenta um cenário atual.

No prognóstico, tentamos imaginar como ficaria essa "foto", caso a tirássemos nos próximos períodos. Tais fotos darão parâmetros para podermos dizer o que provavelmente acontecerá no futuro, sem a nossa interferência. E, caso existam hipóteses importantes que possam ocorrer, traçam-se previsões a partir de cada uma delas para depois eleger as mais prováveis.

Com essa informação, é possível traçar objetivos e estratégias de marketing – em nosso caso, destacadamente de comunicação – consistentes com as perspectivas de cenários, o que, então, aumenta em muito nossa chance de êxito.

Um bom prognóstico sintetiza a questão: o que tende a ocorrer com minha marca (produto/serviço) se os fatores continuarem como estão se projetando? A partir daí, o bom planejador consegue determinar o que precisa ser alterado, e se esses fatores puderem ser alterados ao longo do tempo, e como. Ao final, escolhida a melhor alternativa, é possível determinar o objetivo da comunicação.

Execução

A segunda etapa envolve a solução de problemas e exploração de oportunidades identificadas, construídas a partir do desenvolvimento de um conjunto de soluções de comunicação. Isso significa que, para começar a construir um planejamento de comunicação, é preciso ter muito claros quais são os problemas que devem realmente ser resolvidos ou as oportunidades a serem exploradas.

O plano deve ser elaborado de modo que o cliente receba claramente recomendações precisas quanto:

- ao mercado a ser atingido pela propaganda e, dentro dele, quais as recomendações sobre modificações aconselháveis no sistema de distribuição do produto e na política de vendas da empresa;
- aos reais objetivos da comunicação;
- às linhas estratégicas e táticas da comunicação:
  - quais os veículos de divulgação a serem utilizados;
  - os apelos a empregar e as mensagens adequadas a cada veículo;
  - as instruções que deverão ser transmitidas aos distribuidores e revendedores para que todos sigam o mesmo caminho (ações sobre o chamado *trade*).

As decisões que se relacionam à estratégia de propaganda são as mais difíceis de serem tomadas e justificadas, pois ainda existem dificuldades em quantificar e definir qualitativamente os resultados. Porém, onde possível, é fundamental ter a capacidade de mensurá-los e qualificá-los.

O investimento em propaganda será mais produtivo sempre que essas estratégias forem bem concebidas e executadas. As decisões prévias bem tomadas já são a garantia de um bom resultado. A propaganda deve ser considerada uma função facilitadora que torna o cliente mais favorável à marca, mais consciente do produto, e desperta as motivações para criar a preferência. Ela é parte do composto de marketing. Mais à frente, ainda neste capítulo, apontam-se várias outras funções da propaganda, todas sempre ligadas às demandas mais imediatas e diretas definidas pelo marketing.

O programa de ação indica a meta a ser alcançada, a linha de conduta a ser seguida, as etapas que devem ser franqueadas. É uma espécie de representação antecipada do futuro, que deve ser tão mais precisa quanto o futuro é mais próximo. O bom planejamento é também trabalho criativo, ao mesmo tempo árido e, sobretudo, analítico. O plano dele decorrente é uma peça fundamental por vários motivos:

a) faz a coordenação de todos os elementos disponíveis;
b) fixa as bases de trabalho para as áreas de criação e mídia;
c) complementa os estudos de marketing.

Para que um plano de ação tenda a ser muito eficaz, deve ser:

a) *único* – dois programas podem gerar confusão e desordem. Logo, se for complexo, pode ser dividido em várias partes, em vários subprogramas, mas sempre pensado e articulado como um só;
b) *contínuo* – como os limites da perspicácia humana confinam forçosamente a duração dos programas, é preciso cuidar para que o seu desenrolar (anual, semestral...) seja sem solução de continuidade; um dos principais problemas de muitos dos planos é que eles, muitas vezes, são apenas uma sucessão de ações de curto prazo, "cada uma atirando para um lado";
c) *exato* – sobretudo considerando que o período de tempo durante o qual se exerce é imediato.

Assim, o plano de ação pode estar composto de uma série de programas distintos ou previsões (mensais, anuais, de curto, médio ou longo prazo, gerais ou especiais). Sua principal visão é a do conjunto. Suas particularizações são dadas segundo suas demandas.

O plano anual é o mais utilizado. A cada ano, ao final do exercício, elabora-se um relatório geral sobre as operações e os resultados do exercício, acompanhado das previsões que contêm uma antecipação dos negócios e prováveis resultados para o próximo ano. Os passos de um planejador nessa construção envolvem nove momentos:

1. Levantamento ou definição de objetivos de marketing – quanto de participação de mercado se consegue obter? Em quanto se pretende aumentar o gasto médio por cliente (ticket médio)? Em quanto se pretende aumentar a quantidade de clientes na loja? E de visitantes no site de compras? Em quanto se pretende aumentar o faturamento da empresa? Quais são as estratégias para isso: alterações no produto, no preço, na distribuição...?
2. Definição dos objetivos de comunicação – qual será o posicionamento da marca e/ou do produto/serviço? Se o posicionamento for mantido, o que deve ser feito para reforçá-lo? Se for alterado, qual será a nova proposição? Como a marca deve ser reconhecida? Quais

comportamentos do consumidor devem ser reforçados ou alterados? Qual é o novo comportamento esperado? Qual será o grau de relacionamento com o cliente?
3. Construção de estratégias – definidos os objetivos, quais são os caminhos para cumpri-los? Como aumentar a participação de mercado? Como melhorar a imagem? Como fazer ambos, em sinergia, sem conflito? Como se deve fazer o reposicionamento? Como se deve construir relacionamento com clientes?
4. Construção de planejamento tático – definidas as estratégias, de que maneira elas podem ser executadas? De quais maneiras é possível alterar o posicionamento da empresa? De quais formas um comportamento do consumidor será alterado? De quais formas será aumentado o número de clientes nas lojas?
5. Construção de ações – definidas as táticas, o que precisa ser executado para que mais clientes busquem o produto ou serviço no ponto de venda? O que precisa ser feito para que haja mudança no comportamento do consumidor, na imagem da marca? Quais são os principais pontos a serem destacados nas ações para atingir seus objetivos?
6. Planejamento de mídia e cronograma de ações que promoverão os contatos da marca com seus principais públicos de interesse – onde e por quanto tempo a campanha deve ser veiculada para gerar os resultados esperados (cumprir os objetivos)? O que deve ser veiculado primeiro? Em quais locais do ponto de venda deve ser exposta a comunicação? Em quais regiões os outdoors gerarão mais resultado? Onde devem ocorrer demonstrações e experimentações? Onde acontecerão promoções? Uma política de apoios e patrocínios pode ajudar nesse momento para atingir esses objetivos?
7. Viabilidade do projeto – demonstração quantitativa (financeira) e qualitativa (imagem e posicionamento) de que o projeto de marketing e comunicação é rentável.
8. Construção de peças publicitárias e ações promocionais e de relacionamento – criação e desenvolvimento de todas as peças e preparação de ações de acordo com os objetivos de comunicação.
9. Recomendações finais – abordando aspectos fundamentais e reforçando a importância do investimento nesse momento, as devidas atenções e cuidados que a implantação do plano deve receber e os consequentes ganhos que todo esse esforço deverá proporcionar.

Muito trabalho?

Há quem acredite que a prática do mercado, o dia a dia da agência de publicidade ou do setor envolvido com comunicação e marketing, não ofereça tempo suficiente para esse tipo de construção mais elaborada de plano, a partir de um levantamento de dados mais minucioso. Acredita-se também que o custo dessa estrutura seja muito mais elevado, já que pode envolver mais pessoas e com um nível mais sofisticado que a média. Aliás, esse é o tipo de desculpa padrão quando não se compreende totalmente a importância de um trabalho: não temos tempo, não temos dinheiro, não há pessoal disponível – enfim, não existem recursos suficientes. Na verdade, o que realmente inexiste é a compreensão da importância de deslocar recursos para a estruturação de um planejamento consistente que aumente a chance de gerar mais e melhor resultado por dar o embasamento necessário para a ação de todos os envolvidos. Na prática, essa ação permitiria que todos trabalhassem de forma muito mais eficaz, até mesmo investindo menos recursos.

No entanto, nem sempre o planejamento envolve todas as etapas apresentadas aqui e, às vezes, ele não segue essa ordem. Tudo varia conforme a necessidade do cliente e a capacidade do planejador em atendê-la.

A organização e o planejamento de negócios para uma campanha eficiente e duradoura são de grande importância para todos, seja um estudo em menores proporções para uma loja do bairro ou um planejamento estratégico para reposicionamento de uma grande marca. Entretanto, independentemente da importância estratégica ou do volume de capital investido, qualquer plano que exija a modificação dos padrões vigentes tende a encontrar forte resistência. A tarefa do planejador, que introduz as mudanças, é reconhecer os obstáculos inevitáveis, providenciar as maneiras de superá-los em seu planejamento e ver como a organização que executa o plano é estruturada no sentido de capitalizar as oportunidades para cuja obtenção o plano é elaborado.

Isso exige esforço e persistência por parte dos planejadores. A base do planejamento é uma abordagem concreta das decisões mercadológicas e publicitárias, fundamentada na análise da posição atual da empresa no mercado, nos seus recursos característicos e capacidades atuais e nas suas perspectivas futuras. As informações necessárias ao planejamento são reunidas e sintetizadas por meio de pesquisa, nunca esquecendo que estamos tratando de organizações que são constituídas por pessoas, por profissionais que têm suas experiências, opiniões e seus modos de pensar e agir, que devem ser ouvidos e valorizados durante todo o processo de planejar e devem ser levados em conta – até mesmo como foco de atuação da campanha – no plano de comunicação.

Briefing

Denomina-se *briefing* as informações preliminares contendo todas as instruções que o cliente fornece à agência para orientar os seus trabalhos. É baseado nele e completado com as informações de pesquisas que se esboça o planejamento publicitário. *Briefing* é uma palavra derivada do verbo *to brief* (resumir, sintetizar). É fundamental pensar que um bom briefing é a soma das melhores respostas às principais perguntas para compreender realmente um negócio e um contexto, onde está sendo apontada uma demanda a que, aparentemente, a comunicação pode atender.

O briefing é a base da aculturação de um profissional, que, após sua análise e a complementação de informações, deverá ter condições de propor decisões realmente eficientes para a empresa como um todo e para o problema ali apontado. Um briefing deve:

a) ser resumido, mas preciso e completo, para situar o assunto dentro dos objetivos de marketing do cliente;

b) ser construído e referendado dentro da empresa do cliente, de modo que a agência possa ter uma base segura para trabalhar.

O briefing é resultado de uma fase completa de levantamentos e estudos e deve conter as informações a respeito do produto, do mercado, do consumidor, da empresa e os objetivos do cliente, buscando responder às questões que permitirão compreender os ambientes internos, micro e macro.

Antes de avançarmos, um alerta: o mercado costuma utilizar o termo *briefing* em situações diferenciadas:

a) Como o primeiro e grande instrumento de aculturação de uma agência ou de um time de profissionais de comunicação para realmente compreenderem uma marca, uma empresa e seus produtos. Nesse caso, tende a ser extremamente completo e complexo, e é essa a abordagem que aqui estamos utilizando.

b) Como um instrumento de atualização de novidades e de facetas estratégicas que a empresa pretende alcançar. Nesse caso, pressupõe-se que os profissionais que o receberão já contam com um grande volume de informações em seu repertório, e o briefing só traz o que realmente é novo, por isso tende a ser menor e mais direto.

c) Como um instrumento interno da agência, já processado pelo planejamento. Às vezes utilizam-se as expressões *briefing para criação, briefing para mídia* etc. Se os profissionais já estão aculturados e o pensamento pode realmente ser assim dividido, essa utilização é válida.

d) Algumas agências às vezes utilizam o termo *briefing* confundindo-o com um pedido interno de trabalho (gerar um folheto, criar um anúncio, aproveitar uma oportunidade promocional etc.). Não é um uso recomendado, mas é compreensível quando também se pressupõe que os profissionais envolvidos já conheçam muito bem a realidade mercadológica.

O modelo apresentado a seguir, um dos muitos que existem no mercado, apesar de não destacar várias das questões que são necessárias para a compreensão do ambiente competitivo mercadológico, tem o grande mérito de gerar perguntas que exigirão reflexões com sentido mais estratégico, amparadas essencialmente no perfil dos consumidores.

Uma possível organização de um briefing

Etapa Um – Definição de cliente

1. Com que grupo de clientes desejamos nos comunicar (clientes atuais, usuários da concorrência, usuários novos/emergentes etc.)?
2. O que esse grupo compra agora? Como compra e usa o(s) produto(s) ou serviço(s)?
3. O que sabemos a respeito dos consumidores desse grupo (dados demográficos, estilos de vida, dados psicográficos etc.)?

Etapa Dois – Comportamento do cliente

1. Que fluxo esse grupo gera para a categoria? E para o nosso produto?
2. Qual é a nossa participação nos atributos exigidos nesse grupo de clientes?
3. Qual é o valor atual desse grupo de clientes? Qual é o valor potencial?
4. Como esse grupo percebe o produto/serviço na categoria?
5. Qual é a percepção-chave desse grupo?

Etapa Três – Estratégia do cliente

1. Qual é a nossa estratégia para esse grupo: Crescer? Manter? Migrar? Captar? Usar experimentação?
2. Dada essa estratégia, qual é a estrutura competitiva? Por quê?
3. O que os principais concorrentes agora comunicam ao consumidor?
4. Como os concorrentes são percebidos pelo consumidor?

5. Como a concorrência será capaz de nos retaliar diante de nossas possíveis estratégias?

Etapa Quatro – Estratégia de investimentos

1. Examinar o valor atual desse grupo para nossa marca.
2. Quanto estamos dispostos a investir em atividades de criação de marca nesse grupo?
3. Quanto estamos dispostos a investir em atividades de criação de negócios nesse grupo?
4. Qual é o prazo para esse investimento?

Etapa Cinco – Estratégia de comunicação

1. Precisamos transmitir uma mensagem ou um incentivo (ou ambos) a esse grupo?
2. No caso de mensagem: qual é a estratégia para esse grupo (crescer, manter etc.)?
3. No caso de incentivo: deve-se reduzir o preço ou aumentar a percepção de valor do produto para o consumidor?

Etapa Seis – Estratégia de transmissão

1. Qual(is) técnica(s) de comunicação de marketing deve(m) ser usada(s) para transmissão de mensagens/incentivo? Por quê?
2. Quais sistemas de transmissão de mensagens/incentivo são mais relevantes para essa estratégia de comunicação?
3. A que sistema de transmissão de mensagens/incentivo os consumidores desse grupo são mais receptivos?

Etapa Sete – Medidas objetivadas

1. Que medidas queremos que o consumidor tome em decorrência da comunicação (experimentação, aumento de uso, pedido de mais informações etc.)?
2. Que ponto principal queremos que o consumidor apreenda a partir da comunicação?
3. Quais outras medidas devem ser levadas em conta para avaliar a efetividade do plano?

Posicionamento

Segundo David Ogilvy (1971), os resultados da propaganda dependem menos de como ela é escrita do que de como ela é **posicionada**. Isso quer dizer que o posicionamento deve ser decidido antes que o anúncio seja escrito.

De acordo com Jack Trout e Al Ries (1987), a década de 1970 colocou a propaganda em um novo patamar, em uma era em que apenas a criatividade na formulação das mensagens deixou de ser a chave do sucesso. O divertimento e os jogos dos anos 1960 (decantados por muitos como os "anos de ouro" da criatividade) deram lugar às duras realidades advindas a partir da década seguinte e agravadas pela forte competição no mercado. E esse quadro competitivo foi se tornando cada vez mais acirrado, em função do amadurecimento dos consumidores e da competitividade dos anunciantes, chegando aos patamares atuais de comunicação interativa, onde as informações sobre o produto ou serviço são obtidas com instantaneidade, sejam do próprio fabricante, sejam da experiência dos usuários. O mercado de hoje não mais reage ao tipo de anúncio que funcionava no passado. Existem muitos produtos similares, marcas em demasia e bastante "barulho" de marketing.

Segundo essa teoria do posicionamento, para se ter sucesso em nossa sociedade de supercomunicação, é necessário que uma organização crie **uma posição** na mente do comprador potencial. Uma posição que tenha consciência não apenas de suas próprias forças e fraquezas, mas que conheça também as de seus concorrentes.

O conceito não é novo; o que é novo é o significado mais amplo que a palavra adquiriu. Outrora, era usado para significar o que o anunciante fazia no seu produto, e agora é usado em sentido mais vasto, para significar o que a comunicação faz pelo produto, na mente do consumidor. Em outras palavras: um anunciante de sucesso, nos dias atuais, utiliza-se da comunicação para posicionar o seu produto, e não apenas para comunicar as suas vantagens ou características.

Na prática, posicionamento compreende saber:

1. Qual posição desfrutamos na mente do consumidor?
2. Qual posição queremos ter?
3. A quem devemos sobrepujar?
4. Temos recursos suficientes para conquistar e manter a posição?
5. Poderemos manter a posição?
6. Os esforços de comunicação são coerentes com a nossa posição?

Falar em posicionamento hoje significa muito mais ser reconhecido como uma marca relevante dentro de uma categoria de produto. Ao se pensar em determinada categoria, a marca deve ser uma das primeiras a serem lembradas (*share of mind*) – se possível, a primeira a ser lembrada (*top of mind*). Mas, principalmente, ao se pensar na compra, deve ser a primeira a ser considerada, trazendo agregados a si valores da empresa e do produto que a tornam praticamente única na hora da escolha.

Características do produto para a formulação do tema

Rosser Reeves, em sua clássica obra *Reality in advertising* (Reeves, 1961), diz que o publicitário, para pensar na propaganda de um determinado produto, encontra-se diante de uma grande variedade de casos. Pode-se, entretanto, reduzi-los a cinco tipos, que são:

1. *O produto possui uma característica distinta que corresponde a uma motivação.*
   Trata-se do caso mais favorável, e o problema é resumido à dificuldade frequente que se tem de encontrar a citada referência. Nesse caso, a propaganda destaca a diferença. Seu objetivo é possibilitar a escolha de certa marca, de preferência a outras que são concorrentes, valorizando o que a distingue dessas últimas e que a torna superior a elas.
2. *O produto possui uma característica distinta que não corresponde a uma motivação.*
   Em tal caso, a proposta, apesar de distinta, não é vendável, porque não interessa ao público. É a situação de produtos que têm como característica o fato de serem fabricados por uma empresa que pode até ser a mais moderna do mundo, mas isso não gera diferencial perceptível para eles.
3. *O produto não possui uma característica distinta, mas pode-se dizer a seu respeito algo que a concorrência não disse e que corresponde a uma motivação.*
   A diferença, nesse caso, será dada pelo fato de se dizer primeiro alguma coisa sobre o produto que ainda não tenha sido dita anteriormente. Não é a qualidade que é exclusiva, mas o emprego do argumento correspondente (o que corresponde parcialmente a uma das premissas do posicionamento, que é destacar-se pela primazia).
4. *O produto não possui característica distinta, mas podemos emprestar-lhe uma.*
   É o caso em que se processa determinada modificação no produto de modo a estabelecer uma diferenciação. É importante que a nova especificação atribuída ao produto seja suficientemente valorizada pelo público.
5. *O produto não possui característica distinta, a concorrência disse tudo o que poderia ser dito de interessante e é impossível modificar o produto.*

É o caso mais frequente. A publicidade não mais se apoia em um elemento intrínseco do produto. A argumentação publicitária muda de natureza. Procurará criar uma diferença de forma mais artificial, por meio da criação da representação psicológica original do produto. A diferenciação é criada a partir da pessoa, e não mais a partir do objeto, dando ao produto uma imagem que o diferencie dos outros e faça que seja o preferido. A formação de uma imagem original e vigorosa dá ao produto nova dimensão. O papel da propaganda não é mais evidenciar e provar uma superioridade objetiva sem interesse, mas fazer que o produto consiga impacto que o torne desejado. Assim, dá-se ao produto uma personalidade que não é mais racional e objetiva, mas afetiva e subjetiva.

Essas visões de Reeves, apesar de desenvolvidas na década de 1960, em muitas situações competitivas ainda são válidas como premissas para o desenvolvimento de uma estratégia. Porém, diante de um mercado ainda mais competitivo e ágil, cada vez mais há uma grande chance de se buscar o embasamento da construção dessa estratégia pautada pela imagem de marca, caso já exista e seja positiva, ou ainda por uma construção mais sofisticada dessa proposta de marca, através do branding.

As funções da publicidade

O propósito da publicidade é, de modo simplista e em última instância, conseguir a consideração de compra por parte do consumidor. Mas a publicidade não pode ser medida somente com relação a vendas. Seu propósito também é de conhecimento, dando maior identidade ao produto e à empresa; torna os benefícios e vantagens do produto conhecidos e aumenta a convicção racional ou emocional do consumidor em relação ao produto.

A tarefa mais simples da publicidade é comunicar, a um público determinado, informações e ideias que estimulem a ação. A publicidade obtém ou não êxito segundo comunique bem ou mal as informações e atitudes desejadas ao público adequado, no momento apropriado e a um custo exato.

A publicidade tem as suas funções de acordo com os objetivos e necessidades específicos do anunciante. Para entendimento mais preciso, há uma divisão clássica das funções em dois grandes campos: varejo e indústria/ serviço. E, nessa divisão, podem ser apontadas, entre tantas, as seguintes funções:

Funções no varejo

1. *Estabelecer o conceito da empresa* – o que as pessoas pensam a respeito da empresa (imagem de marca).
2. *Manter ou aumentar a frequência de visitas à loja* – toda loja precisa manter um tráfego diário de fregueses. Uma publicidade promocional salientando as oportunidades e as vantagens da compra deve tentar gerar um cliente que vá para a loja predisposto à compra. É a principal função.
3. *Estabilizar as vendas* – ofertas especiais, descontos etc. O público tende a reagir positivamente quando vê vantagens, liquidações, saldos, crediários vantajosos etc. quando há demanda reprimida sobre aqueles itens ofertados.
4. *Aproveitar as ocorrências sazonais* – o público, por hábito ou tradição, tem mais disposição à compra em determinados períodos: Natal, início de inverno e verão, Dia das Mães. São acontecimentos dos quais o varejista pode tirar partido.
5. *Ativar a rotação dos estoques* – mercadoria parada na prateleira ou no estoque não dá lucro. A rotação (giro) é vital para o lojista. Lembrança do produto – saldos – ofertas.

Funções na indústria/serviço

1. *Garantir a pronta aceitação de novos produtos* – atingindo, simultaneamente, grandes grupos de pessoas, a publicidade divulga prontamente o novo produto ou serviço, visando despertar atenção e desejo de conhecimento e experimentação. Assim, o produto/serviço tende a ficar logo conhecido. A reputação do fabricante pode ter forte influência nesse caso.
2. *Manter e aumentar a venda de produtos já conhecidos* – os novos tentam tomar a posição dos antigos. Atingem as novas gerações e relembram as vantagens. Por isso, é vital conquistar novos consumidores sem descuidar de manter os antigos satisfeitos.
3. *Efetuar vendas sem necessidade de vendedores* – como muitos dos pontos de venda hoje são baseados no sistema de autosserviço, e mesmo dentro deles há enorme competição por sua atenção, é fundamental procurar já praticamente definir a preferência da compra antes da chegada à loja. Ou, então, por meio de sistemas de vendas diretas.
4. *Criar novos mercados e estabilizar os existentes* – busca ampliar e atingir grupos de diferentes níveis, sejam econômicos, sejam de hábitos

ou regiões, que passam a conhecer o produto. Defende o mercado diante dos concorrentes. Vence a depressão na época em que as vendas caem.

5. *Fixar hábitos e quebrar preconceitos* – a publicidade mantém satisfeito o consumidor e o leva a repetir a compra. A repetição cria o hábito e busca obter fidelidade.
6. *Ensinar novos usos e aumentar o consumo* per capita – informando novos usos, além de comuns, pode-se aumentar o consumo. Importante quando o mercado está saturado.
7. *Levantar pistas, descobrir consumidores difíceis de localizar* – consumidores potenciais: podem comprar, mas não o fazem. A publicidade pode agir diretamente sobre eles, descobrindo-os e estimulando-os.
8. *Estimular os vendedores e facilitar-lhes a tarefa* – divulgando o produto e dando-lhe prestígio, a publicidade facilita a ação dos vendedores. Vender o que é conhecido dá estímulo ao vendedor e confiança em si.
9. *Reter clientes quando o vendedor muda para um concorrente* – faz que a clientela se habitue com o produto e tenha consciência de marca, tornando o fabricante menos dependente de seus vendedores. O conceito de marca evita que o comprador acompanhe o vendedor quando este muda de emprego ou de marca.
10. *Garantir idoneidade* – é uma garantia que o fabricante dá ao consumidor sobre as qualidades e os benefícios do produto e da própria empresa fabricante.
11. *Permitir a manutenção do preço* – tornar o preço conhecido evita exploração dos revendedores e estimula a real percepção de custo-benefício do produto.
12. *Ampliar rede de revendedores* – as lojas querem ter produtos que o público conheça, pois isso aumenta a chance de giro mais rápido.
13. *Reduzir os gastos de venda* – cria a procura, ativa a distribuição, facilita as operações de venda, tendendo a abaixar o seu custo.
14. *Criar prestígio e boa vontade* – enaltece o conceito do fabricante, dá prestígio à empresa, conquistando simpatia e boa vontade do público, criando um clima de compreensão. É a publicidade institucional, cada vez mais valorizada para a sustentação da imagem das marcas e conquista de mercados.

Outras funções

Outros autores classificam ainda as seguintes funções, aqui apresentadas apenas em sequência, sem nenhum outro critério classificatório de importância, e que devem servir muito mais para ampliar nossa percepção de como a propaganda pode ser um instrumento versátil para situações tão diferenciadas. Porém, nunca é demais enfatizar que sua função constante deve ser focada na imagem da organização para, a partir daí, buscar resolver as suas questões específicas:

1. realizar a função total de venda;
2. fechar vendas com clientes potenciais já parcialmente convencidos por esforços anteriores de comunicação;
3. anunciar com uma oferta de "compre já";
4. recordar o consumidor de que deve comprar;
5. comunicar algum acontecimento especial de compra;
6. estimular as compras de impulso;
7. criar o conhecimento do produto ou marca;
8. criar uma imagem de marca ou uma disposição emocional favorável para a marca;
9. incutir informações ou atitudes que destaquem os benefícios e qualidades superiores da marca;
10. combater ou neutralizar os argumentos da concorrência;
11. corrigir impressões falsas, informação errônea e outros obstáculos à venda;
12. tornar familiar e de fácil reconhecimento a embalagem ou marca;
13. criar confiança na empresa e na marca, esperando bons resultados por muitos anos;
14. criar uma procura por parte do consumidor, dando à empresa uma situação mais vantajosa com respeito à sua distribuição;
15. colocar o anunciante em situação de escolher distribuidores e revendedores;
16. obter distribuição universal;
17. estabelecer uma plataforma de prestígio para o lançamento de novas marcas ou linhas do produto;
18. estabelecer o reconhecimento e a aceitação da marca que permitirá à empresa abrir novos mercados;
19. preservar os clientes atuais contra as incursões da concorrência;
20. buscar converter os usuários da concorrência em clientes da marca anunciante;
21. conseguir que os consumidores peçam o produto pelo nome;
22. transformar em clientes constantes os consumidores ocasionais;
23. fomentar o uso mais frequente ou em maior quantidade do produto;

24. motivar o cliente potencial a buscar maior detalhamento do produto (visitar o site, solicitar literatura, visitar a loja);
25. motivar o cliente a provar o produto;
26. ajudar os vendedores a abrir novas contas;
27. ajudar os vendedores a conseguir pedidos maiores;
28. ajudar os vendedores a obter espaços privilegiados para a exibição dos produtos;
29. abrir portas para vendedores;
30. apresentar novos modelos, vantagens, embalagens;
31. indicar onde e como o produto é encontrado;
32. indicar como usar o produto;
33. informar sobre condições especiais de aceitação de modelos antigos como entrada para adquirir modelos novos;
34. informar novas políticas de venda;
35. criar a imagem de marca e de qualidade do produto para os diversos públicos de interesse;
36. criar a boa imagem de serviço como um diferencial;
37. desenvolvimento, progresso, liderança técnica etc.

Estágios de ciclo de vida do produto e perfis das campanhas

O produto, o serviço ou a revenda, na análise do ciclo de vida de um produto, podem estar em um destes três estágios:

a) introdução/lançamento (alguns chamam de catequese);
b) sustentação diante da concorrência;
c) maturidade (alguns chamam de recordatória).

Todo produto ou serviço, a partir de seu lançamento, passa sucessivamente por esses estágios e, em geral, a eles tende a voltar, descrevendo o que Kleppner (1952) chama de espiral da publicidade.

Por outro lado, as campanhas podem ser de varejo ou institucionais no tocante ao seu âmbito e, quanto à sua extensão, locais, nacionais ou de grupo.

Estágios

a) *Introdução ou lançamento (catequese)*

O novo sempre tem de vencer certas resistências por parte do público, uma vez que significa uma introdução ou alteração de hábitos. Assim, uma campanha para o lançamento de um produto novo implica não só a divulgação pura e simples de seu nome e suas vantagens, mas, sobretudo, exige um trabalho inteligente e constante de educação (daí o termo *catequese*). Nesse estágio, o objetivo da publicidade é, essencialmente, propor um novo hábito ou combater um preconceito.

No caso de existirem similares no mercado, a precaução a tomar é, além de educar o público, salientar a marca e procurar firmá-la como a mais apta a satisfazer plenamente as necessidades do consumidor (visando tornar-se o *top of mind*).

b) *Sustentação diante da concorrência*

Quando o produto se torna conhecido e de uso corrente, o problema publicitário consiste, essencialmente, em salientar o nome, a marca do produto, em sobrepô-lo aos do concorrente, frisando as suas vantagens sobre eles. O objetivo, aqui, é destacar na mente do público a superioridade da marca. No estágio de catequese, o anunciante luta contra a inércia do público; no de concorrência, luta contra os competidores.

No primeiro caso, procura combater a rotina e propor novos hábitos; no segundo, trata de defender-se dos concorrentes, visando firmar o prestígio de sua marca e seu produto/serviço.

c) *Maturidade (recordatória)*

Quando o produto atinge uma fase de grande prestígio ou popularidade e obtém uma procura firme, contínua, o anunciante pode preferir uma publicidade destacadamente recordatória de marca. O objetivo nessa fase é essencialmente manter o nome na mente do público, e quase sempre são utilizados conceitos de publicidade mais institucional. Em casos muito bem-sucedidos, o nome do produto acaba se tornando um designativo da própria categoria (Gillette, por exemplo).

Apesar de parecer tranquila, esta não é tarefa fácil, pois o mercado é dinâmico. Assim, constantemente se impõe a volta ao estágio de concorrência, ou até de catequese, se o produto puder ser apresentado com aperfeiçoamento e melhoria ou puder ser proposto para novos públicos. Se isso não for bem-sucedido, o produto entrará em fase de declínio, na qual o investimento de manutenção no mercado não se rentabiliza.

Âmbito

a) *Institucional*

As campanhas institucionais diferem fundamentalmente das de varejo. Enquanto nestas, de uma forma ou de outra, se visa promover vendas (chamadas por muitos como ações *hard-sell*), nas institucionais o objetivo é buscar propor para o público um conceito, uma ideia sobre a empresa (imagem de marca).

Segundo as visões mais clássicas das relações públicas, a propaganda institucional tem por escopo promover bom entendimento, boas relações entre a organização e seus diversos públicos de interesse, ou seja, desfazer motivos de descontentamento, suavizar atritos, captar simpatia, boa vontade e prestígio. Hoje, porém, ela também é percebida como importante fator de competição no mercado, podendo fazer a diferença no sucesso mercadológico.

A propaganda institucional caracteriza-se por dois pontos importantes:

- age mais frequentemente sobre a sociedade e não sobre os produtos, embora o fato não seja absoluto;
- tende a ser elaborada mais com base em fatos e contextos próximos à linguagem do jornalismo do que da propaganda (o que também não é absoluto).

Sua semelhança com a propaganda comercial é que paga espaços ou tempo para se expressar. É campo diferenciado para formatos e conteúdos, tem utilizado fortemente conceitos como responsabilidade social empresarial, investimento social privado, apoios e patrocínios e quase sempre não atua apenas com os consumidores e formadores de opinião, mas também com os principais públicos de interesse da organização (denominados também *stakeholders*).

b) *Varejista*

Em sua finalidade peculiar, a publicidade varejista engloba todos os objetivos aqui expostos. Pode ser de lançamento, sustentação, recordatória e até mesmo institucional uma vez ou outra, mas, em geral, é, sobretudo, de concorrência. As contas publicitárias de varejo, até o princípio desta década, não eram consideradas tão importantes no portfólio de clientes de uma agência. Hoje, a publicidade de varejo é uma das forças predominantes nas mídias do país, e já contamos com agências diferenciadas para atendê-la. Com uma linguagem que se costumou chamar "moldura de ofertas", esse tipo de publicidade tem buscado soluções diferenciadas de forma, conteúdo e mídias, também tendo crescido em seus aspectos institucionais. Porém, seu foco primeiro é atrair clientes para dentro da loja. Também com o desenvolvimento das ações relacionais via internet, desde as malas diretas via e-mail, as mensagens direcionadas em sistemas de mensagens para telefones móveis (celulares) até as diversas formas de banners em sites e mídias sociais, além de ações dirigidas dentro dessas próprias mídias sociais, levando à loja real ou virtual (e-commerce), essa é uma atividade que ganhou uma responsabilidade ainda maior e tem atraído um grande volume de profissionais com maior especialização.

As campanhas quanto à extensão

a) *Local (ou regional)* – na campanha local, tipicamente varejista, visa-se a uma cobertura limitada: um bairro ou toda a cidade.
b) *Nacional* – a campanha de âmbito nacional é aquela que visa promover a venda de um artigo de marca, distribuído em todo o território nacional, ou pelo menos nas regiões mais povoadas do país.
c) *Grupal* – quando se visa apenas a um pequeno grupo consumidor, seja local ou nacional, não é a quantidade nem a extensão geográfica o que interessa, mas a seletividade. Com o advento das emissoras por assinatura, o desenvolvimento de veículos cada vez mais segmentados e a internet, essa tem sido uma tendência crescente na propaganda.

A determinação da verba publicitária

Praticamente se admite que o investimento em marketing e comunicação constitui elemento do preço de custo do produto ou serviço, e, de fato, ao menos de forma parcial, em função das quantidades vendidas e, portanto, do volume do faturamento, resulta fácil comparar o gasto publicitário com a referida cifra.

$$\frac{\text{Verba de publicidade}}{\text{Faturamento da empresa}} = \% \text{ aplicada}$$

A determinação da verba depende de vários fatores, como: margem de lucro, objetivos da propaganda, tipo de produto, categoria social do consumidor, tipo da empresa, política e filosofia de negócios, posição no mercado, esforço publicitário da concorrência, estágio do produto etc.

As bases mais usuais para a determinação da verba são:

a) *Importância arbitrada, estabelecida*:

1. exclusivamente pela direção;
2. pela agência, de acordo com a direção.

b) *Porcentagem fixa sobre o volume de vendas*:

1. calculada para o próximo exercício;
2. realizada durante o exercício anterior.

c) *Porcentagem variável sobre o volume de vendas*:

1. calculada para o próximo exercício;
2. realizada durante o exercício anterior.

d) *Volume médio dos concorrentes*:

1. calculado para o próximo exercício;
2. realizado durante o exercício anterior.

e) *Volume necessário segundo os objetivos de mídia* (*capacidade de gerar* share of voice):

1. calculado para o próximo exercício;
2. realizado durante o exercício anterior.

A verba no lançamento de um novo produto

Da mesma maneira que em uma estratégia militar, um lançamento publicitário exige um maior esforço financeiro que uma campanha de sustentação de posição. Nesse caso há de se calcular em um cenário de forte concorrência ou dificuldade, não se fazendo excessivas economias no investimento, mas apenas reservando uma verba para eventualidades. Desse ponto de vista, a verba destinada a um lançamento pode representar uma parte do ativo suscetível de amortização em vários exercícios, a exemplo das despesas de capital. Note-se que estão sendo utilizados conceitos de investimento e não de gastos, pois publicidade bem executada é valor adicionado à marca, ao produto ou ao serviço.

Algumas empresas adotam uma verba equivalente ao dobro de seu investimento publicitário quando se trata de lançamento. Outras gastam o equivalente ao lucro do primeiro exercício. Outras, ainda, parametram a média do mercado ou a demanda de mídia. De toda forma, é imprescindível compreender a verba como um investimento.

Existem alguns registros de produtos que obtiveram sucesso no mercado praticamente não investindo em propaganda ou, mais genericamente, em comunicação. Porém, ainda são exceções – que devem ser analisadas com profundidade para se compreender quais as verdadeiras razões do sucesso e como podem ser aproveitadas em futuros esforços. No entanto, a história conta com muitos registros de sucessos (e também alguns fracassos) com o uso da comunicação mercadológica.

A verba do ponto de vista publicitário

Na determinação do investimento publicitário, a responsabilidade da agência é tão grande como a dos administradores financeiros do cliente anunciante. É o publicitário quem realmente deve estudar se a verba se encontra dentro dos seguintes limites:

a) *Limite mínimo, abaixo do qual a verba é pequena para alcançar o efeito desejado.*

Em publicidade não existem milagres, mas sim relações tão exatas como complexas entre a verba estabelecida, a qualidade e o volume da publicidade com determinada quantidade (a pressão publicitária) e o rendimento. A experiência e o estudo do mercado devem orientar o publicitário na quantificação da verba, e ele deve dizer que o mínimo necessário é X e que qualquer quantidade inferior não lhe permite aceitar a responsabilidade com referência aos resultados, desaconselhando, assim, que se faça uma campanha insuficiente.

b) *Limite máximo, que resulta em desproporção com a meta que deve ser alcançada.*

Segundo a lei do rendimento decrescente – lei do rendimento não proporcional –, as cifras de capital e trabalho que se aplicam à produção, ao superarem certo limite, resultam em um produto constantemente decrescente (essa lei só é aplicável a partir de certo limite, já que, quando não se alcança tal limite, se produz o fenômeno inverso: o rendimento, sendo mais que proporcional, resulta crescente).

Na publicidade, para um determinado produto em um mercado, e durante um período estabelecido, existe um ponto em que se inicia a saturação, momento em que o rendimento publicitário decresce de forma constante.

Em qualquer situação, recomenda-se fortemente que se criem pontos de verificação contínuos ao longo do tempo de investimento, parametrando o esforço despendido com as expectativas de retorno, seja em métricas de lembrança da ação e conhecimento da marca, seja em vendas efetivas. Caso o monitoramento aponte desvios, é possível promover correções de esforços em tempo hábil, alterando a mensagem, os meios ou o volume de investimento.

Métodos de avaliação da eficiência publicitária

Como já definimos anteriormente, a publicidade é a comunicação com o público, paga, com a finalidade de difundir informações, desenvolver atitudes e conduzir à ação com benefícios para a empresa que anuncia. Geralmente essa ação consiste na aquisição de um produto ou serviço. Existem métodos para avaliação da eficiência publicitária, isto é, para determinação dos resultados, como considerado a seguir:

Fatores para avaliação da eficiência publicitária

A ação publicitária repousa nos conhecimentos da natureza humana. Com frequência, é a soma dessas fontes psíquicas que determina a raiz da motivação. Para medir o efeito da publicidade, deve-se definir perfeitamente o que se espera obter:

a) Informar o público a respeito de um produto ou serviço?
b) Criar uma ação favorável?
c) Provocar vendas?

É muito raro que a finalidade de uma investigação possa proporcionar uma investigação completa e de êxito total, uma vez que são vários os fatores que intervêm na ação publicitária.

As vendas, por si só, não podem ser um único elemento a determinar ou medir o efeito da ação publicitária, pois elas são o resultado de um conjunto de fatores de marketing.

Devemos saber que comunicar significa oferecer estímulos capazes de buscar promover respostas potencialmente vantajosas em termos de comportamento a favor da marca ou produto/serviço anunciado. Isso implica a realização de uma série de situações iniciais, como a possibilidade de que o anúncio seja visto ou escutado, e de determinadas condições – como a sua capacidade de atrair atenção, despertar o interesse, ser compreensível e acreditado, estabelecer a aceitação do produto, influir no público, predispô-lo favoravelmente para o produto ou para o serviço criando uma imagem positiva, levar o consumidor à ação da compra etc.

A validade do estímulo, as situações e as condições criadas pelo apelo publicitário para que chegue com eficácia ao seu destino podem constituir-se em outros tantos objetivos específicos da investigação. Devemos considerar que uma campanha pode conseguir plenamente determinados requisitos e não conseguir outros, e pode acontecer que o obtido seja o suficiente para as realizações dos objetivos.

Uma grande dificuldade para a investigação publicitária é a de atuar em um campo tão complexo, e em grande parte indefinido, como é o do comportamento humano e dos processos psicológicos que devem ativar uma comunicação publicitária para chegar a influir e persuadir. Por esses motivos, há sérias limitações instrumentais para realizar perfeitamente tal análise.

O teste publicitário requer frequentemente o emprego simultâneo de diversas técnicas e instrumentos. Não há um só critério com que se possa medir a eficácia de cada tipo de publicidade, precisamente porque a publicidade não é homogênea, nem em seus fins, nem nas tarefas que lhe são confiadas. Assim, como não há uma fórmula mágica para medir com segurança o efeito de uma campanha, não existe tampouco uma fórmula para reunir as diversas metodologias cuja aplicação varia, necessariamente, de uma situação a outra, o que significa a exigência de se ter uma clara visão do problema, ou seja, uma efetiva tomada de consciência dos objetivos e pressupostos que constituem a base de uma campanha publicitária.

Existem outras limitações, como a de que a análise se realiza em condições ambientais e contextuais diferentes daquelas em que a publicidade se expõe normalmente ao público. Nos casos de prévias anteriores à difusão, o efeito da exposição repetida de uma mensagem e também a confrontação direta da publicidade com a que a concorrência realiza são bases totalmente diferentes para que seja possível uma comparação significativa. Assim, a análise serve mais para uma avaliação do que para ter um caráter de sentença de juiz.

São vários os obstáculos mentais existentes. O primeiro é o criativo, que tende a ter medo da investigação, pois a vê como um obstáculo ao seu trabalho e para sua liberdade criativa. O obstáculo número dois é o do próprio investidor, que se inclina a empregar investigação em excesso ou limitá-la ao mínimo, ou não tem boa compreensão da parte que representa uma investigação criativa e publicidade criativa.

O terceiro obstáculo é o anunciante, o consumidor da publicidade, que frequentemente requer a investigação para se livrar das dificuldades de uma seleção, para descarregar uma responsabilidade, ou porque tem ideias diferentes das da agência.

A investigação publicitária pode dividir-se em dois campos:

1. Investigações feitas antes que seja realizada a campanha, com a finalidade de obter indicações prévias sobre sua capacidade para comunicar-se com o público nos termos desejados e para que se possam fazer as modificações necessárias, antes da difusão definitiva. É o **pré-teste**.
2. Investigações que se realizam após a publicação da campanha, com a finalidade de determinar os efeitos obtidos com referência aos objetivos fixados. É o **pós-teste**.

O pré-teste

O pré-teste pode ser feito:

1. Durante a fase de preparação da campanha ou do anúncio, para a valorização de ideias, temas, proposições de venda, posicionamento etc.
2. Antes de sua veiculação, mas quando a campanha já está pronta.

O pré-teste tem os seguintes fins principais:

a) Verificar o grau de interesse do tema-base de uma campanha publicitária. Trata-se de selecionar **o que dizer** sobre o produto ou serviço objeto da publicidade, no campo das estratégias definidas. É uma escolha sobre alternativas de afirmações, de expressões, de enfoques publicitários, não de sugestão dos argumentos de fundo com base nas expectativas do público.

Há muitos critérios de valoração. Está perfeitamente aceito o de contrastar os conceitos ou as proposições, referentes ao bem anunciado, segundo as características de:

1. desejo;
2. credibilidade;
3. exclusividade;
4. importância etc.

Para esse caso, normalmente se usam apenas os temas e não anúncios completos.

b) Determinar como foram expressos as ideias, os temas básicos em termos publicitários, ou seja, mediante a ilustração, o título etc., ou como foram acolhidas pelo público determinadas soluções criativas, representações, personagens etc., analisando as partes isoladas ou os elementos dos anúncios e determinando os valores imediatos como: de atenção, de compreensão, de comunicação etc.

O pré-teste de uma campanha ou até mesmo de uma peça acabada pode ter os seguintes fins principais:

a) Determinar o grau de correspondência dos anúncios e do tema publicitário aos objetivos prefixados em termos de comunicação.
b) Efetuar um diagnóstico dos anúncios, ou seja, verificar a presença de aspectos negativos ou positivos com o fim de melhorar sua capacidade de comunicação publicitária.

São várias as formas de fazer um pré-teste. Usam-se mais frequentemente, separadas ou combinadas, as técnicas baseadas em baterias de perguntas diretas, que tendem a solicitar o julgamento direto do entrevistado, o *scaling*, as técnicas sociopsicológicas, entre elas os testes projetivos, certos testes de laboratório etc.

O pós-teste

O pós-teste realiza-se principalmente para o controle:

a) de como foi percebida efetivamente pelo público uma comunicação publicitária, e se ela tem condições de produzir os efeitos desejados;
b) da penetração da comunicação publicitária em termos de notoriedade da marca, do produto, de modificações de atitude perante a marca, de lembrança da publicidade, dos temas e das proporções da venda etc.

Planejamento das investigações publicitárias

O caminho que deve seguir uma mensagem para alcançar seu objetivo é amplo, articulado e completo. É necessário que o público a que se dirige torne relevante a mensagem publicitária, isto é, que a veja e a leia (ou escute), interaja com ela e dela se convença e experimente o desejo de possuir o produto ou serviço objeto da publicidade.

Para conhecer perfeitamente o atingimento de cada uma dessas etapas, é indispensável um perfeito entendimento dos objetivos a que se propõe o anúncio. Para saber o que deve ser medido em um teste, é preciso conhecer como deve trabalhar a publicidade ao nível de seu público, ou seja, que ação preferencial pretende realizar.

O anúncio deve ser capaz de:

a) *Atrair a atenção* – ser observado, e da atenção derivar o interesse que provoca a continuidade da atenção.
b) *Ter capacidade de comunicação* – ser capaz de oferecer uma promessa e de transmitir uma mensagem compreensível e verídica.
c) *Despertar uma atitude favorável que torne desejável o produto e que busque influir em uma predisposição de aquisição.*

A escolha dos métodos de investigação

A aplicação das técnicas da investigação implica a resolução de numerosos aspectos técnicos e organizacionais que requerem modalidades e adaptações em função dos elementos específicos que se quer contrastar.

Se a finalidade da mensagem é construir uma imagem determinada, o enfoque do teste deve ser sobre esse aspecto; ao contrário, caso se trate de lançamento de um novo produto, é determinante a valorização sobre até que ponto a novidade despertou o interesse do público.

Há ainda, entre alguns profissionais, uma clara e rígida contraposição entre os partidários dos métodos estatísticos (quantitativos) e os da psicologia aplicada (qualitativos). Alguns investigadores recusam os métodos qualitativos por falta de representação estatística e por determinadas dificuldades operacionais que implicam entrevista e análise. Por outra parte, não é mediante perguntas diretas de satisfação ou outras técnicas denominadas quantitativas que se pode aprofundar em aspectos relativos às reações emotivas suscitadas por um apelo publicitário. Ambos os métodos devem ser considerados meios complementares de estudo, cada um com suas funções próprias e específicas e com seus próprios limites, que frequentemente podem-se integrar utilmente. A escolha dos métodos e dos instrumentos de investigação deve ser determinada levando-se em consideração o que se pede que a investigação meça, segundo critérios estatísticos se possível, mas sem excluir outras técnicas.

É importante a seleção da amostra a ser investigada, devendo ser considerado o segmento da população (*target-groups*) em função do qual se realizaram as mensagens publicitárias.

O procedimento mais correto aqui é a contratação de um profissional ou um instituto de pesquisa para juntos definirem como a investigação pode colaborar nesse processo e qual é a metodologia mais adequada para cada situação. Mesmo que exista resistência sobre esse investimento, é fácil realmente calcular a relação custo-benefício proporcionada pelo conhecimento mais profundo das questões relativas ao mercado e ao consumidor.

5

CRIAÇÃO PUBLICITÁRIA[1]

Para começar a falar de...

Ah, a criação publicitária... Tão badalada, tão desejada. Às vezes, a única função da propaganda percebida pelos leigos. Com seus estereótipos de profissionais criativos, que – de estalo – parecem receber inspirações e criar filmes e peças geniais. Com altos salários e profissionais destacados como celebridades, participando em programas de televisão, como líderes e como juízes de concursos dos mais variados. Ah, a criação...

Atuar em propaganda conta com muita inspiração e muito talento, sim, mas também exige muita dedicação. Mas muita mesmo! Isso vale em todas as funções. E que fique claro: em algum dia e algum lugar do passado, realmente surgiu – e ainda pode surgir – alguém mais midiático, performático ou algo assim. Como pode acontecer em várias outras profissões aparentemente "charmosas". Mas, nesse caso, a imagem se fixou e muita gente pensa a criação publicitária mirando naquele modelo. Se for o caso, está na hora de seus conceitos serem revistos.

Vamos começar a falar de criação a partir de peças publicitárias. Imagine analisar a pasta de trabalhos (portfólio) de um profissional de criação publicitária. O que você provavelmente veria?

Uma chance em dez que observaria as peças que ele realmente produziu ao longo do tempo e que em muito ajudaram a solucionar problemas de

---
[1] Este capítulo foi revisado sob a supervisão técnica de Heraldo Bighetti Gonçalves, publicitário e criador de trajetória vitoriosa em diversas agências, ex-professor da ESPM e ex-coordenador da Agência ESPM (espaço experimental para os alunos do curso de Publicidade).

comunicação das marcas. Trabalhos que seriam apresentados como parte de um processo bastante sofisticado, em que o conhecimento da realidade mercadológica, aliado a um excelente repertório, proporcionou a criação de peças que geraram resultados positivos na mente do consumidor – e no bolso do anunciante.

Mas há uma chance em três (ou algo assim tão dramático) de que essa pasta contenha peças isoladas, na maior parte, anúncios de página dupla de revistas e talvez um pequeno rolo de comerciais de TV, seja em alguma base física (vídeo ou CD ou DVD ou *pen drive* etc.) ou em algum site em que os criadores e produtores podem disponibilizar suas obras para consultas públicas. Nesse caso, o autor irá apontar suas excelentes "sacadas criativas", inclusive ressaltando que alguns desses trabalhos foram merecedores de indicações e até mesmo ganhadores de prêmios em concursos e festivais importantes de propaganda.

E qual é a melhor pasta? Antes de qualquer acusação, afirmamos: gostamos das duas, por apontarem aspectos complementares da criação. Ao mesmo tempo, ambas podem ser limitadas, por destacarem apenas alguns aspectos, diante de situações tão complexas quanto os desafios da criação. E é aqui que começamos: falando a partir desses dois extremos de pastas, com as quais os estudantes e profissionais da área de criação com certeza já se preocupam.

Pertinência é o oposto de inovação?

Vamos começar pela mais importante conclusão: não existe resposta pronta. Até porque, quando as respostas se consolidam, modificam-se as questões. Propaganda tem isso em sua "base genética": quando se pensa ter encontrado uma solução diferenciada que parece resolver os principais desafios, o ambiente acostuma-se e começa a não responder mais tão bem a ela, até que surja uma nova forma. O corpo social tem reações bastante similares ao corpo humano no tocante à maioria dos remédios.

Talvez seja esse o principal fator que levou tantos autores a publicar literatura que orienta a criação dando dicas e regras – e também o fascínio que a criação publicitária sempre causa, pelo brilho aparente e pela enorme dificuldade de gerar boa propaganda. E, ao mesmo tempo, foi nessa literatura em que menos se explicou por que realmente determinado modelo de argumentação e de construção de mensagem foi eficiente por um período, e depois deixou de ser.

Não é nosso objetivo resolver essa situação, mas apresentar uma contextualização dos principais momentos em que a comunicação tende a ser mais eficaz e até mesmo mostrar algumas "regras" de profissionais de destaque ao longo do tempo. Mas sempre advertindo que tal construção de raciocínio pode parecer contraditória: ser criativo e ousar padrões novos? Ou caminhar na trilha do conhecido e já consagrado por seus resultados?

- *Na hipótese do já consagrado:* os argumentos, para quem aposta nesse caminho, levam à escolha de mensagens bastante adequadas ao repertório do consumidor, às condições do mercado, às pesadas *"policies"* que as maiores empresas estabelecem para suas marcas. Isso dá a sensação de que, no máximo, o briefing será transformado no próprio anúncio, quase que literalmente. Sem riscos.
- *Na hipótese do novo:* a mesma trajetória de análise nos leva para o outro lado, de forma radical. Muitas das principais marcas do mundo contam com ações de propaganda diferenciadas, surpreendentes, notadamente inovadoras em suas formas. Por isso correm o mundo, como modelos inspiradores do que se produz de melhor. Ganham prêmios em concursos, são repassadas entre os profissionais da área – e até mesmo entre as pessoas de fora dela, como exemplos de criatividade. As pessoas que gostam daquela marca anunciante se sentem orgulhosas ao ver esse tipo de publicidade no ar, sendo alvo de bons comentários. As pessoas que não gostam... Bem, algumas até aceitam que a peça é boa. E talvez, nesse momento, diminuam um pouco sua resistência ao produto ou ao serviço.

Ambos os casos realmente funcionam, pois boa propaganda é aquela que resolve os desafios propostos. Ela não é mágica, não funciona sozinha ou por espasmos. É fruto de processos profissionais de desenvolvimento e de gestão e quase sempre consequência de longos períodos de investimento, até a construção de marcas notáveis.

Logo, reafirmando a primeira conclusão já na abertura do capítulo: a boa criação é pertinente e inovadora. Separar essas questões é um falso dilema. É importante não confundir pertinência com "mesmice". Entender qual é o conteúdo e a forma exatos para cada situação, este sim é nosso principal trabalho. Entre pertinência e inovação, fique com as duas.

A ideia e sua expressão

De todas as disciplinas que compõem o processo de aprendizagem da propaganda, uma das mais difíceis para ser estruturada é a da criação. É certo que, no geral, as ciências humanas não são fáceis de compreender: envolvem relações complexas sobre motivações, comportamento humano, bases socioculturais, momento econômico e tantas outras variáveis. Mas tudo isso se torna ainda mais complexo quando envolve a linguagem – ou, na prática, as diversas linguagens utilizadas na comunicação mercadológica.

Uma das cenas mais comuns em uma sala de aula de criação é a do professor (tenha ele experiência de mercado profissional ou não) exibindo peças e rolos de comerciais que considera diferenciados e exemplares e, a partir deles, explanando por que foram (ou não) eficazes. Qual é a razão? É que existe muito pouca literatura aprofundada sobre a criação publicitária. Quando se buscam referências de estudos sobre a boa criação, em escala mundial, o que mais se encontra são regras: do bom título, do bom texto, da boa imagem ou iconografia, da diagramação, da composição tipográfica, do desenvolvimento de spots de rádio ou de TV e, mais recentemente, fórmulas de sucesso para ações na internet.

Começando do começo: antes de pensar em criar para este ou aquele meio, é necessário retomar o essencial: a ideia e sua expressão. Em publicidade, usam-se quase todos os tipos de apelos pictóricos, tendências e variações, antigos e modernos princípios artísticos e, ainda, meios que são de maior efeito para que o impacto se concretize. Em um campo de tal magnitude, há espaço para praticamente todas as ideias e inovações.

A concorrência, cada vez mais difícil e crescente, obriga a uma incessante busca do novo, que se desgasta e se renova em um ciclo de mudanças rápidas e em um clima agitado e excitante. Os anúncios de ontem já estão velhos hoje; os estilos e técnicas florescem e murcham em períodos curtíssimos. Pior ainda: quando alguém consegue um estilo realmente diferenciado, aqueles que correm atrás de modelos novos imediatamente o copiam. É o que chamamos de *efeito manada* – e imagine o que acontece com o caminho quando todos os elefantes passam pelo mesmo lugar.

O anúncio é um meio para um fim. Seu objetivo maior é resolver um propósito. O melhor quadro, a mais bela imagem, uma tecnologia diferenciada ou a técnica mais hábil não são suficientes para sua concretização.

O anúncio de maior efeito tende a ser aquele que contém a ideia mais forte e a expressa da maneira mais simples, concisa e clara. Isso vale como regra, e alguém sempre pode lembrar que há uma exceção. Sempre há, sempre haverá. E esse é um dos aspectos mais saborosos dessa profissão.

Uma ideia vigorosa e de efeito quase sempre impressiona primeiro ao seu criador, pois somente é possível excitar ou estimular os demais quando primeiro se sente a emoção e desde que o criador esteja realmente imerso no universo de valores do público final. Senão, ele estará criando apenas peças do agrado de si mesmo. Quanto mais envolvido no perfil do público, mais critérios o criador terá para definir se conseguiu chegar à ideia eficaz.

Mesmo a comunicação mais técnica traz em si uma carga de emotividade. É possível afirmar que toda publicidade se desenvolve em torno de sentimentos e de tudo que afeta os interesses humanos: o bom e o mau, o confortável e o não confortável, o grande e o pequeno, o sublime e o ridículo etc. Desde que criem fatos que gerem sentimentos, produzam reações e formem ideias.

Uma ideia pode parecer excelente, mas, quando é expressa sem preocupação em respeitar os padrões intelectuais, repertoriais, sociais e morais do público, perde toda a sua qualidade e fracassa em seu fim. A melhor ideia é a que carrega tal força descritiva em si mesma que se torna suficiente por sua própria expressão para entregar seu conteúdo, de maneira a ser claramente compreensível e registrada de forma instantânea.

Nascem ideias

É verdade que, algumas vezes, se desenvolve uma ideia por um processo que parece geração espontânea. Mas toda ideia deve ter um ponto de partida, com base em algo concreto. Nada nasce do nada. E é daí que surge um dos conceitos mais errados a respeito do papel do criador: é comum encontrar pessoas que imaginam esse profissional como um ser que fica tendo ideias exóticas para enquadrá-las posteriormente em produtos ou serviços. Até podem existir situações assim, mas são minoria. Um criador trabalha sob encomenda. Mais ainda, sob pressão. Por sinal, criadores excelentes muitas vezes não se dão bem em propaganda por causa da "criação com hora marcada".

O criador atua a partir de um pedido explícito, de um problema a ser enfrentado ou uma oportunidade a ser aproveitada. Existem dois passos bastante simples para começar o processo de criação de propaganda. Inicia-se, logicamente, com o básico:

1. Pegue um papel e um lápis (ou um computador, seja lá o que for possível utilizar) e, enquanto a imaginação se entretém pensando no pedido de trabalho e nas possibilidades e vantagens do produto, escreva ou desenhe sobre ele, sem qualquer preocupação formal. Ainda que as frases e formas que se delineiem sejam fantasiosas e não tenham um sentido aparente, dê asas à imaginação. Solte a mão e o pensamento. Enquanto o processo ocorrer, a mente pensará no objetivo do anúncio, no produto, em sua finalidade ou uso, em quem o comprará etc. Assim, as ideias começam a aparecer e a se associar,

e mesmo as mais disparatadas podem ser o ponto de partida de uma grande solução.
2. Estude depois o resultado e veja se, dentro dessa desordem, encontra algum esquema de estrutura, uma forma nova, um modelo de ação, de novos ângulos ou um bom contraste de elementos. Nesse estudo "inconsciente" pode surgir a ideia de uma composição de imagem e fatos ou a visualização publicitária de um produto.

E não seja preconceituoso com respeito às possibilidades que podem surgir. Geralmente as boas ideias começam de maneira muito simples, com uma pesquisa pela busca de inspiração. Algo que ajude a, pelo menos, fazer os primeiros rabiscos, escrever as primeiras linhas, juntar as primeiras imagens. Mas onde iniciar tais buscas por fontes de iluminação? Algumas sugestões:

- Em publicidade, a ideia pode começar no produto e em sua utilidade ou vantagens, mas também pode ser encontrada em qualquer outro aspecto diferente e que logo se relacione com aqueles, ou em uma velha ideia reaproveitada sob nova forma, ou em algo que foi lido anteriormente, visto ou ouvido, na rua, no escritório, no cinema, na televisão, no rádio, na internet.
- Pode ser criada por analogia ou por oposição (liso como o espelho, o branco diante do preto), mas, muitas vezes, surge de um tema histórico, geográfico, artístico, religioso etc. Símbolos também são frequentemente usados, como o ramo de oliveira simbolizando a paz, por exemplo.
- Uma ideia muito simples pode adquirir grande interesse, contrastando ou opondo ao seu tema, ou à representação do produto, a algo semelhante, relacionado, diferente, ou de qualidade insólita ou pouco corrente.
- É praxe em agências ter um bom volume de anuários e revistas de excelente publicidade do mundo todo. E vale a pena folheá-los. Não para procurar uma ideia pronta, mas para ter *insights*. Ou para, a partir de uma palavra ou imagem, iniciar um processo mental que desembocará em uma ideia. E é muito curioso, depois de isso ter ocorrido, tentar traçar o caminho inverso e perceber como as relações às vezes são muito distantes. Com o avanço da tecnologia, é comum também buscar referências em filmes publicitários ou ações via internet, em sites de partilha de vídeos ou apenas de busca.

Tudo isso é muito interessante, mas não pode se tornar o único caminho. Senão, o universo da nova propaganda ficará restrito apenas ao universo já percorrido pela propaganda. Em um segundo momento na busca pelas boas ideias, ficam as seguintes dicas:

- Tente sempre abrir as referências, buscando inspiração nas artes, no folclore, na cultura. Também, fora da agência, visitando locais de compra ou, se possível, de uso do produto.
- Alguns profissionais pensam melhor enquanto andam, em um parque ou em meio às ruas da cidade. Observando a natureza ou observando pessoas. Passeando em museus e exposições, ou em shopping centers. Deixando fluir as ideias com leveza. Inclusive, são profissionais que desenvolveram métodos alternativos para registrar ideias, como os pequenos gravadores ou blocos e canetas sempre à mão.
- Se houver pesquisas prontas, leia-as, com a atenção voltada para as expressões das pessoas. Se for possível visualizar, já que algumas pesquisas são gravadas em vídeo, assista como quem assiste a uma boa história – melhor ainda, a uma crônica.
- Em algumas agências, essa primeiríssima fase é resultado de um trabalho envolvendo toda a equipe principal da agência, principalmente se for um trabalho de muita responsabilidade: atendimento, planejamento, criação e mídia costumam se reunir e gerar um *brainstorm* (mais bem explicado à frente).
- Outras agências estão utilizando a dobradinha planejador mais criador para gerar os primeiros *insights*.

Em todas as situações, a preocupação primária é sempre proporcionar um conhecimento mais avançado da cultura do negócio, envolvendo o perfil da marca e do produto ou serviço em pauta, sua situação mercadológica, o perfil da cadeia comercial envolvida no processo, perfil e comportamento do consumidor, atuação da concorrência etc., tentando obter resultados finais realmente eficazes.

Vale destacar: ainda é usual também o termo **plataforma de copy**, que alguns preconizam que deva ser redigida pelo cliente; outros, pelo atendimento, e outros, pelo planejamento. A plataforma é a base orientadora do que deve e do que não deve ser dito, e qual o tom esperado para a comunicação, parâmetro esse que deverá ser respeitado em todo o trabalho. É possível, ainda, encontrar um misto de plataforma de copy (orientação) com *insight* (sugestão, indicação) para os criadores.

Nasce um tema

De todas as muitas ideias que surgem, faz-se uma primeira triagem, buscando – agora com critério mais apurado – selecionar aquela(s) que parece(m) responder às principais questões levantadas. Com a ideia básica definida, seja ela elaborada sobre as características do ponto de venda ou do próprio produto, seja uma situação de uso ou de envolvimento com a marca, chega-se a um tema, em torno do qual se desenvolve uma campanha ou um anúncio.

O processo de criação de uma escola de samba é uma ótima analogia para esse caso e ajuda a compreender como funciona o processo publicitário. Todos os anos, essas escolas elegem um tema sobre o qual será desenvolvido todo o conjunto de elementos do desfile, como o samba-enredo, fantasias e carros alegóricos. Mas não importa o tema que escolham, seguramente estarão presentes todos os elementos fundamentais da escola, como sua bandeira, suas cores, seus personagens principais, como as porta-bandeiras e os mestres-sala, algumas celebridades etc. Alterar esses fundamentos é alterar a própria escola de samba.

Com a propaganda é a mesma coisa. O tema é momentâneo, sendo o reflexo de uma situação atual – e por isso terá sua própria dinâmica e seu desenvolvimento, traduzindo a proposição de compra ou uso do produto ou serviço dentro de um contexto contemporâneo. Pode até configurar-se como slogan e, como ele, ser usado na peça principal ou de lançamento da campanha na forma de título. Porém, deverá sempre respeitar os valores fundamentais da marca, sem o que a comunicação não irá se somar aos esforços contínuos do produto ou do serviço para conquistar a mente e o coração de seu público.

Nasce um anúncio

Boas ideias são a matéria-prima da boa publicidade, mas são apenas o começo. A partir daí, é preciso saber transformá-las concretamente em boas peças. E isso exige ainda mais repertório de arte, de cultura, de expressões populares, de perspectivas e movimentos sociais. Mais concretamente, do perfil do público. Além, é claro, das características do meio, pois ideias que ficam excelentes em cinema podem não funcionar em mídia impressa, por exemplo.

Mais à frente, serão apresentadas algumas dicas de profissionais consagrados para a criação de peças para as principais mídias. Porém, é preciso sempre levar em conta o momento mercadológico em que o produto se encontra (lançamento, sustentação, crescimento ou declínio), a percepção do consumidor com relação a ele (conhecido, compreendido em suas funções, com boa equação de custo-benefício, frágil), compará-lo com a concorrência (mais forte, mais fraco, está sendo ameaçado, é um novato na área) etc. Cada ponto desses pode necessitar de reforço em algum ou vários momentos da comunicação.

E aí, finalmente, surge a questão do talento. Propaganda é, para muitos, um misto de técnica e arte. Ou artes. E o criador é aquele profissional que não somente domina as características técnicas, como sustenta em si o talento criativo. No passado, os principais criadores (quase sempre redatores, em função do momento vivido) eram artistas, intelectuais, jornalistas ou advogados, que enxergavam a propaganda como uma alternativa para aumentar sua renda. Somente depois, muitos se tornaram apenas publicitários. Isto é, profissionais com talento para transformar repertório em peças; palavras e imagens em anúncios.

Quando a ideia está clara, e o público-alvo está definido, inicia-se a transformação da ideia em ação. *A priori*, todo ser humano é criativo, ou seja, capaz de solucionar problemas com os recursos disponíveis. Porém, nem todos têm o talento para manusear com habilidade as técnicas de cada arte. Mesmo entre os criadores, há aqueles que sabem criar excelentes filmes, mas não escrevem tão bem. Há grandes geradores de títulos e textos, mas que não conseguem conceber imagens com o mesmo brilho.

No passado, era o redator quem concebia o essencial do anúncio, compreendido pela presença do título e do texto. Seu parceiro, ilustrador, entrava em cena para produzir a imagem predefinida pelo redator. Com a evolução da comunicação audiovisual, surgiu o diretor de arte como elemento importante na concepção das peças,[2] formando a dupla de criação. Mais recentemente, tornaram-se comuns outras formas de reunião, envolvendo até mesmo profissionais de fora da agência (por exemplo, fotógrafos ou diretores de comerciais), que se tornam cocriadores das peças.

Em função das características mais específicas da internet e, principalmente, do perfil da nova geração de criadores, hoje vários profissionais dessa área sabem elaborar tanto imagens como textos, o que os torna extremamente importantes, principalmente por sua visão mais completa da concepção e da produção.

É comum ouvir que a propaganda vive um momento de predominância quase total das imagens sobre os textos, decorrente de um ritmo de socieda-

---

[2] Conforme já relatado, a dupla de criação é um modelo trazido dos Estados Unidos pelo famosos publicitário Alex Periscinoto, nos anos 1960, e até hoje é paradigmático em muitas agências.

de cada vez mais veloz e saturado de informações, que exige da comunicação uma série de esforços para gerar sínteses verbais e não verbais precisas.

Em função de características particulares de diferentes mercados, é possível encontrar demandas por criadores especialistas em linguagens, como o criador de filmes, o criador de peças interativas, o criador de anúncios impressos etc. Ou então por especialistas em mercados, como os de varejo, os de automobilismo, os de alimentos etc. Cada situação de mercado das agências, dos estúdios e produtoras terá preferência por um ou outro tipo de criador, não sendo possível generalizar somente um perfil. Pode-se afirmar, portanto, que há aumento da demanda por profissionais com repertórios intelectuais amplos e capazes de transitar por situações que exijam habilidades bastante diferenciadas.

Pensando campanhas

Para explicar o que é uma campanha, é comum utilizar uma metáfora de família: todas as peças são parte de um mesmo esforço – de pesquisa, de análise, de planejamento e de criação. Elas aparentam ser do mesmo esforço como irmãos que se parecem, e assim são reconhecidos, mas cada uma se destaca por alguma característica. Sozinhas, as peças podem funcionar. Juntas, complementam-se, completam-se, são fantásticas e atingem objetivos.

Na linguagem bélica, da qual essa palavra foi trazida, uma campanha é um conjunto de operações militares, delimitadas por um espaço geográfico e temporal, que visa ao cumprimento de um mesmo objetivo ou um mesmo conjunto de objetivos. Estar em campanha é atuar mais diretamente sobre uma situação. Tais ações são guiadas por conjuntos estratégicos e táticos de maneira a garantir a obtenção dos objetivos com o melhor uso possível dos recursos disponíveis.

Uma campanha de propaganda traz em si esses mesmos conceitos. Elaborar uma campanha não é somente pensar em como uma ideia principal, transformada em tema, será colocada em cada peça, mas também no papel de cada peça na construção do todo.

Saindo do tema militar, imagine a campanha como se fosse um quebra-cabeça, em que cada peça tem seu lugar, ocupa estrategicamente um espaço, conduz uma parte essencial da mensagem total. Em uma campanha mais complexa, as peças podem não surgir todas juntas, mas precisam estar coordenadas, entendendo o papel de quem vem primeiro e das que virão depois, condicionadas às reações do mercado, do consumidor e da concorrência.

Pensar um anúncio ou pensar uma campanha exige tanto esforço quanto desenvolver a ideia inicial. Concebido o tema, a partir daí é preciso saber adequar a construção de cada uma das peças, aproveitando ao máximo as características do meio. Se o plano de mídia já estiver definido, ou pelo menos avançado em seu desenvolvimento, pode-se até pensar em aproveitar a característica de cada título, seção de mídia impressa ou programa de mídia eletrônica.

Esse aproveitamento do meio tem o objetivo de formar campanhas com uma linha de raciocínio mais abrangente, utilizando apenas um perfil de mensagem que é aproveitado pelas características de cada peça. O movimento oposto a esse exercício, e também um erro muito comum em campanhas, é a criação de uma só peça seguida por várias adaptações dela mesma. Construir uma campanha não é só pensar em diversas peças sobre o mesmo tema. É um pensar completo, mas ao mesmo tempo bastante prático:

- não transforme o último *frame* do comercial de TV em anúncio de mídia impressa ou uma peça de outdoor;
- não transforme seu filme de TV em peça de internet nem de cinema (provavelmente os ângulos e tomadas sofrerão perdas quando muito reduzidos ou ampliados; as linguagens não são facilmente adaptáveis);
- não transforme sua peça colorida de alta definição em anúncio de jornal.

Em outras palavras, pense a ideia mais adequada a cada mídia. Dá trabalho, mas os resultados são muito melhores.

Nasce a comunicação integrada

Uma das fragilidades mais comuns em um esforço de comunicação é a possibilidade de colocar no ar uma campanha perfeita, completa, que incentive os potenciais consumidores a considerarem a compra, mas havendo, na empresa ou no ponto de venda, conteúdos e discursos muito diferentes daquilo que foi prometido na propaganda. A campanha oferece atendimento e valor de cliente, e o "candidato a consumidor" somente encontra desinformação e confusão nos valores da marca, seja no site, no telefone, no atendimento direto ou na revenda. Ora, sabe-se que, ao levantarmos uma expectativa positiva na campanha, colaboramos para sensibilizar o futuro consumidor a esperar, no mínimo, que as suas expectativas sejam atendidas.

Isso deve obviamente começar a ocorrer antes da compra e em cada um dos momentos de contato com a marca. E, também, durante e após a compra, por todas as formas de suporte e relacionamento pós-venda, seja em orientações, garantias, assistências, reposições, trocas, extensões etc. O ideal é renovar a confiança do consumidor, em todos os momentos, de uma maneira clara e coerente. Assim, a cada contato com a marca, ele encontra a mesma identidade, mesmo que ela se apresente com temas diferentes.

Por isso, quando se pensa em um anúncio ou uma campanha, deve-se considerar como essa ação se encaixa, se integra na comunicação total da organização. Tal preocupação deve ser cuidada constantemente por todos que atuam com a comunicação da empresa, mas tem sua instância maior naquele que gerencia a comunicação da organização.

Os diversos tipos de campanha

a) *Campanha institucional*

Campanha ou anúncio cujo objetivo é promover uma imagem favorável para uma determinada marca, empresa, instituição, órgão público ou privado. O objetivo imediato não é a venda, mas a manutenção, alteração ou criação de comportamentos favoráveis à marca de maneira a predispor positivamente a opinião pública a todas as iniciativas comerciais do anunciante.

b) *Campanha de lançamento*

Campanha ou anúncio correspondente à fase inicial da divulgação publicitária. Destina-se à promoção de um produto inédito ou reestruturado. Para atingir os objetivos predeterminados de qualquer campanha desse tipo, exige-se uma programação de mídia com maior intensidade de inserções e/ou com uma capacidade maior de gerar impacto, para que o público perceba a mensagem de modo diferenciado.

c) *Campanha promocional*

Campanha ou anúncio que visa promover o produto ou serviço em si, ligando-se às campanhas de vendas, sendo, por isso, também chamada de campanha promocional de vendas. A campanha promocional ressalta as características do produto em seus principais pontos de venda, porém sempre abrangendo conceitos de marca, qualidade, diferenciais, aplicações e vantagens de uso, mas tende a não usar o apelo econômico de ofertas e descontos, característicos da campanha de vendas.

d) *Campanha de relançamento*

Campanha ou anúncio que tenta reativar o interesse do público-alvo pelo produto ou serviço ou pelas novas características que foram introduzidas. O esforço, então, é redobrado. Trata-se não só de informar, mas, acima de tudo, de reconquistar fidelidade de marca. É preciso recriar o hábito de consumo. Para isso, a campanha precisa ser cuidadosamente programada e politicamente conduzida. É hora de mostrar novos ângulos e usos do produto e, realmente, definir um diferencial significativo em relação à concorrência.

e) *Campanha de sustentação*

Campanha ou anúncio destinado a manter presente nos veículos de mídia a propaganda de um produto ou serviço já existente no mercado. Na sustentação, geralmente, diminui-se o esforço de mídia, horizontalizando e amenizando as inserções. Entretanto, entende-se que o mercado já tenha absorvido o produto e já respondeu à mensagem. Trata-se então de manter a imagem viva e presente, garantindo o canal aberto entre o anunciante e o consumidor. Só será novamente enfatizado se surgir qualquer alteração no produto ou mudança de comportamento do mercado.

f) *Campanha de vendas (ou campanha de varejo)*

Campanha ou anúncio que visa à venda imediata e, por isso mesmo, usa o apelo econômico como ponto principal. Usualmente, faz uso de ofertas, liquidações, descontos, crediários e condições de pagamento como mola propulsora para a compra. Quando a campanha de varejo tem tema, normalmente vai buscar no calendário promocional o argumento, como Dia dos Pais, Dia das Mães, Natal etc., ou as estações do ano (primavera, verão, outono e inverno), como recurso para acelerar a venda de produtos relativos a essa sazonalidade. Caracteriza-se por anúncio de apelo popular, veiculado por lojas comerciais.

Por que se fala tanto em repertório?

A maior parte dos diretores de criação das grandes agências brasileiras, quando comenta o perfil dos novos profissionais, afirma que muitos jovens estagiários e recém-formados chegam às agências com uma boa formação técnica, mas com fragilidade em dois pontos:

a) no conhecimento histórico da propaganda (grandes nomes, grandes campanhas, personagens etc.) e
b) na base repertorial de sua formação sociocultural, principalmente.

Esse último caso, percebido como o mais grave, é uma fragilidade herdada do ensino básico, o que leva a graves consequências em uma formação cidadã. Mas, no caso estrito, é um fator também muito grave de falha na formação do profissional: com repertório limitado, e quase sempre bastante homogêneo em seu grupo, a maioria dos jovens criadores parece propor sempre os mesmos anúncios, as mesmas soluções, as mesmas linhas de sacadas criativas. E, como questiona um famoso diretor de criação, "se é para contratar quem venha para fazer a mesma coisa que os atuais da equipe, para que chamá-lo?"

O criador precisa ser alguém antenado no mundo, plugado nas diversas realidades, que transite sem preconceitos (mas com bom gosto) nas principais formas de expressão. Que não se alimente somente de propaganda, mas das expressões de cultura, de folclore, de cotidiano – cultura pop, no mínimo, para falar a língua do dia a dia. Cultura mais ampla, para poder transitar nas diversas linguagens e saber propor usos novos e combinações diferenciadas. Que vá ao shopping e que vá ao museu. Que vá à balada e que vá ao concerto. Que vá à feira livre e que vá à biblioteca ou às boas livrarias; ao centro de tradições regionais e às feiras de artesanato; às mostras de teatro amador, de cinema experimental; aos espaços de exposições... Que vá, real ou virtualmente. É preciso fazer um programa pessoal de visitas e mobilizar-se.

Melhor do que todas as fórmulas para exercitar criatividade é a capacidade de mobilizar-se para se expor a ela. Para admirá-la com a estranheza e o entusiasmo que as novidades devem nos proporcionar. Isso vai fazer diferença já na próxima criação.

Gamificação[3]

Desde o início da humanidade, há registro da utilização de jogos para entretenimento. Também há muito tempo os jogos são utilizados para a educação formal. Em ambos os casos, há ganhos de aprendizagem sobre estratégia, visão global e orgânica, trabalhos em grupo, negociação, desenvolvimento de habilidades qualitativas e quantitativas e tantas outras funções importantes para o desenvolvimento das pessoas e das comunidades.

---

[3] Para aprender mais sobre o assunto, recomendamos: WERBACH, K.; HUNTER, D. *For the win*: How game thinking can revolutionize your business. Filadélfia: Wharton Digital, 2012.

Nos últimos tempos, ganhou destaque o conceito de *gamificação*, que é a utilização das ferramentas de estruturação e motivação dos jogos (às quais as pessoas tendem a reagir positivamente, com grande engajamento) para a comunicação das marcas. É uma ferramenta realmente diferenciada e sofisticada, que tende a se destacar ainda mais tanto em situações presenciais quanto virtuais (via internet) através de engajamento contínuo ou pelo menos intensivo de pessoas com o universo das marcas. As principais práticas contemporâneas estão muito voltadas ao universo das redes sociais, através de jogos em que as marcas estão presentes no cenário ou são os atores principais desse processo, nos denominados *advergames* (*advertising games*).

No Brasil, notamos cada vez mais um aumento da relevância dos jogos digitais como uma forma de entretenimento, com seus elementos, imagens, formas e sentidos cada vez mais penetrando no repertório comum e na cultura. Provavelmente impulsionados pela forte penetração do mobile no mercado nacional, em diferentes níveis sociais, é possível dizer que os *games fazem parte de nossa cultura midiática*. Não por acaso, essa penetração cultural implica a nossa alta produção de *advergames*. Grandes marcas percebem que esta pode ser uma boa forma de entrar em contato com seu consumidor e cada vez mais investem em uma produção pertinente para seus produtos e serviços. Podemos dizer o mesmo com os treinamentos corporativos e os jogos educacionais: ainda que não seja simples comprovar, com a certeza científica, os benefícios dos jogos na formação humana, temos fortes indicativos de que esse tipo de produção ganha em eficiência dos formatos mais tradicionais de aulas expositivas, vídeos e provas em forma de teste, dependendo do conteúdo a transmitir e do público-alvo.

Esse cenário reflete a produção nacional, como podemos ver adiante. Já temos uma razoável produção de jogos digitais, que lentamente vem crescendo, ainda que de maneira concentrada em poucos atores do setor. O relatório do Censo do BNDES[4] deixa claro que "há um destaque para algumas empresas dentro de seus respectivos setores. Por exemplo, na área educacional, apenas uma empresa produziu 117 jogos educativos; na área de entretenimento, uma das empresas produziu 58 jogos". Com o aumento da mão de obra especializada e do consumo de jogos em geral, é provável que essa concentração seja diluída.

---

[4] GEDIGames. I Censo da Indústria Brasileira de Jogos Digitais. Disponível em: <http://www.bndes.gov.br/SiteBNDES/bndes/bndes_pt/Galerias/Arquivos/conhecimento/seminario/seminario_mapeamento_industria_games042014_RelApoioCensoIndustriaBrasileiradeJogos.pdf>. Acesso em: set. 2014.

QUADRO 5.1 Jogos desenvolvidos no ano de 2013

Tipo de jogo	Número	Total
Entretenimento	**698**	**49,3%**
Advergames	189	13,3%
Jogos de entretenimento de terceiros (serviços para clientes internacionais)	188	13,3%
Jogos de entretenimento de terceiros (serviços para clientes nacionais)	84	5,9%
Jogos de entretenimento próprios	237	16,7%
Serious Games	**678**	**47,8%**
Jogos de treinamento e corporativos	52	3,7%
Jogos educacionais	621	43,8%
Jogos para saúde	5	0,4%
Simuladores com uso de hardware específico	**23**	**1,6%**
Outros tipos de jogos digitais	**18**	**1,3%**
Total geral	**1.417**	**100,0%**

Fonte: BNDES, 2013.

É verdade. Aprendemos muito quando nos divertimos. Quem não gosta de assistir a um filme, ler um quadrinho, assistir a um programa na TV e jogar um bom game? São experiências memoráveis, das quais algumas vezes nos lembramos por décadas a seguir. Elas nos ensinam *coisas*, ainda que sua utilidade seja questionável: o Frodo carrega "um anel", o Hulk é verde e forte e o Mário faz *aquele* som quando pula.

Por que essas mídias, que dão origem a tais conteúdos, não podem então nos ensinar outras coisas mais interessantes? Quem trabalha com formação de pessoas costuma se indagar dessa forma e procura as mais diferentes técnicas para transformar um conteúdo denso, trabalhoso e complicado (chato) em algo mais palatável.

Algumas aplicações recentes procuram apenas maquiar o que já é feito comumente com nomes originados nos jogos digitais. Chamar prova de chefão ou adjetivar o treinamento corporativo de "gamificado" apenas porque ganham-se pontos e oferecem-se medalhas não parece ser suficiente para alterar métodos de educação e promoção. Por conta dessas práticas, alguns começam a perder o entusiasmo com o assunto e supor que gamificação é um nome diferente para algo que já vinha sendo feito. Do que se trata, afinal, um programa de milhagem, se não um game que te dá pontos por consumir? E os programas de incentivo de equipes de vendas, com pontuação, ranqueamento e premiação? E as estratégias publicitárias de "compre 3, pague 2" ou de concursos culturais – ainda que simples, não são lógicas de um jogo de incentivo ao consumo e ao conhecimento de marca? Em outras palavras, se já estamos fazendo, basta mudar o nome para dar certo?

O assunto é extenso e merece um espaço próprio para apresentar fundamentos, técnicas e definições. Neste espaço, destacamos apenas que os especialistas dessas áreas estão cada vez mais entusiasmados com o envolvimento que os públicos de interesse apresentam com essas estratégias, em que algumas aplicações inclusive misturam táticas diversas, apropriando-se também das narrativas geradas pelo chamado *storytelling*.

Storytelling

Se existe algo que a humanidade preservou, desde as comunidades primitivas, foi a capacidade de contar histórias. Histórias estas que, desde a tradição oral, passando pela escrita e depois por todas as formas audiovisuais, ajudam as pessoas a lembrar de sua própria história, a preservar seus valores e experiências culturais (incluindo religiosas) e também a liberar a capacidade imaginativa, criativa, de gerar ficção que ajudava a passar o tempo (entretenimento) e a desenvolver novas possibilidades de crescimento das pessoas e da sociedade. Elaborar e contar histórias é algo que a boa publicidade sabe fazer. Já utilizava essa forma quando desenvolveu as radionovelas (lembrando, por exemplo, que nos Estados Unidos elas são conhecidas como *soap opera* – porque eram incentivadas e patrocinadas pelas marcas de sabão em pó). Hollywood desenvolveu, através da indústria de cinema, depois no universo televisivo e agora para programas e filmes em canais de internet (*streaming*), formas diferenciadas de narrativas envolvendo de forma explícita ou sutil as marcas, produtos e serviços. No Brasil, tivemos uma grande explosão recente do chamado esforço de *product placement* (muitas vezes chamado de merchandising televisivo), que vai desde a simples aparição do produto até a real participação da marca na construção narrativa, de forma aparentemente natural.

Isso só foi possível por conta das mudanças no universo do consumo contemporâneo. O sociólogo Andrea Semprini (2006) explica as mudanças que ocorreram na publicidade nos últimos anos, que migrou de um enfoque descritivo sobre características físicas do produto para algo cada vez mais imaterial, simbólico, que remetia às sensações e ao imaginário. Assim, cada vez menos se consome o produto pelos seus atributos físicos, e cada vez mais se consome o discurso. Para explicar a diferença, compara duas frigideiras: a frigideira-objeto, disponibilizada num mercado, empilhada junto com tantas outras do mesmo lote, e a frigideira-discurso, "uma Tefal, com uma forma projetada por um designer, o círculo vermelho colocado ao centro do fundo para indicar a temperatura ideal para o cozimento, uma cor da moda, um tratamento jateado da superfície para torná-la agradável ao toque, um cabo ergonômico para facilitar o manuseio e os gestos de mexer e, destacável, para melhor acomodar a frigideira no lava-louças" (SEMPRINI, 2006, p. 105). Ambas são frigideiras concretas, mas apenas a segunda conta uma história que envolve tendências estéticas, técnicas de cozinha, expectativas do usuário e a marca que a colocou no mercado. É esse discurso que posiciona o produto no mercado e na mente do consumidor e que justifica seu valor e constrói uma imagem da marca.

Consumir as histórias, portanto, é consumir toda a construção simbólica que existe em torno do produto, produzida pelo discurso da publicidade, do design e do marketing – a mercadoria a adquirir é apenas parte da experiência. Para Semprini, esse tipo de consumo explica a absorção rápida pelo mercado dos diversos serviços, do lazer e dos produtos audiovisuais. Em todos, o consumo está nas ideias, imagens, emoções, imaginário e histórias: "Uma de suas principais propriedades é de fato saber demonstrar um discurso, um imaginário, uma rede de atributos cognitivos e simbólicos, de propor um universo organizado de significados no interior do qual o produto ou o serviço desmaterializado pode encontrar um lugar, um sentido e um vetor de projeção" (SEMPRINI, 2006, p. 49 e 50). Assim, o *storytelling* se apresenta como a construção de um território semântico da marca para o consumo de uma experiência que envolve produtos e serviços, onde seus atributos físicos são menos importantes do que seus atributos imaginários e sensíveis.

Segundo os principais especialistas, a fórmula de sucesso do desenvolvimento do *storytelling* está na capacidade da utilização dos dados culturais da realidade das pessoas, dos ambientes em que elas estão acostumadas a atuar ou aos quais almejem chegar. Para tanto, são apontados alguns fatores principais:

- captar os principais conteúdos que interessam à marca e desenvolver narrativas (histórias) que interessem às pessoas;
- utilizar as principais formas de contato das pessoas com as histórias, através de plataformas integradas de relacionamento, em que seja possível que as pessoas possam interagir, possam sentir-se valorizadas e estimuladas a participar da construção da história (passando de espectadores para coautores);
- o que deverá ajudar, junto com a boa experiência das pessoas com os produtos ou serviços, no surgimento de reais fãs da marca (alguns autores chamam de advogados da marca), que são as pessoas que não apenas utilizam os produtos, mas os proclamam e até mesmo defendem, quando a marca é "atacada" por críticas ou situações contrárias à boa imagem da marca.

A preocupação do *storytelling*, então, é de desenvolver e contar boas histórias, permitindo a participação e o engajamento, em um mundo no qual as pessoas são hiperestimuladas. Com isso, procura-se fazer que todas tenham a mesma atenção que havia quando, nos primórdios da humanidade, os mais velhos contavam suas histórias ao final do dia, em torno da fogueira, para uma pequena e muito atenta plateia. Com duas essenciais diferenças: as histórias são estrategicamente construídas pelo discurso publicitário e consumidas através dos produtos e serviços disponíveis no mercado.

Dicas e mais dicas

Grandes profissionais, ao longo do tempo, buscaram resumir suas experiências e observações sobre criatividade e criação publicitária de várias maneiras. Desde a primeira edição desta obra, há uma preocupação constante em trazer ao máximo as mais consagradas dicas e orientações, nas percepções de seus autores, quase sempre de instituições ou profissionais de enorme prestígio mundial. E em praticamente 100% das vezes, falando de comunicação (anúncio) para um possível consumidor final (leitor). Nesta edição, preferimos manter muitas delas, na íntegra. Ao percorrê-las você encontrará, algumas vezes, pontos redundantes e, em outras, aspectos diferenciados que, sob determinadas condições de mercado, ainda são importantes e devem ser conhecidos e analisados. É sempre fundamental lembrar que vivemos em um país com dimensões continentais e que, em determinadas realidades, o perfil das práticas do marketing e da comunicação é muito diferente. Em uma revisão crítica, fica claro que a maioria das chamadas dicas aqui propostas pode ser refletida para as novas condições de uso dessas mesmas ações, seja em mídia chamada tradicional, seja nas novas mídias, seja em outras plataformas de comunicação. O que deve sempre prevalecer é a essência do que está sendo proposto.

De toda forma, a questão fundamental, antes de entrarmos nas dicas e regras, é muito simples: o mundo da comunicação mercadológica está cada vez mais complexo, não mais apenas falando com massas, mas com grupos mais definidos de pessoas, ocupando papéis diferenciados para as marcas. Isso significa que a possível regra para um público pode não ser tão válida para outros. Ou pode variar muito, em função do momento e da situação socioeconômica de cada público. Logo, cabem aos criadores a análise profunda dos públicos visados e forte empenho na construção de suas próprias regras e orientações. Vamos a elas.

Métodos de criatividade

A criatividade é um processo ordenado que tem lugar dentro da mente e tende a obedecer à seguinte metodologia:

a) **Conhecimento** – deve haver total familiaridade com os fatos, com a situação, e compreensão das mais recentes informações sobre o assunto. Deve haver busca dos fatos. Faça perguntas e mais perguntas. As respostas devem vir das pesquisas, dos clientes, dos vendedores, dos revendedores, do mercado, dos veículos e de outras fontes possíveis. Nessa fase, não emita opiniões nem se deixe envolver por elas. "Podemos ter os fatos sem pensar, mas não podemos pensar sem ter os fatos" (John Dewey).

b) **Definição** – é preciso determinar os objetivos a serem alcançados, fixar as metas a serem atingidas. Responda às questões: Especificamente, o que desejamos comunicar a quem? Esperamos a realização de uma venda imediata, ou objetivamos tornar mais conhecido o nome da empresa ou a marca do produto? Estamos lançando um novo produto? Ou queremos criar uma preferência ou predisposição (emocional ou racional) em benefício do produto? Sempre entendendo venda em um sentido amplo de apresentação persuasiva de uma marca, um produto ou um serviço.

- O que vendemos?
- A quem vendemos?
- Onde vendemos?
- Quando vendemos?
- Como vendemos?

Devem ser distinguidas as finalidades gerais – objetivos – das finalidades específicas – metas. Mas, lembre, esta é uma das formas mais constantes na definição desses conceitos, não a única:

- O objetivo é o fim almejado.
- Meta é o objetivo transformado em tempo e grau.

1) *Objetivo de marketing*

O que se pretende (volume) percentualmente dentro do mercado visado.

2) *Objetivo de propaganda*

Comunicar a ideia para atingir a situação pretendida (participação de mercado), motivando o público.

3) *Meta da propaganda*

Em prazo fixado, obter maior nível de conhecimento, de valorização ou de diferenciação da marca, produto ou serviço.

c) **Criatividade** – deixe a mente solta para produzir. A mente tem a liberdade de funcionar. Verifique todos os dados dos itens *a* e *b*. Leia-os e releia-os. Prepare o subconsciente para trabalhar de maneira específica no problema. Um determinado estímulo produz uma ideia; um outro, ou uma combinação de estímulos, pode produzir outras ideias, e assim sucessivamente. O processo criativo busca estabelecer, essencialmente, essa associação de duas ou mais impressões antigas para produzir uma ideia nova. O processo de associação de ideias compõe-se basicamente de imaginação e memória. Os gregos estabeleceram quatro leis para a associação de ideias:

1. *Contiguidade* – proximidade que existe entre duas imagens: mar lembra navio; pena lembra pássaro;
2. *Semelhança* – duas imagens se superpõem: um gato lembra um tigre;
3. *Sucessão* – uma ideia segue a outra: trovão/tempestade; veneno/morte;
4. *Contraste* – preto lembra branco; ódio lembra amor.

O subconsciente é um enorme depósito. É um repositório das experiências passadas que não vêm à superfície, pelo menos em estado consciente. O subconsciente pode ser posto a trabalhar na solução de um problema particular, desde que se mandem estímulos a essa reserva armazenada. Para algumas pessoas, é em momentos de relaxamento que as ideias surgem (o famoso *Eureca!* de uma excelente ideia que surge na hora do banho, por exemplo). É o subconsciente que, sem pressões exteriores, se sente confortável em mandar "à tona" sua proposição de solução.

d) **Brainstorm** – com a exposição do problema e as associações que ele provoca, deve-se fazer uma reunião de livre associação, de modo que todos comecem a sugerir soluções. Nessa reunião deve haver completa ausência de crítica, e o julgamento é adiado. Todas as ideias que surgirem serão anotadas, quaisquer que sejam elas, mas nunca julgadas na mesma hora. Buscam-se ideias que sejam expostas pelos participantes no momento exato em que vêm à mente. O objetivo é acumular o maior número possível de ideias e estimular as associações em todos os participantes.

Tanto na arte quanto na ciência, é da quantidade que se extrai a qualidade. Vá produzindo. Use de inspiração. Anote todas as ideias, mesmo as que julgar tolas. As ideias vêm, e muitas relacionadas com o assunto. As ideias vêm e muitas funcionam, enquadram-se nas referências da situação e do objetivo. Quando não contar com um grupo, faça o *individual brainstorm*.

Segundo Ogilvy (1971), nenhum anúncio, nenhum comercial, nenhuma imagem poderiam ser criados por um comitê. Mas durante um *brainstorm* ou com uma equipe bem treinada, isso é até possível.

e) **Seleção** – relacione as ideias. Defina-as. E depois, cuidadosamente, considere cada uma delas. Vá selecionando aquelas que se enquadrem melhor nos objetivos, que tenham mais imaginação, mais originalidade, enfim as que sejam realmente criativas. Continue fazendo a seleção até determinar aquela que é melhor, a que será a sua proposição de compra, o tema da campanha.[5] A ideia escolhida deve concentrar os argumentos de venda:

1. proporcionar maior satisfação ao consumidor;
2. os competidores não devem ter uma igual, ou tê-la em menor grau;
3. não pode ter sido explorada em anúncios anteriores;
4. deve ser ligada a uma necessidade ou um desejo do consumidor-alvo.

Você já tem a ideia. Já sabe o que dizer?

f) **Interpretação** – agora chegou o momento de procurar a melhor forma de comunicar a ideia. Lembre-se de que uma boa ideia, em propaganda, é aquela que vende. Elabore a ideia. Refine-a. Aprimore-a. É aqui que aparece a diferença entre o profissional e o amador, entre quem sabe o que faz e quem acerta de vez em quando.

Lembre-se de que o anúncio só é eficiente quando corresponde à satisfação de uma necessidade sentida pelo consumidor. Deve informar sobre o produto. Orientar a compra, guiar. Deve conversar com o cliente, pôr-se no lugar dele e dizer somente o essencial.

Agora você já sabe como dizer.

g) **Comprovação** – teste a validade de sua ideia. Comprove-a. É preciso comprovar que a ideia adotada representa, de fato, a solução. Verifique todos os dados à exaustão. Sua ideia diz para que serve o produto? Mostra as vantagens que ele oferece? Diz onde é encontrado? O seu preço? Comprova por que ele é melhor? Os detalhes analisados são os mais convenientes? Tem uma garantia idônea? Tem detalhes que o individualizem?

– Por quê?
– Onde?
– Quando?
– Quem?
– O quê?

---

[5] Alguns autores utilizam a expressão *argumento de venda* (ou *unique selling proposition* – USP) também como *tema*, como acontece aqui. Contemporaneamente, a maioria separa os conceitos.

– Como?

1. Como usar de maneira nova este apelo ou esta ilustração? Por que usar de maneira nova? Quem pode usá-lo? Quem deve? Quando usá-lo? Onde? O que pode ser usado?
2. O que aconteceria se o anúncio fosse reduzido? Como reduzi-lo? Por que reduzi-lo? Quem deve fazê-lo e quando? Onde reduzi-lo? Fazê--lo em miniatura? Diminuir seu comprimento? A altura? O que se pode tirar dele? Pode-se dividi-lo?
3. Por que outro anúncio deve substituir o atual? Outra ilustração? Outro título? Que parte deve substituir? Como isso será feito e por quem? Onde deverá ocorrer a substituição? Onde a substituição pode melhorá-lo?
4. E se o anúncio for dobrado em tamanho? Ou triplicado? Aumentar seu comprimento? Largura? O que se pode juntar a ele? Deve ser mais forte? Que valor extra se pode acrescentar? Que outro ingrediente? Aumentar seu texto? E se ele for mais alto? Mais largo? Como se pode levá-lo a um extremo dramático? Qual é o melhor local para fazer isso? Há alguém que possa aumentá-lo bem? E quem deverá fazê-lo? E, afinal de contas, por quê?
5. O que se pode modificar nesse anúncio? O que aconteceria se fosse modificado? Como se pode alterá-lo para melhor? Dar-lhe novo aspecto? Que mudanças introduzir no processo? De que outras formas poderia ser feito? Será bom mudar o seu significado? A sua cor? O seu material? Como isso poderia ser feito para maior economia? Há alguém que saiba fazer essa modificação melhor do que ninguém?
6. É preciso adaptar esse anúncio a alguma coisa? O que se parece com ele? Que ideia ele sugere? Há alguma ideia no passado que seja igual e que se possa aproveitar? Como fazer esse anúncio aparecer? Qual ideia se poderia incorporar a ele? Que outros processos adaptar? Como torná-lo melhor e mais econômico? Adaptando-o? E por que adaptar? Maior economia? Maior capacidade de venda? Há alguém que poderia fazer essa adaptação?
7. O que poderá combinar com esse anúncio? Mas por que combinar? Para torná-lo mais atraente? Para torná-lo diferente? Para deixá-lo mais forte? E como essa combinação seria feita? Com a inclusão de algum material diferente? Quem poderá aconselhar a esse respeito? Uma vez encontrada a solução, quando deverá ser feita a inovação? Deve-se fazer algum teste antes de publicá-lo?

8. Como se podem arranjar os diversos elementos desse anúncio? Quem poderia fazer isso? O que poderia ser trocado pelo quê? Ou posto no lugar de quê? Mas por que fazê-lo? É conveniente? Barateia o custo? Reforça o produto? Onde esse arranjo deve ser feito? Na parte de cima? Na parte de baixo? Dentro? De lado? Totalmente? Como isso será feito? Quem o fará?
9. Por que deixar esse anúncio como está? Por que não convém investir? Pode ficar mais caro? O consumidor reagirá negativamente? Quem deseja que ele fique como está? Essa é a parcela que interessa realmente? A partir de que momento ficará obsoleto? Perderá as condições de competição? O que fazer para deixá-lo como está? Que argumentos usar? Em que áreas convém deixar como está? A quem recorrer para evitar que ele mude?

Como fazer grandes anúncios?

Na propaganda, quando o pessoal de criação inicia suas atividades, seus membros tomam conhecimento da filosofia de trabalho na agência. Como criar títulos e textos, como ilustrar anúncios e como selecionar a promessa básica para as suas campanhas. São as regras ditadas pela experiência e pela pesquisa. O objetivo é produzir bons anúncios.

O que é um bom anúncio?

Os cínicos sustentam que um bom anúncio é aquele que o cliente aprovou: "a melhor campanha é a campanha aprovada"! Na prática, esse é sempre o primeiro passo, mas não deve nunca ser o único motivo. Outros dizem que o bom anúncio é aquele que tem força de persuasão e é lembrado, tanto pelo público como pelo mundo publicitário, como um trabalho admirável.

Há aqueles que consideram um bom anúncio o que vende o produto sem chamar a atenção para si mesmo. Deve grudar a atenção do leitor ao produto. Em vez de dizer "Que anúncio bem feito", o leitor deve dizer "Eu não sabia disso...". Os profissionais de criação devem conhecer a experiência dos anunciantes de marketing direto. Eles sabem muito a respeito da efetividade da propaganda. Devem também conhecer a experiência das lojas. Em alguns casos, o volume de vendas é bastante correlacionado com a veiculação dos anúncios.

Também devem conhecer as experiências das campanhas de sucesso. Aprende-se muito estudando as campanhas vitoriosas, inclusive para entender o que a propaganda pode e não pode fazer.

Eficiência do anúncio

Para ser eficiente, o anúncio precisa preencher os seguintes requisitos:

- Ser original – destacar-se no apelo, na forma, na ilustração, no layout, na apresentação etc.
- Ser oportuno – deve ser atual, atingir o leitor no momento mais adequado, da forma mais conveniente.
- Ser persuasivo – precisa ter credibilidade. O leitor tem de acreditar na mensagem.
- Ser persistente – em publicidade, não adiantam esforços isolados. Ele deve ir sedimentando-se na mente do público, ir incutindo o hábito.
- Ter motivação – os seus apelos devem atender a necessidades e desejos, responder aos anseios, mostrar que o sonho pode se transformar em realidade.

Conceitos de William Bernbach

Um dos mestres da propaganda foi William (Bill) Bernbach (1911-1982), cujos conceitos devem ser conhecidos, pois sempre se manterão atualizados. "Tornou-se evidente, no campo das comunicações, que quanto mais preciso, quanto mais intelectual se torna, mais se perde em habilidade intuitiva, em poder de persuasão... no que realmente toca e comove as pessoas".

Em primeiro lugar está o produto, e não a propaganda, que não é nenhum tipo de mágica. Em segundo, a administração, com um nome certo, uma embalagem certa, um preço correto, uma boa distribuição. Aí, finalmente, vem a propaganda. Dizer as coisas certas não basta. É preciso dizê-las de forma que possam ser sentidas como respostas.

É preciso comunicar que se dispõe de um produto melhor, e, nesse caminho, muitos apoiaram a teoria de que um anúncio tem de escolher entre ser sério e chato ou bonito e burro. Um anunciante que, hoje em dia, não disponha de propaganda que consiga ser séria e brilhante ao mesmo tempo está sendo tapeado. É preciso ser sério, mas criativo, e para isso você deve se cristalizar em um único propósito, um único tema, porque acrobacias gráficas e ginástica verbal não querem dizer criatividade. Pessoa criativa é aquela que foi capaz de dominar a sua imaginação. Ela foi capaz de educá-la de tal forma que todo pensamento, toda ideia, toda palestra que escreve, toda linha que desenha, toda luz e sombra em cada fotografia que faz tornam mais vivo, mais crível, mais persuasivo o tema principal ou a vantagem do produto que tenha decidido adotar.

É necessário algo mais que um bom plano ou um anúncio sério para atingir e convencer o consumidor. Na propaganda, o grande problema em relação ao cliente é que ele quer a certeza, quer estar seguro de que sua nova campanha é à prova de furos. Ele é um homem de negócios, sabe que um mais um é igual a dois. Ele quer que seus anúncios contenham tudo o que for possível acumular para chegarem ao sucesso. O nosso problema é como lhe dizer, nos termos mais diretos e firmes possíveis, que ele não pode ter a certeza; que até mesmo nós não podemos ter a certeza de que certas coisas de que um anúncio necessita não virão de uma ciência, mas de uma arte; que prever os resultados de um anúncio é o mesmo que prever se uma peça vai ser um sucesso ou se um livro vai virar *best-seller*.

Só depois de dizermos ao cliente que existem coisas inacessíveis em nossa atividade, só depois de lhe dizermos que atingir e convencer o consumidor é uma atividade inteiramente à parte, totalmente diferente do negócio dele, só então ele começará a ver que conhecer seus próprios problemas não significa, necessariamente, saber fazer um grande anúncio. É necessária a sensibilidade de uma pessoa criativa que, embora não tenha certeza do sucesso de seus esforços, tem mais possibilidades de atingi-lo, já que passa quase todas as horas do dia exercitando e afiando seu talento.

Nunca se conseguirá avaliar previamente a eficiência de um trabalho. Nunca se conseguirá formular a equação para uma grande ideia e uma grande execução.

Teremos, sempre, de nos apoiar no talento artístico, na intuição sensível, arguta e disciplinada do pessoal de criação, sob pena de não haver nenhuma diferença marcante chamando a atenção para o produto, exatamente o que o público considera o maior obstáculo para notar nos anúncios e acreditar neles.

É preciso não esquecer nunca que o primeiro objetivo da propaganda é ser notada. Nada custa tão caro quanto o brilho irrelevante, exceto a chatice. Cada anúncio deve prestar um serviço ao consumidor, e a mera catalogação ou gritaria histérica sobre as vantagens de seu produto não é a resposta.

Na propaganda, a verdade é essencial; ninguém vai conseguir fazer sucesso sem ela. Mas é preciso considerar que ela não é um objetivo em si mesma. Para as pessoas acreditarem em você, é preciso que saibam o que você está dizendo, e não o ouvirão se você não conseguir ser interessante. E para isso, é preciso dizer de maneira nova, original e imaginativa.

É preciso entender que a única coisa que ninguém pode roubar de você é uma grande ideia, expressa de maneira inesquecível.

A informação não é o fim, é apenas o começo. Mas é preciso manter-se à frente dos concorrentes, saltar. Saltar na concepção de novos produtos.

Saltar para novas ideias mercadológicas, para agarrar novas ideias em propaganda. Agir com demasiada segurança pode ser o que de mais perigoso se pode fazer.

Temos de colocar em frente ao rei consumidor não apenas um prato nutritivo, mas também saboroso. Vamos pensar que ele percorreu um longo caminho em educação e sofisticação.

É preciso trabalhar arduamente para apresentar sua história de maneira memorável, mas vale a pena. Atenha-se a que seu anúncio diga alguma coisa com substância, algo que irá informar e ser útil ao consumidor. E faça o possível para que isso seja dito de tal maneira como jamais foi dito anteriormente. O seu impacto estará na proporção direta da originalidade de sua apresentação.

A perda de dinheiro mais criminosa em propaganda, hoje em dia, é aquela em anúncios que não chamam a atenção. Quanto mais duros os tempos, mais importante se torna a criatividade na propaganda, porque ela é a mais rápida e a mais econômica maneira de chegar aos corações e às cabeças dos consumidores. Já que, hoje, você deve dizer menos coisas, então cuide para que elas sejam memoráveis. Se aquilo que você tem a dizer não é lá muito diferente, diga-o de uma maneira diferente. Já que o mundo não está à espera de sua mensagem, pelo menos faça-o crer que foi maravilhoso tê-la ouvido.

A criatividade não é, e nunca pretendeu ser, um substituto para qualquer outra parte do processo da propaganda. Não significa fazer rolos de fumaça ou curtir as boas vibrações. Não é o oposto da pesquisa, não é o oposto da estratégia, não é o oposto do posicionamento. A propaganda vem depois de todas essas coisas. E não é o oposto de nada, exceto da chatice, falta de personalidade e indiferença.

Conseguir chamar a atenção para o produto é trabalho de comunicação (e aqui se mergulha no misterioso mundo da criatividade, mais próximo da arte que da ciência, sutil e mutante). Não existe um método ou uma fórmula de eficiência permanente da criação de propaganda eficiente. Utilizar um método ou uma fórmula garante, à eficiência de uma ideia, o mesmo que o tempo pode garantir a um pedaço de pão. Só o que é novo, só o que é original tem capacidade para continuar a provocar interesse e excitação. E é por isso que ninguém realmente criativo jamais conseguiu prever o que a criatividade na propaganda irá trazer o ano que vem, ou daqui a dois anos.

O necessário, neste momento, é aquele tipo de criatividade que ainda é capaz de fazer as pessoas rirem, chorarem, acreditarem e comprarem.

Teorização de John Caples

Com mais de 50 anos de propaganda, sempre se superando, John Caples (1900-1990) criou teorias importantes sobre a criação publicitária. Segundo ele, o título é que faz um anúncio funcionar, e os melhores são aqueles que apelam para os interesses das próprias pessoas. Sua preferência é por títulos que dizem alguma coisa, que, logicamente, superam os títulos curtos, que não dizem coisa alguma.

É importante lembrar que cada título tem um papel a cumprir e deve alcançar seu objetivo com uma proposta aceitável. Além disso, todas as mensagens têm títulos. Na TV, é o começo do comercial; no rádio, as primeiras palavras; em uma carta, o primeiro parágrafo. Faça um título bom e é quase certo que você terá um bom anúncio. Mas nem o melhor escritor do mundo poderá salvar um anúncio que tem um título ruim.

As palavras mais poderosas são as mais simples, às quais ninguém consegue resistir. E, para muitas pessoas, as palavras mais simples são as únicas compreensíveis. Escreva seus títulos e seus textos como se estivesse falando com pessoas de nível cultural bastante simples. Lembre-se, também, de que todas as palavras são importantes. Às vezes, pode-se mudar uma só palavra e aumentar a força de um anúncio. O negócio é escrever mais do que o necessário. Se você precisa de mil palavras, escreva duas mil. Depois corte violentamente.

Mensagens apresentadas em embalagens malfeitas não funcionam. Não hesite em mexer no texto. Se o seu anúncio for interessante, as pessoas vão querer ler o texto; se ele for medíocre, nenhum texto do mundo vai salvá-lo. Editar um texto é simples. O simples é o genial. Vá direto ao ponto. Textos diretos estão anos à frente daqueles que ficam dando voltas. Não deixe o principal benefício do produto para o fim. Comece e continue com ele. Assim você tem grande chance de prender o leitor. Se você tem um aspecto muito importante para mostrar, mostre-o várias vezes, no começo, no meio e no fim. Se alguém ficou interessado a ponto de chegar até o fim do texto, é sinal de que quer saber como agir. Diga-lhe.

Os clientes cansam-se dos anúncios bem antes do público. Muitos anunciantes, sem recursos para medir o retorno dos anúncios, costumam tirar campanhas inteiras do ar antes da hora. O pessoal que trabalha com marketing direto não faz isso. Eles sabem se os anúncios estão funcionando ou não e continuam com eles geralmente por mais tempo que os outros anunciantes.

Caples não gosta muito de humor em propaganda. Evite isso. O que é engraçado para uma pessoa não é para milhões de outras. Um anúncio deve vender, não fazer rir. Lembre-se de que não existe uma só linha de humor nos dois livros mais persuasivos já escritos: a Bíblia e o catálogo da Sears.[6]

Com relação ao relacionamento com os clientes, Caples recomenda: seja honesto. Diga ao seu cliente o que funciona e o que não funciona. Não se preocupe em faturar. Se o seu anúncio funciona, o cliente fica do seu lado, e o faturamento vem naturalmente. Concorde quando o cliente estiver certo, e seja forte o suficiente para defender sua ideia quando ele estiver errado. Mas jamais vá muito longe na briga. Uma discussão mais áspera sobrevive muito mais que a força de seu argumento. Seja flexível o suficiente para trazer o cliente para o seu lado.

Segundo Caples, os tempos mudam. As pessoas, não. Palavras como *grátis* e *novo* continuam fortes como sempre. Anúncios que apelam para o interesse pessoal de cada consumidor continuam a funcionar. Anúncios que oferecem novidades, também. A sociedade mudou, mas a curiosidade das pessoas não mudou. Apelos dessa natureza funcionavam há 50 anos. E funcionam ainda hoje.

A ação psicológica dos componentes do anúncio

A ação psicológica dos componentes de um anúncio consiste em:

- atrair a atenção (o anúncio deve ser visto);
- despertar o interesse (o anúncio deve ser lido);
- criar a convicção (o anúncio deve ter credibilidade);
- provocar uma resposta (o anúncio deve levar à ação);
- fixar na memória (a coisa anunciada deve ser lembrada).

Ele deve, portanto, deter, informar, impressionar e impelir (à ação). O anúncio deve despertar o desejo pelo produto anunciado. Este é um esquema baseado no modelo AIDA (Atenção, Interesse, Desejo e Ação) de funcionamento da propaganda e ainda é bastante citado, pela simplicidade conceitual.

Tema (argumento principal)

A campanha deve obedecer a um tema (nesse caso, tema refere-se a argumento principal), porque assim a mensagem fica limitada, concentrada,

---

[6] Tradicional rede norte-americana de lojas de departamentos (magazine), que também vendia por catálogos, em operação de marketing direto. Manteve lojas no Brasil até meados dos anos 1990.

abreviada, com força de penetração na mente da massa. O tema é, pois, uma forma de concentrar os argumentos de venda do produto, selecionando o argumento que maior influência possa ter sobre o consumidor típico.

Para determinar o principal argumento, temos de estabelecer:

a) o que devemos dizer;
b) como devemos dizer.

No primeiro caso, devemos destacar o aspecto do produto ou serviço capaz de persuadir o grupo consumidor visado. No segundo, devemos apresentá-lo, desenvolvendo o tema, dito do ponto de vista do consumidor. Ao público não interessam as razões por que o anunciante deseja vender, mas as vantagens que terá em comprar a coisa anunciada. Ele quer saber qual será seu proveito em comprar e no que se beneficiará.

O argumento principal é criado com base nos seguintes fatores:

- objetivo da campanha;
- função principal da campanha;
- estímulo adequado à natureza do grupo consumidor;
- fundamento-base.

O estímulo é o apelo às necessidades básicas, ao interesse. O fundamento-base é o atributo, vantagem, aspecto ou benefício do produto que representa o melhor argumento de vendas:

- que proporcione maior satisfação ao consumidor;
- que os competidores não possuam, ou possuam em menor grau;
- que não tenha sido explorado em outros anúncios;
- que esteja ligado a uma necessidade ou um desejo do consumidor-alvo.

Formas de apresentar o tema

É preciso saber apresentar o tema, desenvolvê-lo, para tornar a mensagem mais atrativa, mais interessante. O tema pode ser apresentado de duas formas: direta ou indireta. Na forma **direta**, usamos o argumento-base. Decorre, pois, de um benefício, um estímulo capaz de induzir à compra. É um argumento claro, positivo, sem rodeios.

O tema **indireto** é todo recurso de que se possa lançar mão para interessar o consumidor no anúncio. É transmitir ao consumidor o que o fabricante quer lhe dizer, mas a partir de um ponto fora do produto ou da marca. É um estratagema para despertar a curiosidade do leitor a partir de um tópico de seu interesse, trazendo-o daí para a mensagem do produto ou serviço.

Pode ser ainda a forma testemunhal, ou uma história em quadrinhos, ou qualquer maneira mais alternativa de abordagem. Quando os argumentos de vendas são sempre os mesmos, uma solução é a forma indireta.

Redação

Antes de iniciar os tópicos desta seção, é importante destacar que este texto foi desenvolvido quando praticamente todos os anúncios contavam com um título + imagem (ilustração) + texto. Raros eram os anúncios *all type*, e quase todos contavam com texto. Contemporaneamente, é comum encontrarmos também formas em que só há imagem + assinatura ou título + imagem etc. Porém, as ênfases conceituais aqui colocadas podem ser todas muito úteis a qualquer pesquisador ou estudante.

O título

A função do título é fixar a atenção, despertar o interesse e conduzir à leitura do texto. Ele deve, portanto, selecionar o leitor, detê-lo e convencê-lo a ler o texto. Essa função deve ser desempenhada rapidamente e com o máximo de ímpeto.

O título pode ser direto – seleciona o leitor, informa sobre o produto, expõe uma vantagem, promete um benefício – ou indireto – provoca a curiosidade, promete a solução de uma dificuldade, desperta o interesse pela leitura do texto.

O uso de ambos os tipos de título é recomendável nos mesmos casos dos temas direto e indireto.

Diagrama (Figura 5.1)

TEMA — O melhor argumento de vendas

- **DIRETO** — Benefícios
- **INDIRETO** — Despertar curiosidade

TEXTO RACIONAL
Dirige-se à inteligência lógica dos fatos, informa, descreve o produto, dá razões, vantagens, tem fortes argumentos de vendas. Direto. Objetivo.

TEXTO EMOTIVO
- Dirige-se às emoções.
- Salienta os efeitos do produto e os efeitos dos efeitos.
- Qualidades extrínsecas e que influem.
- Cria o desejo pelo produto.

TÍTULO DIRETO
- Seleciona o leitor
- Informa sobre o produto
- Expõe uma vantagem
- Promete um benefício

TÍTULO INDIRETO
- Provoca a curiosidade
- Promete solução de dificuldade
- Desperta o interesse

O título deve conter
Uma "afirmação"
Ou/uma "promessa"
Ou/um "conselho"
Ou/ser "noticioso"
Ou/ser "dramatizado"
Ou/fazer "comparação"
Ou/criar "suspense"
Ou/dar "testemunho"
Ou/ser "interrogativo"
Ou/ser "negativo"

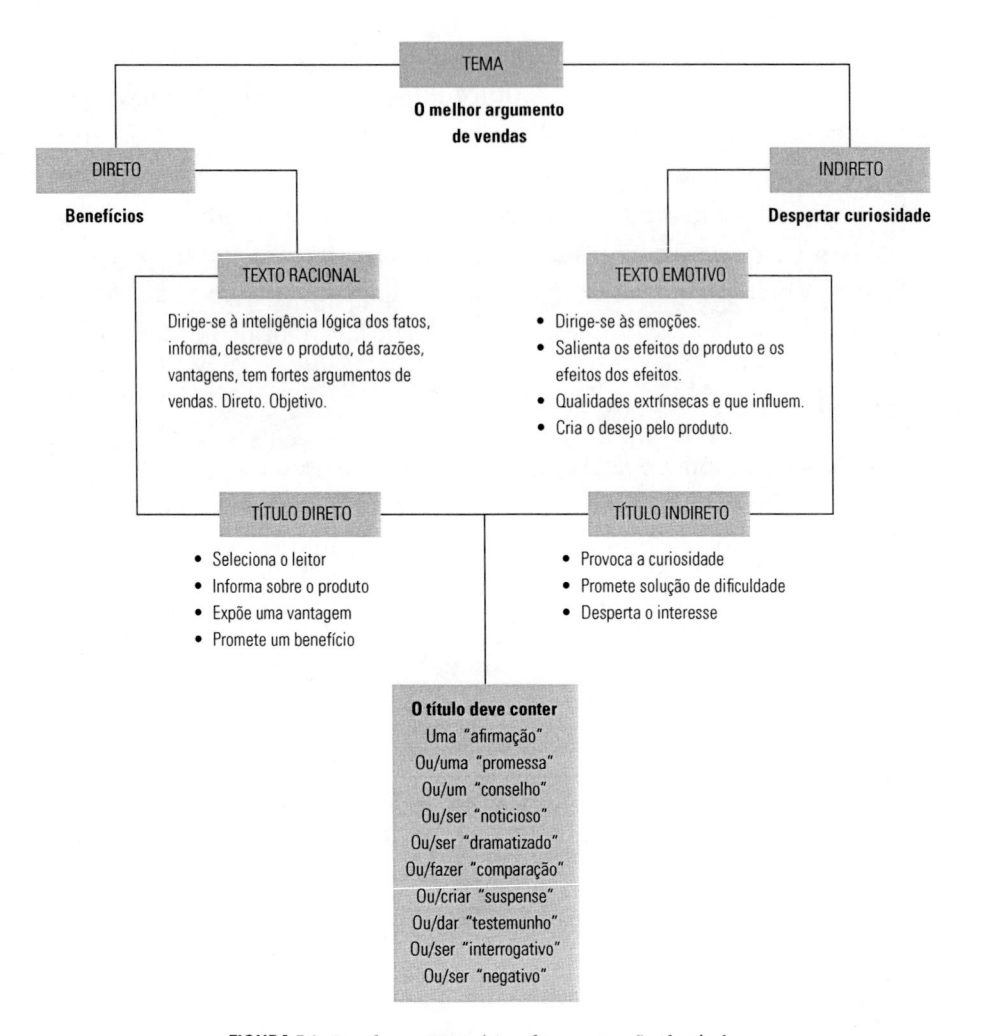

FIGURA 5.1 Quadro esquemático de construção de títulos.

Conteúdo do título[7]

O título deve se completar com a ilustração. O redator deve ficar na posição do leitor e responder: em que me pode interessar este título? O título é o elemento mais importante da maioria dos anúncios. É o telegrama (ou o campo Assunto, em seu e-mail) que leva o leitor a ler ou não o texto (segundo David Ogilvy, 1971). Em média, cinco vezes mais pessoas leem o título na comparação com as que leem o corpo do texto.

---

[7] Em sua maioria, estes conselhos foram extraídos das orientações de David Ogilvy (1971).

Quem não vendeu nada no título desperdiçou 80% do dinheiro de seu cliente. O pior de todos os pecados é inserir um anúncio sem título. Tais maravilhas acéfalas ainda são vistas. Uma mudança de título pode fazer uma diferença de 10 para 1 às vendas.[8]

Escreva sempre muitos títulos – 10, 15, 20 – para um único anúncio e observe certas diretrizes ao escrevê-los:

a) O título é o chamariz. Use-o para captar os leitores que são interessados potenciais no produto que está anunciando. Não diga nada no seu título que corra o risco de excluir quaisquer leitores que possam se interessar pelo seu produto. Assim, se estiver anunciando um produto que possa ser usado igualmente por homens e mulheres, não dirija o seu título só às mulheres: isso afastará os homens.

b) Todo título deve apelar para o interesse do leitor. Deve prometer-lhe um benefício.

c) Procure colocar um elemento de notícia em todos os seus títulos, porque o leitor está sempre à procura de novos produtos, de maneiras novas de usar um produto antigo ou de melhoramentos em um produto tradicional.

d) Cinco vezes mais pessoas leem o título do que o corpo do texto, de modo que é importante, para quem não lê o texto, ao menos ser informado da marca que está sendo anunciada.

e) Inclua sua promessa central no título. Isso exige títulos longos. Pesquisas concluíram que títulos de dez ou mais palavras, contendo dados noticiosos ou informativos, sistematicamente, vendem mais mercadorias que títulos curtos.

f) É mais provável que as pessoas leiam o texto se o título lhes despertar a curiosidade: encerre o título com um convite a continuar lendo.

g) Alguns redatores escrevem títulos com truques: trocadilhos, alusões literárias e outras obscuridades. Isso é errado. O título deve telegrafar o que se quer dizer, e telegrafar em linguagem simples. Não brinque com o leitor.

h) A pesquisa mostra que é perigoso usar palavras de significado negativo em títulos.[9]

i) Evite títulos cegos, títulos que não querem dizer nada a menos que se leia o texto que os segue; a maioria não lê.

---

[8] Vale ponderar se, hoje, isso ainda é válido para todas as categorias de produto.
[9] Aqui, cabem ressalvas, pois já foram criados títulos excelentes até mesmo com dupla negação: "Não dá para não ler", do jornal *Folha de S.Paulo* (agência W/Brasil).

O texto

Na determinação do tema e na maneira de apresentá-lo e desenvolvê-lo, está o ponto de partida para a redação do texto. O tema indica o que devemos dizer. A maneira de apresentar o tema estabelece o como devemos dizer, isto é, se de forma direta ou indireta e se em linguagem racional ou emotiva.

O texto é, pois, a expressão do tema; é o desenvolvimento da ideia contida nele, cristalizada, geralmente, no título.

É difícil estabelecer regras sobre a maneira de redigir textos publicitários. Além da facilidade de escrever, do conhecimento dos fatos pertinentes ao produto, à campanha, à natureza do consumidor etc., o redator precisa ter bom senso, um pouco de intuição de vendedor e uma imaginação que não o leve demasiadamente alto.

O anúncio não é uma peça literária que tem por fim deleitar, distrair ou dar uma sensação de beleza. Visa a um fim prático: implantar uma ideia ou vender um produto. Anunciar consiste em tornar interessante, apetecível, um produto; criar, na maioria dos casos, um valor subjetivo, um valor psicológico que lhe exceda o valor intrínseco ou real.

Em linhas gerais, o processo usual para se fazer um texto é o seguinte:

a) **Roteiro** – determinado o tema, estabelecidos a forma de apresentá-lo (direta ou indireta) e o seu desenvolvimento (racional ou emotivo), faça um roteiro do que pretende dizer, isto é, dos argumentos, dos fatos que devem figurar no texto ou da sequência da "história" que vai contar. Escreva rapidamente para não perder o fio, deixando para o fim as emendas e correções. Procure dizer tudo em poucas palavras, mas sem sacrificar a clareza. Depois, leia em voz alta e faça as correções necessárias. Fortifique os pontos fracos, torne claros os duvidosos, risque as repetições ou o que estiver a mais. Torne a ler e veja então o efeito.

b) **Unidade** – procure dar ao texto unidade, isto é, mantê-lo dentro da ideia ou do tema que o inspira. Para isso, evite digressões e não tente encaixar muitas ideias, a não ser que as subordine à principal, a que constitui o tema. Se o produto tem aspectos que vale a pena mencionar, ponha em relevo o principal, o que constitui o tema, e deixe os demais em segundo plano, mencionando-os no final ou fazendo uma lista deles, colocando-os ao lado do texto principal.

Formas de texto

Também aqui temos duas formas básicas:

a) o texto racional;

b) o texto emotivo.

O texto racional

O racional (*reason-why*) é o que se dirige à inteligência, isto é, ao conteúdo racional da mente. Age pela persuasão, pela lógica dos fatos. Informa, descreve o produto, enumera as vantagens, justifica as razões por que deve ser comprado.

O texto emotivo

O emotivo (*human interest*) dirige-se ao conteúdo afetivo, emocional. Atua principalmente por sugestão. Fala a linguagem dos sentimentos, das emoções. Em vez de falar objetivamente da mercadoria, salienta seus efeitos.

Enquanto o texto racional vende uma loção, o texto emotivo vende a beleza dos cabelos (efeito) e o maior atrativo que dão ao indivíduo (efeito de efeito). Pelo primeiro, vendemos um livro; pelo segundo, cultura ou diversão.

A forma racional adapta-se melhor ao tema direto; a emotiva, ao indireto. Em geral, as duas são usadas em conjunto, só se distinguindo pela predominância de uma das formas.

O tema direto e a forma racional são mais aconselhados se o produto é de uso corrente e é uma necessidade imprescindível ao consumidor, se tem em si mesmo fortes argumentos de venda, diretos e objetivos.

É preferível usar o tema indireto com o texto emotivo se é objeto ou serviço em que o estilo, a moda, o prestígio, isto é, suas qualidades extrínsecas, influem (perfumes, joias, moda, decoração) ou no caso em que é preciso criar o próprio desejo pelo produto.

Desenvolvimento do texto

O primeiro parágrafo é, geralmente, uma ampliação do título. Segue-se o esclarecimento das afirmativas ou promessas feitas no título ou no primeiro parágrafo. Vem, depois, a justificação ou as provas do que se disse, seguindo-se, então, se necessário, a enumeração de argumentos ou vantagens adicionais. Finalmente, o fecho ou convite à ação: "Experimente hoje mesmo".

A história pode ser muito interessante, mas se é difusa e o desfecho é demorado, o leitor desiste de chegar ao fim – ou salta logo para o fim.

Os anúncios de varejo são mais objetivos e diretos. Seu principal escopo é informar. Na maioria dos casos, têm o caráter de um catálogo: apresentam um, dois ou mais produtos por meio de ilustrações e textos breves, que os descrevem e salientam suas vantagens, e destacam seu preço. Mas varejo também deve ter beleza e não somente gritar.

O corpo do texto

Quando se sentar para escrever o corpo do texto de um anúncio, faça de conta que está conversando com um amigo, em um bar. Ele lhe pergunta: "Estou pensando em comprar um carro novo. Qual você recomendaria?" Escreva o texto como se estivesse respondendo.

1. **Não se perca em preâmbulos – vá direto ao ponto.** Evite analogias do tipo "da mesma forma", "como", "assim", "também".
2. **Evite superlativos, generalizações e lugares-comuns.** Seja específico e conciso. Seja entusiástico, amigo e memorável. Não seja um chato. Diga a verdade, mas torne-a fascinante. O tamanho do texto depende do produto. Se estiver anunciando goma de mascar, não há muito a dizer, de modo que o texto deve ser curto. Se, por outro lado, estiver anunciando um produto que tem muitas qualidades diferentes a recomendá-lo, escreva um texto longo: quanto mais tiver a dizer, mais venderá.

   Há uma crença universal nos círculos leigos de que as pessoas não leem textos longos. Nada mais falso. Cada anúncio deve ser uma conversa de venda completa do produto. Não é realístico presumir que o consumidor vai ler uma série de anúncios do mesmo produto. Deve-se dar tudo em cada anúncio, na presunção de que ele é a única oportunidade de vender o produto ao leitor – agora ou nunca.

   Quanto mais fatos forem comunicados, mais se venderá. A chave do sucesso de um anúncio invariavelmente cresce com o número de fatos importantes sobre o produto nele incluídos.
3. **O estilo literário desvia a atenção do assunto.** Não o empregue. Use uma linguagem simples. Escreva o seu texto na língua que o seu público usa na conversa de todos os dias, mas não subestime o nível de cultura da população. Use palavras curtas, parágrafos curtos e textos altamente pessoais. O redator de anúncio não pode ser lírico, obscuro ou esotérico. Um bom anúncio tem em comum com o teatro e a oratória a necessidade de ser imediatamente compreensível e diretamente comovente.
4. **O bom redator sempre resiste à tentação de divertir.** O seu triunfo é medido pelo número de produtos novos que lança para um rápido sucesso.

5. **O redator deve ter em mente que propaganda não é arte** – é uma técnica comercial. Não é feita para ganhar elogios; é feita para ganhar dinheiro para o cliente.

O anúncio para a televisão

Na televisão, os anúncios podem ser classificados como atrevidos, insinuantes e provocantes. Porque, se assim não forem, eles não prenderão a atenção do telespectador e não cumprirão o seu papel. Serão anúncios inúteis, e essa é a última coisa que um anúncio pode ser. É preciso "prender" o telespectador no seu comercial, pois você tem, em média, apenas 30 segundos para contar toda a história. É preciso vender um produto em 30 segundos, entre dezenas de anúncios, entre uma novela e outra, centenas de anúncios, quem sabe, no final da noite.

Então, para ser lembrado – e para ser lembrado em meio às emoções que as programações das emissoras oferecem –, um anúncio tem de ser agressivo, rápido, persuasivo e objetivo. Tem de prender as pessoas pela emoção, único jeito de conseguir tudo isso em tão pouco tempo. Sabemos há anos que todos nós temos tendência a gravar, a lembrar sempre as nossas experiências agradáveis e a esquecer as más recordações. É uma defesa natural, que nenhum publicitário, ao sentar à sua mesa de trabalho, esquece. Para ser lembrado, um anúncio deve mexer com os nossos sonhos bons e com a nossa fantasia.

Pesquisas realizadas constataram que os anúncios com apelos emocionais são mais lembrados, porque, além de mexer com nossos sonhos e fantasias, é como se nos colocassem dentro deles. Os personagens se parecem conosco, com nossa turma, sentem-se como nós, são, enfim, reais.

Os anúncios que realizam essa proeza tornam-se marcantes. E como é que uma mensagem de apenas 30 segundos consegue ser lembrada por muito e muito tempo? Não é uma tarefa simples. Para sentir isso, olhe para seu relógio, acompanhe o ponteiro dos segundos. Sinta como ele faz isso tão rápido. Você nem pode imaginar quanto tempo e quanto trabalho foram necessários para que o telespectador se comovesse diante da TV nesse tempo tão curto. Mas não pense que, quando o telespectador se comove na sua poltrona diante da TV, ele está sendo o primeiro a ter sua emoção sacudida. Antes de o comercial ir ao ar, ele foi testado muitas vezes. Primeiro, pelo dono do produto anunciado. O próprio pessoal da agência fez outros testes, porque um anúncio de TV não pode brincar em serviço, em virtude dos seus altos custos, seja de produção, seja de veiculação.

Criação para televisão

Na televisão, a imagem é que deve contar a história. O que se mostra é mais importante do que o que se diz. Palavras e imagens devem caminhar juntas, reforçando-se mutuamente. A única função da palavra é explicar o que a imagem está mostrando, se necessário.

Pesquisas comprovam que, se alguma coisa for dita e não for também ilustrada, o espectador imediatamente a esquece. Portanto, não vale a pena dizer algo que não vá também mostrar. Passe o comercial com o som desligado: se não vende sem o som, é ineficaz.

Muitos comerciais confundem o espectador com uma torrente de palavras. É verdade que um comercial pode passar mais pontos de venda do que um anúncio impresso, mas os comerciais mais eficazes são construídos em torno de apenas um ou dois pontos apresentados com simplicidade.

Não há lugar para meio-termo em propaganda. Tudo que se faz deve ser feito de forma absoluta.

Ao se anunciar em jornais e revistas, é preciso começar por atrair a atenção do leitor. Mas, na televisão, o espectador já está prestando atenção: o problema é não o afugentar.

Comece a vender no primeiro quadro e só pare de vender no último. Pesquisas mostram que os comerciais que começam por colocar um problema, depois apresentam o produto para resolver o problema e, então, provam a solução por demonstração convencem quatro vezes mais pessoas do que comerciais que se limitam a apregoar o produto. Também indicam que o comercial que contém um forte elemento de notícias é particularmente eficaz.

Quando não há elementos para notícias ou o produto não pode ser apresentado como solução do problema, o recurso capaz de remover montanhas é emoção e atmosfera.

O comercial deve ter um toque de originalidade, um elemento singular que o faça permanecer na mente do espectador.

Em virtude de ser uma tela pequena,[10] a TV não é recomendável para cenas de multidão e grandes planos gerais. Use preferencialmente primeiros planos em comerciais de TV.

O objetivo da maioria dos comerciais é passar a mensagem de uma forma tal que o espectador se lembre dela na próxima vez que for fazer compras. Por isso, é recomendada a repetição da promessa, pelo menos, duas

---

[10] O conceito de tela pequena para a televisão já é bastante discutível, depois do advento das chamadas TVs de tela plana (plasma, LCD, LED…), bem maiores do que os antigos aparelhos. De todo modo, o autor também faz comparação com a tela do cinema, e aí faz todo sentido essa comparação.

vezes em cada comercial, sua ilustração visual e sua apresentação em forma de letreiros.

O consumidor médio é sujeito a milhares de comerciais por ano. Assegure-se de que ele saiba o nome do produto que o comercial está anunciando. Repita-o de ponta a ponta. Mostre-o em letreiros pelo menos uma vez. E mostre-lhe a embalagem que quer que ele reconheça na loja.

Faça do produto a vedete do comercial.

Na TV têm-se, exatamente, 30 ou 60 segundos para realizar a venda, e o seu cliente está pagando muito dinheiro por segundo. Não perca tempo com introduções irrelevantes.[11]

A eficiência dos comerciais de televisão

Segundo Harry McMahan, os publicitários não estão no ramo de prêmios, estão no de resultados, que são os resultados de vendas, de transmissão efetiva de mensagens, os objetivos maiores que devem ser perseguidos por qualquer esforço publicitário. O mais importante festival é o das caixas registradoras.

Aqui está a essência de suas ideias, fruto de muitos estudos que iniciou nos Estados Unidos dos anos 1950 em diante. Não são receitas para fazer comerciais, mas "rotas para o sucesso", caminhos que podem ser usados pelo pessoal de planejamento, de criação e de produção para criar e desenvolver comerciais que efetivamente tenham chance de fazer sucesso quanto aos resultados.

Fatores de sucesso de um comercial de TV

1. Presença de *stars*: utilização de personalidades como apresentadores, atores ou testemunhos nos comerciais. Presente em 21% dos filmes analisados.
2. CCC – *Continuous Central Caracter*: fundamentalmente, é a utilização de um personagem, um tema, um motivo ou uma ideia central durante longos períodos, modificando-se a apresentação e a periferia do comercial, mas mantendo-se seu núcleo central (por exemplo, apresentador da Bombril, tigre da Esso). Responsável pelo sucesso de 43% dos comerciais.
3. *Demonstration*, ou seja, a demonstração do produto ou serviço que esteja sendo vendido durante o comercial. Responsável por 29% dos sucessos.

---

[11] Desde a popularização do controle remoto e, principalmente, com o advento da internet e do uso de filmes comerciais também via sites, redes sociais ou canais de vídeo, há uma tendência atual em desenvolver vídeos que efetivamente atraiam o espectador nos primeiros segundos, dada a possibilidade de trocar de canal ou pular a mensagem.

4. Uso do *jingle*, da música, da trilha sonora. Quando você não tem nada a dizer sobre um produto, cante. Cantando, você diz muito melhor. Responsável por 41% do sucesso dos comerciais.
5. *Story*. Conte uma história e passe sua mensagem com ela. Existem histórias excelentes com apenas 15 segundos, ou usando uma foto, ou mesmo uma simples frase. Contar histórias é a mais antiga maneira de transmitir uma mensagem. É a razão do sucesso de 23% dos comerciais analisados.
6. *Look* é o elemento visual do comercial o qual fica forte na memória de quem a ele foi exposto e acaba sendo a primeira impressão que sobra na mente das pessoas depois de algum tempo, funcionando como um lembrete mnemônico.
7. Esse elemento pode ser um desenho, um ângulo de apresentação de um produto, uma expressão dos atores ou apresentadores, uma sequência visual e até mesmo um breve momento do comercial.
8. *Word* é o termo, a palavra, a frase ou a expressão que representa, quanto à memorabilidade, a mesma coisa que o *look*.

Seis regras para fazer comerciais de TV engraçados

A propaganda mundial tem utilizado o humor, particularmente em comerciais de TV, de forma cada vez mais generalizada, obtendo resultados expressivos de *recall* e de *awareness* para as marcas. Uma de suas características é oferecer um momento de equilíbrio, de leveza, diante de uma realidade, muitas vezes, tão dura. Também tem sido apontado como instrumento eficaz para evitar (ou diminuir) o efeito *zapping* (causado pela posse do controle remoto, que permite o zapear, que é a mudança acelerada de canais, principalmente nos intervalos comerciais). As regras apresentadas a seguir foram desenvolvidas antes desse apogeu do uso do humor, mas preservam em si conceitos que valem a pena ser ponderados.

É muito difícil ser engraçado, principalmente ao se fazer um comercial para a TV. Em primeiro lugar, porque um comercial engraçado tem uma audiência fria. Não é como uma festa à qual as pessoas chegam se sentindo bem, bebem alguns aperitivos, querem relaxar e, sendo educadas e simpáticas, na hora de rir, riem. Você já tentou explicar no dia seguinte, a alguém que não foi à festa, o que fez você rir tanto na noite anterior? Então, sabe como é transitória essa espécie de humor.

As pessoas podem estar vendo o comercial com um sentimento básico de chateação, de interrupção e desprazer. Podem não estar lhe dando atenção ou o benefício de uma dúvida. Isso faz a produção de um comercial realmente engraçado valer a pena.

Mas nunca se esqueça de que o propósito de um comercial não é o de fazer o telespectador rir – ele tem que vender. Assim, a primeira regra para fazer um bom comercial engraçado é: o humor tem que contribuir para as vendas. A marca vem em primeiro lugar, e a comédia, em segundo.

Agora que estabelecemos o que o humor deve fazer com um comercial, vamos tentar definir o humor, ou o que é que faz algo engraçado. Como a definição não é fácil, é melhor explicar criando uma relação. Lembre-se: quando um comercial toca você, realmente o atinge, com situações familiares e coisas pelas quais você já passou e reconhece, você pode ser movido a comprar o produto ou serviço anunciado. É o que acontece também com o humor. Quando a situação toca você e realmente o atinge, porque você já passou por algo igual, provavelmente será levado a rir. A piada mais sutil, adaptada em uma situação que todos conhecem, atingirá quase todos.

Já que a TV é um veículo de comunicação de massa, e o responsável por segurar a maioria das pessoas com mensagens, em sua maior parte, faladas, obviamente seu humor não pode ser muito especial, muito individual ou muito sutil. Trata-se do humor universal, que ultrapassa linguagem, tempo e lugar. É inesperado, nasce de pequenas coisas e vive por muito tempo porque é baseado na condição humana, tão sujeita a forças além de nosso domínio. Obviamente, isso dependerá do tipo de veiculação proposto: se em canais e programas mais massivos, essa é uma afirmação muito verdadeira. Caso a veiculação seja bastante restrita a um só perfil de público, em canal e/ou programa bastante específico, a linguagem deverá obedecer ao código desse meio.

A segunda regra recomenda que você procure a espécie de humor que a maioria das pessoas vá entender e ao qual vá responder. Uma regra simples, mas que normalmente não é obedecida em comerciais que tentam ser engraçados, porém não vendem.

Um comercial fantasticamente engraçado sobre um aliviador de dores pode perder sua graça porque a audiência para tais produtos está muito além de piadas. As dores machucam, e as pessoas querem ajuda – então, você pode levar suas piadas para outro lugar.

Um comercial realmente engraçado que faz rir todo o grupo de criação, o escritório de sua agência e o pessoal da produtora pode ser tão sofisticado que passa exatamente sobre as cabeças de sua audiência-alvo. É o pecado original do comercial que é engraçado, mas que não funciona. Você não está nesse negócio para alegrar seus amigos, seu cônjuge ou sua mãe. Você está nesse negócio para vender alguma coisa a alguém, com humor, graça e um pouco de charme.

A terceira regra também é fácil: você simplesmente tem de ver o que acontece pelo mundo e obedecer a isso. Você tem de ser cuidadoso com as tendências grandes e pequenas, com nomes, lugares, pessoas, situações, coisas que elas imprimem no jornal, coisas que elas falam, veem e fazem. A regra é: você precisa conhecer a época em que vive, e a época em que vive sua audiência – lembra quando falamos em repertório?

A quarta regra é a mais complexa: os melhores comerciais cômicos nunca fazem pouco caso das pessoas que compram o produto; eles fazem pouco caso dos produtos.

Se você pode se lembrar do melhor comercial que já viu, verificará que esse anúncio brincou com o produto, mas não com o consumidor. Se você pode se lembrar do pior comercial que já viu, foi um daqueles que brincavam com o consumidor, mas não com o produto: aquele do velho amigo, ou da senhora mais obesa, ou do homem com sotaque estranho, ou uma dona de casa atrapalhada, ou qualquer um caindo na sua frente. É extremamente comum a lembrança de toda a cena, e nenhuma associação com a marca ou o produto: "aquele comercial que tem aquela cena engraçada... não lembro do que é" – pronto, essa é a frase que prova a perda de todo o esforço.

A regra cinco é um dos principais tópicos de discussão em todo o negócio de publicidade: o consumerismo. De repente, é como se estivéssemos em uma guerra com a pessoa que mais queremos agradar, e ela é justamente o consumidor.

Por causa de uma série de circunstâncias, o consumidor de hoje está pedindo mais verdade da propaganda que ele vê. E, de qualquer maneira, não liga muito para os anúncios e os comerciais.

Seja o que for que você pense dessa ingrata situação, e seja como for que você queira lutar e lembrar o consumidor que, entre outras coisas, ele não veria nenhum programa de TV se não fosse por seus comerciais e que seus comerciais são provavelmente mais cuidadosamente preparados do que os programas, de qualquer maneira, lembre-se: o consumidor tem sempre razão.

Se o espírito do consumidor de hoje é que a propaganda não está muito boa, entre nessa. Crie um comercial que caçoe da atividade de fazer comerciais – muitas pessoas estão fazendo isso.

Dê a entender que o seu produto não é o melhor do mundo. Não seja pomposo e antiquado. Comece fazendo alguma coisa com a qual o consumidor tenha de concordar. Quando as pessoas estão sendo obstinadas, cheias de ressentimento e realmente estão resistindo a você, qual a melhor maneira de tratá-las, senão com humor?

A sexta regra é sobre execução. Não é suficiente ter o melhor assunto cômico, o mais superior *script* cômico, planos e esboços se o que termina em um filme não é engraçado. Por que não seria engraçado com todos esses bons comerciais? Porque sua direção, seu tempo e sua execução talvez não sejam os certos.

Humor é uma das facetas da emoção. Ante possíveis barreiras racionais e até mesmo emocionais em relação a marcas e suas comunicações, o humor é uma das mais poderosas ferramentas para atravessar as barreiras e fixar-se na mente e no coração. Desde que seja pertinente e inovador, que seja relevante para o consumidor.

As abordagens mais importantes, além do humor

1. **Humor** – o humor vende. As pessoas gostam de comerciais em que o humor é a tônica. O *entertainment*, que é uma das principais forças do cinema, está aqui totalmente presente. O humor suaviza a venda do produto, a passagem de seu diferencial, a falta que ele faz, a solução que ele traz. Perigo 1: é difícil criar comerciais engraçados. Facilmente, o grotesco pode substituir o original. Perigo 2: a piada (ou *gag*), quando muito marcante, pode deixar a mensagem publicitária em segundo plano.
2. **Cenas da vida real (*slice of life*)** – a vida real guarda situações que podem ser exploradas com grande resultado: namorados brigando, marido chegando com amigos para jantar sem avisar, fila de supermercado, café da manhã no campo e muitas outras. É importante, portanto, estar atento para captar situações que serão utilizadas em futuros comerciais. O produto, é claro, fará parte da trama.

    Perigo 1: deve-se buscar o máximo de realidade possível, evitando que a situação em que o produto aparece soe forçada. Exija sempre naturalidade nos personagens.
3. **Testemunhal** – usuários do produto dão o testemunho de sua eficiência. A chave desse tipo de comercial é usar pessoas normais, que transmitem sinceridade ao falar do produto.

    Perigo 1: credibilidade sempre. Evite os fanáticos pelo produto, que podem soar falsos.
4. **Demonstração** – simples, direta e clara: como o produto funciona. O produto em ação. As demonstrações, que a princípio podem parecer uma forma chata de enfoque do comercial, graças à criatividade aplicada podem se transformar em filmes inesquecíveis.

Perigo 1: colocar no vídeo o briefing em 30 segundos – um mal dos clientes inseguros. Lute e tente colocar molho na demonstração. Afinal, se o produto tem um grande diferencial, explore-o de maneira impactante.

5. **Problema-solução** – mostre um problema que o público-alvo conheça bem. Depois venha com a solução: o produto salvando a situação.
6. **Cabeças falantes (*hard-sell* ou apresentador)** – o nome diz tudo: um apresentador discorrendo sobre o produto. Nesse caso, devemos explorar a figura do apresentador. Ele pode ser um artista ou um apresentador com características que criem empatia no público-alvo. Evite as apresentações histéricas ou que beirem o ridículo.
7. **Personagem** – criar um personagem que acompanhe o produto. Muito parecido com o tema contínuo, o personagem torna-se um símbolo vivo do produto. O garoto da Bombril é um exemplo que está há muito tempo no ar.[12]

    Perigo 1: o símbolo do produto (personagem) deixar de condizer com a imagem exigida.

    Perigo 2: esgotamento do público, da criação etc.
8. **Líder de opinião ou celebridades** – quase igual ao tipo personagem, só que você escolhe uma pessoa identificada com o uso do produto ou especializada no setor. A escolha criativa pode ser a chave de um grande comercial. Você também pode ter alguma celebridade que empreste sua imagem sem ter nada a ver com o produto.

    Perigo 1: são os comerciais que podem soar mais falsos para o consumidor. No entanto, celebridades auxiliam o target a aceitar a mensagem, principalmente quando têm identidade com o público com que está se relacionando.
9. **Videoclipe** – uma grande trilha. Uma sequência de imagens encadeadas no ritmo e pronto. Está feito um comercial como muitos que você vê por aí.

    Perigo 1: a vala comum que não identifica o produto, geralmente sem conceito criativo.

    Perigo 2: onde fica o seu papel de criador? Parece só uma colagem, mas é bastante complexo fazer um bom clipe que tenha um conceito sofisticado e transmita uma mensagem para quem assiste a ele.

---

[12] Em 1994, o ator Carlos Moreno foi incluído na publicação *Guinness Book*, pela extensa trajetória em comerciais da marca. E ele voltou a atuar nela muitas vezes depois, dada a extrema aceitação do personagem, o que ampliou ainda mais esse recorde.

10. **Emoção** – você se emociona facilmente? Sim. Não. Talvez. Todas essas alternativas validam a criação de um comercial que irá arrastar multidões para o produto. A emoção pode estar à flor da pele. Por que então não colocá-la no vídeo? E, por consequência, despertar no consumidor aquele nó na garganta, aqueles olhos marejados de lágrimas? Emoção positiva que se agrega à imagem do produto. Um verdadeiro *goodwill* mental.

Perigo 1: ser piegas demais. Evite-o buscando situações verdadeiras.

11. **Mix** – podem-se mesclar atributos de vários tipos de comerciais. Assim, é possível ter humor com demonstração; testemunhal com emoção, *slice of life* com personagem e tudo o que a imaginação criar.

A criação comercial

Têm-se o tema, o enfoque, todas as informações necessárias do produto e o público-alvo. Então, é só começar a criar uma sinopse, ou seja, um resumo claro e direto da ação do comercial, dos personagens, do local em que ocorre, dos diálogos, locuções, trilha e efeitos sonoros (sonoplastia).

O resultado desse texto inicial contará a "história do comercial" para a discussão com a sua dupla, com o diretor de criação e com o atendimento. Na maioria dos casos, o processo parte desse princípio para a discussão de pré-produção com a produtora e também para a apresentação direta ao cliente. Em algumas agências, esse trabalho evolui para a formatação de um roteiro decupado e para a confecção de um *storyboard*.

Alguns publicitários acham que esse processo pode se tornar uma camisa de força, pois é possível acontecerem muitas sacadas criativas no set das filmagens, até na edição. Por outro lado, o resultado das filmagens ficaria, então, diferente da sinopse aprovada pelo cliente, que teria todo o direito de rejeitar a peça por não estar em conformidade com o apresentado no *storyboard*, mesmo o trabalho final sendo melhor.

Seja qual for a maneira como o criador, a agência ou o cliente operam ao longo desse processo, deve-se começar a criação do comercial. Para isso, é importante criar uma situação que tenha começo, meio e fim, colocando-a no papel em forma de sinopse. O próximo passo é criar, talvez até simultaneamente, os diálogos e locuções em seus respectivos lugares de entrada. Colocado tudo no papel, é ler e fazer os acertos necessários.

O passo seguinte é pegar um cronômetro e, mentalmente, deixar as cenas acontecerem. Esse momento é importante para checar se o tempo de locução, somado ao tempo da ação imaginada, ocorre nos 30 segundos do comercial. É assim que o filme vai tomando forma. Ficou longa a locução? É só trabalhar mais a ideia; o principal atributo dessa profissão é a síntese.

Tudo pronto. O tempo está perfeito. Parte-se então para as outras ideias, outros caminhos, novos filmes, sempre tentando superar e inovar. O segredo da criatividade que qualquer criador faria: *standard*, correto, sem grandes arroubos criativos. Essa é a base para levantar voo e criar ideias inovadoras, porém adequadas aos pedidos do briefing.

Mais algumas dicas

Quando for criar comerciais para serem veiculados em cinema, leve em conta o seguinte:

- a tela é maior, portanto aproveite os planos mais abertos;
- o tempo pode ser maior, portanto aproveite para criar mais clima;
- no cinema, o público (conforme o tipo de filme em cartaz) pode ser exposto a situações impossíveis de serem utilizadas na TV.

Muitas vezes, o comercial de 30 segundos que você cria prevê uma redução para 15 segundos. Crie já pensando nos planos-chave para essa adaptação, de modo a manter a mensagem original.

Uma cena de impacto (forte e memorável pela beleza ou ação) e/ou uma frase de efeito ajudam a compor um comercial de alto *recall*.

Os apelos básicos dos anúncios e comerciais de TV estão mudando: estão evoluindo do campo racional para o emocional, do simplesmente lógico para o simpático e envolvente. Mas muitos anunciantes ainda estão olhando o consumidor através do produto, quando deveriam observar o produto pelos olhos do consumidor e pela sua mente complexa.

Fuja dos modismos. Quando uma empresa utilizou um cachorrinho, a maioria dos comerciais que surgiram depois tinha algum animal como estrela. Quando alguém começou a usar a "câmera nervosa", vários comerciais passaram a ter esse recurso. Ou seja, todo mundo copia todo mundo. E aí, cadê a criatividade e a inovação? Só se você for o primeiro. Tente ser o primeiro. Ou faça tão brilhantemente o uso que você será percebido como o primeiro.

Outdoor e mobiliário urbano[13]

Antes de entrarmos nas clássicas regras para elaboração de peças outdoor, vale aqui um destaque de atualização. Ao final de 2006, a Prefeitura do

---

[13] Todos esses conceitos estão baseados nas orientações da Central de Outdoor. Para mais informações, acesse o site: <http://www.outdoor.org.br>. Acesso em: dez. 2014.

munícipio de São Paulo implantou uma lei (conhecida como Lei da Cidade Limpa) que limitou de modo radical a utilização dos chamados meios outdoors de comunicação, impactando principalmente as placas publicitárias e também a dimensão dos letreiros das lojas e ainda a associação de marcas com mobiliário urbano. Essa iniciativa encontrou rápido acolhimento em outras cidades brasileiras e tornou-se até mesmo referência em eventos internacionais que discutem urbanismo. Em função disso, houve um recuo natural nesse tipo de investimento, mas criaram-se alternativas denominadas Out of Home (OOH), que envolvem tanto ações exteriores (principalmente mobiliário urbano) quanto ações em locais de grande afluência de público, permitidos pela legislação, como arenas de shows, esportes etc.

Porém, entendemos como fundamental manter as orientações clássicas do livro sobre outdoor, por compreender que ele ainda é mídia importante em muitas localidades e também porque os princípios que são preconizados podem valer para as iniciativas OOH.[14] Vamos a eles.

A criação para outdoor deve seguir algumas regras que envolvem, principalmente, respeito à forma de leitura dessa mídia. Deve-se levar em conta que, geralmente, as pessoas veem o outdoor quando estão em movimento, seja no carro, no ônibus, andando ou passeando. Por isso, as mensagens tendem a ser curtas, simples e diretas para chamar a atenção e comunicar muito rapidamente a essência da informação que se quer passar. Exageradamente, podemos afirmar que "o outdoor é um resumo da síntese". Uma frase, uma imagem: uma frase e uma imagem que se completam, um slogan, um tema de campanha. Coisas muito resumidas e muito significativas.

O criador precisa pensar também nos elementos que estão fora da mídia, mas influenciam a sua leitura e compreensão. E, no caso do outdoor, existem muitos elementos que podem ser mais atraentes à visão do que a publicidade. É preciso considerar que ele está no meio da rua, faz parte da paisagem urbana. E a paisagem urbana é muito rica em cores, formas, movimentos, sons, cheiros e uma infinidade de outras coisas que atraem os sentidos. O outdoor precisa ser mais atraente do que a paisagem à sua volta – e isso é apenas parte do desafio. A peça precisa ser chamativa, porém clara e objetiva.

Deve-se considerar que essas características da criação para outdoor não se aplicam apenas às grandes placas que ficam expostas à beira de ruas, avenidas e estradas, no topo ou nas laterais de edifícios. Há todo um mobiliário

---

[14] Veja também o site da Associação Brasileira de Mídia Out of Home. Disponível em: <http://www.abmooh.com.br>. Acesso em: 15 dez. 2014.

urbano que pode ser utilizado como publicidade, desde que as leis locais assim o permitam. Abrigos e assentos para espera de ônibus ou trens, lixeiras, relógios, protetores de árvores e sinalizações também fazem parte do cenário urbano (o que merece os cuidados do criador, da mesma maneira que o outdoor), porém com a vantagem de se incorporarem à cena urbana com utilidade, que pode ser adicionada à peça como parte integrante da mensagem.

Algumas boas ideias já surgiram desse aproveitamento, como a propaganda dos vidros blindados da 3M, que colocou bolos de notas de dólares dentro do abrigo transparente de ônibus.[15] Utilizando o próprio veículo, inteiro, pintado com a publicidade, o National Geographic Channel apresentou seu especial sobre tubarões de maneira que a boca do tubarão ficasse na porta de entrada. O resultado é que o movimento da porta remetia ao abrir e fechar da boca do tubarão – um ótimo efeito para quem está do lado de fora e vê as pessoas entrando e saindo do veículo.[16]

Formato básico de outdoor

Antes de mais nada, é preciso conhecer as características estruturais dessa mídia, que influenciam todo e qualquer processo de decisão sobre a mensagem e a sua forma nesse meio.

Na maior parte das localidades brasileiras, são 32 folhas coladas lado a lado em um retângulo de 2,88 m de altura por 8,64 m de largura, uma proporção de 3 × 1. Seu processo de impressão é específico, chamado de gigantografia. No outdoor se utilizam tanto a impressão de cores chapadas como o recurso de quadricromia. Essa mídia passou também a receber extensões, fazendo que a imagem ou os elementos concretos saltem para fora de sua área (apliques).

Os outros diversos mobiliários urbanos possuem formatos e características específicos em sua própria estrutura. Algumas empresas oferecem (ou até se especializam em) formatos diferenciados e devem ser consultadas, até mesmo antes da criação, para verificar possibilidades legais de publicação de publicidade e poder aproveitar ao máximo o seu potencial.

Funções de um outdoor em uma campanha publicitária

As características dessa mídia dão a ela uma boa função estratégica em um planejamento de campanha. A especificidade dos objetivos de comunicação pode exigir o uso inteligente do outdoor, de maneira a melhor aproveitar

---
[15] Disponível em: <http://adsoftheworld.com/media/ambient/3m_security_glass>. Acesso em: 15 dez. 2014.
[16] Disponível em: <http://adsoftheworld.com/media/ambient/national_geographic_bus>. Acesso em: 15 dez. 2014.

os recursos que a mídia proporciona, complementando, reforçando e sustentando a mensagem publicitária. A seguir, serão apresentados alguns usos estratégicos de outdoor.

Outdoor para complementar

Um uso muito constante do outdoor é como complementação de campanhas veiculadas também em outras mídias, principalmente TV. Ele tem por função:

- **Despertar a atenção das pessoas para a propaganda** – as mensagens publicitárias que aparecem em outras mídias tendem a gerar maior interesse no público impactado quando ela aparece inicialmente no outdoor. A curiosidade que ele pode gerar complementa e aumenta a eficácia da mensagem em outras mídias.
- **Servir como "lembrete mnemônico" de comerciais de TV ou anúncios já vistos anteriormente** – ao se ver uma mensagem do outdoor, há uma tendência de que ela faça rememorar inconscientemente uma mensagem publicitária anteriormente vista. Isso funciona como um reforço para a persuasão mediante a repetição.
- **Servir como "mensagem final"** – o outdoor serve como ativador da decisão de compra, dando o último "empurrão" no consumidor em direção ao produto.
- **Destacar um ponto importante da campanha de propaganda, um atributo básico do produto ou um aspecto fundamental de uma oferta** – se algum aspecto da mensagem precisa ser reforçado para o público-alvo, o próprio formato do outdoor (sua dinâmica de leitura) auxilia no reforço de ideias pontuais.

Outdoor para sustentar

A custos mínimos, o outdoor pode continuar sustentando sozinho uma campanha por alguns meses, antes de ser necessário o retorno da mensagem para outras mídias.

O outdoor também é muito usado para fixar marcas e conceitos publicitários.

Outdoor para impactar

Campanhas de propaganda fundamentadas em conceitos ou mensagens de impacto encontram no outdoor uma mídia ideal, graças ao seu posicionamento geográfico, contextualizado na paisagem urbana. É esse uso estratégico que oferece espaço para as peças mais diferenciadas.

Outdoor para demonstrar

As grandes dimensões permitem dar destaque a um produto, ou partes fundamentais desse produto, maximizando dramaticamente a atenção sobre um aspecto importante de uma campanha de propaganda.

Quando há mais de um detalhe importante, um outdoor pode servir extraordinariamente para realçá-los, seja em um mesmo cartaz ou em uma série de cartazes que se complementam.

Outdoor: as dicas para uma boa criação

É fundamental criar mensagens que façam uso da linguagem específica desse meio de comunicação. Então, é preciso considerar que:

- O outdoor é grande, mas é visto pequeno. As pessoas o veem de 10 a 100 metros de distância. Por isso, as ilustrações e as letras do outdoor também precisam ser grandes, proporcionais ao seu tamanho.
- A limpeza no layout também é fundamental. Muitos elementos figurativos, muitas palavras, excesso de informação, nada disso comunica nesse formato. O outdoor não pode ter diversos centros de interesse. Nele é preciso comunicar uma única mensagem, para comunicar bem. O branco no outdoor pode ser uma excelente maneira de dar destaque à mensagem.
- A tipografia empregada no outdoor precisa ser simples. As letras têm de ser normais, o mais próximo do padrão, evitando-se fontes rebuscadas, com desenhos, entrelaces, traços extras etc. Mesmo dentro das fontes mais comuns, evite deixá-las muito finas ou muito grossas. Quanto mais simples, melhor.
- Quando houver figuras e silhuetas, é preciso encontrar o perfil que mais se adapte à mensagem que se quer transmitir, buscando melhor definição do contorno da figura, ou seja, uma silhueta mais evidente que traga maior carga de informações e mais compreensão.
- O outdoor é horizontal. Saber tirar proveito dessa característica é importantíssimo.
- A cor no outdoor pode ser fundamental. Uma série de cuidados, no entanto, precisa ser tomada com seu uso. Na mensagem principal, são usados cores e tons fortes. Com raríssimas exceções, essa é uma regra geral. Em segundo lugar, é preciso prestar atenção à combinação de cores a ser usada. Verde com azul, por exemplo, é péssimo, porque essas cores se misturam, sendo difícil saber onde começa uma e acaba a outra. Já o preto com fundo amarelo é excelente para

- visualização de mensagens. É preciso, então, muita atenção com as cores a serem utilizadas e sua combinação.
- Outro ponto crítico é a luminosidade das cores. Muito cinza, cores apagadas e contornos pouco definidos são bastante ruins em outdoor. Deve-se lembrar que nem sempre a mensagem será vista em um dia ensolarado, cheio de claridade. Um outdoor que não possa ser claramente visto de madrugada ou no final da tarde não é um bom outdoor.
- O outdoor tipo "cartaz de rua" é feito de 32 folhas, e não é preciso usar cor em todas elas. Muitas vezes, apenas quatro cores em 16 folhas e preto e branco nas outras 16 é muito mais comunicativo.
- Na hora de fazer o layout, é preciso lembrar dessa construção em 32 folhas, coladas uma ao lado da outra. Assim, é preciso muito cuidado para não deixar detalhes importantes em um cruzamento de quatro folhas ou desperdiçar dinheiro imprimindo em duas folhas o que poderia ser impresso em uma.
- Ainda sobre a divisão em 32 folhas: tal divisibilidade pode ser vantajosa.
- Pode-se economizar muito em produção usando-se uma parte fixa, que sempre ficará no cartaz, e outra parte que muda, no caso de uma campanha que precise destacar diversos atributos de um mesmo produto ou no caso de uma campanha em que se devem identificar os locais de venda.
- Quando a mensagem for *all type*, pode ser usado o recurso da inversão, fazendo o outdoor em negativo. Isso pode aumentar a divisibilidade e o impacto da mensagem. Inverter apenas uma parte do outdoor também é recurso muito usado para separar duas mensagens ou realçar a informação mais importante. Esses recursos podem ser usados no caso de fotografias com áreas escuras, em que seja possível pôr o texto em negativo na área da foto que não for essencial para a comunicação da mensagem. Desse modo, pode-se aproveitar melhor o espaço e criar soluções estéticas muito boas.

Rádio

Na mídia eletrônica, o rádio tornou-se o primeiro e grande meio de comunicação de massa e assim permaneceu por muito tempo. Porém, para alguns profissionais, o rádio passou de estrela a primo pobre. Hoje, porém, está voltando a ocupar seu espaço merecido nas ondas do ar e na internet e, ultimamente, nos telefones móveis (celulares), que contam com receptores ou aplicativos que recebem o sinal das emissoras, em qualquer lugar do mundo em que haja conexão.

O rádio fascina e envolve o ouvinte, para muitos em maior grau até do que a TV. No rádio, a imaginação de cada um é o limite.

Criar para o rádio é viver a situação e colocá-la no papel frio e branco. Apesar de tudo começar por escrito, deve-se entender que são essas palavras que irão adquirir vida nas vozes e nos efeitos de grandes profissionais das produtoras de fonogramas, responsáveis pela transformação de conceitos, ideias e mensagens em música, sons e textos ritmados. Quando o trabalho fica pronto, é possível ouvir e imaginar aquilo que verteu da mente do criador.

E talvez seja essa característica do rádio que o torna a mais criativa das mídias: ele não oferece nenhuma ideia acabada. A criação completa-se na cabeça e no coração do ouvinte. É ele que participa da criação, interpretando a mensagem segundo sua própria compreensão, seu repertório, sua imaginação. Por isso, diz-se que é mais eficaz estimular alguém pelo rádio do que por qualquer outra mídia.

Elementos de dramatização radiofônica

Efeitos de sonoplastia. O criador deve sempre considerar que os profissionais que lidam com a sonoplastia estão, na verdade, produzindo imagens, auxiliados pela imaginação do ouvinte. Ao contrário de uma foto em uma página impressa, o som acontece em um instante do tempo. Esse é o segredo dramático do som. Ele é o grande responsável pela construção das imagens e sensações que se faz ao ouvir um bom comercial. Alguns sons se identificam facilmente, outros não. Mas, com a complementação certa das palavras, qualquer som passa a ser tremendamente real.

Efeitos sonoros são utilizados em diálogos e também como acompanhamento de narração. O próprio tom de voz e as ênfases no "contar da história" ampliam essa construção mental das imagens – quando o conto passa por um momento feliz, percebe-se que o narrador fala sorrindo; quando é preciso gerar suspense, a voz pode ser grave e rouca. No rádio, muitas histórias infantis têm sido narradas com auxílio desse fator dramático. E com as expectativas despertadas pelas palavras, um simples efeito sonoro pode funcionar como amarração e ênfase, gerando fortes imagens, sensações e até reações no ouvinte.

Música. É usada de várias maneiras. Sozinha, entretém e distrai; como complemento, desperta e aproveita as profundas emoções do subconsciente. Na comunicação radiofônica, a música é usada junto à narração com maior frequência do que nos diálogos. Ela acrescenta à narração uma nova dimensão dramática. O tom promocional ou publicitário é dado pelo conjunto de palavras e pela música, e seu equilíbrio ideal pode ser exemplificado pelo *jingle*.

Diálogo. Ele envolve a audiência em calor humano. Melhor do que a narração, ele encoraja a identificação e desperta a emoção. E quando se fala em emoções, deve-se tomar um cuidado básico: o drama totalmente dialogado, típico do teatro e do cinema, não serve para o rádio. Há a necessidade de complementações narrativas, enfatizando personagens e locais, identificando características. Deve-se considerar que, assim como toda forma de comunicação publicitária, as peças radiofônicas são criadas para atingir determinados objetivos comerciais – ou seja, motivar e conquistar o consumidor-alvo.

Há quatro formatos comuns de construção de diálogos publicitários pelo rádio:

- *spot* – é o nome dado ao texto publicitário para transmissão radiofônica. Costuma durar 15, 30 ou 45 segundos. Alguns casos atingem ou superam 1 minuto. Gravado em base magnética ou digital, pode ter fundo musical ou efeitos sonoros, mas a força da mensagem está na palavra falada;
- *jingle* – mensagem publicitária em forma de música, geralmente simples e cativante, fácil de recordar e cantarolar. Criada e composta para a propaganda de uma determinada marca, produto, serviço etc. Tem as mesmas durações do *spot*;
- **texto-foguete** – semelhante ao *spot* em sua estrutura de mensagem, porém possui curtíssima duração, algo em torno de 5 a 7 segundos. Sua exibição costuma pipocar durante as transmissões esportivas. Por exemplo: "... e passa longe da meta do goleiro alvinegro! – *51, uma boa ideia leva a outra. Caninha 51.* – 2 a 0 para o São Paulo aqui no Morumbi";
- **trilha musical** – é comumente utilizada como pano de fundo no *spot*. Mas seu forte é servir dessa maneira para filmes publicitários, nos quais, além de ter grande importância para a contextualização ou dramatização, auxilia a marcação das ações que ocorrem no vídeo.

Criar para rádio

Do ponto de vista textual, as características para a criação voltadas para o anúncio impresso são similares às do rádio; por isso, há chances de que um bom anúncio no primeiro sirva de base para o texto do segundo. Porém, a parte fonética é de extrema importância para a construção da mensagem, e isso é o que os diferencia, principalmente. Nesse sentido, a boa criação publicitária para rádio considera a fluência verbal do texto quando ele é falado: o ritmo, a ordem ou a entonação das palavras podem indicar uma conversa informal, por exemplo. São essas entonações que dão vida a um texto radiofônico. O ritmo da fala é essencial no texto.

Um bom criador para rádio reconhece que as palavras podem ter sons agradáveis ou não. Uma das técnicas utilizadas para identificar problemas na sonoridade é falar todo o texto em voz alta, ficando atento para os cacófatos.

O *spot* deve empregar uma linguagem simples, tanto em vocabulário como em sintaxe, porque no rádio o ouvinte, ao contrário do leitor, não pode voltar atrás para tentar elucidar o sentido de uma palavra ou frase. Ele vai ouvindo e entendendo à medida que a publicidade é enunciada. Exige-se sempre um esforço de compreensão do significado mais recente com o conjunto que já foi dito. Daí a necessidade de um desenvolvimento linear sem que isso represente falta de originalidade ou de criatividade.

O texto publicitário radiofônico desempenha três funções básicas:

1. Aumenta o número de ouvintes que prestam atenção, despertando o interesse dos "distraídos".
2. Mantém esse estado de atenção nos que já estavam interessados.
3. Procura fixar a memorização da mensagem, por meio de sua fácil compreensão, grande identificação de interesses e originalidade na exposição.

Para que execute bem suas funções, o criador de texto publicitário radiofônico precisa levar em conta outros pontos, que envolvem a contextualização dramática, a ênfase, o clima da propaganda – o que é dado pela trilha sonora. É por isso que a criação deve considerar que:

- o *spot* pode ter ao fundo (ou, como ensina o costume publicitário, "em BG", que significa *background*) um acompanhamento musical que determina o clima do enunciado, propiciando um ambiente favorável à contextualização, complementação e assimilação da mensagem, além de emprestar a ela o ritmo e as nuances de interpretação da locução;
- a trilha ajuda a distinguir um *spot* do outro ou da programação de rádio. Por isso, essa música precisa ter vida própria e ser completa na exata duração do tempo do *spot*;
- ao final, pode, às vezes, conter uma assinatura cantada, formando uma vinheta de grande identificação de marca;
- é preciso cuidar, entretanto, para que o arranjo dessa música tenha o ritmo adequado ao clima do *spot* e sua instrumentação não tenha pontos de interferência no enunciado da locução.

Não é necessário que o criador seja também um compositor-arranjador para fazer esse tipo de trabalho, que envolve uma série de técnicas que não são, necessariamente, pertencentes ao repertório do publicitário. Por isso, é difícil que esse profissional faça, algum dia, um *jingle* completo. Mas é sua obrigação saber, ao surgir uma solicitação, que é essencial:

- colocar em texto tudo aquilo que se deseja que exista no *jingle*;
- especificar o tema e o tipo de música que se imagina adequado;
- procurar uma produtora e ter uma reunião de briefing com o músico compositor e o produtor. Eles provavelmente prepararão uma peça piloto que servirá para identificar sua pertinência à criação da peça publicitária.

Slogan

Podemos definir slogan (lema) como uma sentença ou máxima que expressa uma qualidade, uma vantagem do produto ou uma norma de ação do anunciante ou do produto para servir de guia ao consumidor.

Na maioria dos casos, o slogan é, de fato, um lema, ou seja, a expressão de uma ideia sobre o produto ou o anunciante. Mas, por vezes, como já dito, é uma norma ou regra de ação do produto, ou para o consumidor seguir. O slogan deve conter uma ideia sobre o produto, o serviço ou a empresa – uma ideia com força de vendas.

Como se cria um slogan

Slogans são sínteses do que se quer reconhecido e dão maior ênfase aos atributos que foram levantados na comunicação. Porém, *a priori*, é um conceito que permanece, junto à assinatura. É a parte mais fixa da identidade. Os temas de campanha podem se alterar período após período; os slogans, não.

Um bom slogan deve consistir de uma frase curta, concisa e eufônica (de som agradável) e ser simples, claro, apropriado e distinto, com um toque de originalidade, se possível. Como os títulos, o slogan deve expressar algo de específico e concreto, e não simples generalidades ou abstrações.

Redigir um slogan é dirigir uma ideia, ou seja, concentrá-la; é reduzi-la a uma forma breve, concisa e expressiva, sem perda de sua clareza e força sugestiva.

O slogan não deve exagerar nem apelar para o absurdo. Deve ser curto: quatro a seis palavras, mais ou menos. No passado, para facilitar a memorização, eram utilizados elementos poéticos, particularmente as rimas. Hoje, a maior parte deles preconiza aspectos da missão da empresa e da proposta de valor ao consumidor.

Três conceitos básicos

Approach (estratégia criativa ou abordagem)

Approach é o tratamento dado ao anúncio. É a maneira usada para se alcançar um objetivo, como no caso de um anúncio com um *approach* humorístico, ou tratamento humorístico. É a abordagem ou enfoque que será dado ao anúncio, é como ele parecerá. Será em cores ou em PB? Tamanho grande, pequeno ou médio? Usará modelos ou o destaque será dado ao produto? Mostrará o produto ou um de seus efeitos? Os modelos a serem usados deverão ser sofisticados ou comuns?

Assim, *approach* é a melhor forma de abordagem, de sedução, para a persuasão do consumidor. Sua escolha é extremamente estratégica e fator de sucesso ou fracasso de toda a campanha. Para escolher, é preciso saber fazer uma análise ampla das características da marca e do segmento de mercado, na comparação com o perfil do consumidor, a adequação à mensagem e o perfil de comunicação da concorrência. Após toda essa ponderação, a escolha acontecerá naturalmente.

Gimmick

Recurso, artifício, macete, bossa, destinado a atrair a atenção do público. Qualquer truque ou efeito que faça que um anúncio, comercial ou texto se destaque dos demais por sua originalidade, despertando o interesse do leitor, ouvinte ou espectador.

Link

Recurso de imagem, título ou texto que estabeleça o sentido de continuidade, unidade ou extensão entre as diferentes peças de uma campanha. Refere-se também a qualquer elemento do anúncio que mantenha relação direta com seu enfoque principal.

Essência da composição artística

Compor é ordenar com sentido de harmonia, dentro de um determinado espaço, linhas, massas, tons e cores, para conseguir um efeito preconcebido de modo a transmitir aos outros uma emoção ou um sentimento.

O artista deve dividir o espaço que escolhe, ou o que lhe é oferecido, de maneira interessante, para que nele se harmonizem e se compensem adequadamente as diferentes partes do conjunto. Uma composição não é uma simples estrutura básica que só intervém no início da obra; sua ação desenvolve-se do princípio ao fim, pois qualquer modificação dos fatores do desenho, tom ou cor e tudo que for agregado, eliminado ou omitido supõem uma alteração e, portanto, um reajuste completo da arrumação básica: a composição começa no esforço das primeiras linhas e termina no toque final.

O que constitui uma obra de arte não é somente a representação exata do caráter fotográfico do assunto, o que a natureza oferece tal como é, mas também a do caráter que se muda ou varia para que o efeito alcance o seu objetivo. O quadro é a obra de um artista, é a sua concepção e o seu sentimento. Quando o assunto escraviza o artista e o obriga a submeter-se ao seu modelo e ao que o representa com extrema fidelidade, o resultado será uma mera cópia, fria e sem conteúdo emotivo, isto é, sem alma. Ainda que a natureza seja a fonte de toda concepção artística, deve-se levar em conta que ela se apresenta tal como é, sem consideração aos limites que são impostos ao artista pelo retângulo da superfície em que trabalha e sem a finalidade que ele persegue de apresentar uma mensagem emotiva. Para alcançar esse fim é necessário que o artista modifique a disposição de linhas, a composição de massas e as qualidades de cor. Dessa maneira, poderá estabelecer o caráter do assunto, extrair e expressar a sua emoção.

É necessário saber desprender-se de qualquer imposição que possa prejudicar o melhor arranjo para, assim, criar o assunto sem uma exigência literalmente descritiva. A concepção visual do artista não deve estar submetida a uma situação e à disposição dos elementos do assunto e a uma transcrição precisamente igual a eles. A arte não é uma ciência descritiva, mas um produto da mente e do sentimento que se concretiza pela observação e pela interpretação. Não é uma informação de fatos, mas uma expressão do sentimento criador que tenta tocar a sensibilidade do observador com a mais positiva disposição e harmonia de todos os fatores que constituem o quadro. O artista deve expressar sua visão pessoal e seus próprios sentimentos.

A arte da composição é regida por diferentes princípios ou regras que foram desenvolvidos com base em experiências e conhecimentos acumulados durante séculos pelos mestres das artes e quanto a certas leis ópticas e reações psicológicas do ser humano. Alguns desses princípios podem ser alterados em determinados casos, mas isso só poderá ser feito conhecendo-os perfeitamente e sabendo como e por qual motivo. Esses princípios são:

- Todo desenho ou forma é definido por uma linha. Qualquer arranjo simples ou complexo se fundamenta em linhas.
- Os valores intermediários entre o branco e o preto (luz e sombra) formam os tons, qualidade do aspecto de uma coisa em determinado momento e conforme sofra a influência da luz.
- Unidade é o arranjo coerente de todos os elementos e destes com o marco que os encerra. A sua forma é outro fator da composição.

- A unidade afeta o assunto, as linhas, os valores e cores e cada um dos componentes do arranjo.
- Na unidade, uma série de fatores intervém: equilíbrio, proporção, ritmo, destaque e contraste. Por eles se estabelece a coexistência dos elementos do conjunto e se consegue a variação dentro da composição.
- O ser humano tende a recusar toda impressão monótona e manifestar sua repulsa por tudo que é confuso. O que mais o atrai é a variedade, a graça e a beleza da mudança e que esta se desenvolva obedecendo a uma determinada ordem.
- O equilíbrio é uma combinação certa de potenciais e elementos de ambos os lados. É simétrico quando as forças se equivalem e assimétrico quando não são compensadas.
- A proporção é uma boa disposição, conveniente e harmônica, de umas partes com outras e delas com os conjuntos.
- Por ritmo entende-se a boa e harmônica disposição de linhas, massas e espaços.
- Contraste é a oposição entre linhas, valores e cores para destacar o valor dos elementos e aumentar sua potência e sua variedade.
- Supõe-se o destaque pelo domínio de um elemento ou massa que tenha maior força de atração que os demais.

Nota: o final do século XX e princípio do XXI foram marcados por uma série de manifestações artísticas propondo estéticas diferenciadas. Movimentos como o dos *punks*, e até mesmo a estética visual reforçada pelos clipes musicais, propuseram leituras diferenciadas da arte, muitas delas já incorporadas nos padrões de moda, vestuário, design de mobiliários etc. De todo modo, os conceitos essenciais de adequação das linguagens estético-visuais com seus principais públicos continuam muito válidos.

Layout

Na criação de propaganda realizada no passado, o anúncio era concebido textualmente pelo redator e depois trabalhado pelo ilustrador. Hoje, a dupla de criação (ou sua formatação mais adequada a cada caso) aponta e desenvolve caminhos criativos que, muitas vezes, serão finalizados por outros profissionais de estúdio. Muitos deles ainda são conhecidos como *layout men* ou diagramadores: oriundos das escolas de propaganda ou de design (com ênfase em comunicação visual). São os profissionais com domínio conceitual e prático de organização e disposição dos elementos do anúncio em seu formato. Às vezes, essa função é exercida pelo próprio diretor de arte, que nessa hora se imbui dos mesmos princípios do *layout man*.

O que realmente distingue uma publicação de outra é o estilo de paginação, isto é, o seu layout. Em outras palavras, é o modo como se arranjam os textos e as imagens nas páginas. Um bom layout é aquele que ajuda a transmitir as informações que estão no texto e, ao mesmo tempo, possui um design atrativo e incita à leitura. Para executar esse trabalho, o artista gráfico precisa saber classificar as matérias em termos de importância e desenvolver sua sensibilidade para obter um design pleno de comunicação visual. Quais são, então, as melhores maneiras de dispor fotos, desenhos, textos e títulos nas páginas de uma publicação qualquer?

Primeiro, costuma-se afirmar que, na civilização ocidental, a vista do leitor foi educada para, em uma folha escrita ou impressa, seguir uma diagonal do alto à esquerda até a parte de baixo à direita. A primeira região que o nosso hábito de leitura nos compele a olhar, o alto à esquerda, é chamada de área óptica primária.

A região que a vista tende a encarar como o fim da leitura, a parte de baixo à direita, é chamada de área terminal. Ela é a meta que o leitor quer atingir em uma leitura. No momento em que sua vista percebe a página, consciente ou inconscientemente, ele começa ao alto à esquerda e vai até a área terminal.

O caminho que une essas duas áreas de atenção é chamado de diagonal de leitura. É o percurso mais curto e mais direto, entre o começo e o fim de uma página. Isso, porém, estabelece um problema de comunicação visual, que precisa ser sempre resolvido: a diagonal de leitura tende a guiar o leitor para fora dos outros dois extremos da página, que são chamados de **cantos sem atração**; como todas as partes da página que se afastam da diagonal de leitura, esses cantos tendem a ser pouco vistos e lidos. Que fazer para atrair a vista do leitor para eles?

A solução é utilizar recursos *catch eye*, isto é, imagens, fotos, desenhos, cores, quadros títulos em letras grandes. Ancorando os cantos sem atração, isto é, colocando neles elementos fortemente atrativos, o artista gráfico pode dar à página legibilidade muito maior que a daquela em que esses cantos não recebem a devida atenção.

O layout expressa a estrutura da peça publicitária, mostrando como ela ficará depois de impressa. Preparando o layout, torna-se possível estudar a maneira adequada e harmoniosa de dispor, no espaço que lhes é destinado, os componentes que devem formar o anúncio, o folheto, o cartaz, o display ou qualquer outra peça impressa.

O layout permite visualizar, antes, como ficará o anúncio depois de pronto. Com a evolução dos softwares gráficos, os layouts atualmente podem se tornar propostas quase que fiéis do resultado a ser obtido após a produção.

Finalidade do layout

As funções primárias do layout são: guiar a atenção do leitor para o exato ponto de partida e, daí, levá-lo pelo anúncio, na sequência desejada. É essencial que o leitor comece a leitura do anúncio pelo princípio e continue em uma sequência lógica, que lhe permita captar o sentido da mensagem.

Atrair a vista e dirigi-la de forma adequada é, pois, a função primordial do layout.

A direção de arte, por si, mereceria um livro à parte somente por todos os seus potenciais detalhes e pesos de atuação. A seguir, apresentam-se alguns conceitos considerados essenciais, sempre destacando que são básicos para a mídia impressa.

Outra de suas finalidades é tornar mais compreensível, mais sugestivo, o teor da mensagem, criando um clima afetivo-estético no espírito do leitor, capaz de torná-lo mais receptivo à mensagem.

O anúncio é um vendedor e sua aparência física deve estar em relação com a aparência que o anunciante deseja que esse seu representante de vendas tenha.

As finalidades básicas do layout são, pois:

a) atrair a atenção;
b) dirigir a vista do leitor de modo fácil e adequado;
c) manter e reforçar o interesse;
d) criar atmosfera atrativa e adequada.

Dinâmica dos elementos de um anúncio

A distribuição dos componentes do anúncio é essencial no sentido de atrair a atenção do leitor e facilitar a leitura. A forma geométrica do anúncio está condicionada, fundamentalmente, pelo formato dos próprios veículos.

Inicialmente, o *layout man* deve considerar o problema do peso do anúncio, que é um elemento que depende de sua dimensão (largura × altura), da densidade da cor e também de sua forma geométrica. Em resumo, é fundamentalmente uma questão da impressão visual que produz ao leitor.

O publicitário que trabalha na composição do layout deve desenvolver uma fina sensibilidade em relação ao problema do peso dos elementos visuais, pois é esse fator que determina o perfeito equilíbrio dos diversos elementos do anúncio.

CRIAÇÃO PUBLICITÁRIA — 199

LAYOUT
Visualização do anúncio depois de pronto. Deve integrar os componentes de maneira adequada e harmoniosa.

ESTÉTICA
- Senso de beleza
- Fácil de ler
- Ritmo
- Simetria

IMAGINAÇÃO
- Originalidade
- Ser convincente
- Entusiasmar
- Levar à ação

SEQUÊNCIA LÓGICA
Deve conduzir a leitura pelo começo. Dirigir a vista de forma adequada.

- SER COMPREENSÍVEL
- SER SUGESTIVO

COMPOSIÇÃO GRÁFICA
- UNIDADE / ESTRUTURA
- CONTRASTE / DIFERENCIAÇÃO
- EQUILÍBRIO / HARMONIA
- MOVIMENTO / INTERESSE
- COERÊNCIA / SENTIDA

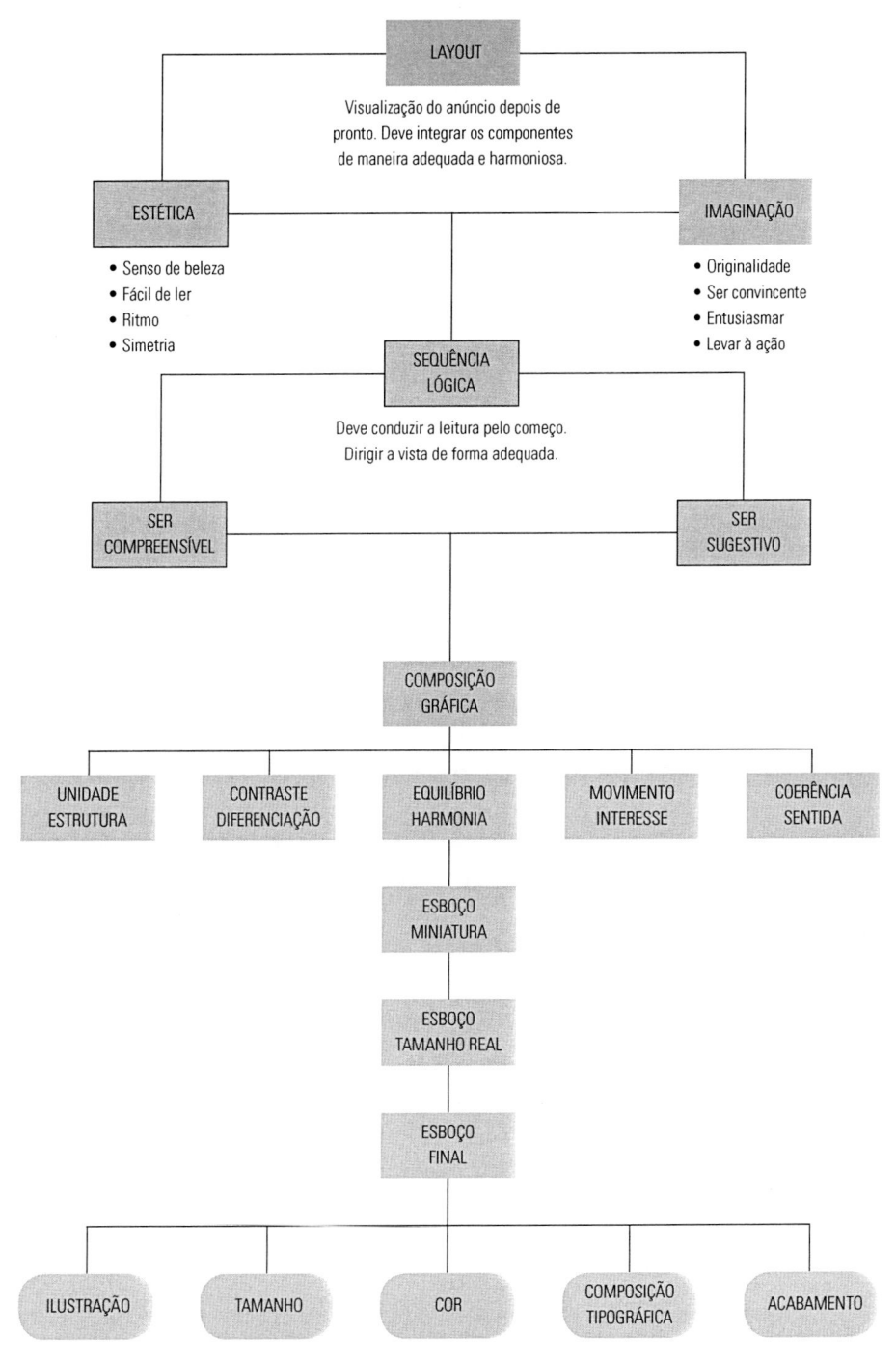

ESBOÇO MINIATURA

ESBOÇO TAMANHO REAL

ESBOÇO FINAL

- ILUSTRAÇÃO
- TAMANHO
- COR
- COMPOSIÇÃO TIPOGRÁFICA
- ACABAMENTO

FIGURA 5.2 Elementos de um anúncio.

Há seis princípios fundamentais para a elaboração de um bom layout:

a) **O princípio do equilíbrio**, que trata da disposição dos elementos de tal forma que se obtenha uma distribuição agradável de peso em todo o layout. O equilíbrio pode ser formal ou informal. O formal baseia-se na simetria, e o informal, na assimetria.

A distribuição equilibrada dos elementos de um layout implica a existência de um ponto de referência em relação ao qual os elementos podem estar equilibrados. Esse ponto de referência se denomina centro óptico do anúncio.

Um anúncio tem equilíbrio formal quando, partindo-se em sentido vertical, se obtêm duas partes simétricas, uma parecendo o espelho da outra. No anúncio informal ocorre o contrário; o equilíbrio não se baseia nas leis elementares da simetria. O equilíbrio formal é usado quando o anúncio deve refletir dignidade, estabilidade, espírito conservador, apego à tradição etc.

O equilíbrio informal permite maior liberdade no layout, tornando-o muito mais atrativo do ponto de vista estético, mas de solução mais difícil de ser encontrada. O anúncio informal é indicado nos casos em que a velocidade da vida atual obriga a um maior dinamismo nos anúncios para captar a atenção dos leitores.

Em certos casos, os anúncios apresentam características que assimilam tanto o equilíbrio formal como o informal; quando isso ocorre, a eficiência do anúncio pode ser muito maior do que a daqueles que refletem exatamente um ou outro tipo de equilíbrio.

b) **O princípio da direção visual**. Esse princípio está estreitamente relacionado com o problema da condução da vista do leitor de um elemento para outro do anúncio. Para que a mensagem de venda tenha o máximo de eficácia, é muito importante a sequência de apresentação.

c) **O princípio da proporção**. Aplica-se primeiro na divisão do espaço do anúncio fixando-se três seções horizontais de espaço destinadas, respectivamente, à ilustração, ao texto e à assinatura. O princípio da proporção entra logo quando se trata de estabelecer as respectivas dimensões das seções. A divisão com o mesmo peso provoca um sentido de monotonia no anúncio, e quando a força de um dos elementos é mais vigorosa do que as outras, o anúncio é muito mais atrativo do ponto de vista artístico.

d) **O princípio da unidade**. O *layout man* deve evitar que os elementos de um anúncio pareçam estar cada um por sua conta, pois o anúncio tem de assemelhar-se a uma obra de arte em miniatura, devendo, portanto, ser evitadas as disposições que contrariem as leis da unidade.

A unidade existe quando se consegue que os elementos do anúncio apareçam ao observador como componentes singulares de um conjunto orgânico, constituindo-se um todo harmonioso sobre o qual a vista corre facilmente.

e) **O princípio do contraste.** O contraste é uma das argúcias de importância fundamental para conseguir a atenção do leitor. Pelo princípio do contraste, o anúncio adquire uma relevância particular entre todos os anúncios concorrentes. Uma forma particular de contraste pode ser conseguida de vários modos: escolha de uma ilustração adequada, de caracteres tipográficos ou de cores etc.

O *layout man* aplica o contraste, até mesmo inconscientemente, quando trata de evitar a monotonia recorrendo a formas geométricas insólitas, a jogos de cores e combinações originais e ao uso original desses e de outros elementos.

f) **O princípio da harmonia.** Esse princípio implica a eleição da composição dos elementos de modo tal que se obtenha um anúncio capaz de apresentar a mensagem de venda com clareza, um anúncio estético com grande força visual para atrair a atenção do leitor.

Em sentido amplo, a harmonia é o resultado da observação dos princípios anteriores: equilíbrio, direção visual, proporção, unidade e contraste, mas está condicionada à escolha que o artista faz dos estilos de ilustração dos caracteres tipográficos e do equilíbrio formal, nas zonas do anúncio reservadas para o texto.

Ilustração (com sentido de direção de arte)

É importante entender o conceito original do termo *ilustração* e, posteriormente, seu conceito atual. Nos primórdios, ilustrar era facilitar visualmente a compreensão do que estava explícito já no texto. O texto era sempre completo e a imagem ilustrava, apontava, demonstrava, evidenciava o que era necessário.

Hoje, o conceito de imagem é outro. É fundamental na comunicação. Pode ser o foco principal e até único. É a essência do não verbal e, como tal, completa, amplia, sobrepõe a possível mensagem verbal. A ilustração é, como o texto, uma forma de expressar a mensagem, e é assim que deve ser estudada no momento de determinar o tema.

A ilustração de um anúncio tem de servir para reforçar os valores de atenção, de compreensão, de memorabilidade e de credibilidade do texto e só tem interesse na medida em que aumenta o rendimento do texto não ilustrado.

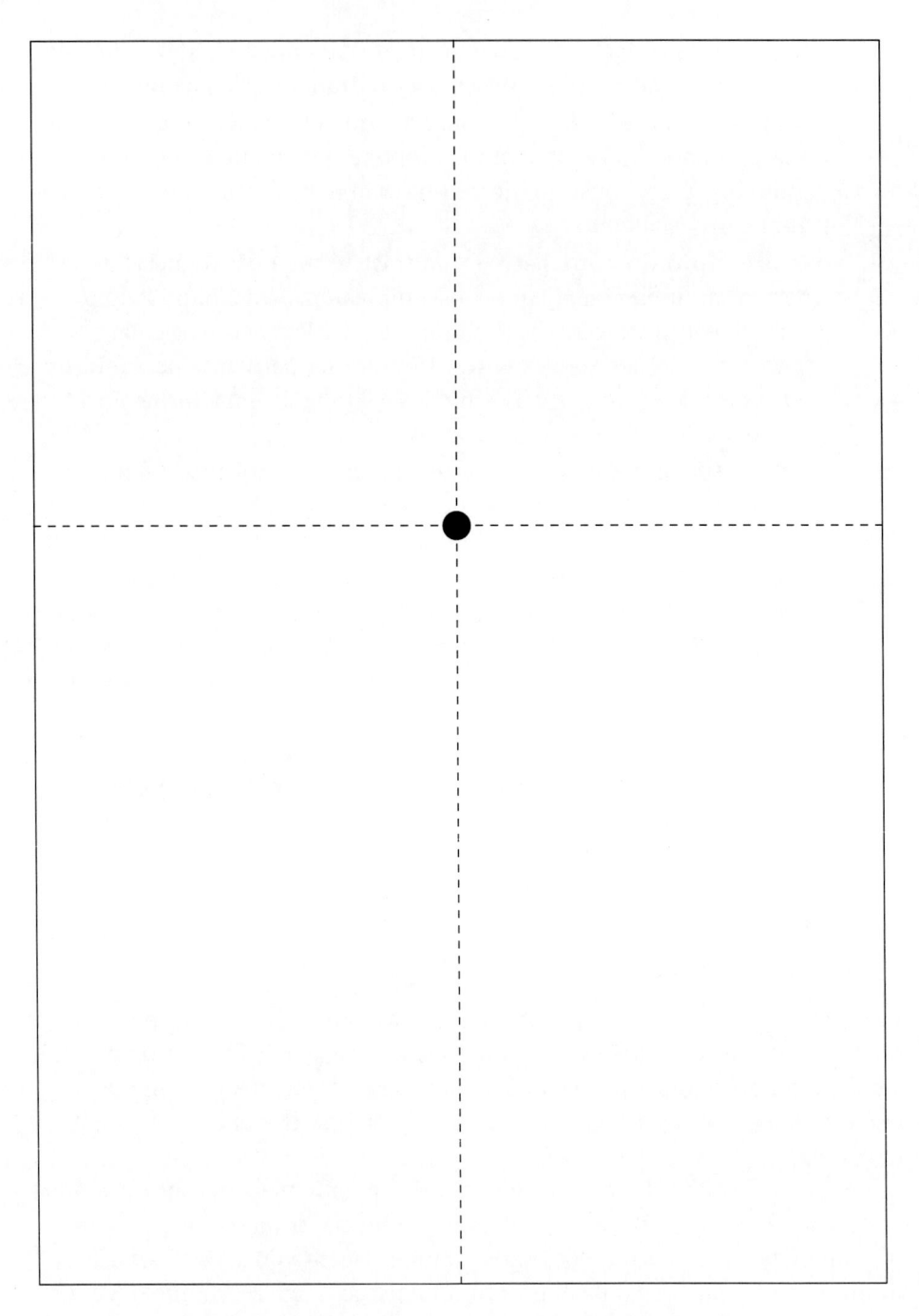

O centro óptico de um anúncio não coincide com o centro geométrico, encontrando-se ligeiramente acima deste.

FIGURA 5.3 Localizando o centro óptico.

CRIAÇÃO PUBLICITÁRIA   **203**

Equilíbrio formal   Equilíbrio informal

Esquema do princípio da proporção

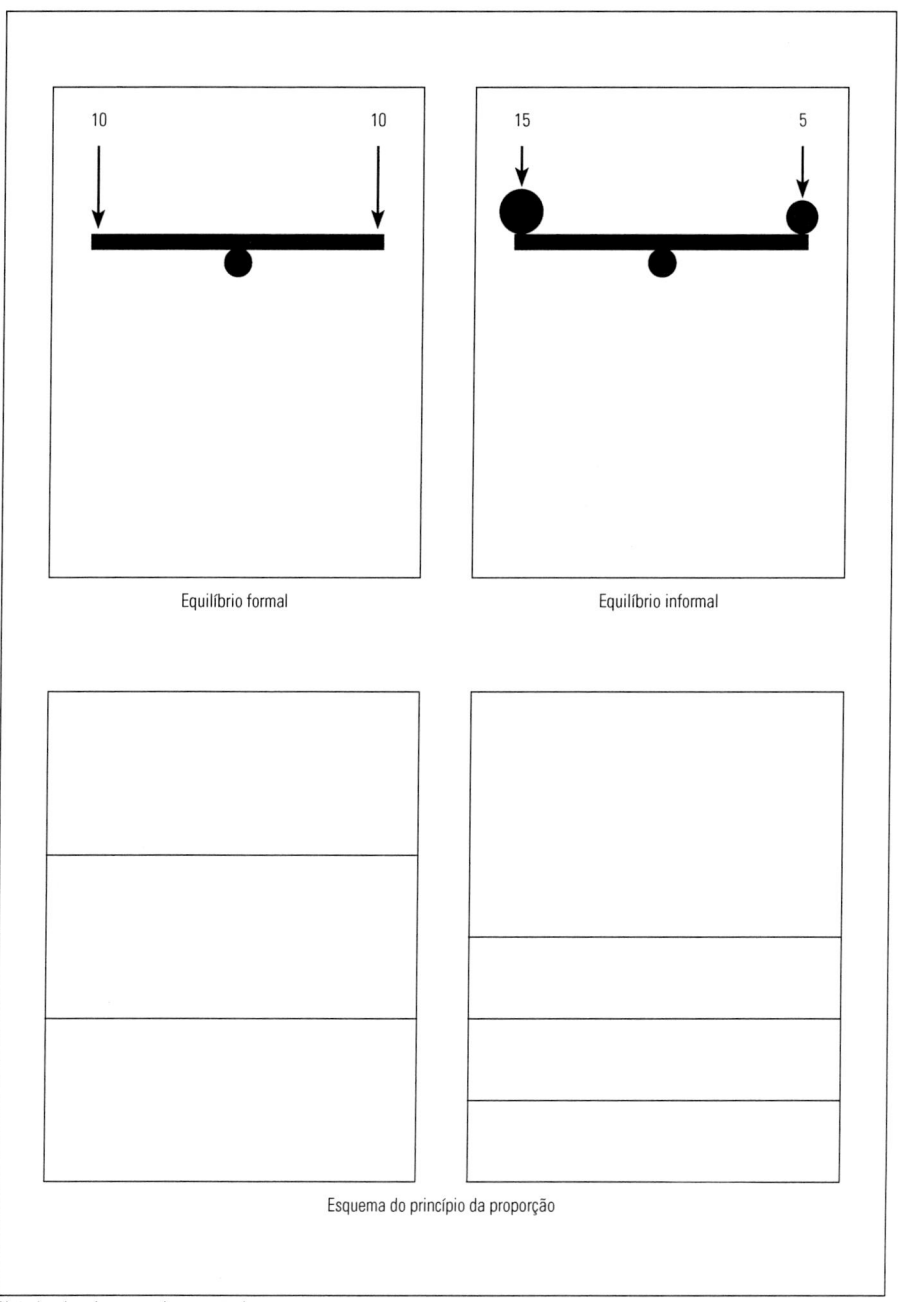

Dinâmica dos elementos de um anúncio

FIGURA 5.4 O princípio do equilíbrio.

Como **fator de atenção**, a ilustração colocada junto ao título é um fixador-de-vista. Sabendo-se que um jornal é lido a uma distância aproximada de 30 cm, a cor é o primeiro elemento de ilustração suscetível de atrair a vista. Cada cor pode atuar pela sua tonalidade, claridade, saturação, superfície que ocupa e pelo contraste com as cores vizinhas, principalmente a de fundo.

A forma exterior geral de uma ilustração é o segundo elemento de atenção. O movimento da ilustração pode ser dado ou pelo assunto ou pela direção da ilustração.

Como **fator de compreensão**, a ilustração destina-se a facilitar o entendimento de um texto. Deve, então, ser uma parábola, uma metáfora das coisas. Desenhe ou fotografe um colchão. É um colchão. Desenhe-o com as marcas de um corpo que ainda há pouco lá descansava. É mais do que um colchão, é conforto, bem-estar, bom sono. Ou colchão ruim... depende de como o trabalho é realizado.

A mesma ilustração pode, às vezes, servir simultaneamente como fator de atenção e de compreensão.

Lembrando o provérbio "uma boa imagem vale mais do que mil palavras", a ilustração pode, em certos casos, servir para reduzir consideravelmente a extensão do texto. Mostrar o sorriso da Monalisa (Gioconda) é mais fácil que tentar explicá-lo em palavras.

Como **fator de memorização** do anúncio, a ilustração precisa contribuir para a identificação do produto, para distingui-lo dos produtos concorrentes e, inscrevendo-se na memória do leitor, favorecer as associações de ideias.

Como **fator de credibilidade**, a ilustração, mostrando o resultado da ação de um produto, a utilidade de um serviço, a importância de uma ideia, torna-se elemento de convicção, mesmo se as ilustrações constituírem não uma prova científica ou um começo de prova, mas apenas uma aparência de prova da verdade que se quer transmitir. Enquanto uma grande parcela das pessoas acredita no que está impresso, uma parcela ainda maior acredita no que vê.

Funções da ilustração

a. Aumentar o índice de atenção ao anúncio.
b. Tornar o anúncio mais agradável à vista.
c. Induzir à leitura do texto.
d. Estimular o desejo pelo que está anunciado.

e. Engrandecer o que está anunciado.
f. Demonstrar ou reforçar afirmações feitas no texto.
g. Identificar o produto ou a marca.
h. Formar atmosfera adequada.

Pelo seu poder de evocar ideias, lembranças e experiências semelhantes, pela sua faculdade de despertar emoções e sensações, ou fazer o leitor identificar-se com a situação retratada, a ilustração tende a despertar o desejo pelo objeto anunciado.

A ilustração é, sobretudo, um estímulo sutil e forte, de ordem emotiva, que tende a desencadear os desejos e os interesses, que são as molas da ação, e a estimular a imaginação.

Atente que, em nossos tempos, a dinâmica da vida nas grandes e médias cidades tem levado à utilização cada vez maior de imagens como elementos predominantes, com o texto muitas vezes servindo de apoio ou até mesmo inexistindo. Isso aumenta ainda mais a importância de um excelente conceito visual de layout. Também é importante compreender que a publicidade, pautada pela arte, pode muitas vezes se apropriar de elementos visuais conceitualmente muito diferentes dos aqui expostos, e esta pode ser eficiente para públicos específicos. Porque a propaganda nunca para!

O emprego da cor

A tendência é sempre usar a cor, apesar de isso poder implicar um custo maior. São várias as finalidades da cor na publicidade, e entre as mais comuns estão:

a. chamar a atenção;
b. dar mais realismo aos objetos e cenas;
c. estimular a ação;
d. embelezar a peça e torná-la mais atrativa;
e. formar atmosfera adequada.

A cor tem uma ação estimulante sobre os indivíduos e eficiência em reter a sua atenção. Quando bem escolhidas e harmonizadas, as cores tornam mais aprazível, mais bela e, portanto, mais atrativa a peça publicitária. E, com isso, prendem mais a vista do leitor no anúncio e dão prestígio àquilo anunciado.

Além disso, desde que adequadas, as cores formam uma atmosfera agradável e apropriada ao espírito da mensagem ou ao próprio produto, pois, como dissemos, elas têm o poder de evocar sentimentos e sensações.

O vermelho é quente e impulsivo, traduz paixão e entusiasmo ou simboliza guerra ou perigo. O verde dá sensação de frescor e água corrente e simboliza esperança. O azul é frio e calmante, dá a impressão de céu e espaço aberto. O amarelo e o laranja sugerem luminosidade e alegria.

Segundo Hepner, existem diferentes associações de ideias ou estados de espírito provocados pelas cores:

- vermelho – lembra fogo, calor, excitação, força;
- rosa – suavidade, frescor, fragrância;
- laranja – calor, ação, força, sabor;
- marrom – riqueza, solidez, luxúria, desenvoltura;
- amarelo – claridade, esportividade, desenvoltura;
- azul-marinho – frio, formalismo, meditação;
- azul-claro – frescor, fragilidade, juventude;
- verde-escuro – doença, menor valor;
- verde-claro – frescor, inovação, arejamento;
- púrpura – realeza, imponência, opulência;
- cinza – maciez, docilidade, cautela;
- branco – pureza, limpeza, castidade;
- preto – força, mistério, suspense, frieza.

Porém, adverte-se que a determinação de cores não é tão imediata e óbvia assim. Segundo os psicólogos, não há comprovação direta dessas associações, mesmo porque existem influências sociais e antropológicas que não são abordadas aqui. Porém, entende-se que essas dicas têm poder de orientação e devem sempre ser ponderadas de acordo com o perfil do mercado.[17]

Produção gráfica

É outra das áreas que mais têm evoluído, em função dos novos softwares e das experiências em meios com linguagens diferenciadas, particularmente os interativos.

---

[17] Os autores recomendam também FARINA, M.; PEREZ, C.; BASTOS, D. *Psicodinâmica das cores em comunicação*. 6. d. São Paulo: Blucher, 2011.

É importante ressaltar que os passos aqui descritos o foram diante de possibilidades técnicas bastante artesanais. Hoje, os softwares promovem testes e mudanças a um simples clique. Logo, os conceitos é que são importantes, sejam eles ainda artesanalmente montados ou então processados com alta tecnologia, pois o que fará a real diferença ao final é o fator humano, isto é, a capacidade do produtor gráfico em concretizar de forma absolutamente coerente todas as propostas da criação, dentro das normas orientadoras de marca e de comunicação que o cliente possa ter, aproveitando ao máximo as características do meio em que será produzida/veiculada a peça.

A primeira frase do texto deve levar o pensamento a mais um passo, ampliando o que está no título e estabelecendo uma ponte entre ele e o resto do texto. E quanto ao resto do texto? Como torná-lo legível?

A seguir, algumas generalizações baseadas em padrões normalmente aceitos como fatores que orientarão bem os produtores.

Fator 1 – **Espaçamento ou espacejamento entre palavras**. Os olhos percorrem a linha aos saltos. As pessoas leem grupos de 3 ou 4 palavras por vez. Se os espaços entre as palavras são muito grandes, ou se são desiguais, parece que os olhos "trepidam". É, portanto, necessário evitar buracos entre as palavras.

Fator 2 – **Entrelinhamento**. A fina faixa de espaço branco entre as linhas afeta a legibilidade porque atua como um trilho por onde os olhos se movem. Se for fina demais, ficará imperceptível e então não cumprirá sua missão. Se for larga demais, cumprirá bem essa missão, mas provocará um esgarçamento e a aparente desintegração da coluna do texto. O espaço entre as linhas deve ser uma questão de equilíbrio e proporção.

Fator 3 – **Comprimento da linha**. Linhas compridas são ruins porque, quando o leitor chega ao final de uma delas, fica difícil localizar o início da seguinte, acontecendo, às vezes, de ler duas vezes a mesma linha ou saltar uma linha e não entender direito a mensagem.

Fator 4 – **Tipografia**. O melhor tipo é invisível, isto é, não chama a atenção para si. Se o leitor se tornar consciente do ato da leitura, é porque a tipografia está inadequada, já que ela nunca deve se interpor entre o pensamento do texto e o leitor. Quando o texto é limpo, convém compô-lo em tipo a que o leitor já esteja bem acostumado, aquele com que ele aprendeu a ler – o tipo padrão, tradicional. Como os títulos são curtos e, por natureza e definição, mais decorativos, podem ser compostos em qualquer tipo. Porém, a oferta tipográfica cresceu muito e hoje se encontram várias alternativas bastante adequadas a cada perfil de mensagem. Vale a pesquisa.

Tudo o que pode contribuir para acelerar a leitura, tornando-a mais fácil, ajudará para fixar o leitor ao texto; tudo o que tornar a leitura demorada, mais difícil, contribuirá para repelir o leitor, para o incitar a não ler. Assim, qualquer forma de letra que contrarie a percepção sincrética deve ser formalmente evitada, principalmente tudo o que for suscetível de criar confusão entre a forma e o fundo. Do mesmo modo, toda escrita vertical, diagonal, em curvas, entrelaçada, em espiral, toda escrita em que os caracteres de imprensa estiverem dispostos de forma caótica uns em relação aos outros ou se confundirem deverão ser evitadas, caso não sejam parte realmente importante da concepção do anúncio.

Como regra, deve-se dar preferência aos caracteres tipográficos, evitando o uso de caracteres desenhados. Porém, existem situações em que a tipografia diferenciada não somente é adequada, mas pode se tornar um dos grandes diferenciais da peça.

A sua legibilidade depende de cinco fatores:

a. **simplicidade** – quanto mais simples, mais fácil a leitura;
b. **dimensões** – letras pequenas demais são fatigantes e exageradamente grandes causam mal-estar;
c. **força** – deve haver íntima relação entre a altura e a força com um ótimo intervalo em cada letra;
d. **orientação** – utilizar ao máximo caracteres orientados verticalmente, pois, quanto mais oblíquos, menor será a sua legibilidade;
e. **harmonia** – um anúncio deve ser composto de uma família de caracteres que forme um estilo único e não de uma profusão de famílias correspondentes a outros tantos estudos diferentes.

É comum o cliente destinar grandes somas para a veiculação e economizar centavos em produção, esquecendo que o anúncio malcuidado prejudica qualquer veiculação.

Não é apenas o produtor quem tem de entender de tipos. É função também do diretor de arte, que é quem deve decidir os valores da tipografia, em que tipos e critérios os anúncios devem ser produzidos.

A escolha mais do que adequada da tipografia contribui para que o anúncio tenha maior índice de leitura, principalmente quando o texto é longo. Em geral, todas as resistências a textos extensos relacionam-se à ideia de que o leitor não lê o texto longo, o que não é verdadeiro. O leitor que está interessado no anúncio, que está interessado em comprar aquele tipo de informação, lê de verdade, e para ele foi feito o texto. Quem não lê é porque não está interessado naquilo, portanto esse leitor não interessa.

Devemos partir do princípio de que o anúncio é feito para quem está interessado em comprar o que estamos vendendo. Quando se tem um texto grande, a responsabilidade do tipo é maior ainda. Logo, ele realmente precisa ser dosado, ser feito com simplicidade, mas com convicção.

Mexer com tipos é entrar em detalhes. Quem tem critérios, adota regras. Se não tem critérios, não sabe o que e por que está fazendo. E as regras são a consciência do que está sendo feito. Ao mesmo tempo, quando o produtor domina muito as regras, pode já estar pronto a criar novas.

Um bom anúncio tem forças diferentes. Você tem de delegar os poderes, ou para a imagem, ou para o tipo, ou para o logotipo. Alguém tem de gritar mais alto na página. Na medida em que você define um anúncio assim, ele aumenta a chance de ser mais bonito do que os outros.

Até recentemente, o logotipo ficava no rodapé. O argumento básico é que se trata de uma assinatura: quando se faz um documento, a assinatura vem no fim. O logotipo deve ir no fim para assumir a paternidade e a responsabilidade do que está sendo dito ou mostrado. O argumento contra outras colocações era de que colocar o logotipo no meio de um título, por melhor que ele fosse, trancaria a comunicação visual. Atualmente, existem várias experiências com a assinatura em praticamente todos os locais do anúncio. E não há resposta definitiva de melhor lugar, mas sim a preocupação contínua de adequação. Porém, em caso de dúvida, confie nos "antigos".

Devemos sempre lembrar que a propaganda, se nunca receber uma mudança, e com frequência, perde seu aspecto de novidade. Ela se ressente demais da falta de detalhes que representem fôlego para continuar sobrevivendo dentro dos mesmos critérios. É preciso cuidar e citar certos detalhes que ajudam a propaganda a sair da monotonia. Mas é necessária muita harmonia.

A grande recomendação, de modo geral, é que o produtor gráfico domine fortemente todos os demais processos de produção e fechamento de arquivos digitais, geração de provas, determinação de papéis e os processos de impressão. Todos eles, atualmente, sofrem avanços diários promovidos por novas tecnologias e merecem uma atenção especial. O Brasil já conta com excelentes papéis produzidos em todo o mundo, inclusive aqui, e máquinas adequadas a praticamente todos os perfis de demanda.

Conclusões sobre a prática da publicidade

Quando entra em jogo a forma como se prevê que irão atuar os seres humanos, são poucas as decisões seguras que podem ser tomadas com base em estatísticas. Quase sempre a intuição desempenha o papel principal.[18]

Um profundo conhecimento das características socioeconômicas e culturais do grupo analisado e um histórico do comportamento do consumidor formam a base dessa análise. Porém, tudo isso é história. E o tempo presente, com seus valores e inter-relações de forças, pode gerar resultados completamente diferentes.

Todo anúncio é uma sedução. Pode ser um êxito ou um fracasso, pode ser de bom ou mau gosto, mas não é possível criá-lo com nenhuma técnica que tenha a exatidão como base. Não existem linhas objetivas com as quais seja possível medir de antemão a eficácia de um anúncio. Mesmo os pré-testes mais sofisticados apenas geram boas indicações de como a população visada irá reagir à proposta. Diriam os pessimistas: "tudo isso nos ajuda a errar menos"; diriam os otimistas: "a cada dia, sabemos um pouco mais".

Se o esforço dá bom resultado, ganha-se a aprovação de todo mundo. Se não dá o resultado esperado, o sedutor (nosso anúncio) é castigado, privado dos clientes que havia conquistado anteriormente com suas seduções efetivas.

A mente, como o coração, pode ser vítima da sedução. E, assim posto, também o estômago. É mais fácil seduzir do que transmitir uma informação. Nesse caso, há resistências. Requerem-se tempo e dinheiro. Educar um cliente em perspectiva supõe um esforço prolongado, de longo prazo, e, muitas vezes, é demasiado dispendioso para que valha a pena.

Em consequência, tanto o publicitário como seu público cedem à tentação de encontrar o caminho mais fácil: entabulam relações de sedução e as chamam de relações lógicas. O publicitário não quer admitir que esteja confeccionando um "feitiço", e o público não quer confessar que compra fascinado por isso. Ambos salvam as aparências, escondendo a verdade, chamando ao pequeno idílio sedutor – o *affaire* do charme – assunto de comunicação, de informação, de fatos.

---

[18] A tecnologia da informação, hoje, permite acumular e processar um volume de informações impensável quando da elaboração desta obra por seu autor original. Costuma-se, atualmente, falar em Big Data para a capacidade de processar e buscar predizer comportamentos do público estudado. Porém, mesmo com essa base toda, o comportamento humano pode até ser previsto, mas não afirmado como certo.

CRIAÇÃO PUBLICITÁRIA   211

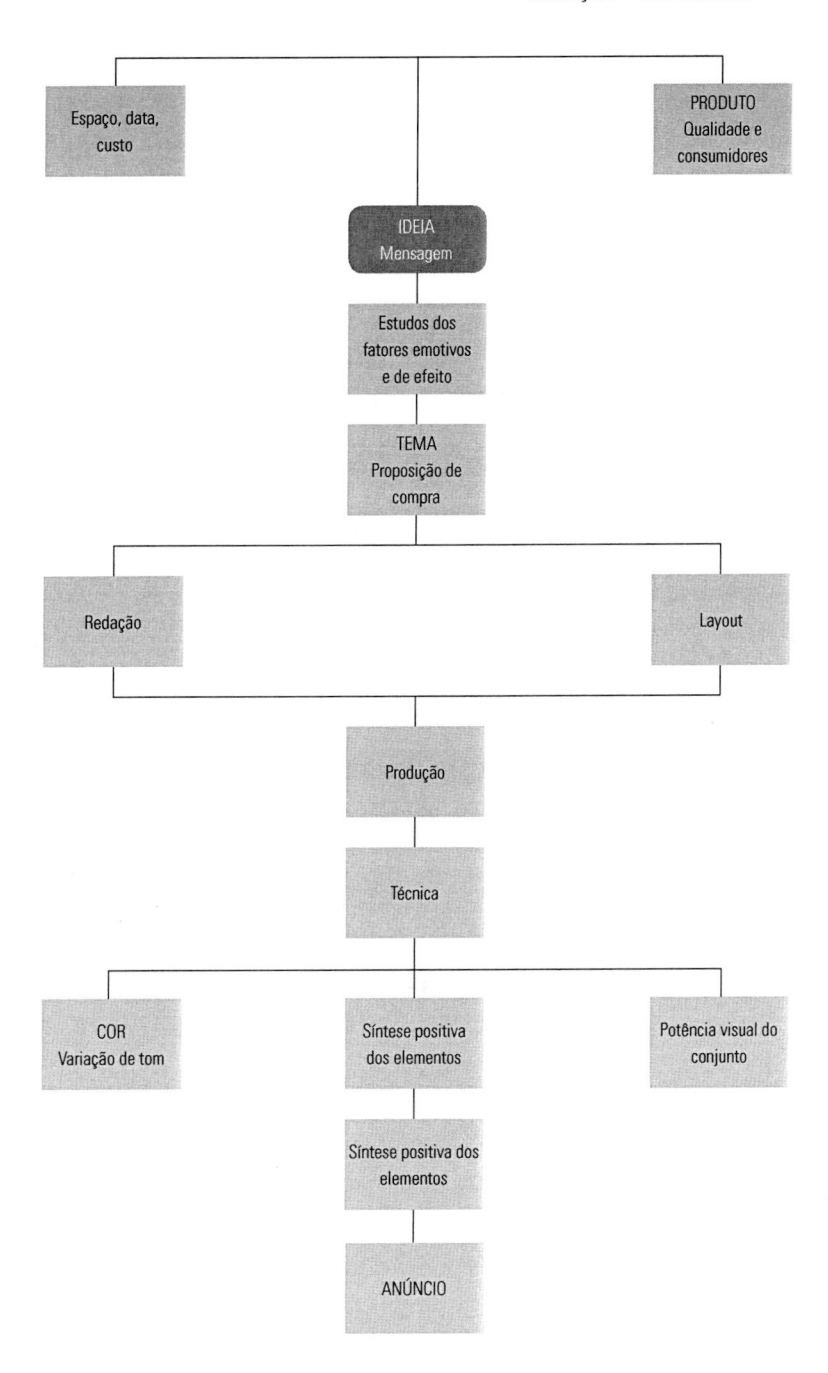

```
┌─────────────────┬──────────────────────────────┬─────────────────────┐
│ Espaço, data,   │                              │ PRODUTO             │
│ custo           │                              │ Qualidade e         │
│                 │                              │ consumidores        │
└─────────────────┘                              └─────────────────────┘
                          │
                    ┌───────────┐
                    │  IDEIA    │
                    │ Mensagem  │
                    └───────────┘
                          │
                  ┌─────────────────┐
                  │ Estudos dos     │
                  │ fatores emotivos│
                  │ e de efeito     │
                  └─────────────────┘
                          │
                  ┌─────────────────┐
                  │ TEMA            │
                  │ Proposição de   │
                  │ compra          │
                  └─────────────────┘
                          │
         ┌────────────────┴────────────────┐
   ┌──────────┐                       ┌──────────┐
   │ Redação  │                       │ Layout   │
   └──────────┘                       └──────────┘
                          │
                    ┌───────────┐
                    │ Produção  │
                    └───────────┘
                          │
                    ┌───────────┐
                    │ Técnica   │
                    └───────────┘
                          │
     ┌────────────────────┼────────────────────┐
┌──────────────┐   ┌────────────────┐   ┌──────────────────┐
│ COR          │   │ Síntese positiva│   │ Potência visual  │
│ Variação de  │   │ dos elementos   │   │ do conjunto      │
│ tom          │   │                 │   │                  │
└──────────────┘   └─────────────────┘   └──────────────────┘
                          │
                  ┌─────────────────┐
                  │ Síntese positiva│
                  │ dos elementos   │
                  └─────────────────┘
                          │
                    ┌───────────┐
                    │ ANÚNCIO   │
                    └───────────┘
```

FIGURA 5.5 Fatores do anúncio (quadro-síntese).

Normalmente, o anúncio não contém nenhuma informação falsa. Ele apenas informa uma parte da verdade que favorece ao anunciante. Dá as vantagens de uma máquina, mas não menciona o seu custo de manutenção. Sem embargo, em razão das omissões e do que elas significam é que o anúncio é uma sedução.

Talvez a causa dessa ação esteja na riqueza de nossa sociedade, que oferece tantas alternativas que qualquer publicidade puramente informativa seria ineficaz.

Às vezes, o mercado torna-se extremamente favorável, e uma razoável comunicação parece ser a ação mais eficaz do mundo. Então, navega-se com vento a favor. Mas é na hora da competição mais sofisticada que se sente claramente a diferença de quem gera boa comunicação, não só conceitualmente, mas consistentemente. E os "ventos contra", se bem manejados, podem fazer sua marca avançar – ou desacelerar menos que as demais.

Em todo caso, muitos anunciantes não têm, realmente, diferenças para anunciar; seguem sensibilizando, pintando seus produtos cada vez mais alongados e estilizados até quebrar todas as leis de perspectiva.

O essencial é que o anúncio seja uma novidade e convença o público, que seja pertinente e inovador. Aí a venda se realiza com segurança. O certo é que a essência da sedução consiste no inesperado, no insólito, e na publicidade às vezes falta originalidade. E o que é originalidade em publicidade?

- **Originalidade na forma**. Uma apresentação inusitada, diferente de tudo o que foi feito. Imprimir o texto em um pedaço de seda, por exemplo.
- **Originalidade em escolher o momento exato** (**oportunidade**). Tal como anunciar a baixa de preços, quando o presidente da República faz campanha para combater a inflação.
- **Originalidade na redação**. Escrever diferente. Exemplo: um anúncio de champanhe diz: "Só há uma pergunta: poderá você resistir"?
- **Originalidade artística**. Apresentar o produto de modo diferente em situação diferente.
- **Originalidade na atitude**. O tom inesperado da voz, a frase, o desenho ou nome imprevisível (e, por isso mesmo, impressionante).
- **Originalidade no público**. A loja que envia comunicação dirigida com ofertas de venda aos empregados de seus fornecedores.
- **Originalidade no meio de difusão**. Um remédio para torcicolo que se anuncia com letreiros no céu.

- **Originalidade na associação**. O leão e o imposto de renda (tão forte que é utilizado até hoje).

Mas tudo quanto faça a publicidade nesse sentido é pouco. Não se pode permanecer muito tempo em uma ideia que deu resultado. Uma nova ideia, um novo enfoque no formato ou na redação tem uma legião de seguidores, plagiando até o público se cansar (lembra-se do que comentamos sobre o "efeito manada"?).

O anúncio, para seduzir, deve sempre apresentar uma nova forma de abordagem, mais brilhante, mais culta, mais madura e sempre mais original. A base da grandeza está em ser diferente. A base da mediocridade está em ser o mesmo, quando isso não funciona mais com a mesma eficácia.

O êxito da grande publicidade em suas produções baseia-se em sua resistência inesgotável contra o similar; é uma luta sem tréguas para sair da rotina; um esforço contínuo para ministrar novas ideias, para ilustrá-las com elogios e cores novas, para expressá-las com originalidade. E aí entra aquele processo mais amplo, no qual a propaganda pode – mas não deve – se alimentar somente de propaganda, autorreferendando-se.

O que mais atrai é aquilo em que predominam o instinto e a emoção (novelas e músicas, arte e sensibilidade em geral).

A função que deve desempenhar a boa pesquisa é ajudar o homem intuitivo, o homem íntegro, a compreender seu mercado por todos os ângulos. O marketing, em vez de dizer "não faça isto", deveria dizer: "por que não tenta aquilo?"

Cada coisa que você faça deve ser transmitida ao consumidor como algo vital, dinâmico, essencial, excitante; e assim a fará mais vital, dramática e essencial a seus olhos.

O anúncio deve dizer o que tem a dizer dentro de um nível de credibilidade aceito universalmente para o produto, enquadrando a criação no centro desse nível, nem acima, nem abaixo. É fácil equivocar-se dizendo por alto, ou dizendo demais.

Com demasiada frequência, a agência teme expressar o que pensa com medo de perder o negócio. O que existe de desentendimento, na verdade, é que o publicitário e o empresário às vezes estão separados por uma muralha semântica. Ambos falam do mesmo tema (publicidade), mas em linguagem diferente. Com expectativas diferentes. Se falassem em uma linguagem comum ao abordarem determinadas questões, seria aberta uma brecha de compreensão nessa muralha. Todos os grandes *cases* de marketing e de propaganda sempre ocorreram por causa da real parceria entre clientes e agências, que construíram juntos uma nova proposta – aceitaram correr o risco do sucesso, juntos. Quando acontece essa parceria, com profissionalismo e cumplicidade, a chance de êxito aumenta muito.

Alguns afirmam que, ao consumidor, interessa mais aparentar. Todos dizem querer programas educativos na TV, mas a maioria assiste a outros programas e não aos da TV Cultura ou da TV Educativa.

No mundo dos negócios, também, todos parecem estar convencidos de que as compras se efetuam por razões lógicas. Mas praticamente não se compra nada no universo do consumo apenas por razões lógicas. Quase tudo que se compra, compra-se com forte carga de motivos emocionais. Após a compra, porém, o consumidor quer razões plausíveis para justificar os motivos da compra.

A venda é uma operação emotiva. O decisivo nas vendas não são os elementos lógicos (ou históricos), mas os emocionais e transitórios (da personalidade).

Muito frequentemente, o publicitário detém-se em pontos de venda considerados importantes para ele, mas que podem não ter valor algum, ou mesmo ser incompreensíveis, para o consumidor.

Características não são benefícios para o público. Elas só se tornam desejáveis quando se ajustam ao seu caso pessoal ou quando lhe proporcionam satisfação, ou quando suprem suas necessidades. Existem satisfações psicológicas ao lado e acima das vantagens econômicas.

O homem lógico e o homem econômico são fictícios. Eles simplesmente não existem. Por baixo da máscara da racionalidade que a sociedade ensina a usar, e, intimamente, nunca é um técnico. E seu comportamento é regido mais pela emoção e pelas causas não racionais do que pela lógica.

Nunca esqueça: estamos fazendo arte aplicada. Os prêmios são a consequência de um trabalho e não o objetivo.

6

MÍDIA[1]

Uma breve introdução sobre mídia

A mídia é uma operação das mais centrais na inteligência de uma agência e também em sua rentabilidade. Pode-se afirmar que a função da mídia é aquela que deu origem ao modelo de agência de propaganda preponderante durante boa parte do século XX. Afinal, com o crescimento dos meios de comunicação (a partir do jornal), o "homem de contato publicitário" buscava anunciantes para seu veículo, como um agente comercial. Em função do crescimento da oferta de meios e de títulos, esse profissional de atendimento começou a sofisticar o processo na busca por anunciantes mais adequados.

Conforme aponta Ricardo Ramos (1987, p. 28), até primórdios do século XX, "o negócio publicitário era marginal (...) Girava em torno de publicações. Com a figura do agenciador de anúncios, que fazia a ligação entre cliente e veículo (...) Só em 1913, ou 1914, a data é imprecisa, surge em São Paulo a primeira agência digna deste nome: a Castaldi & Bennaton, proprietária de A Eclética, sua sucessora (...)", com certeza, trazendo em si um profissional mais dedicado, buscando as melhores negociações de compra de espaços publicitários para seus clientes, e tendo aí uma margem importante em sua remuneração profissional.

Muita coisa aconteceu e evoluiu no século XX, muito bem descritas pelo Grupo de Mídia de São Paulo:

> Os departamentos de mídia nos tempos que antecedem a década de 1970 diferiam muito do modelo atual. Na ocasião, algumas atividades de mídia não

---

[1] Este capítulo foi revisado, na 8ª edição, sob a supervisão técnica de Amadeu Nogueira de Paula, um mestre na mídia brasileira e um de seus maiores representantes, tanto no mercado quanto no universo acadêmico (professor da ESPM). Nesta 9ª edição, foi revisado pelo prof. Mauro Berimbau, que também foi autor do Capítulo 7 desta obra, no qual pode-se verificar seu currículo e conhecer mais de sua pesquisa.

eram exercidas pelos profissionais de Mídia. O planejamento, com seus fatores de decisão estratégicos, como indicação dos meios, períodos, avaliações de mercado, frequência, cobertura etc., na maioria dos casos tinha o dedo do Atendimento. Algo coerente na época, já que os departamentos de mídia transitavam da departamentalização por meio para o planejamento unificado. O Atendimento detinha o controle da informação e costurava o processo. A Mídia, não sendo generalista, produzia as ações separadamente por meio, perdendo o fio do planejamento como um todo. Notícias ou imposições das agências americanas forçavam o processo de unificação da área. Profissionais que emergiam buscavam conhecimento, espaço e *status* (...).[2]

Dando um pequeno salto para um passado recente: até a implantação do Plano Real, em 1994 (com a consequente estabilização da moeda brasileira), ocorria um fluxo inflacionário da nossa economia que confundia a ordem do desempenho da função do mídia, e a negociação tornou-se por muito tempo o foco principal desse profissional. No entanto, então já era sabido que a maior otimização do investimento ocorre de fato na fase de planejamento das ações de mídia.

Quem inicia hoje na atividade publicitária, ou atua em ambientes menos privilegiados de oferta de mídia, percebe quase sempre como predominante o aspecto tático desse profissional. E, é claro, este é um papel extremamente importante. Mas nunca se deve esquecer o aspecto de fundo do planejamento de mídia, que é a visão estratégica, a qual depende essencialmente de um profissional consciente de seu papel, de uma boa estrutura própria ou de acesso aos bancos de dados do mercado, dos consumidores e dos meios de comunicação, e de parceiros inteligentes e bem articulados, não somente dentro da agência, mas também na empresa-cliente e nos veículos de comunicação ou seus representantes.

Hoje, a função do mídia superou em muito – mas não eliminou – o seu papel de negociador de espaços publicitários. Na prática, a cada dia ela se torna mais estratégica, ocupando um papel essencial no planejamento e na execução de planos que permitam as melhores possibilidades de contato da marca (do produto ou do serviço) com seus públicos de interesse. Tanto que, atualmente, há quem prefira definir a função do mídia como a de gestor dos contatos da marca.[3] E esse é um aspecto que evolui a cada dia, em velocidade surpreendente, pois as novas tecnologias e os novos padrões sociocomportamentais das pessoas estão promovendo o surgimento ou a mudança de

---

[2] Houve mudanças no website desde a última revisão, mas ainda podem ser encontradas muitas informações relevantes para os profissionais da área no novo espaço digital do Grupo Mídia São Paulo em: <http://gm.org.br/>. Acesso em: dez. 2014.
[3] Esta tem sido a orientação nos cursos de graduação de Comunicação Social/Publicidade e Propaganda, da ESPM.

parâmetros de modo muito mais rápido e radical. A área de mídia amplia-se radicalmente, e – de forma geral – tudo se torna mídia, seja pelos meios tradicionais ou por toda e qualquer plataforma de contato da mensagem da marca com seus públicos.

Essa evolução torna muito mais importantes e complexas todas as operações de mídia: planejamento, implementação, controle e avaliação (novas métricas), o que somente amplia ainda mais a importância do profissional de mídia e a necessidade de ele ser absolutamente aberto às mudanças e evoluções e bastante sintonizado com os demais profissionais da agência, do cliente e dos principais fornecedores de serviços e soluções.

Definições

De forma bastante simplificada, pode-se afirmar que o principal papel do profissional de mídia é a elaboração de um plano que:

- **atenda os objetivos e estratégias de marketing** estabelecidos pelo cliente, bem como os **objetivos de comunicação** posicionados para a campanha pelo planejamento de comunicação;
- **permita a adequação dos veículos de comunicação** com o objetivo de levar a mensagem adequada ao público-alvo, na intensidade certa e no momento mais apropriado.

Logo, a missão da área de mídia é otimizar os investimentos de comunicação, assegurando o contato com o maior número possível de potenciais consumidores (ou públicos de interesse, dependendo do objetivo traçado). E, para que isso ocorra, busca construir soluções estratégicas com a melhor relação custo-benefício, nas fases de planejamento, negociação e compras de mídia.

Mais detalhadamente: o profissional de mídia deve executar o **gerenciamento dos contatos de mídia**, o que envolve:

- definição clara do objetivo e das estratégias de comunicação;
- seleção de meios e veículos;
- montagem do plano de mídia;
- negociação de campanhas;
- avaliação dos projetos em execução e novas oportunidades de mídia, que possam surgir e ser ainda mais adequadas.

Tudo isso deve ser feito sempre com uma visão futura de oportunidade de contato. Atualmente, com o surgimento de novos canais e publicações, a fragmentação e dispersão das audiências, um ambiente de marketing ainda mais competitivo dos meios e o aumento dos custos de veiculação acima dos demais índices tradicionais do mercado, tornou-se imprescindível a presença de um criterioso **plano de mídia** no contexto da campanha. Um plano que consiga abranger a integração das várias disciplinas da comunicação, envolvendo novas tecnologias e novas oportunidades de contato da marca com seus públicos.

Um papel privilegiado nessa relação: o atendimento do veículo

Muito já falamos que os critérios dos profissionais de mídia das agências e dos gerentes e responsáveis pela propaganda nas empresas estão cada vez mais sofisticados. Há, até mesmo, casos de algumas grandes organizações (com diversas marcas ou linhas de produtos sendo trabalhadas em diversas agências) que contrataram profissionais de mídia para atuarem em seus departamentos como gestores do esforço coletivo que a própria empresa-cliente efetuará.

Nesse contexto, o terceiro elemento do tripé agência–cliente–veículo também vem evoluindo de forma significativa: os **contatos publicitários**. Deles, espera-se que tenham um profundo conhecimento de perfil do público, tiragem, circulação, cobertura, análise de custo, tudo comprovado por pesquisas e dados dos Institutos de Verificação. Também espera-se que obtenham informações adicionais com detalhes de perfil editorial, dos anunciantes que programaram os veículos, com que frequência e intensidade e os resultados obtidos, além de dados que orientem sobre a melhor maneira de utilização do veículo e que se enquadrem no tipo do anunciante, do produto oferecido etc. É preciso mais do que comprovar que o veículo tem as características que atendem as necessidades do anunciante.

Contato é o profissional que vai até a agência para mostrar que seu veículo tem soluções que beneficiam o anunciante. O contato de veículo é um misto de homem de negócios, de conhecedor de mercado, do comportamento do público, de seu veículo e de seus concorrentes e, também, da técnica de anunciar. Que sabe propor soluções comerciais em formas e conteúdos extremamente adequados ao perfil do anunciante e de seu público. Que respeita a agência e é realmente seu parceiro na conquista e manutenção de clientes satisfeitos.

Por fim, antes de entrarmos nas bases mais técnicas da mídia, e sobre um tema que voltaremos a tratar também no capítulo sobre a agência de propaganda, surge a questão do comissionamento. Essa é uma velha discussão, que se aprofunda e que se arrasta na busca por modelos diferenciados de remuneração. Genericamente, a maior parte da remuneração das agências até o momento é advinda das comissões de mídia. Em função de volumes maiores de investimento das agências em grandes meios de comunicação, os veículos começaram a oferecer uma sobrecomissão pelo volume alocado por determinada agência, advindo, muitas vezes, do investimento de diversos clientes diferentes. Ele é conhecido como **bonificação por volume** e mais ainda pela sigla **BV**, aceito como prática regular pelo Conselho Executivo das Normas-Padrão (Cenp).[4]

O que os veículos negociam frequentemente com as agências são os percentuais de comissionamento, buscando atrair o volume de investimento alocado por meio dessa agência. E isso é considerado legítimo dentro da negociação, com agências e veículos apoiando-se na conquista de faturamentos maiores e – ao mesmo tempo – da satisfação de seus clientes, desde que respeitem os parâmetros estabelecidos pelo Cenp e/ou pelas práticas de representações ou associações das agências.

Porém, é comum – e lamentável, pois fora das normas – os profissionais de atendimento dos veículos abordarem diretamente as empresas-clientes, oferecendo-lhes descontos na compra direta, com base no montante da comissão da agência. Isso tem feito, principalmente em anunciantes menores e das áreas mais técnicas (chamadas de *business-to-business*, ou B2B), que se dificultem ou até mesmo se inviabilizem alguns modelos operacionais de agências, por perderem parte significativa de sua rentabilidade, o que elimina delas as condições de oferta de seus melhores serviços para seus clientes. Mais ainda: essa é uma operação que tende a perder sua dimensão técnica de compra e tornar-se apenas uma equação de preço, menosprezando os principais critérios da inteligência da mídia.

---

[4] O Conselho Executivo das Normas-Padrão é uma entidade de ética, com atuação nacional, criada e mantida exclusivamente pelo setor privado para assegurar boas práticas comerciais entre Anunciantes, Agências de Publicidade e Veículos de Comunicação.
Baseia-se nas Normas-Padrão da Atividade Publicitária, documento orientador de melhores práticas, atuando de forma permanente em quatro importantes áreas:
1. Certifica a qualidade técnica da Agência de Publicidade, assegurando que ela tenha estrutura física e de pessoal compatível com o mercado no qual atua, inclusive quanto ao uso competente de pesquisas de mídia.
2. Mantém depósito, para comprovação pública, das listas de preços dos Veículos de Comunicação, instrumento inibidor de práticas desleais na oferta de preços pelos serviços de veiculação da publicidade.
3. Credencia os serviços de informações de mídia oferecidos pelas empresas especializadas e credencia, também, institutos/empresas para atuarem na verificação de circulação dos Veículos de Comunicação impressos.
4. Atua como fórum permanente de discussão técnico-comercial da área publicitária. Não é ente público, mas tem as Normas e a Certificação reconhecidas pela legislação federal como instrumento para entes públicos que utilizam a publicidade para o exercício da comunicação.

Por isso, contato de veículo que se preza não "fura" a agência em visitas na penumbra aos clientes dela, propondo condições que não foram oferecidas à agência.

Contato profissional conhece as forças e as fraquezas do veículo que representa, conhece a força e as limitações da verba do anunciante. E, conhecendo todos esses fatores, sabe avaliar suas chances e reconhecer o trabalho profissional e parceiro que deve ser o da agência. E se a empresa ainda não tiver um, poderá ajudá-la a encontrar, fazendo uso de sua rede de relacionamentos, promovendo um ganho para o mercado publicitário.

Estrutura do plano da mídia

Antes do detalhamento da estrutura de um plano de mídia, é preciso deixar claro que, como em qualquer modelo, tal plano busca apresentar as linhas gerais de pensamento estratégico e base tática. Porém, é preciso atentar para três aspectos:

- Os profissionais de direção de mídia (ou seus equivalentes na hierarquia da agência) estão, cada vez mais, participando do núcleo de inteligência estratégica da agência, junto aos profissionais de planejamento e de criação; logo, parcela do que é pressuposto para iniciar um plano de mídia já pode ter o dedo desses profissionais.
- As grandes agências costumam utilizar modelos "personalizados", individualizados segundo suas características; porém, nomenclaturas e estruturas à parte, refletem essencialmente os mesmos princípios do que será apresentado a seguir.
- As agências tendem a utilizar esses modelos mais completos em campanhas com objetivos mais complexos, envolvendo muitos meios, praças e situações de mercado; em pequenas veiculações, é comum encontrarmos modelos mais simplificados, mas que, do mesmo modo, devem respeitar os princípios gerais aqui colocados.

Posto isso, e detalhando os pontos principais que norteiam cada decisão tática de veiculação, os itens que devem compor o plano de mídia basicamente são:

- objetivo de mídia;
- estratégia de mídia;
- tática de mídia;
- cronograma de veiculação;
- programações;
- resultados simulados dos esquemas de veiculação.

Objetivo de mídia

Com base no briefing do anunciante e no planejamento de comunicação, o objetivo de mídia deve responder ao que está sendo visado pela campanha. Deve definir se é um esquema de veiculação de lançamento, relançamento ou se é de continuidade e também se precisa resolver questões de percepção da marca ou do produto, de sazonalidade de vendas etc. Para tanto, tem de justificar objetivos de alcance (cobertura) de consumidores com as respectivas necessidades de frequência de exposições.

A partir do objetivo de mídia, poderão ser planejadas soluções que representam caminhos favoráveis da linha criativa.

Estratégia de mídia

Nesse item ocorre a justificativa da importância de cada meio de comunicação selecionado, seu papel no contato com o consumidor e, principalmente, a sua função na campanha, em razão das características de cada meio que compõe o plano recomendado.

Essa fase exige um conhecimento profundo do planejador em relação aos hábitos e atitudes do consumidor, seus assuntos de preferência e sua conjuntura de formação de opinião. No Brasil, destacam-se dois excelentes estudos que colaboram com essa análise do consumidor em relação aos meios tradicionais: Marplan (Consumer) e Ibope (Target Group Index – TGI). Porém, nem sempre estão disponíveis à maioria das agências[5] e, por isso, cabe ao profissional de mídia tentar suprir essa demanda com informações confiáveis disponíveis no mercado ou, ainda, sensibilizar agência e cliente a realizarem pesquisas próprias. Como sabemos, o investimento em pesquisas (relatórios disponíveis em mercado ou próprias) é um esforço que pode ser facilmente justificado pela qualidade oferecida nos investimentos de mídia propostos a partir de bases mais confiáveis e não apenas a partir das percepções dos profissionais envolvidos, por mais experientes que eles sejam. Costuma-se dizer que investir em pesquisa é melhorar em muito a chance de acertar no alvo. Quanto mais houver contribuição da pesquisa, mais justificado é seu investimento.

A estratégia de mídia representa o sentido mais indicado para a realização de uma série de ações coerentes com os objetivos de mídia apresentados no início do plano.

---

[5] Acompanhe sempre as publicações *on* e *off-line* desses institutos, além dos trabalhos acadêmicos e de mercado participantes em diversos concursos e mostras. Eles trazem informações de base ou de ponta sobre diferentes situações de mercado, analisadas de diversos prismas; seu custo costuma ser extremamente baixo, quando não gratuito.

Tática de mídia

Define-se qual o melhor caminho, a melhor forma, de participar da solução estratégica recomendada. Na estratégia de mídia define-se qual o meio recomendado; aqui, na tática, ocorre a definição de critérios da veiculação e dos veículos/programas/títulos que serão utilizados na campanha.

A seleção nessa fase continua considerando os hábitos e atitudes do consumidor, apresentados nos estudos do Ibope e do Marplan, porém com a definição do formato a ser utilizado em cada veículo visando atingir o consumidor, em uma tática oportuna, talvez sutil, mas sempre impactante.

Aqui são utilizados os *rankings* de audiência associados aos custos relativos de potenciais consumidores, índices de afinidade dos veículos e seus horários/circulação. O perfil dos veículos declarados nos estudos permite o planejamento técnico das táticas de contato da marca.

Cronograma de veiculação

Um cronograma é uma forma de visualizar ações ao longo do tempo. Porém, com o cronograma de veiculação, o mídia terá muito mais que isso: ele permite a visualização de todas as ações recomendadas, não só por período, mas por mercado, meio, formatos, investimentos (total e percentuais) etc. Veja o exemplo a seguir na Tabela 6.1:

TABELA 6.1 Cronograma de veiculação

Jan. Fev. Mar. Abr. Maio Jun. Jul.	INVESTIMENTOS		
SP, RJ, MG	GRP	R$	%
TV	2.100	6.000.000	65
Mídia	–	830.000	9
Jornal	–	737.000	8
Revista	–	921.000	10
Cinema	–	552.000	6
Internet	–	184.000	2
Total	–	9.224.000	100

Programações dos meios de comunicação utilizados no plano

É oportuno associar nas programações quais os parâmetros da rentabilidade de cada indicação de veículo ou dos programas utilizados, como impactos no público-alvo, CPM (Custo por mil dos consumidores alcançados), custo da audiência, custo do GRP (*Gross Rating Point*) ou custo da audiência no público-alvo (*Target Audience Rating Point* – TARP). Eles são parâmetros importantíssimos para a defesa da seleção de veiculação das mensagens e serão mais bem explicados ainda neste capítulo.

As programações podem ter representações básicas, para que o anunciante visualize onde as mensagens serão veiculadas, os caminhos do anúncio ou onde o comercial será exposto para o público-alvo, sempre lembrando que cada meio tem seu formato de programação.

Resultados simulados

Nessa fase do plano de mídia, deve constar a indicação dos resultados potenciais das soluções apresentadas em termos de:

- alcance de consumidores;
- frequência média de exposição da mensagem;
- impactos no público-alvo;
- total de consumidores atingidos em números absolutos, por mercado.

Os veículos publicitários

De pouco valerá uma boa peça publicitária se os veículos escolhidos para divulgá-la não forem adequados ao meio de expressão e não atingirem o público capaz de se interessar pelo produto ou serviço anunciado e com capacidade aquisitiva para comprá-lo.

Ao conceber uma campanha publicitária e iniciar seu planejamento, deve-se ter em mente o grupo consumidor a que ela se destina, pois é com esse conhecimento do consumidor real ou potencial que é possível estabelecer o tema, selecionar os estímulos ou apelos e determinar o gênero de veículos mais apropriados para difundir a mensagem.

O problema de seleção de veículos deve ser resolvido no momento exato de planejar, pois o grupo consumidor visado é que dita o gênero dos veículos a escolher, mas a natureza da mensagem, a forma mais apta a expressá-la, a verba disponível para a campanha etc. influem igualmente na seleção, sendo, assim, indispensável coordenar todos esses fatores antes de começar o preparo das peças publicitárias.

A seleção de meios e veículos se faz no ato do planejamento, considerando-se os hábitos e assuntos de interesse disponíveis nos estudos Marplan e Ibope.

Usos publicitários das mídias e agências anunciantes

O Ibope Conhecimento é um espaço público destinado a organizar e disponibilizar relatórios de pesquisa e artigos publicados por colaboradores do próprio instituto. Nele, encontramos informações valiosíssimas sobre mercado e mídia. Compartilhamos algumas delas neste trecho, apresentando reflexões relevantes fundamentadas na experiência e prática publicitária. Disponibilizamos também o link[6] para que você, leitor, possa estar sempre atualizado com as informações mais recentes ali publicadas.

A primeira informação relevante está no investimento, em milhares de reais, que cada mídia recebeu ao longo dos anos de 2012 e 2013, comparativamente (Quadro 6.1).

QUADRO 6.1 Evolução do investimento em mídia 2012-2013

Meio	Jan. a dez./2013		Jan. a dez./2012	
	R$ (000)	%	R$ (000)	%
Total	**112.604.654**	**100**	**94.902.378**	**100**
TV aberta	59.556.314	53	51.279.565	54
Jornal	18.488.094	16	16.744.650	18
TV assinatura	8.670.630	8	7.978.162	8
Internet	7.306.734	6	6.538.399	7
Revista	6.938.720	6	7.245.711	8
TV merchandising	5.905.761	5		
Rádio	4.718.136	4	4.196.958	4
Mobiliário urbano	542.146	0	495.605	1
Cinema	377.188	0	313.308	0
Outdoor	100.931	0	110.018	0

Fonte: Ibope Conhecimento. Disponível em: <http://www.ibope.com.br/pt-br/conhecimento/TabelasMidia/investimentopublicitario/Paginas/default.aspx>. Acesso em: dez. 2014.

No período, o bolo publicitário cresceu em faturamento. Mas, indiscutivelmente, é a televisão o meio que mais recebe investimento publicitário. Pelas suas características positivas (que veremos mais adiante), a TV acaba por representar mais da metade de todo o setor. Ainda que, comparativamente a 2012, a televisão tenha perdido participação para outras mídias, seu faturamento aumentou em 16%. E não há evidências de encolhimento.

Em geral, todas as mídias apresentaram um cenário positivo, aumentando o valor do investimento. Além da televisão, o cinema, o rádio, a internet e a TV por assinatura demonstraram crescimentos significativos. Isso demonstra a capacidade de adaptação das mídias: no início da internet, preconizou-se o fim do jornal por conta das notícias on-line e dos blogs, mas ele ainda mantém um respeitoso segundo lugar. Além da busca por novas estratégias, os jornais se beneficiam pela distribuição nacional e o fácil acesso – diferente

---

[6] Acesse o Ibope Conhecimento através do link: <http://www.ibope.com/pt-br/conhecimento/Paginas/default.aspx>. Acesso em: dez. 2014.

da internet, que tem seu crescimento dificultado pelos custos de toda a estrutura necessária para acessar a mídia.

O acesso à TV por assinatura tem aumentado e, com ele, sua relevância para os anunciantes. Sendo o 6º maior mercado de TV por assinatura do mundo, o Brasil conta com 58,2 milhões de pessoas com acesso à sua programação exclusiva.[7] Nesse número não é considerado o furto de sinal, o qual é realizado em 4,2 milhões de domicílios – ou 18% de todos os lares que possuem o acesso. Um número alto que vem incomodando o setor, mas que não para de crescer.

A mídia que sofreu mais entre os dois anos foi a revista, que está passando por um momento de dificuldades, reposicionamento estratégico e repensar. A editora Abril, por exemplo, fechou revistas ao longo de 2013, demitiu funcionários e concentrou administrações, buscando adaptação ao mercado contemporâneo[8]. Evidentemente, isso não representa nenhum cenário mórbido para as empresas do setor – apenas que o repensar leva algum tempo e pode causar impactos negativos enquanto permanece a mudança.

De qualquer modo, notamos que o mercado como um todo está acompanhando o ritmo do Brasil e se beneficiando do aumento do poder de consumo brasileiro. Afinal, consumo e publicidade andam lado a lado. Não por acaso é o varejo que mais tem investido em comunicação, respondendo por 20% do total. Veja no Quadro 6.2 os principais setores anunciantes de 2013:

QUADRO 6.2 Principais setores anunciantes em 2013

Setor	Jan. a dez./2013		Jan. a dez./2012	
	R$ (000)	%	R$ (000)	%
TOTAL	**112.604.654**	**100**	**94.902.378**	**100**
Comércio varejo	21.315.399	19	19.628.638	21
Higiene pessoal e beleza	11.320.063	10	8.152.531	9
Serviços ao consumidor	9.762.907	9	8.259.942	9
Veículos peças e acessórios	8.482.038	8	7.506.997	8
Mercado financeiro e seguros	7.753.473	7	7.206.847	8
Cultura lazer esporte turismo	7.043.185	6	5.315.622	6
Serviços de telecomunicação	6.325.778	6	6.733.725	7
Bebidas	5.864.234	5	5.278.108	6
Serviços públicos e sociais	5.684.026	5	4.639.918	5

(continua)

---

[7] Informações disponibilizadas pelo site Mídia Fatos. Disponível em: <http://www.midiafatos.com.br/site2014/index.html#2>. Acesso em: set. 2014.
[8] BOCCHINI, Lino. Editora Abril fecha revistas *Alfa, Gloss, Bravo!* e *Lola*. Disponível em: <http://www.cartacapital.com.br/blogs/midiatico/abril-fecha-revistas-alfa-gloss-bravo-e-lola-9238.html>. Acesso em: dez. 2014.

QUADRO 6.2 Principais setores anunciantes em 2013 (*continuação*)

Setor	Jan. a dez./2013		Jan. a dez./2012	
	R$ (000)	%	R$ (000)	%
Alimentação	4.439.846	4	3.173.892	3
Farmacêutica	4.174.718	4	2.114.310	2
Mídia	4.011.478	4	4.112.024	4
Mercado imobiliário	4.011.027	4	3.000.124	3
Higiene doméstica	2.471.020	2	1.671.599	2
Petroleiro e combustíveis	1.884.791	2	1.464.586	2
Vestuário e têxtil	1.476.687	1	1.245.891	1
Informática	1.168.282	1	1.140.045	1
Eletroeletrônicos	1.084.713	1	933.109	1
Brinquedos e acessórios	910.866	1	717.304	1
Multissetorial	716.857	1	502.835	1
Produtos uso pessoal	667.403	1	607.917	1
Construção e acabamento	611.097	1	372.167	0
Casa e decoração	394.595	0	174.165	0
Sorteios, loterias e casas jogo	378.784	0	410.267	0
Bens e serviços industriais	322.261	0	197.936	0
Agropecuária	235.219	0	184.668	0
Escritório e papelaria	86.569	0	152.872	0
Tabacos	7.338	0	4.342	0

Fonte: Ibope Conhecimento. Disponível em: <http://www.ibope.com.br/pt-br/conhecimento/TabelasMidia/investimentopublicitario/Paginas/default.aspx>. Acesso em: dez. 2014.

São Paulo se mantém como a principal praça, com 26% (aproximadamente R$ 29 bilhões) de todo o investimento publicitário no Brasil. Isso é maior do que a soma das mídias que possuem cobertura nacional (TV por assinatura, algumas revistas, TV merchandising e internet), que totalizaram um investimento aproximado de R$ 27,8 bilhões (25%). A praça São Paulo é ainda maior se considerarmos também o interior do estado, separado para fins de pesquisa, que soma R$ 6,11 bilhões (5%). Em 2013, o Rio de Janeiro investiu R$ 11,5 bilhões, o que corresponde a 10% do bolo. Belo Horizonte, R$ 4,5 bilhões (4%), Porto Alegre, R$ 3,8 bilhões (3%), Curitiba, R$ 2,9 bilhões (3%), Salvador, R$ 2,7 bilhões (2%), Recife, R$ 2,4 bilhões (2%). Fortaleza, Campinas e Brasília investiram R$ 2,3 bilhões (2%) cada uma.

Entre 2012 e 2013, nota-se que os principais anunciantes mantiveram seu ritmo de investimento no setor, trocando algumas posições mas ainda permanecendo entre os 30 primeiros. Nota-se que são marcas que precisam falar com o Brasil inteiro, com produtos ou serviços que atendem a múltiplas classes sociais ou cujo consumidor está pulverizado pelo país. Os principais anunciantes foram (Quadro 6.3):

QUADRO 6.3 Principais anunciantes em 2013

Ran 2012	Ran 2013	TOP 30 ANUNCIANTES	Jan. a dez./2013 R$ (000)	Jan. a dez./2012 R$ (000)
2	1	Unilever Brasil	4.583.558	3.057.969
1	2	Casas Bahia	3.358.342	3.523.609
27	3	Genomma	2.535.873	621.459
5	4	Ambev	1.746.193	1.645.477
3	5	Caixa (GFC)	1.674.515	1.683.629
8	6	Petrobras (GFC)	1.422.899	1.003.576
14	7	Hypermarcas	1.229.141	885.122
10	8	Volkswagen	1.206.439	993.455
#	9	Telefonica ##	1.172.919	#
18	10	Reckitt Benckiser	1.127.015	791.637
16	11	Fiat	1.092.100	867.691
19	12	Bco do Brasil (GFC)	1.072.410	773.148
4	13	Sky Brasil	1.057.046	1.670.548
15	14	General Motors	995.236	869.997
12	15	Grupo Pão de Açúcar	974.777	903.855
24	16	Renault do Brasil	949.446	652.962
7	17	Procter e Gamble	904.762	1.065.480
11	18	Cervejaria Petrópolis	896.005	917.382
13	19	Bradesco	889.335	902.161
26	20	Itaú	858.643	649.854
29	21	L'oreal	819.928	606.813
20	22	Coca-cola	785.982	723.869
17	23	Oi	763.820	817.128
22	24	Tim Brasil	754.786	716.735
#	25	Ford	692.550	#
23	26	Colgate Palmolive	667.270	668.916
9	27	Hyundai Caoa	665.483	996.916
21	28	Claro	657.052	720.802
#	29	O Boticário	633.216	#
28	30	Net Comunicação	584.352	609.976

Fonte: Ibope Conhecimento. Disponível em: <http://www.ibope.com.br/pt-br/conhecimento/TabelasMidia/investimentopublicitario/Paginas/default.aspx>. Acesso em: dez. 2014.

Não poderíamos deixar de destacar também as principais agências do país. Como todo setor da economia, nota-se uma concentração do investimento em poucas empresas – mas devemos ter a clareza de que, na mesma categoria, agências de diferentes tamanhos atendem às necessidades diferentes de seus clientes. Com a ampliação do mercado, da oferta para anunciantes e do repensar de algumas mídias, há muitas oportunidades surgindo para os pequenos, com chances consideráveis de sucesso, caso tenham cuidado na administração, seriedade e profissionalismo (Quadro 6.4).

QUADRO 6.4 Principais agências publicitárias no Brasil, organizadas por investimento

Janeiro a dezembro 2013
Moeda: R$ (000)

Posição	Agência	Investimento
1	Y R	7.397.091
2	Borghi Lowe	3.708.665
3	Ogilvy e Mather Brasil	3.567.548
4	Almap BBDO	3.384.046
5	WMCCANN	3.199.117
6	Publicis PBC Comunicação	2.562.652
7	Africa	2.308.283
8	JWT	2.251.883
9	Havas Worldwide	2.243.472
10	F Nazca S e S	2.161.473
11	Giovanni Draftfcb	2.102.832
12	DM9DDB	2.094.216
13	Leo Burnett Tailor Made	2.088.822
14	NBS	2.065.816
15	Neogama	1.749.400
16	Lew Lara TBWA	1.683.930
17	My Propaganda	1.292.178
18	Talent	1.257.344
19	Z Mais	1.148.244
20	Loducca	1.140.805
21	Artplan	1.120.890
22	DPZ	1.064.726
23	Agência WE	1.036.828
24	P A Publicidade	974.685
25	Grey 141	946.721

(continua)

QUADRO 6.4 Principais agências publicitárias no Brasil, organizadas por investimento (*continuação*)

Janeiro a dezembro 2013
Moeda: R$ (000)

Posição	Agência	Investimento
26	Taterka	870.914
27	Propeg	865.243
28	Nova SB	863.982
29	Longplay Comunicação 360	816.289
30	Heads Propaganda	752.247
31	Fischer e Friends	694.197
32	Master Roma Waiteman	645.574
33	Age	598.114
34	Fullpack Comunicação	590.650
35	Dentsu	567.907
36	Multi Solution	558.981
37	Eugenio Publicidade	541.278
38	REF Comunicação	533.055
39	E Mídia Propaganda E Marketing	482.416
40	Giacometti Propaganda	422.359
41	Agenciaclick	412.572
42	Wieden Kennedy	405.379
43	MOMA Propaganda	339.106
44	Agnelo Pacheco Comunicação	330.728
45	P e M Publicidade e Marketing	325.298
46	Link Propaganda e Comunicação	315.330
47	Wunderman	302.560
48	Agencia FBIZ	299.648
49	Unlike	281.856
50	Lov	278.129

Fonte: Monitor

Fonte: Ibope Conhecimento. Disponível em: <http://www.ibope.com.br/pt-br/conhecimento/TabelasMidia/investimentopublicitario/Paginas/default.aspx>. Acesso em: dez. 2014.

Definição de meios

Definir os meios é selecionar todas as oportunidades ou formas de contato capazes de levar a mensagem publicitária ao conhecimento do grupo consumidor. As palavras *mídia* (de *medium* – meio) ou *veículo* é que designam o elemento material (o meio) que divulga a mensagem.

Classificação de meios

As oportunidades tradicionais de contato com o consumidor – televisão aberta e TV segmentada (ou por assinatura), revistas, jornais, outdoor[9] (cartazes, painéis), mídia exterior (incluindo mobiliário urbano), rádio, cinema e internet – representam quase sempre contato de massa (isto é, não há definição precisa do público).

A estratégia de mídia depende, antes de tudo, do objetivo adequado aos meios, no contexto geral do objetivo de comunicação. Mesmo veiculando em meios de massa, o profissional de mídia poderá buscar segmentar a mensagem, utilizando programas ou situações específicos de cada veículo. Trata-se de garantir a transmissão mais eficaz para que se atinja o objetivo da propaganda, isto é, aquele contato que fornecerá a melhor relação entre o investimento, o custo relativo dos consumidores alcançados, a qualidade da audiência, a intensidade, a frequência e a rapidez com que os consumidores serão atingidos.

Classificação:[10]

a) Veículos visuais (para serem lidos ou vistos):
- imprensa: jornais, revistas e periódicos especializados;
- *outdoor*: cartazes, painéis e luminosos;
- mobiliário urbano: equipamentos de utilidade pública com espaços para mensagens comerciais e/ou de patrocínio, como placas de orientação/sinalização, relógios, marcadores de temperatura, protetores para pontos de ônibus etc.

b) Veículos auditivos (para serem ouvidos) – rádio e serviço de alto-falantes.

c) Veículos audiovisuais (para serem ouvidos e vistos) – televisão, cinema e internet.

d) Veículos interativos[11] – internet e mídia digital.

---

[9] No Brasil, utiliza-se o termo *outdoor* para a definição de cartazes de rua, o que nos Estados Unidos é denominado *billboard*. O conceito norte-americano para *outdoor*, em sua tradução correta, seria *mídia exterior*.

[10] Nas edições anteriores, encontravam-se também nessas definições os materiais de comunicação dirigida e mala direta (como prospectos e folhetos), além dos materiais de exposição (displays, vitrines e expositores) e apoio a vendas (catálogos, brindes, amostras, concursos). Apesar de partilharmos do conceito amplo de mídia, preferimos restringi-lo aqui às mídias que apresentem categorizações e métricas claras de planejamento e avaliação, o que não diminui em nada a possível efetividade dos demais meios.

[11] Tornou-se convencional chamar de "interativas" apenas as novas mídias, porque essa é a sua principal característica. Isso não significa, no entanto, que a interatividade com a informação exista apenas nessas mídias.

Raramente, na definição de um plano, haverá apenas um meio a ser apontado como o melhor. Quase sempre a solução pode ser uma combinação de todos eles, pois todos os veículos apresentam vantagens e limitações.

Para que o profissional de mídia possa aproveitar integralmente as vantagens de cada meio, é preciso que conheça bem as suas características e saiba selecionar os meios que se adaptem à natureza da campanha e proporcionem uma boa cobertura do grupo consumidor visado.

Fatores determinantes na seleção de meios (características)

Analisando os principais conceitos de cada meio, suas oportunidades de contato com o potencial consumidor e atitudes desse consumidor em relação a esse meio, a estratégia de mídia é criada associando os respectivos parâmetros técnicos aos formatos possíveis de veiculação que favoreçam a exposição da mensagem do produto ou serviço.

Tendo isso em mente, o profissional de mídia reconhece as características de cada meio, suas vantagens e desvantagens, de maneira a construir o planejamento que ofereça, no final, a melhor exposição possível. É dessa maneira que, a seguir, serão apresentados os meios comuns de divulgação de publicidade: elencando as suas principais vantagens e desvantagens, considerando as características e especificidades de cada meio.

Televisão

A primeira edição deste livro apontava a TV como "o veículo, seja por força das suas próprias virtudes técnicas, artísticas, comerciais e sociais, seja pela incapacidade e limitações naturais que os outros meios têm, que tem todas as condições para assumir uma posição de proeminência nacional como veículo de comunicação". De fato, nos anos 1970 e 1980 a TV tinha grande força e vital importância para a publicidade. Não que hoje a sua importância tenha diminuído, mas houve, na verdade, uma diluição da sua força como meio publicitário.

A TV agrega, às vantagens do rádio, o apelo visual; ao som, juntou-se a imagem em movimento. Ao contrário do rádio, que, muitas vezes, serve de "pano de fundo" para o ouvinte ler o jornal, dirigir, trabalhar, aguardar o ônibus ou desempenhar outras tarefas, a TV torna-se o foco exclusivo das atenções, pois exige olhos e ouvidos.

É um meio de entretenimento mais completo e fascinante do que o rádio e, ao reportar um acontecimento, é muito mais real e convincente do que o jornal ou a revista.

Vantagens:

- Grande cobertura: atualmente é, sem dúvida, o maior meio de comunicação de massa em razão do número de telespectadores alcançados e de cidades com sinal de TV no mercado brasileiro.
- Envolvimento: envolve quase todos os sentidos do consumidor (imagem, som, movimento), o que ocorre às vezes de forma isolada nos demais meios, além de apresentar editoriais voltados para públicos distintos, em horários também especificados para assimilação da mensagem pelo telespectador.
- Grande audiência: por independer do grau de instrução, alcança vários públicos indistinta e simultaneamente.
- Referência: é capaz de gerar moda, interesse e opiniões em praticamente todas as camadas sociais.
- Baixo custo relativo: por alcançar grandes contingentes de público, embora o custo absoluto possa ser alto, o custo por ponto de audiência ou o custo por mil telespectadores é baixo, se comparado a outros meios mais seletivos.
- Imediatismo: pela agilidade e rapidez da comunicação.
- Além do espaço comercial tradicional (*break*), existe oferta de vários outros formatos, como o merchandising (inserção da marca, produto ou serviço em um contexto de programa; nos últimos tempos, tem sido mais bem descrito como *product placement*, visando à máxima atenção disponível).

Desvantagens:

- É uma mídia dispersiva em alguns casos, pela alta cobertura de público.
- O custo absoluto costuma ser elevado, mesmo quando considerado regionalmente, em comparação a outros meios.
- Apesar de todo recurso audiovisual, nem sempre é a mais adequada quando é necessária uma argumentação mais complexa.
- Após a popularização do controle remoto, gerou-se o "efeito *zapping*" (o espectador troca de canal a qualquer momento, sem restrições, particularmente nos intervalos comerciais).

TV segmentada

Algumas vezes, chama-se a TV segmentada, ou TV por assinatura, de TV a cabo, já que, inicialmente, era a única forma de chegar às casas. Mas hoje algumas empresas prestadoras desse serviço oferecem-no com o uso de antenas. Possui quase todas as vantagens da TV aberta, caracterizando-se pela segmentação do conteúdo editorial, de conteúdo internacional, predominantemente norte-americano. Tem um público qualificado com predominância nas classes economicamente mais elevadas, porém tende a se popularizar rapidamente.

Na comparação com os custos de anunciar em TV aberta, o custo absoluto do comercial é baixo, mesmo levando em conta proporcionalmente a participação de audiência de cada programa/emissora, que, exatamente por a TV ser "segmentada", apresenta baixos índices de audiência. Nessa TV, a programação de comerciais deve seguir o parâmetro de avaliação de alcance e frequência de exposição que, em um período mais longo de veiculação, apresente resultados significativos para públicos segmentados.

A sua segmentação pode chegar a alguns extremos capazes de servir de parâmetro para avaliar as possibilidades futuras de veiculação de mensagens e dos próprios hábitos de consumo da mídia. Com possibilidades de popularização, proliferam tecnologias de gravação e edição digital, permitindo que, por um lado, o espectador possa interromper sua fruição e voltar a assistir ao seu programa no mesmo trecho e, por outro, que ele "salte" determinados trechos, por exemplo, os intervalos comerciais. Esses extremos contemporâneos, somados ao surgimento da TV digital, que dá possibilidades semelhantes, bem como as novas tecnologias em internet, servem como referência das possibilidades futuras. Devemos nos preparar para uma eventual mudança dos hábitos de consumo de mídia – talvez em um futuro mais próximo do que o esperado ou desejado.

Rádio

É uma fonte de diversão e entretenimento e, em grau menor, de informação e cultura. É por excelência um veículo de apelo popular, com o qual é possível atingir rapidamente grandes massas, tanto nas capitais como nas cidades do interior, dado o grande número de emissoras existentes em todo o Brasil e de receptores em uso.

Malgrado a existência de algumas emissoras de grande potência, que atingem pontos mais ou menos longínquos, o rádio é um veículo de ação local – e, por isso, o conteúdo editorial das emissoras varia muito. Apesar dessa característica, é possível, *grosso modo*, organizar as rádios em dois grupos:

- AM – rádio com conteúdo mobilizador, prestação de serviço, proximidade com a comunidade e com o ouvinte;

- FM – tradicionalmente editorial de lazer, desmobilizante, menos urgente, pouco serviço, notícias generalizadas.

No entanto, pelas características do país, existem regiões que apresentam emissoras com perfis diferentes dos aqui apontados. Dependendo dos objetivos do planejamento, é preciso dar uma atenção maior às características regionais das emissoras e aos hábitos de consumo de rádio de alguma região específica, o que é feito mediante análises comparativas entre emissoras e programas. Para poder realizar tais comparações, é preciso levar em conta principalmente a adequação de gêneros de programas (artísticos, jornalísticos, esportivos etc.), a audiência no público-alvo e a qualificação e o perfil do ouvinte.

Vantagens:

- Interatividade do editorial com o ouvinte.
- Mídia das mais populares, em função de sua mobilidade, acompanha o ouvinte em praticamente todas as suas situações de vida: em casa, no trânsito, no trabalho, no lazer...
- Imaginação estimulada em razão da necessidade de referências de imagens.
- Eminentemente regional – a produção dos programas é feita para a comunidade local.
- Audiência segmentada para públicos específicos. Existe sempre uma alternativa de emissora para praticamente todos os perfis de público visado.
- Imediatismo – por causa da velocidade da comunicação, a mensagem alcança o ouvinte instantaneamente.
- Baixo custo absoluto e relativo do comercial considerando o número de ouvintes alcançados.
- Empatia em razão do envolvimento emocional.
- Cresce o número de emissoras que atuam em redes regionais ou nacionais, o que facilita muito a programação de mídia.
- Cresce o número de emissoras que transmitem também via internet, o que potencializa o perfil de abrangência e de envolvimento de seus ouvintes.

Desvantagens:

- Audiência pulverizada em função do grande número de emissoras.
- Baixa audiência individual das emissoras.

- Audiência rotativa – há grande tendência de mudança de emissora, repetidas vezes, pelo mesmo ouvinte (espécie de *zapping*).
- Em emissoras não ligadas às redes regionais ou nacionais, há dificuldade para negociação e para envio de cópias dos comerciais, exceto quando elas estão ligadas às boas empresas de representação comercial.
- Dificuldade para checagem de real veiculação dos comerciais segundo a planilha negociada.
- Com a disseminação de novas tecnologias, como os aparelhos digitais portáteis (por exemplo, MP3 players), há uma tendência maior de dispersão de audiência entre os ouvintes de música e os ouvintes de programas de conteúdo (por intermédio de *podcasts*, programas disponíveis na internet e que podem ser copiados e reproduzidos no momento desejado), o que diminui a efetividade dos formatos-padrão de veiculação de comerciais das emissoras tradicionais.

Revistas

Antes encontrado principalmente nas classes de padrão de vida elevado, o hábito de leitura de revistas hoje é comum. Um dos principais motivos disso é a variedade de títulos, de conteúdos editoriais, que envolvem diferentes grupos de consumidores, diferentes hábitos, temas, idades, gostos, opiniões. Existem revistas masculinas; femininas; para crianças; para meninos e meninas adolescentes; para fãs de armas, carros, motos, filmes, música, ficção ou fato científico, notícias ou fofocas. Há revistas de bairro e de conteúdo internacional; para amadores, ao estilo "faça você mesmo", e para profissionais; sobre moda, arquitetura, design, medicina, agricultura e publicidade, entre outros. Há até as revistas sobre outras mídias, como aquelas que falam sobre conteúdos na internet ou programas na TV. De maneira semelhante ao rádio, a revista é bastante segmentada, mas possui títulos que abrangem todo o território nacional. Esses veículos não deverão ser julgados pela tiragem, mas pela qualidade de seus leitores. O que interessa é saber se eles têm realmente boa circulação entre as classes a que se destinam e se gozam de prestígio entre seus leitores.

Algumas revistas têm maior expansão geográfica, circulando em todo o território nacional.

Vantagens:

- Seletividade de público em razão da grande variedade de títulos: masculinos, femininos, infantis etc.

- Público qualificado, geralmente um leitor com maior poder aquisitivo e maior grau de instrução. O preço de capa também é um fator determinante de classe socioeconômica.
- Credibilidade, por se tratar de um editorial escrito, com significado de registro que favorece a certificação dos anúncios.
- Portabilidade pela praticidade de acompanhar o leitor onde ele estiver.
- Permanência com o leitor – revistas costumam ser lidas em vários momentos diferenciados, aumentando a chance e a frequência da atenção aos anúncios.
- Mais de um leitor por exemplar – revistas costumam ser lidas por mais de uma pessoa por exemplar, o que tende a aumentar a relação de custo-benefício para o anunciante.

Quanto às desvantagens, a que chama a atenção é o alto preço por exemplar, que tende a se tornar um discriminante de determinados segmentos da população.

Jornais

Grande parte da história da publicidade está ligada à imprensa. Com efeito, o jornal foi, cronologicamente, o primeiro grande veículo publicitário. De certo modo, o veículo mantém algumas de suas principais características, tanto no conteúdo como na forma. Talvez o próprio formato e a linguagem tradicional desse meio sejam o motivo que leva seus leitores a um considerável grau de fidelidade: eles têm o hábito de ler jornal, não o fazem esporadicamente. O fato de possuir leitores fiéis é a principal diferença quando comparamos esse meio impresso com a revista, mas o jornal perde em qualidade de papel, que é baixa, geralmente em preto e branco, sem grampos nas folhas, porém organizados em cadernos (conjuntos editoriais).

Há jornais de todas as tendências, dos conservadores aos populares. De conteúdo genérico ou específico, semanais, quinzenais e mensais, de distribuição ampla ou restrita, estando presentes em muitas cidades. Isso possibilita a comunicação em massa em pequenas e médias cidades, geralmente abordando um público formador de opinião.

Vantagens:

- Credibilidade – o jornal é o meio de comunicação de maior tradição no Brasil e um dos de maior credibilidade por causa do papel social que desempenha. O fato de ser um meio impresso parece ajudar na aceitação das informações nele contidas. No Brasil há jornais diários com mais de um século de existência.

- Cobertura regional – quase toda cidade possui um jornal local, com grande importância para os anunciantes, pois permite cobertura local. Ser um veículo "nativo" influencia na recepção da mensagem.
- Formador de opinião – por publicar notícias, o seu leitor tende a representar, em sua comunidade, um intérprete dos acontecimentos.
- Fidelidade de leitura – não representa um hábito esporádico. O leitor acompanha o veículo diariamente.
- Envolvimento racional.

Desvantagens:

- Curta vida útil da edição, com duração normalmente de um dia, o que se traduz também na vida útil do anúncio restrita a um dia. Um jornal raramente é relido (diferentemente de revistas).
- Para alguns segmentos da população, o jornal vem perdendo seu principal atributo de ser informativo com imediatismo (papéis assumidos de maneira mais eficiente pela TV e pela internet) e vem se tornando mais reflexivo (de certa forma, sobrepondo-se às revistas), o que pode alterar o perfil de leitor.

Outdoor e mídia exterior

A publicidade ao ar livre difere substancialmente das demais. Enquanto o folheto, o rádio, a TV, as revistas e os jornais por assinatura etc. vão à residência do consumidor, o cartaz e o luminoso são percebidos de passagem, nas vias públicas, mais ou menos casualmente. Entretanto, pelo seu tamanho e pelas cores (e o luminoso pelo fulgor), exercem impacto sobre o público e, pela repetida exibição, conseguem influir, fixar uma mensagem breve e veicular uma impressão.

Em tais condições, é uma publicidade tipicamente para as massas, vista indiscriminadamente por toda espécie de gente.

Como já comentamos, no Brasil há uma diferenciação entre os cartazes colados em tabuletas, chamados outdoor, e o restante das mídias exteriores. No entanto, ambos apresentam características semelhantes:

Vantagens:

- Ampla cobertura e frequência – por ser uma mídia ao ar livre, consegue chegar a níveis bem altos de frequência média e cobertura local em pouco tempo. Atinge rapidamente a população em trânsito, em curtos períodos de veiculação.

- Exposição 24 horas por dia – dependendo do local em que se encontra, sua exposição é permanente. Qualquer pessoa que passe pelo meio a qualquer hora da noite ou do dia é impactada pela mensagem.
- Impacto visual significativo por causa de sua dimensão ou do posicionamento diante do consumidor.
- No outdoor, o impacto visual pode ser realçado com o artifício do aplique (material que avança para fora da margem da tabuleta). Com a junção de dois ou mais cartazes, ele pode ficar ainda maior. Outdoor é frequentemente usado no lançamento da campanha e é ideal para sínteses/conceitos que não necessitem de detalhamento.

Desvantagens:

- Limitado fortemente para mensagens rápidas e simples por causa da rápida visualização do leitor.
- No caso do outdoor, suas qualidades gráficas e de colagem, por mais que venham evoluindo, além de terem baixa resistência às intempéries, ainda não se tornaram primorosas e podem não ser adequadas a peças que exijam um alto padrão de definição gráfica.
- Algumas cidades brasileiras, inclusive a capital de São Paulo, contam com legislações muito restritivas à comunicação exterior, o que limitou em muito as possibilidades de uso.

Tipos de mídia exterior

A mídia exterior tem sido uma das que mais apresentam formatos inovadores, apesar da tendência restritiva das legislações municipais, conforme já comentamos. As principais formas encontradas atualmente são:

- *busdoor* – placas e laterais exteriores de ônibus;
- *taxidoor* – adesivos e adornos em táxis;
- *bikedoor* – bicicletas adaptadas com expositores de cartazes, que circulam em áreas previamente definidas;
- placas indicativas de ruas;
- faixas de aviões (muito utilizadas em praias);
- mídia ecológica – sinalizações em parques e hotéis-fazenda e trilhas em serras e encostas de ecoturismo e de esporte radical;
- painéis de metrô/aeroportos e rodoviárias;
- *back-lights* e *front-lights* – são painéis iluminados ou por trás ou pela frente com holofotes especiais;

- painéis eletrônicos;
- *videowall* – painéis de vários monitores de TV acoplados.

Cinema

A publicidade cinematográfica pode ser feita de duas maneiras, pelo slide ou pelo filme, que é comumente usado em virtude do aproveitamento do material feito para televisão. No entanto, as possibilidades que o próprio ambiente do cinema gera têm instigado a imaginação dos publicitários para criar conteúdo específico para essa mídia, de maneira que a mensagem não apenas seja passada pela tela, mas também com o misturar de ações dentro da sala, incluindo a experimentação do produto.

Novos formatos de cinema, de base digital, pretendem oferecer mais vantagens para anunciantes, graças à sua maior velocidade de comunicação entre o anunciante e a sala de exibição, possibilitando conteúdos específicos para uma sala de cinema, em um determinado horário.

A publicidade cinematográfica atinge as grandes massas de população que diariamente enchem as casas de espetáculo. E a grande vantagem do cinema como um veículo publicitário é que ele tem atenção total do consumidor, uma vez que não há nenhuma atração que desvie a sua atenção.

Vantagens:

- Grande impacto visual – a dimensão da tela e o áudio de alta fidelidade proporcionam atenção impactante.
- Seletividade e segmentação – a predominância do espectador é de público jovem e qualificado (AB – 15 a 29 anos).
- Forte envolvimento emocional em função do conteúdo editorial e da atenção do espectador, que pode identificar-se presente nas situações das cenas.
- Cobertura local.
- É possível gerar ações diferenciadas com alguma facilidade, como a utilização de "diálogos" entre o comercial exposto na tela e atores presentes na sala; ações promocionais casadas com comerciais (como distribuição de amostras); e até mesmo a utilização de aromatizadores para o ambiente, emitidos no momento adequado da mensagem.

Desvantagens:

- Cobertura lenta em função da baixa frequência do espectador, exigindo períodos mais longos de veiculação.
- Lenta velocidade de comunicação.

- A previsibilidade de audiência é baixa e a permanência do filme em cartaz depende essencialmente de seu sucesso comercial (bilheteria).
- A programação de propaganda em cinemas ainda não é fácil para a maior parte do país.
- A distribuição das cópias ainda é onerosa, apesar de hoje existirem alternativas: a cópia pode ser feita em película (a mais onerosa delas); pode ser feita em vídeo (várias salas já possuem sistemas de vídeo de alta definição para projeção de comerciais), o que diminui em muito o custo por cópia; e pode ser transmitida digitalmente (cabo, internet ou satélite) para algumas redes digitais de cinema, o que elimina o custo de cópias (mas esse é um sistema ainda muito restrito no Brasil). Em película ou vídeo, há custo de distribuição e enorme dificuldade para checagem de veiculação.

Internet e mobile

É cada vez mais difícil separar um do outro. Como nos ensina Henry Jenkins (2008), vivemos uma cultura da convergência midiática, em que "as velhas e as novas mídias colidem" (p. 27) e acabam por se complementar. Nesse cenário, produtores de conteúdo e consumidores se confundem, sendo cada vez mais difícil determinar papéis separados nos processos de comunicação de massa. Parte do motivo disso está no que Jenkins chamou de "comportamento migratório dos públicos", em que buscamos o conteúdo desejado através de diferentes plataformas. Em outras palavras, procuramos notícias (por exemplo) através do nosso computador de mesa, do tablet e do smartphone. Ter um desses aparelhos não exclui as funções do outro – pelo contrário, tendem cada vez mais a agirem em conjunto com outras mídias, como TV e rádio. E não se trata de futurologia – já vemos esses movimentos no mercado de massa e cada vez mais será acessível à população geral.

Portanto, quando falamos de internet, não estamos nos referindo exclusivamente a este ou aquele aparelho. A internet é um território digital acessível por uma série de aparelhos diferentes. Cabe a nós, publicitários, refletirmos como podemos utilizar esses aparelhos e seus atributos de maneira estratégica, a fim de levar informações de produtos, serviços e marcas de modo pertinente ao cotidiano do consumidor.

No próximo capítulo, aprofundaremos as características desse território digital.

Vantagens:

- Interatividade com o público-alvo alcançado.
- Cobertura local e global de potenciais consumidores.

- Segmentação de público com predominância nas classes A e B.[12]
- Baixos custos de produção e veiculação (em comparação a outros meios de comunicação de massa).
- Maiores ferramentas de observação e mensuração de acessos e visualizações.
- Maior opção de formatos de veiculação.
- Rapidez no recebimento das informações e dos anúncios.
- Permite a comunicação com os consumidores de uma forma direta (e-mails e sites), podendo-se, inclusive, enviar mensagens de propaganda, de RP e promoções de vendas. É usado também como canal de vendas, pós-venda e de pesquisa de marketing.
- No geral, favorece a frequência da mensagem comercial pelo relativo baixo custo de veiculação.

Desvantagens:

- Cuidados técnicos – dependendo da ação que se deseja realizar, é preciso levar em consideração uma série de atributos técnicos: terá suporte a quais *browsers* de internet? Precisa de Java? A programação vai ser em Unity? Haverá veiculação em web e mobile? Terá suporte para Android, iOS e Windows Mobile? Quem não participa ativamente dessa área terá dificuldades em entender a linguagem própria. No entanto, as dificuldades técnicas tendem a surgir nas propostas mais ousadas. A publicidade mais comum da internet, como banners e links patrocinados, sofrem menos com isso.
- Baixo alcance nas faixas mais populares – apesar de isso estar deixando (rapidamente) de ser uma característica da internet brasileira, ainda encontramos uma presença maior das classes A e B, como destacado anteriormente. Isso ainda é um problema para os publicitários que desejam construir experiências publicitárias mais sofisticadas aos seus consumidores, como aplicativos de celular, hotsites multimídia e jogos digitais. E, mesmo assim, não significa que não se consiga atingir um grupo bastante amplo da população. Veremos mais adiante que os números apontam para uma penetração cada vez maior da web no cotidiano da população em geral, sem seleção.
- Competição – alguns problemas surgem por conta de uma das vantagens da internet: por ser fácil de anunciar, a competição é acirrada,

---

[12] Apesar de ainda sentirmos um privilégio das classes A e B, essa acentuação vem caindo com grande velocidade, como veremos mais adiante.

e algumas vezes desleal. No caso de links patrocinados, o patrocínio de algumas palavras pode ser um desafio, pois são desejadas por muitos setores diferentes da economia ou estão na moda.[13] Além disso, há territórios na internet que criam armadilhas para o clique do consumidor, disponibilizando propagandas falsas, o que atrapalha o ganho de credibilidade. Ainda que raros, há casos de competidores que copiam programas de publicidade, atrapalhando os investidores mais profissionalizados. Apesar dessas questões, é sabido que um bom trabalho de planejamento e comunicação integrada é capaz de dar sinergia à publicidade do anunciante e fazê-la pertinente ao seu consumidor.

Comunicação dirigida

Não podemos afirmar que o conceito de comunicação dirigida é invenção dos profissionais de marketing e publicitários contemporâneos. Muito pelo contrário; se levarmos o conceito ao pé da letra, afirmaremos que toda comunicação é dirigida para alguém, seja para um indivíduo ou para uma grande quantidade de pessoas. Mas, quando um desses profissionais, habituados a comunicar às massas, utiliza tal expressão, está afirmando que o seu trabalho envolverá atingir um conjunto de consumidores de maneira mais próxima do pessoal quanto possível, buscando uma relação um a um.

Falaremos aqui, então, desse conceito publicitário da expressão. Comunicação dirigida pressupõe atingir de maneira pessoal um grupo de consumidores a partir de uma base de dados (seja um simples mailing list ou lista de telefones, até uma complexa operação de cadastramento de dados de clientes e consumidores), com mensagens adequadas – ou mais que isso, específicas – a cada público ou indivíduo.

Empresas com poucos clientes costumam utilizar esse tipo de comunicação porque já são próximas de seus consumidores, às vezes em grau tão elevado e desfrutando tanta liberdade com eles que acabam conhecendo detalhes de sua vida, quase que em uma relação de amizade. Algumas dessas situações são compreendidas quando nos lembramos de determinadas empresas que são de conhecimento comum e utilizam essa abordagem, como o dono de uma lanchonete de bairro que faz entregas em domicílio e oferece ao seu cliente o sanduíche que mais costuma pedir.

É fácil perceber essa situação com os pequenos comércios, mas muitas relações entre grandes organizações acontecem de maneira semelhante,

---

[13] O Google disponibiliza gráficos atualizados diariamente com os temas mais buscados em seu sistema. Disponível em: <http://www.google.com/trends/topcharts>. Acesso em: dez. 2014.

como em uma grande empresa que comercializa servidores de rede de alta capacidade, equipamentos que custam milhões, e mantém contato com seus potenciais clientes, como os principais bancos. São organizações que, dada a proximidade natural com seus consumidores, geralmente causada pela especificidade de uso de produto, pelo alto preço ou limite de distribuição, conseguem se comunicar com seu consumidor atual ou potencial diretamente, ou seja, sem uso de meios e técnicas de comunicação em massa.

A comunicação dirigida não é, no entanto, característica daqueles que têm poucos clientes por algum motivo. Muitas grandes empresas enxergam nesse formato a possibilidade de serem incisivas na mensagem, falando "aquilo que o consumidor quer ouvir", aumentando a eficiência da comunicação. Com esse objetivo, no passado foi bastante utilizada a mala direta, a qual, por ter sido o meio prioritário do marketing direto, muitas vezes é usada como seu sinônimo, o que deve ser entendido como uma simplificação perigosa. O avançar da tecnologia, incluindo o barateamento de certas técnicas, e a popularização dos próprios aparelhos que viabilizam esse processo permitiram que a comunicação dirigida se disseminasse para a telefonia (chamada também de telemarketing, o que igualmente é uma simplificação perigosa). Continuando esse avanço, chegamos ao tempo presente, quando, em função dos avanços da internet, cresce o uso de e-mail marketing e outras formas de impacto (como mensagens em espaços sociais, por exemplo: Orkut, My Space etc.).

Com a rápida disseminação da telefonia móvel (celulares), cresceu também o uso de envio de *Short Message Service* (SMS), com informações curtas e, *a priori*, adequadas ao usuário. Assim como na internet, muitas das possibilidades de comunicação publicitária via celular ainda estão sendo exploradas e descobertas. O fato de ser baseada somente em texto, e geralmente muito curto, é um forte limitante para a publicidade, mas é o tipo de característica aparentemente passageiro, que desaparecerá com o avanço tecnológico natural da telefonia móvel (que é veloz). Os telefones celulares têm potencial para se tornarem uma das principais ferramentas de comunicação para aqueles que trabalham sobre os moldes da comunicação dirigida.

Mala direta

O meio postal caracteriza-se pela utilização dos correios (ou serviços de entrega) e permite a comunicação com os consumidores de uma forma direta, a correspondência, pela qual são enviadas mensagens de propaganda, de relações públicas e promoções de vendas. É usado também como canal de vendas, pós-venda e de pesquisa de marketing. Ainda se utiliza a expressão *mala direta* para as peças físicas, enquanto as mensagens virtuais são denominadas *e-mail marketing*, porém há uma tendência de – em um futuro breve – todos os meios serem denominados de uma só maneira.

Possui como características:

- Alta cobertura, podendo chegar com rapidez a todo o território nacional, em todos os mercados-alvo.
- Segmentação e característica receptiva – o correio vai até o consumidor, em seu domicílio.
- Custo relativamente baixo para os padrões da mídia brasileira.
- Criativamente, permite formatações bastante diferenciadas (seu limitador, muitas vezes, são as regras postais e seus respectivos custos).

Telefonia

A telefonia oferece uma maior dinâmica no relacionamento e na comunicação entre as pessoas, pois a comunicação acontece em tempo real. Essa é sua grande vantagem, porque agiliza decisões e maior entendimento entre os interlocutores, sendo, então, um recurso extremamente eficaz para a propaganda. Esse instrumento permite a comunicação com os consumidores de uma forma direta (telemarketing), pela qual são enviadas as mensagens, oferecendo características similares às funções da mala direta. Sua maior desvantagem, até então, é a limitação apenas ao áudio, o que restringe sua adequação a diversas demandas de mercado.

Por outro lado, a partir da telefonia móvel (celular), tem crescido em muito o envio de mensagens (SMS ou "torpedos"), o que vem aumentando sua efetividade. Em alguns sistemas operacionais, já é possível enviar imagens estáticas (fotos) ou dinâmicas (pequenos vídeos), que ampliam o potencial de comunicação publicitária. Esse quadro, pelo acelerado avanço da tecnologia, tende a se consolidar rapidamente.

Negociação de investimento em mídia

Nas mídias mais tradicionais, o preço de tabela do veículo é determinado em segundos, páginas, áreas ocupadas pelo anúncio na veiculação impressa, e, na mídia exterior, o preço também considera a localização do espaço de exposição. Para a análise do custo da mídia, é necessário, além do envolvimento com o consumidor, o estabelecimento da relação custo-benefício da veiculação.

Uma boa negociação de mídia representa exatamente o momento em que o veículo preencheu as necessidades de alcance do consumidor objetivado, mediante a análise técnica de mídia. Feita com base nos dados de pesquisa de mídia, os custos precisam ser parametrizados para poderem ser programados com justificativas de preços adequados ao potencial do investimento.

Independentemente do fato de existirem veículos com custos altos em sua tabela de preços de anúncios, todo o custo de veiculação é negociado com as referências de parametrização existentes no mercado.

Frequência e intensidade

Todo plano de propaganda na sua estratégia de mídia deve requerer análises relativas não só aos meios de divulgação e aos veículos, mas também à frequência e intensidade com que as mensagens serão transmitidas.

Logicamente, devem-se considerar as peculiaridades do plano elaborado e as características dos veículos a serem utilizados. A experiência ensina que, em publicidade, não adiantam esforços intensos e isolados, salvo em raríssimos casos. Deve haver persistência e continuidade do período de veiculação. Para assimilar a mensagem, leva-se em consideração a sua repetição oportuna. Evita-se, com isso, a **subexposição**, da mesma forma que a **superexposição**, ambas ineficientes para a comunicação.

Assim, os veículos devem sempre ser utilizados com perfeita integração do binômio frequência-intensidade, entendendo-se que frequência é o número de inserções programadas, e intensidade é o espaço ocupado pelo anúncio.

Superposição de audiência

É a duplicação de audiência. O seu conhecimento permite ao mídia saber antecipadamente quais meios ou veículos atingem simultaneamente as mesmas pessoas e, dessa forma, evitar a repetição, em benefício de uma maior amplitude de exposição do anúncio, ou, ao contrário, tirar partido dela para obter maior impacto no menor espaço de tempo. A superposição, em consonância com o objetivo de comunicação, pode ser um fator benéfico porque demonstra a diversidade do contato da mensagem. É preciso diferenciar essas vantagens em relação à sub e superexposição da mensagem, fatores que podem resultar na ineficiência da comunicação.

Duplicação de audiência

A divulgação do primeiro anúncio atinge um determinado número de pessoas. A repetição desse anúncio não dobra a audiência, nem uma terceira divulgação a triplica, como parece à primeira vista. A vantagem desse conhecimento é exatamente a capitalização que pode ser feita em favor do anúncio, visando estabelecer o número de vezes que a mensagem deve ser divulgada, com o objetivo de obter o máximo de eficiência. A **acumulação de audiência** indica o grau de crescimento dela à proporção que se sucedem os anúncios, até o estabelecimento de um ponto ótimo, isto é, aquele em que o anunciante obtém proporcionalmente à inversão de recursos efetuada na maior audiência.

Audiência

A audiência de um veículo é representada pelo total de ouvintes ou de leitores que efetivamente sintonizam a emissora ou leem o jornal ou a revista.

Análise de audiência

A audiência deve ser analisada considerando-se a classificação dos leitores ou ouvintes de cada veículo, cruzando-se as informações com o perfil do consumidor-alvo, de acordo com a sua classe socioeconômica, grupo etário, sexo, estado civil, composição familiar e demais componentes demográficos, bem como com o perfil psicográfico, que quantifica o padrão de vida básico do indivíduo: sua personalidade, estilo de vida e conceito de valores.

Audiência acumulada

Audiência acumulada é aquela que repete a sua assistência em um mesmo programa. Quando uma mesma mensagem atinge determinada parte do público várias vezes, diz-se que houve audiência acumulada. A audiência é não acumulada quando não repete a sua assistência em um mesmo programa. Assim, a mensagem atinge públicos diferentes em diferentes horários ou programas.

Avaliação de meios, veículos e programas

Oportunidade de negociação com base CPM

Um exemplo para revistas de interesse geral, simulado a partir de tabela de valores de outubro de 2007 (1 página, 4 cores, indeterminada):

$$CPM = \frac{\text{Custo página} \times 1.000}{\text{Público-alvo}}$$

$$VEJA = \frac{185.000 \times 1.000}{2.700.000 \text{ leitores}}$$

CPM = R$ 68,51 (custo por mil de cada conjunto de mil leitores)

Comparando com os demais veículos do segmento, poderíamos ter a seguinte situação:

QUADRO 6.5 Exemplo de custo de veiculação e desconto oferecido

Veículo	CPM (R$)	Desconto hipotético	CPM
Veja	68,00	9%	61,88
Época	62,00		
IstoÉ	74,00	16%	62,00

Portanto, nesse exemplo ilustrado, a revista *Veja* deveria receber um desconto de 9% sobre o preço da tabela e a revista *IstoÉ*, 16%, para que todas estivessem parametrizadas em CPM. Esse é o princípio da negociação técnica, em que se busca estabelecer os descontos segundo uma base comparativa estruturada.

No caso da televisão, a análise da rentabilidade dos programas pode ser feita com base no CPM no target ou no custo de 1% da audiência no target, pois praticamente não existirá diferença no resultado.

QUADRO 6.6 Esquema de veiculação de patrocínio

		\multicolumn{8}{c}{CPM × CUSTO DE 1% – TELEVISÃO COM BASE NAS POPULAÇÕES DOS MERCADOS DE TV}

Emissora Programa	Mercado de TV	Público-alvo mulheres ABC 25+ %	(000)	Índice de audiência %	Impactos (000)	Preço 30	CPM R$	Custo de 1% R$*
Globo/novela	SP1	24	3.794	2	759	33.926	44,71	1.696,30
S. Santos IV	SP1	24	4.041	12	485	28.800	59,39	2.400,00
Globo/novela	M	22	3.443	22	757	13.590	17,94	617,73
S. Santos IV	G M	22	2.238	13	291	9.623	33,08	740,23
Globo/novela	GCampinas	24	836	20	167	5.921	35,42	296,05

*Considerado o preço de 30 segundos do comercial dividido pelo índice de audiência do programa.

Avaliação de patrocínios

O patrocínio é capaz de agregar à marca um alto grau de favorabilidade de alcance da mensagem comercial. É comum as emissoras oferecerem cotas diferenciadas de preços envolvendo patrocínios de programas ou eventos, combinando inserções, citações, vinhetas etc.

QUADRO 6.7 Esquema de veiculação de patrocínio

ESQUEMA DE VEICULAÇÃO DE MENSAGENS	Nº DE VEZES		DURAÇÃO DA MENSAGEM
	Por dia	Total	
Chamadas caracterizadas	10	50	5"
Vinhetas de abertura/encerramento	4	2	7"
Textos-foguete	6	6	30"
Slides de sobreposição	4	4	10"
Exibições de 30" de retorno	2	60	30"

Para essa análise, é preciso buscar o fator de conversão dos custos de cada item das propriedades, a fim de determinar o provável custo dos espaços ao preço da tabela, de acordo com a utilização do tempo destinado do patrocinador, ou seja:

QUADRO 6.8 Fatores de conversão de custos de veiculação de patrocínio

Duração	Fator de conversão
60"	2,00
45"	1,50
30"	1,00
15"	0,60
10"	0,40
7"	0,28
5"	0,20

Considerando o critério de conversão de todos os espaços do plano comercial e associando ao preço da tabela, poderíamos ter o seguinte resultado de preço efetivo da proposta:

QUADRO 6.9 Avaliação de patrocínios de TV

Produto	Target ABC 25/49
Proposta	Emissora: Rede X – Mercado Nacional

ESQUEMA COMERCIAL	SECUNDAGEM	EDIÇÕES POR DIA	AUDIÊNCIA TOTAL	AUDIÊNCIA TARGET	FATOR DE CONVERSÃO	GRP TARGET	IMPACTOS (000)	PREÇO DA APOSTA R$	CPM R$
Chamadas	5"	10	50	7,4	0,20	74,0	7.246		
Abertura/encerramento	7"	2	2	16,0	0,28	9,0	877		
Textos-foguete	10"	6	6	16,0	0,40	38,4	3.760		
Slides de sobreposição	10"	4	4	16,0	0,40	25,6	2.507		
Exibições de retorno	30"	2	60	9,0	1,00	540,0	58.877		
TOTAL						687	73.267	800.000,00	10,84

Analisada em relação a uma programação avulsa, essa proposta pode ser vantajosa em função de um possível melhor custo relativo a uma audiência, principalmente por oferecer um esquema diferenciado de contato com o consumidor, como muitos dos patrocínios fazem.

Alcance e frequência

Esses são dois dos mais utilizados conceitos de mídia. E, a partir deles, é possível tornar ainda mais eficaz um plano. Podemos entender o conceito, como é utilizado frequentemente, como:

- Alcance – número de diferentes domicílios ou indivíduos atingidos por uma programação de mídia pelo menos uma vez dentro de um período. O alcance é a audiência líquida, expressa em percentual.
- Frequência média – número médio de vezes que um domicílio ou indivíduo é exposto à mensagem publicitária, durante uma programação de mídia, em um dado período.

Simulação de alcance e frequência média

A representação de alcance e frequência média é feita por meio dos resultados de simulação dos institutos de pesquisa, que analisam os resultados de uma programação, ou seja, um conjunto de inserções de comerciais em um período (*flight*) de veiculação.

A simulação considera o resultado de alcance e frequência de cada inserção, analisa os novos telespectadores que assistiam a cada programa e os que não tiveram oportunidade de ver o comercial.

Como exemplo, vamos imaginar a seguinte situação: um programa é veiculado na televisão. No nosso universo, no total de pessoas que poderiam assistir ao programa estão 5 mulheres. O programa é exibido 4 vezes ao longo do tempo.

Duas mulheres viram o programa 2 vezes, a outra viu 3 vezes, uma quarta viu apenas 1 vez e uma quinta mulher não viu o programa.

Tendo esse calendário, desenhou-se o quadro a seguir, bem como sua interpretação:

QUADRO 6.10 Target: Mulher AB

PROGRAMA	👤	👤	👤	👤	👤
A	📺	📺	📺		
B		📺			📺
C		📺			
D	📺				📺
IMPACTO	2	3	1	0	2

Interpretando o quadro:

- Alcance: 4 mulheres foram expostas ao comercial em relação às 5 mulheres do universo potencial, ou seja, 80% de alcance.
- Frequência média: em média, cada mulher foi atingida 2 vezes, embora existam mulheres do público-alvo com 1, 2 ou 3 exposições ao comercial.
- Total de impactos: 8 impactos, considerando que as mulheres do universo estiveram expostas à mensagem mais de uma vez.

É importante não confundir a frequência de inserções com a frequência de exposição, porque a primeira considera o número de comerciais da programação, e a segunda representa o número de vezes que cada telespectador único teve a oportunidade de ver a mensagem comercial.

Os parâmetros técnicos de análise de TV orientam o planejador de mídia na escolha de programas que consigam alcançar significativa cobertura de consumidores e a frequência ideal de exposições (contato com o consumidor).

A teoria Krugman, elaborada no mercado norte-americano na década de 1970, desenvolveu a tese de que as campanhas deveriam expor, no mínimo, três vezes o comercial de TV para o consumidor assimilar completamente a mensagem. A teoria chama a atenção para a superexposição do comercial, o que compromete a eficácia da veiculação.

Critérios de avaliação técnica de custos

São apresentados a seguir os principais critérios de avaliação técnica de custos, todos de extrema importância na gestão técnica da mídia e que devem estar presentes nos planos, reforçando os critérios técnicos de decisão:

QUADRO 6.11 Principais critérios de avaliação de custos por meio

Meio	Parâmetros de custos relativos
1. TV	Custo GRP/Custo TRP/CPP CPM – Custo por mil Cobertura/Frequência média
2. Revista/Jornal	CPM Exemplares/Leitores
3. Rádio	CPM Ouvintes
4. Cinema	Frequência público × custo cine-semana
5. Outdoor	Melhores locais (visibilidade) × custo local
6. Mídia exterior	Localização/Custo do local

Várias são as formas para escolher onde veicular as mensagens comerciais. Uma das mais utilizadas pelo especialista é a análise do custo por mil. O primeiro passo é buscar a adequação do veículo ao público-alvo; depois, descobrir quantas são as pessoas expostas ao veículo. O próximo passo verifica exatamente quanto custa para anunciar no veículo e quanto custa para atingir cada pessoa que interessa ao anunciante.

Em mídia, quando a cobertura de consumidores é alta, principalmente em televisão, utiliza-se o CPM (custo por mil), calculando em lotes de mil pessoas qual é o custo para o anunciante, o que facilita as bases comparativas. Pode-se afirmar que é um alto custo quando um veículo é adequado, mas com o CPM alto. Uma boa negociação permitirá exatamente que, mediante descontos sobre o preço praticado na tabela, o CPM seja adequado.

O uso comum do CPM se dá graças a algumas de suas características que auxiliam profissionais de mídia a criar um planejamento adequado. A confiança nesse tipo de medida é gerada principalmente porque:

- leva em conta a população exposta ao meio;
- é um dado relativo a um público-alvo;

- é comparável entre meios e veículos;
- é calculado com base no número absoluto de potenciais consumidores e associado a preço;
- considera as abrangências dos veículos (todas as pessoas expostas em todas as regiões ou cidades com presença do meio).

O cálculo necessário para chegar ao CPM é o seguinte:

$$\frac{\text{Preço/verba investida} \times 1.000}{\text{Total de pessoas, circulação ou impactos}} = \text{CPM}$$

Gross Rating Points (GRP) – pontos brutos de audiência ou audiência bruta acumulada

Todo anunciante deseja saber, em certo momento:

- Qual é o percentual de público-alvo que estou atingindo?
- Por que 10 comerciais por semana e não 9? Ou 13?
- Está certo veicular 10 comerciais no Rio de Janeiro e 10 em São Paulo?

O surgimento do GRP permitiu que os profissionais de mídia pudessem dar respostas adequadas a essas perguntas. O GRP é uma técnica que possibilita identificar com segurança o total do público-alvo que estamos atingindo e com que frequência isso se verifica. É a soma dos índices de audiência de um determinado período e é estabelecido tendo em vista a cobertura (a quantas pessoas se deseja falar) e a frequência da mensagem (quantas vezes o anunciante pretende falar).

Considera-se GRP como a soma das audiências, em porcentagens. Para ficar claro, basta imaginar que "1 GRP" significa "1% da audiência". Ou seja, uma mensagem que fosse veiculada com um ponto de GRP significaria que teria sido vista por 1% dos lares com TV. Da mesma maneira, "100 GRPs", ou uma soma de audiência em um total de 100, significa que a mensagem teria sido vista uma vez por 100% dos lares com TV. A soma dos GRPs pode ultrapassar 100%: por exemplo, se somar 10 inserções em uma programação que tem 30% de audiência, o total de GRPs será de 300.

1 GRP = 1% DE AUDIÊNCIA LAR

QUADRO 6.12 Técnica de aferição da audiência de programas

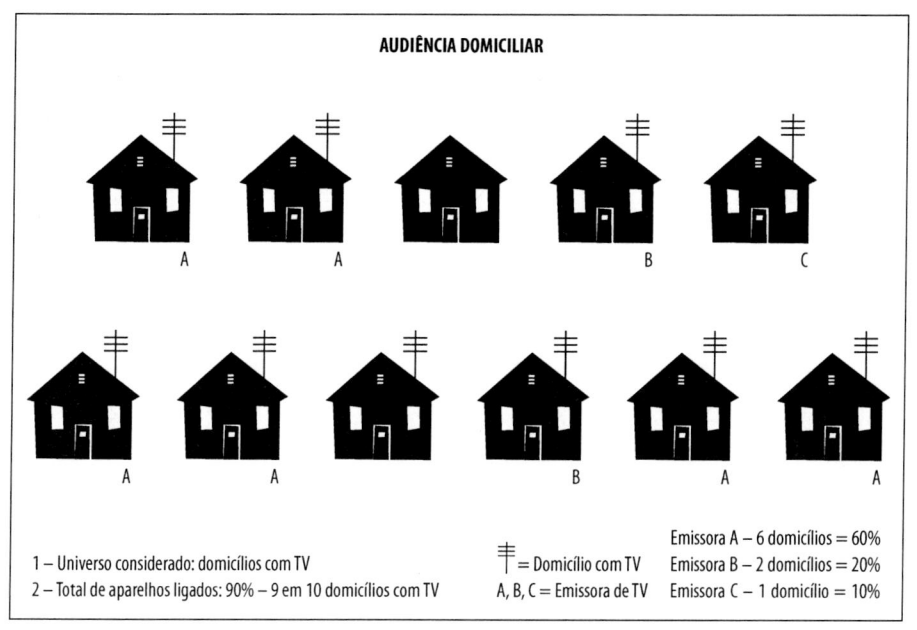

AUDIÊNCIA DOMICILIAR

1 – Universo considerado: domicílios com TV
2 – Total de aparelhos ligados: 90% – 9 em 10 domicílios com TV

╪ = Domicílio com TV
A, B, C = Emissora de TV

Emissora A – 6 domicílios = 60%
Emissora B – 2 domicílios = 20%
Emissora C – 1 domicílio = 10%

Portanto, GRP é a audiência acumulada das audiências de uma programação em um veículo ou grupo de veículos publicitários, considerando-se a superposição. Em geral, usa-se o termo **impacto** ou **total de impactos** para a soma das audiências brutas expressa em números absolutos, que é a quantificação dos contatos que um veículo estabelece com o público, ao longo de uma programação, ou por unidade comercial. Quanto mais alto for o nível de GRP, mais rápido crescerá o índice de *recall* da mensagem. Por sua vez, a cobertura aumenta à medida que se eleva o nível de GRP, porém sem crescimento proporcional.

Ao lidarmos com GRPs, é possível notar algumas características dos planejamentos de mídia que podem afetar o resultado de uma campanha. A prática de lidar com essas medidas apresenta que, até certa altura, a elevação do nível de GRP tende a aumentar rapidamente a cobertura. Daí para diante é necessário um nível cada vez mais elevado do GRP para se obter uma pequena cobertura adicional. Da mesma forma, até certa altura, a elevação de nível de GRP, à medida que se estende o alcance, proporciona pequenos acréscimos de frequência. Este aumenta a passos cada vez maiores conforme a cobertura vai aumentando a passos cada vez menores.

Todo o sistema leva em conta que as transmissões de diferentes canais têm idêntica capacidade de alcançar o mesmo número de lares.

QUADRO 6.13 Exemplo de soma de audiências transformadas em GRP

Programação	Audiência domiciliar	Inserções	GRP Domiciliar
Novela III	57%	1	57
J. Nacional	55%	2	110
Supercine	29%	1	29
Total	–	4	196 GRPs

Target Audience Point (TRP) – Audiência no público-alvo

É a unidade de medida que avalia a audiência dentro do público-alvo selecionado. Representa o somatório das audiências do público-alvo de uma programação multiplicado pelo número de inserções. O exemplo a seguir é representado nos moldes dos esquemas apresentados anteriormente:

QUADRO 6.14 Audiência do target

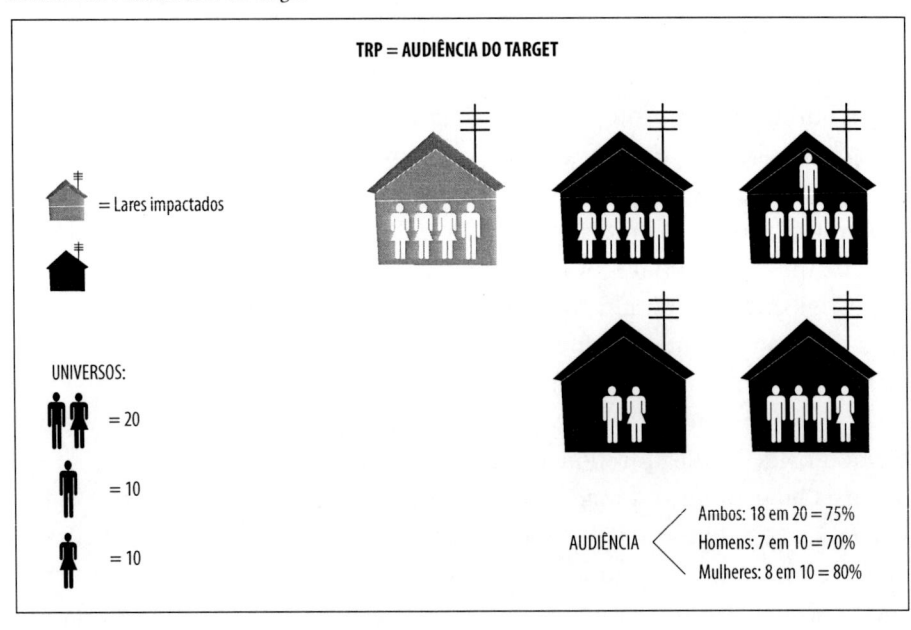

TRP = AUDIÊNCIA DO TARGET

= Lares impactados

UNIVERSOS:
= 20
= 10
= 10

AUDIÊNCIA
Ambos: 18 em 20 = 75%
Homens: 7 em 10 = 70%
Mulheres: 8 em 10 = 80%

Essa ilustração demonstra, de maneira simplificada, como é feito o cálculo do TRP. Em uma planilha de mídia que represente o TRP, os números costumam estar organizados como no Quadro 6.15:

QUADRO 6.15 Exemplo de soma de audiências transformadas em TRP

Programação	Inserções	Domicílios		Audiência Hab. 25/39	
		AUD	GRP	M	H
Novela III	1	57	57	19	19
J. Nacional	2	55	110	37	74
Supercine	1	29	29	49	49
Total	4		196		142 TRP

Nesse exemplo, as audiências "masculinas" dentro de cada programa, e de acordo com o target (que são habitantes de 25 a 39 anos), somam 142, resultando então em 142 TRP. Seguindo o mesmo raciocínio, e se buscássemos apenas as mulheres, poderíamos afirmar que o TRP dessa programação é de 105.

As métricas de efetividade de investimento em televisão são constantemente aperfeiçoadas, e atualmente uma programação é avaliada pela relação entre **alcance de potenciais consumidores** e **frequência média de exposições**. Historicamente, a evolução das medidas compreendeu formatos técnicos diferenciados, e é comum ainda encontrar profissionais que prefiram utilizá-los. Por experiência, pode-se afirmar que essas métricas mais antigas não são erradas, mas abrangem características diferentes (o que não permite comparações) e são menos completas.

Evolução histórica por década:

- Anos 1960: FREQUÊNCIA – universo público
- Anos 1970: GRP – universo domicílio
- Anos 1980: TARP – universo consumidor
- Anos 1990: CONTATOS – consumidor categoria
- Hoje: alcance + frequência média

Tiragem, circulação e cobertura

Para avaliar o poder de um órgão de imprensa como veículo publicitário, é necessário obter os seguintes dados:

- Tiragem – é a quantidade de exemplares impressos de cada número do jornal ou da revista. É o menos importante dos três fatores, pois há órgãos que sofrem grandes encalhes, enquanto outros são lidos por duas ou três pessoas; logo, esses dados se tornam muito imprecisos.
- Circulação – é o número de exemplares lidos pelo público, ou pelo menos o número de exemplares realmente vendidos.

- Cobertura – designa tanto o tipo de leitor (sexo, classe socioeconômica, grupo de idade, cultura etc.) como as zonas (bairros, cidades, estados) em que o veículo tem venda regular.

O que realmente interessa ao anunciante é a circulação e a cobertura, ou seja, o número e o tipo de leitores e as zonas que o órgão atinge. O controle da circulação pode ser feito diretamente no próprio veículo, ou por pesquisas de mercado, ou ainda pelo Instituto Verificador de Circulação IVC.

Considerando jornais diários, as comparações precisam ser efetuadas levando em conta as variáveis de circulação ao longo da semana (a existência de cadernos especiais, por exemplo: um caderno com ofertas de imóveis pode promover vendas maiores em alguns dias da semana; jornais com cobertura esportiva tendem a vender mais no dia seguinte às rodadas esportivas). As revistas e os jornais também podem sofrer variações de sazonalidade de vendas em períodos do mês e do ano; somente uma análise mais criteriosa dos relatórios permitirá uma seleção bastante adequada de títulos e períodos de veiculação.

Dimensões do anúncio

A experiência tem demonstrado que não há dimensão ótima. Isto é, não há uma dimensão que seja a melhor para todos os casos possíveis. Considerando os objetivos de cada campanha, é preciso determinar qual deve ser a boa dimensão possível, reestudando sempre o problema, à luz da necessidade de conteúdo a ser transmitido e de atenção a ser demandada.

Frequentemente é examinada a questão de saber se, dada uma superfície disponível (a totalidade de uma página, por exemplo), seria preferível empregar toda essa superfície de uma só vez, ou metade por 2 vezes, ou 1/4 por 4 vezes etc. Apesar de várias teorias e experiências, essa é mais uma situação em que cada caso é um caso, e como tal deve ser analisada.

É comum encontrarmos bons portfólios de agência explorando o potencial de anúncios em páginas duplas, ou então sequenciais, e também em formatos especiais, como sobrecapas, encartes com recortes especiais, efeitos gráficos diferenciados etc. Em sua maioria, são materiais que exigiram investimentos maiores. E, por mais que haja "encantamento" na utilização desses tipos de soluções, caberá ao grupo de trabalho (se possível, o pessoal de atendimento, planejamento, criação e produção, além do mídia) definir se esta é a melhor relação custo-benefício, com base em critérios técnicos e de análises ainda mais profundas do mercado e do consumidor.

Multimídia (ou multimeios)

Historicamente, em suas primeiras análises, a mídia operava como se os meios fossem compartimentos separados: a conjugação dos meios em um plano era feita a partir de informações separadas, de audiências e simulações de TV, revistas, jornais etc.

O consumidor que se procura atingir com a velocidade de uma campanha consome, em geral, vários meios simultaneamente, e um mesmo meio é consumido mais intensamente por um do que por outro perfil de consumidor. Mesmo dentro de um segmento socioeconômico homogêneo, a intensidade de consumo de um meio pode ser significativamente diferente.

Aplicando-se a análise multimídia, uma nova dinâmica se processou com a integração de meios e a diferença de intensidade de consumo, tornando-se possível, assim, prever a intensificação do uso de mídias complementares, tendo em vista a crescente facilidade de percepção, comprovação e mensuração de área em que coincidem subexposição a um meio e superexposição a outros, além de oportunidades de complementação não detectáveis anteriormente.

A análise multimídia permite a simulação de programações realistas, a partir de uma dada verba, para otimizar o aumento conjugado da cobertura eficiente do plano de mídia junto ao público-alvo visado.

A variável custo só pode ser introduzida nesse jogo mediante simulações que se aproximam de uma veiculação realista, dentro de um intervalo definido de tempo, mas suficiente para captar o comportamento real dos consumidores, e dentro das periodicidades normais de ocorrência dos meios. As simulações serão feitas a partir de planos que apresentem diferentes distribuições de verbas entre meios.

Há softwares bastante sofisticados para isso. Lamentavelmente, somente as grandes agências conseguem ter acesso a esse universo, mas, com o advento das novas tecnologias e seu consequente barateamento, aguarda-se para breve a facilitação de seu uso. De todo modo, mesmo sem acesso a programas sofisticados, o profissional que souber compreender os princípios da análise multimídia com certeza elaborará planos muito mais eficientes, aproveitando melhor o potencial de cada um dos meios.

Pesquisa de mídia

O planejamento de mídia utiliza o processo de comunicação dos estudos de mídia disponíveis para analisar a quantidade e a qualidade das audiências dos veículos de comunicação. Os institutos de pesquisa, em seus estudos, dimensionam a composição de classificação de consumidores considerando critérios preestabelecidos e que representam, em seus dados, o comportamento da população nos seus diversos segmentos.

A pesquisa de mídia permite trabalhar com um raciocínio bastante elaborado, pautado em informações para a tomada de decisões de veiculação. Para uma pesquisa adequada, sempre se devem considerar três fundamentos básicos: a representatividade de uma amostra dentro da população, a consideração da lei das probabilidades e a construção de uma pesquisa com base em um planejamento amostral. As amostras de uma pesquisa de mídia podem ser feitas com flagrantes, pesquisas de lembrança (*recall*) ou medição mecânica de audiência. Esses métodos e técnicas de pesquisa geralmente não ficam a cargo dos profissionais de mídia, que adquirem essas informações de institutos especializados que disponibilizam os instrumentos de aferição de mídia. Tais instrumentais possibilitam a geração de análises de programações, curvas de audiência, análise de alcance e frequência, penetração e perfil de leitor etc. Os principais institutos e respectivos instrumentais são o Ibope, Ipsos/Marplan, IVC, Jovedata, FW Comunicação e Mídia View.

Ibope

O Instituto Brasileiro de Opinião Pública e Estatística foi o primeiro instituto de pesquisa de mercado do Brasil e atua em diversas frentes de pesquisa. A que nos interessa diretamente é o Ibope Mídia, que oferece audiência regular em dez capitais brasileiras: Rio de Janeiro, São Paulo, Belo Horizonte, Brasília, Curitiba, Florianópolis, Porto Alegre, Salvador, Fortaleza, Recife e mais 70 cidades. Alguns dos dados aferidos por ele são:

- Audiência domiciliar – diária ou semanal.
- Audiência diária domiciliar – em faixa horária de 15 minutos.
- Audiência (no target) – por programa, quadrissemanal.
- Perfil do telespectador – quadrissemanal.
- Alcance e frequência – quadrissemanal.
- Fluxo de audiência de telespectadores – semanal.

O Ibope ainda disponibiliza os seus "processadores", que são informações que permitem idealmente simular, otimizar e verificar resultados de veiculação.

QUADRO 6.16 Exemplo de quadro de processamento Ibope

Planview	A&Fviewer Planejamento	Supermídias
Simulação	Otimização	Verificação e Pós-análise
Permite testar os planos de mídia e avaliar prováveis resultados, indicando níveis de cobertura e frequência.	Favorece a distribuição eficiente do investimento para alcançar os níveis de alcance e frequência propostos.	Avalia com base nos dados de audiência reais os resultados da veiculação realizada.

Belo Horizonte, Brasília, Curitiba, Porto Alegre, Recife, Rio de Janeiro, Salvador, São Paulo e PNT: Painel Nacional de TV.

Através da ferramenta **Monitor**, o Ibope permite que agências, anunciantes e veículos acompanhem o principal do investimento publicitário realizado no país. As informações também favorecem o acompanhamento das táticas de veiculação relativas aos produtos e seus concorrentes.

Ipsos/Marplan

Instituto que realiza estudos regulares de mídia desde 1958, especializados no entendimento do comportamento e das atitudes das pessoas. Além de fornecer relatórios com dados qualitativos e quantitativos regularmente, possui softwares específicos para análises de hábitos e tendências de consumo de meios. Seus estudos regulares são:

- Hábitos da população com relação a consumo de revistas, jornais, rádios AM e FM, TVs aberta e paga, acesso à internet (envolvendo horas navegadas, local de acesso, tempo de acesso, hábitos de compra, finalidade e sites visitados).
- Relatórios especiais para cinema, com frequência de consumo, gasto médio, alcance e preferência por gênero de filme.
- Mídia exterior e outdoor, que apresenta a exposição habitual para o tipo e o formato de exibição.
- Softwares de análise, planejamento e otimização de mídia que permitem a construção de variáveis adequadas ao usuário em diversas categorias de produtos, classificação de veículos por penetração, perfil e CPM, simulação de multimeios, tabelas e gráficos de superposição de audiência por leitor e potencial de cobertura.

Instituto Verificador de Circulação (IVC)

É responsável pela auditoria de circulação dos principais jornais e revistas do Brasil, proporcionando informações detalhadas dessas mídias. Fornece relatórios com informações quantitativas e geográficas sobre a circulação e tiragem dos principais jornais e revistas do país.

As informações são obtidas por auditores que apuram, de acordo com o tipo de circulação, os exemplares destinados aos assinantes, a verba avulsa em banca, os registros contábeis e todos os itens pertinentes à produção dos exemplares em gráfica. Seus relatórios também apresentam os detalhes de cada edição relativos aos exemplares impressos, devolvidos, não distribuídos ou inutilizados.

Jovedata

Empresa especializada no fornecimento de tabelas de preços dos veículos, permite alimentar os bancos de dados das agências para análises com perfil bastante atualizado, o que, para os profissionais que atuam com planejamento em regiões distantes, é extremamente difícil de ser obtido.

FW Comunicação

Oferece aos assinantes monitoramento on-line das grades de programação das emissoras, identificando e gravando comerciais e ações de merchandising (*product placement*).

Mídia View

Fiscalização de cinema, outdoor, *busdoor* e outras atividades em pontos de venda, shopping centers ou casas de shows. Possui um software de avaliação de exibição de mensagem na mídia exterior.

Formatos de comercialização dos meios

Por mais que os meios busquem criar formatos diferenciados para si como uma maneira de atrair atenção e oferecer alternativa única à agência e ao anunciante, o mercado publicitário promoveu grandes esforços ao longo de sua história, principalmente a partir da metade do século XX, visando à padronização de tamanhos, medidas e demais características técnicas, com o objetivo de viabilizar a utilização de peças em vários meios simultaneamente. E esse é um esforço contínuo das associações de agências, dos anunciantes e dos meios, em busca de maior rentabilidade para todos.

Televisão

Os padrões de comercialização de espaço em televisão são os seguintes:

- básico – comerciais de 15, 30, 45 e 60 segundos;
- patrocínio;

- esquema comercial – abertura ou encerramento com caracterização de 5 segundos; comercial de 30 segundos dentro do programa; vinheta de passagem de 5 ou 3 segundos, dentro do programa; chamadas de 5 segundos na programação rotativa da emissora;
- em transmissões especiais – texto-foguete de 5 segundos; *inserts* como anúncios durante eventos esportivos no placar, tempo de jogo e replay;
- publicidade virtual;
- ações de merchandising ou *product placement*.

Nesse último ponto, deve-se entender que o termo *merchandising* costuma ser utilizado para as ações de exposição e de promoção de marcas, produtos e serviços dentro de seus pontos de venda. Porém, em um determinado momento, passou a ser também utilizado como designativo da inserção desses produtos, marcas ou serviços em um contexto editorial, sem caracterização de oportunidade comercial. A ação de merchandising faz-se presente em um contexto de forma muito sutil, o que não deve ser confundido com propaganda ao vivo, efetuada pelos apresentadores ou atores em um contexto explícito. Atualmente, prefere-se utilizar a expressão *product placement*, e muito se tem estudado sobre suas vantagens e seus problemas:

- mostra-se muito oportuno para produtos que necessitem gerar moda ou novos hábitos;
- o envolvimento da marca no contexto editorial, de forma sutil, gera uma inserção diferenciada e evita o risco do efeito *zapping* (perda da audiência no momento do intervalo comercial por mudança de emissora);
- existem limites e regras diferenciados segundo cada emissora e cada programa, necessitando ser tratado caso a caso;
- a ausência de métricas seguras e universais é um dos inibidores de seu uso contínuo;
- aparentemente, seu uso excessivo pode levar o público à rejeição de sua presença no programa;
- apresenta custos normais a cachês de artistas e equipe de produção; pode receber precificação diferenciada caso a caso e somente pode ser orçado após consulta;
- alguns estudos de mídia buscam comparar seu uso com os custos regulares de veiculação, porém tal análise é indevida, pois são ferramentas com propostas e execuções diferenciadas;

- utilizado estrategicamente com a veiculação de propaganda, aponta resultados mais efetivos.

Rádio

No rádio, os padrões de comercialização de espaço são mais simples quando comparados com os da TV, na qual a maior complexidade de estrutura do meio vem da variedade de emissoras disponíveis. Os padrões para anúncio nas rádios são os seguintes:

- Básico – veiculação de comerciais de 15, 30, 45 e 60 segundos. Utilizam-se as expressões **spot de rádio** para peças com predominância na fala, direta ou dialogada, e **jingle** para peças predominantemente cantadas.
- Testemunhal – comunicadores falam o texto do anúncio, quase sempre ao vivo, durante seu próprio programa; também pode ser gravado, com identificação do comunicador.
- Patrocínios – envolvem os programas da grade, blocos, transmissões esportivas, eventos etc.

Jornal

A comercialização do meio jornal é feita essencialmente pela medida do anúncio em centímetros (altura) pelas colunas (largura).

O jornal-padrão (ou tipo *standard*, como é costume chamá-lo) possui, em suas páginas de noticiário, 6 colunas de 4,6 cm de largura, com uma separação entre elas de 0,5 cm. A altura da página do jornal-padrão é de 52 cm, o que garante uma mancha gráfica de 29,7 cm por 52 cm. Note-se que o Brasil é um dos poucos países em que o formato *standard* prevalece sobre o formato tabloide. Especialistas afirmam que, em função das mudanças de hábitos de leitura e de custos, há uma tendência de todos os jornais se tornarem tabloides.

O anúncio colorido possui um acréscimo de 30% no preço, variando de veículo para veículo. O mesmo acontece com os anúncios veiculados no domingo, dia de maior vendagem para a maioria dos jornais.

O custo do centímetro por coluna do jornal é apresentado na tabela de preços do veículo, com diferentes precificações, dependendo da posição do anúncio dentro do jornal. É permitida a veiculação de encartes, amostras ou até patrocínios de cadernos ou seções. Alguns jornais oferecem ainda formatos diferenciados de colunas ou de espaços centrais e são, muitas vezes, abertos à negociação de formatos não previstos.

Revista

Diferentemente dos jornais, o anúncio em revista não é medido por centímetros, mas pelos espaços em página preestabelecidos pelas próprias revistas, espaços que também são padronizados para anunciantes. Os padrões de formato dos anúncios são:

- Convencionais – em ordem decrescente de tamanho, temos página dupla, 1 página, 2/3 de página, 1/2 de página, 1/3 de página, 1/4 de página e 1/6 de página. Há diferenciação de preços para páginas determinadas (a agência escolhe a página) ou indeterminadas (o veículo determina a página).
- Localizações diferenciadas – sobrecapa, 2ª capa (simples ou somada com a página 3), 3ª capa e 4ª capa.
- Especiais – publieditoriais, encartes, distribuição de amostras, informação publicitária (textos), anúncio com aroma ou com área a ser aberta ("raspadinha"), marcador de página etc. Há veículos que possuem preços de tabela para alguns tipos de anúncio especial, mas geralmente envolvem uma negociação antes de determinar custos e analisar a viabilidade do anúncio.
- Patrocínio – envolve suplementos especiais, que acompanham a revista "principal", e seções específicas.

Outdoor e mídia exterior

Apesar de serem comumente vistos como semelhantes, e colocados sempre lado a lado nas organizações para facilitar seu entendimento e uso, é no momento de decisão sobre a seleção de qual tipo utilizar e nos padrões que formalizam cada meio que notamos as principais diferenças. Enquanto o outdoor costuma ser selecionado para uso pelas cidades em que está disponível, pela localização dele na cidade e pelo tipo de placa em que é construído, o critério para utilização da mídia exterior envolve também o "ineditismo" da ação proposta. De fato, os formatos da mídia exterior podem ser muito diferenciados, dependendo da negociação com as veiculadoras, mas sempre de acordo com as possíveis restrições das legislações locais. No geral, quando as negociações sucedem, os contratos de mídia exterior costumam ser anuais ou mensais para cada peça, com possibilidade de troca de mensagens.

No outdoor, encontram-se padrões "tabelados" que se apresentam em dois formatos:

- Cartaz por bissemana – 1 a 15 dias ou 16 a 30 dias. Tradicionalmente, os cartazes de rua são veiculados quinzenalmente e, para maior facilidade, foram padronizados nas chamadas **bissemanas**. Também por convenção, os cartazes de rua são tradicionalmente de 32 folhas, para facilitar a programação e produção. Nas médias e grandes cidades, costumam ser comprados por roteiros ou regiões, porém nada impede que sejam programados independentemente, local a local (o que tende a aumentar seu custo).
- Apliques – cartazes duplos ou triplos, outdoor "vivo", com movimento etc. São situações potencialmente negociáveis com as veiculadoras.

Cinema

Os padrões de exibição de publicidade em cinemas são dois:

- Básico – compra-se o espaço de exibição chamado de **cine semana**, que compreende os dias e o intervalo entre sexta-feira e quinta-feira.
- Merchandising – envolve a exposição de um produto, entrega de amostra ou degustação (conhecida como *sampling*), instalação de monitores, *videowall*, ações promocionais dentro das salas etc.

Como visto anteriormente, novos formatos de exibição, de base digital, tendem a apresentar novas possibilidades de anúncio e de exibição, graças à maior flexibilidade de comunicação entre salas de cinema e anunciantes. No entanto, os formatos-padrão dificilmente serão alterados, pelo menos em um futuro próximo, já que seu uso está consolidado no mercado há um bom tempo.

Não importa se o cinema é tradicional ou digital, os critérios de seleção de salas para anúncio se mantêm. A busca pelas mais adequadas salas de cinema para exibição do anúncio deve considerar a localização das salas, a quantidade de poltronas, o tipo do filme exibido naquele período, o perfil do frequentador e o lançamento de filmes. Esse último ponto é relevante por causa da própria dinâmica da indústria cinematográfica, que envolve a exibição e a distribuição dos filmes. A maioria dos lançamentos tem períodos previstos de veiculação que podem ser alterados, dependendo de resultados de bilheteria, o que exige um acompanhamento mais direto da adequação do filme em cartaz com a campanha prevista.

Internet[14]

A definição de padrões de uso de publicidade na internet é bastante limitada, porque o meio é novo e dinâmico e, por isso, não há modelos consolidados, de uso tradicional. Isso não significa que os padrões de regulamentação não existam, apenas que não há, por enquanto, elementos suficientes que encerrem a maioria das possibilidades que a internet permite a anunciantes. Os próprios modelos de anúncio surgiram há pouco tempo, e não é difícil imaginar que novos surgirão.

A priori, os modelos aqui apresentados são mais aplicados para portais ou situações em que as informações estão mais generalizadas e nos quais podemos afirmar que já se criou um padrão de anúncio. As situações que com certa frequência surgem na agência, vindas das necessidades específicas de clientes, fogem desse padrão, de forma que precisam ser analisadas a fundo para que se possa oferecer a solução on-line mais adequada àquela campanha:

- Banner – imagem fixa ou animada. Pode levar quem o acessa, pelo clique, a um website ou minissite. Oferece controle de *Page Views* (quantas vezes foi carregado pelo computador), tem flexibilidade de tempo de anúncio e direciona o público para onde se deseja.
- Pop-up – página de anúncio que é apresentada na tela sem que o usuário tenha pedido. Em alguns modelos, quando o usuário navega entre páginas, o anúncio intersticial sobrepõe-se, acima da página pedida. Há críticas com relação a esse modelo por ser invasivo, já que surge na tela sem a autorização do usuário. Alguns anúncios procuram minimizar esse efeito apresentando uma peça muito relevante para aquele usuário, naquele momento, como os sites de vendas que oferecem promoções de curta duração.
- Website – na construção de um website publicitário, a definição de conteúdo e a gerência podem ser realizadas pela própria empresa solicitante ou pela agência. As visitas ao site ajudam a definir perfis de consumo e interesses dos visitantes, além de permitir a alta interatividade com o usuário. Geralmente, oferece atendimento instantâneo ao consumidor, possibilidades de marketing direto e pós-venda.
- Minissites (ou *hotsites*) – são websites temporários, de conteúdo específico. Não chegam a ter a quantidade de informações e possibili-

---
[14] Deve-se enfatizar que, neste trecho, foram apresentadas apenas as possibilidades "padrão" de anúncio na internet – ou melhor, os padrões de anúncio encontrados nos portais para agências. É no Capítulo 7 que serão apresentadas as diversas possibilidades de anúncio on-line.

dades de um website, tampouco são simples ao ponto de parecerem um grande banner interativo. Geralmente se referem a apenas um produto, serviço, proposta de marca ou promoção, oferecendo uma melhor descrição daquele conteúdo.

- Link patrocinado – Um anúncio em forma de texto que surge conforme o usuário utiliza os sistemas de busca disponíveis na rede, como o Google e o Bing. No geral, usa o sistema de palavra-chave: o anunciante patrocina uma palavra (ou mais) e, toda vez que um usuário a utiliza no sistema de busca, o portal devolve, entre as primeiras respostas, o link do anunciante. Nesse formato, o cliente paga apenas quando o usuário clica no anúncio (o que chamamos de custo por clique ou CPC) e há boa precisão da efetividade do anúncio.

A decisão de utilizar a internet, dentro desses padrões, surge do próprio formato e conteúdo editorial do site no qual o anúncio será veiculado, somado ao perfil do internauta que o frequenta e à quantidade de visitantes que aquele ambiente possui dado certo período. A maior parte dos sites cobra por número de *hits* (cliques), gerando relatórios sobre quantidade de visitantes únicos, quantidade de cliques e espaços ou temas de maior interesse, o que permite uma programação cada vez mais adequada ao perfil do usuário.

Briefing de mídia

Um briefing de mídia é sempre necessário quando os líderes de mídia não tiverem participado mais ativamente na elaboração do planejamento da campanha. Entenda-se aqui que esse modelo visa apontar as informações essenciais para a elaboração de um plano eficiente, porém, como comentamos antes, com certeza ele será organizado segundo os modelos específicos de cada agência. O importante é sempre compreender que, quanto mais os planejadores estiverem envolvidos na cultura do negócio do caso proposto, maiores as chances de alcance de êxito do plano. Devem-se sempre resgatar os objetivos de marketing e de comunicação já definidos para que haja um alinhamento pleno entre todos os elementos da campanha.

O briefing de mídia envolve a descrição de diversos pontos importantes para a campanha, de maneira semelhante ao briefing principal, da própria campanha. Envolve a característica do produto, objetivos da campanha, público-alvo, informações sobre mercado, concorrência, tema, duração e verba disponível da campanha.

Características do produto ou do serviço

Deve-se discorrer sobre as características da marca e os elementos básicos do produto ou do serviço, descrevendo os atributos mais importantes, seus usos, benefícios, e o que mais ele possa significar para quem o usa. Nesse momento, é preciso aproveitar as observações de pontos fortes, pontos fracos, problemas e oportunidades que podem levantar aspectos importantes na estruturação da campanha.

Objetivos da campanha

Os objetivos da campanha devem ser organizados e apresentados em dois conjuntos:

- De comunicação – as soluções propostas nos objetivos de comunicação devem ser coerentes com os objetivos e estratégia de marketing.
- De mídia – aqui se explica o papel da veiculação escolhida. Os objetivos de mídia devem ser coerentes com os objetivos de comunicação da campanha.

Público-alvo

As informações sobre o público-alvo da campanha podem ser organizadas de modo que os aspectos relevantes para a sua compreensão estejam presentes de maneira clara e objetiva. Geralmente, contemplam:

- informações sociodemográficas – sexo, faixa etária, classe socioeconômica, grau de instrução, ocupação e outros dados relevantes para a compreensão do perfil do target;
- hábitos do consumidor – hábitos e comportamento em relação ao processo de compra do produto;
- localização geográfica – apontar informações sobre os consumidores e sobre a campanha, como, por exemplo, se os consumidores são residentes nos grandes centros ou não e se a campanha possui abrangência nacional, regional ou local.

Aqui se aproveitam as definições do briefing básico que podem oferecer informações relevantes para o planejamento de mídia, como quem usa o produto, quem decide a compra, quem a efetua etc.

Mercado

Na apresentação objetiva dos dados relevantes sobre análises de mercado, devem ser considerados principalmente:

- dados atuais, evolução e previsão de volume de vendas e participação de mercado;
- potencial de consumo da categoria;
- evolução da participação de mercado da concorrência;
- relação entre potencial dos mercados e investimento de mídia;
- dados demográficos sobre o mercado atual e potencial.

A organização da informação deve sempre dar prioridade à objetividade e à relevância daquela informação para o planejamento. A seguir, alguns exemplos de textos sobre participações de mercado: dados estimativos, relativos ao tamanho do mercado (em mil unidades), mostram o seguinte comportamento:

QUADRO 6.17 Exemplo de quadro de histórico de produção para planejamento

Ano	2003	2004	2005	2006	2007
Unidades (em milhares)	560	610	800	980	1.600

Sobre vendas: dados relativos ao histórico de vendas entre os anos de 2005 e 2007 mostram o resultado da tabela a seguir:

QUADRO 6.18 Exemplo de quadro de histórico de vendas para planejamento

Ano	Unidades
2005	720.000
2006	750.000
2007	800.000

Sobre participação de mercado: analisando os resultados de vendas dos três produtos que constituem esse mercado, define-se este quadro de *market share*:

QUADRO 6.19 Exemplo de quadro de *market share* para planejamento

Produtos	Market share (%)
Produto A	45,7
Produto B	34,3
Produto C	20,5
Total	**100**

Concorrência

A apresentação da concorrência deve conter um mapeamento sobre dados de mercado, principais ações de comunicação e verba de propaganda utilizada. No caso de haver muitos concorrentes, podem-se apresentar apenas os principais, dado algum critério de exclusão, ou organizar a concorrência em grupos de semelhança, de forma que a visualização dessas empresas ou desses grupos fique clara para o planejador de mídia. Esse mapeamento costuma envolver um ano, de janeiro a dezembro, por exemplo, mas essa data pode variar conforme as características do setor.

Para o planejador de mídia, um dos pontos mais importantes é a verba de propaganda da concorrência. Segue um exemplo de demonstração dessa informação.

Verbas de propaganda da concorrência: durante o último período de vendas, as três principais marcas do mercado tiveram o seguinte comportamento de investimento de mídia, considerando praças, estratégias e volume investido:

QUADRO 6.20 Exemplo de quadro comparativo do investimento publicitário da concorrência

Produto	Estratégia de meios	Verba (em milhões de reais)	Praças
Concorrente A	TV	5.100	PR, RJ
Concorrente B	TV + JO	4.800	BH, DF
Concorrente C	TV + RD	2.500	BH, RJ

Temática da campanha

Aqui cabe a breve descrição do tema principal da campanha. Não são necessários detalhes, só as linhas-mestras que guiarão a temática da campanha até o seu fim, com as devidas alterações que possam ocorrer ao longo do tempo de veiculação. Descrevem-se o tipo de campanha (se é de lançamento de produto, reposicionamento de marca, penetração em novos mercados etc.), bem como os principais elementos e símbolos que compõem a proposta, como uma nova marca, criação de personagens, slogans ou palavras que expressem o conceito-chave.

Duração da campanha e sazonalidade

As campanhas promocionais costumam ter pouca duração, com uma frequência alta de veiculação. Por outro lado, campanhas institucionais tendem a se estender por mais de um ano – dependendo do projeto, por diversos anos. No entanto, é importante, para o profissional de mídia, organizar seu planejamento a curto e médio prazos, quando também ocorrem as negociações por espaço nos meios. Apresentam-se neste trecho as partes da campanha que podem sofrer alteração dentro do contexto geral, como uma campanha institucional que explora o momento da Copa do Mundo, apenas na proximidade e na duração do evento, para anunciar sua marca.

Verba de veiculação

Deve-se apresentar a verba disponível para veiculação dos anúncios, considerando o critério ou metas determinados no planejamento. Essa é a verba que o planejador de mídia levará em conta para a construção do plano.

Defesa ou justificativa do plano de mídia

Assim como ocorre com o plano de criação, é necessária a construção de uma justificativa do plano de mídia. O objetivo principal é apresentar os motivos que levaram às decisões tomadas nesse planejamento, de modo a ficar claro qual foi o raciocínio traçado por seu idealizador. No planejamento de mídia, as opções consideradas são comentadas a seguir.

Estratégia de mídia

A construção da justificativa do plano de mídia inicia-se com a estratégia que foi traçada e que guia as decisões tomadas dentro do planejamento. A estratégia (ou as estratégias, já que pode haver mais de uma) é a linha-mestra de raciocínio que orienta as táticas e as ações de mídia. Na apresentação dessa estratégia, constam:

- definição do alvo;
- definição da verba utilizada, em função das decisões estratégicas baseadas nos seguintes fatores:
  - campanha ofensiva ou defensiva;
  - se de lançamento de produto, serviço ou marca; se de sustentação de imagem, de presença; se de concorrência ou contra-ataque;
- pressão de concorrência alta, ou alta probabilidade de retaliação da concorrência;
- objetivos da campanha;
- *reach*, frequência, intensidade e programação determinados;
- análise do perfil do público – quando se confronta essa análise com estudos de mercado para definição dos melhores perfis demográficos;
- verificação do potencial do mercado para definir a pressão publicitária a ser exercida;

- análise do *reach* e frequência da concorrência para tomar decisões de acordo com a ação competitiva;
- delimitação do mercado consumidor, apresentando quantitativamente homens, mulheres e proporções para divisão adequada dos meios.

Estabelecimento de estratégias

- Com relação à análise quantitativa do mercado potencial e pressão da concorrência, ante os números de veículos, deve-se definir onde anunciar e quanto anunciar.
- Com relação à análise da frequência de compra e oportunidade de compra, define-se quando anunciar. Relacionar com os gastos da concorrência com os planos promocionais do cliente e a participação esperada no mercado. Equacionar em etapas e distribuir a verba de acordo com cada fase.
- Com relação à aplicação por área geográfica, define-se quanto investir nacional e localmente. Devem-se estabelecer GRPs nacionais e locais ou a proporção em relação às vendas em cada território. Definir se a aplicação da verba será simultânea ou sucessiva em um ou outro mercado.
- Revisar as alternativas. É preciso usar algum outro meio? Deveremos usar veículos suplementares?

A estratégia representa qual é a solução de mídia recomendada, com base nos objetivos propostos. Ela justifica quais os meios utilizados (televisão, revista, jornais etc.) e por que eles são recomendados. Deve conter as considerações sobre características de cada meio e suas justificativas para inclusão no plano.

Seleção de meios

A escolha dos meios de comunicação que deverão fazer parte do plano de mídia deve ser guiada pela análise e ponderação de diversos itens:

- características básicas dos meios eletrônicos e impressos;
- cobertura geográfica dos meios;
- penetração dos meios de comunicação (análise do instituto Marplan);
- perfil dos consumidores dos meios de comunicação (Marplan ou Ibope).

Toda recomendação dos meios deve ser justificada e explicada conforme a ponderação sugerida desses itens, tendo como base os objetivos de mídia que foram estabelecidos conforme as necessidades mercadológicas do anunciante.

Períodos planejados de veiculação

O período total de veiculação deve ser determinado de acordo com os objetivos mercadológicos pretendidos e as soluções de objetivos de mídia. Os principais pontos de influência na definição do período são os fatores sazonais, calendários promocionais, atuação da concorrência, ciclo de compra do produto, atividades promocionais previstas, ações anteriores feitas para aquele produto ou marca ou novos usos desse produto ou marca.

A justificativa aqui costuma ser direta, principalmente quando o fator de definição de período for autoexplicativo. A seguir, um exemplo de texto:

Devido à sazonalidade de consumo do produto no verão, recomenda-se a veiculação em dois períodos:

- janeiro a março – sazonalidade;
- novembro e dezembro – atividades promocionais.

Tática

É quando se define qual é o melhor caminho, a melhor forma de revelar a solução recomendada. Se na estratégia se definem quais são os meios recomendados, apresentando-se as linhas-mestras de raciocínio e de decisão, nessa parte ocorre a definição de critérios da veiculação e as formas de utilização dos veículos, dos programas e dos títulos.

Após a definição da utilização dos meios e a sua respectiva função dentro do plano, é recomendada a seleção do formato de veiculação que será utilizado e a sua contribuição para uma estratégia diferenciada de mídia. A seleção dos veículos pode ser direcionada pelas seguintes decisões sobre cada meio:

- TV – volume de GRP (cobertura *versus* frequência) durante a evolução da campanha;
- rádio – justificativa da frequência, dos horários e dias de programação;
- jornal – dias de veiculação;
- revista – adequação de inserções nas fases da campanha;
- cinema – quantidade de salas;
- outdoor – quantidade e determinação de locais e categorias dos roteiros disponíveis em cada cidade;
- internet – adequação do conteúdo editorial do portal ou perfil do consumidor.

Alguns exemplos de construção de texto para a justificativa das decisões táticas:

- Televisão – de acordo com os hábitos do consumidor-alvo, recomenda-se concentração em novelas e shows. Os programas foram selecionados segundo sua audiência, penetração e seu custo por mil no público-alvo etc.
- Rádio – adotou-se critério da programação em faixas horárias por dias da semana, segundo a rentabilidade (CPM) e penetração no público-alvo etc.

Otimizador simplificado de mídia

Os otimizadores permitem a análise de resultados entre opções de táticas de veiculação, ou mesmo a análise da melhor rentabilidade de custo-benefício de uma programação de mídia. É o resultado de um trabalho de simulação de estudos da mídia, associado a investimento ou custo de uma programação de anúncios. Tradicionalmente, buscam o melhor caminho para o alcance de consumidores, a melhor oportunidade de frequência média de exposição das mensagens, a menor evasão de público-alvo e a melhor rentabilidade de custos.

É um modelo matemático de seleção de mídia que implica a melhor escolha em um conjunto de fatores e oportunidades. Feito com base no estudo Alcance e Frequência do Ibope e da Marplan, é um processo de informações históricas de audiência no target que permite simular idealmente cada nível de alcance e frequência de exposições de uma programação.

A otimização sugerida leva em conta os resultados de alcance de cada programa com veiculação da mensagem e associa o resultado desse alcance ao investimento em cada inserção, até o limite de encontro das curvas de investimento e alcance de consumidores.

No Gráfico 6.1 é possível visualizar com clareza qual é o momento em que não existe acréscimo de novos consumidores no eixo de cobertura e apenas a frequência é favorecida nessa veiculação.

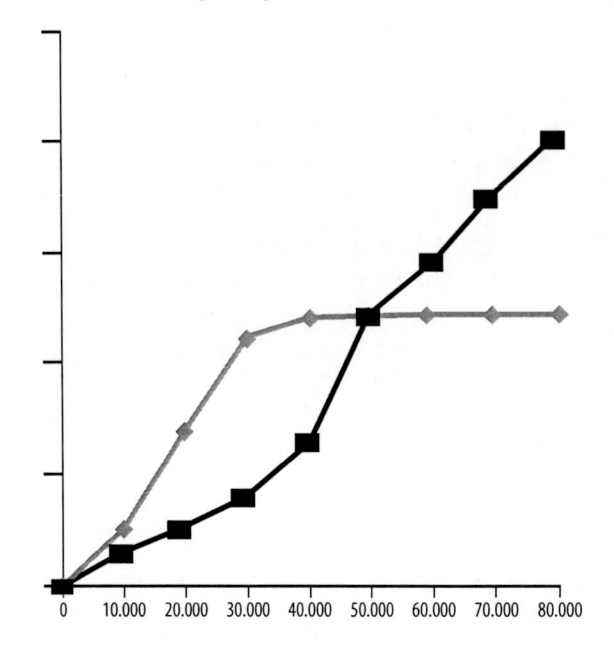

GRÁFICO 6.1 Exemplo de gráfico de consumidores × taxa de frequência e cobertura

Cinza – cobertura;
Preto – frequência;
Eixo X – número de consumidores;
Eixo Y – taxa de frequência e cobertura.

Futuros possíveis

De todos os ambientes da comunicação, o da mídia é um dos que mais apresentam abertura às inovações, seja nas tecnologias para seu planejamento e controle, seja em sua operacionalidade, mediante as inúmeras possibilidades oferecidas diariamente de novos meios e novos usos desses meios para as mensagens das marcas.

Por exemplo: preconiza-se há tempos que a entrada de capital estrangeiro tornará os meios de comunicação atuais muito mais competitivos e que eles darão saltos não somente em seus formatos editoriais e de programação, mas também nas relações comerciais com anunciantes. Ao mesmo tempo, e apesar de proibidos na legislação brasileira, cresce no mundo o papel dos birôs de mídia (ou *brokers*), que são as empresas especializadas em compra e repasse de espaços comerciais para anunciantes e agências, dentro de outra situação de relacionamento com o mercado. Se isso vai realmente vigorar no mercado brasileiro, ninguém sabe ao certo, e muita gente se posiciona a favor ou contra tais possibilidades. O que sabemos é que esses são apenas dois dos grandes movimentos em que estamos envolvidos. E que, em toda mudança, por mais que haja alteração nas práticas, tendem a permanecer os princípios de inteligência da função do mídia.

INTERNET E MOBILE[1]

> *Nos estudos que vêm sendo realizados não se cuida apenas da comunicação de massa, como também da comunicação interpessoal: da palavra falada, do sinal, do gesto, da imagem, da exibição, da impressão, da radiodifusão, do cinema – de todos os signos e símbolos por meio dos quais os humanos tratam de transmitir significados e valores a outros humanos. (Armando Sant'Anna)*

A afirmação que Armando Sant'Anna fez quando se referiu, nas edições anteriores desta obra, aos estudos realizados na época com relação à propaganda, apesar de datar dos anos 1970, continua bastante atual. Não só a comunicação social, especificamente a propaganda, mas diversos outros campos de estudo estão buscando o entendimento de um fenômeno contemporâneo, porém ainda não tão claro para muitos: a internet.

Não há como afirmar se a internet foi a causa ou a consequência desse momento contemporâneo que alguns chamam de "era da comunicação". O fato é que esse ambiente está cada vez mais presente no dia a dia das pessoas, tornando-se uma ferramenta muito útil para o trabalho, a diversão, a informação e o comércio. As mudanças no território digital da web andam em paralelo com as mudanças nos equipamentos que utilizamos para acessá-la – os computadores de mesa têm dado espaço para os mais compactos laptops, cujas utilizações têm sido compartilhadas com outros aparelhos, especialmente os mobile, como aparelhos celulares e as pequenas telas compu-

---

[1] Este capítulo é de autoria do professor Mauro Berimbau, mestre em comunicação e consumo pela ESPM, com o tema Advergames: comunicação e consumo de marcas. Lecionando na mesma instituição, pesquisa sobre jogos eletrônicos, entretenimento e marketing e mantém o laboratório de desenvolvimento e pesquisa lúdica GameLab ESPM.

tadorizadas e sensíveis ao toque – ou, simplesmente, tablets. Por isso, é cada vez mais importante que publicitários e profissionais de marketing tenham entendimento desse novo ambiente digital.

Hardware

O Centro de Estudos sobre as Tecnologias da Informação e da Comunicação (Cetic.br) tem como missão "monitorar a adoção das tecnologias de informação e comunicação (TIC) – em particular, o acesso e uso de computador, internet e dispositivos móveis",[2] disponibilizando e atualizando diversas pesquisas e indicadores sobre o acesso da população à tecnologia. Para a publicidade, especialmente para a digital, é essencial compreender as proporções dos usos da tecnologia em escala nacional. Dependendo do produto/serviço do cliente e/ou do público-alvo da campanha, saber responder se a internet já é relevante para um determinado segmento, bem como suas principais formas de acesso, trará maior precisão para o planejamento e diminuirá os riscos das decisões sobre as possíveis áreas de investimento (Quadro 7.1).

Quanto a hardware – ou seja, todo equipamento necessário para acessar as mídias mais convencionais – o Brasil dispõe de uma grande quantidade de televisões, distribuídas em quase todos os 62,8 milhões de domicílios do país.[3] Conforme apresentado no Capítulo 6, "Mídia", o aparelho de TV está presente em praticamente todos os lares de todas as classes sociais. O que pode variar é o conteúdo acessado, podendo ser TV aberta, TV por assinatura, filmes e séries em Blu-Ray e DVD, jogos de *videogame* ou os mais recentes programas de distribuição de vídeo por internet, como Netflix ou os serviços de *streaming* oferecidos pela Saraiva. De qualquer modo, não ficam dúvidas sobre a relevância da TV para a mídia nacional, o que justifica os valores investidos na publicidade por esse meio.

---

[2] Confira o website da Cetic.br para mais pesquisas, indicadores, publicações, notícias, eventos e outras informações relevantes. Disponível em: <http://cetic.br/>. Acesso em: dez. 2014.
[3] No Capítulo 1, em "Brasil – Síntese macroambiental", utilizamos como fonte principal o Censo 2010 do IBGE, que revelou uma quantidade de domicílios próxima dos 57 milhões. A pesquisa do Cetic apresenta como base outra pesquisa, mais recente, com um valor atualizado. No entanto, considerando a evolução das mídias e do ambiente sociodemográfico nos últimos anos, é pouco provável que essa mudança cause uma alteração sensível nos números aqui apresentados. Para fins de estudo e pesquisa, os valores e proporções aqui utilizados são pertinentes e podem prover estimativas adequadas para as análises e decisões.

QUADRO 7.1 Proporção de domicílios que possuem equipamentos TIC

A – PROPORÇÃO DE DOMICÍLIOS QUE POSSUEM EQUIPAMENTOS TIC

Percentual sobre o total de domicílios[1]

Percentual (%)		Televisão	Telefone celular	Rádio	Telefone fixo	Antena parabólica	Computador de mesa	Computador portátil	TV por assinatura	Console de jogo/ videogame	Tablet
TOTAL		98	90	78	35	32	31	28	26	19	6
Área	Urbana	98	92	79	39	27	34	30	30	21	7
	Rural	95	78	77	10	62	12	12	7	6	2
Região	Sudeste	99	90	82	48	23	38	30	34	24	7
	Nordeste	97	86	74	18	42	20	19	14	12	4
	Sul	97	94	84	40	34	33	38	29	21	6
	Norte	95	88	67	16	41	16	21	20	16	4
	Centro-Oeste	97	94	72	30	38	31	28	23	18	5
Renda familiar	Até 1 SM	94	76	72	12	39	9	6	6	5	1
	Mais de 1 SM até 2 SM	98	88	77	23	32	20	14	15	12	3
	Mais de 2 SM até 3 SM	99	96	83	38	29	36	31	27	23	6
	Mais de 3 SM até 5 SM	99	98	80	51	32	49	48	42	32	9
	Mais de 5 SM até 10 SM	100	99	82	63	29	52	66	61	37	13
	Mais de 10 SM	100	99	81	80	33	53	82	75	45	29
Classe social	A	100	100	93	88	35	63	89	85	51	34
	B	100	99	86	63	29	54	58	55	36	13
	C	99	94	79	30	32	29	21	20	17	4
	D E	93	72	68	9	36	6	5	4	3	1

[1] Base: 62,8 milhões de domicílios. Respostas múltiplas e estimuladas. Dados coletados entre setembro de 2013 e fevereiro de 2014.

Fonte: CETIC. TIC Domicílios. Disponível em: <http://cetic.br/pesquisa/domicilios/>. Acesso em: dez. 2014.

Mantendo-nos nas chamadas "mídias tradicionais", o rádio é um equipamento quase tão relevante quanto a televisão. A pesquisa Cetic deixa claro que está observando os domicílios, mas não evidencia o uso dos rádios nos automóveis, um valor importante, especialmente nas grandes cidades, onde é a mídia consumida quando em trânsito. Os aparelhos de celular e outros equipamentos digitais também podem ser utilizados para o consumo de música e de notícias, mas o formato do rádio e as suas particularidades ainda estão na preferência do consumidor para entretenimento ou informação.

Os computadores de mesa têm perdido espaço para os computadores portáteis (laptops e suas variantes). Mas, assim como os aparelhos de videogame, tendem a ser produtos elitizados por conta do alto preço do hardware. Mas não é só uma questão de preço. Se considerarmos que um dos principais usos do computador hoje é o acesso à internet, com todas as possibilidades que isso fornece, os computadores em geral têm dividido espaço com outros aparelhos, como os videogames, celulares e tablets. Isso fica ainda mais evidente quando observamos a evolução dos números de computadores desktop *versus* laptop *versus* tablets. Em apenas cinco anos, a quantidade de desktops presentes nos domicílios caiu 32 pontos percentuais, enquanto a dos laptops cresceu 47 pontos percentuais. Os tablets, surgidos recentemente no mercado, ganham espaço com velocidade. Apesar do movimento de queda dos computadores de mesa, não significa necessariamente que estão sendo todos substituídos por outros tipos de computador – afinal, o que as porcentagens revelam em 2013 é que esses hardwares coexistem, sendo utilizados em diferentes momentos para acessar a rede e realizar outras tarefas (Gráfico 7.1).

GRÁFICO 7.1 Proporção de domicílios com computador, por tipo de computador (evolução 2008 a 2013), em percentual sobre o total de domicílios com computador

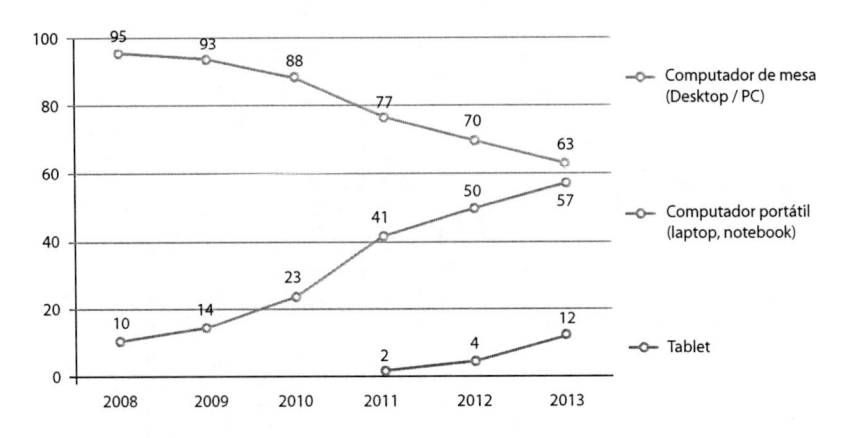

Fonte: CETIC.BR. Pesquisa TIC domicílios 2013. Disponível em: <http://www.cetic.br/pesquisa/domicilios/analises>. Acesso em: dez. 2014.

O telefone fixo na residência é outro hardware que tem perdido bastante espaço para o telefone celular. E não é por menos. Nos últimos dez anos foi impossível deixar de notar o seu crescimento explosivo, que já detém as mais variadas funcionalidades: além das ligações, mensagem de texto e de voz, é possível utilizá-lo como câmera fotográfica, filmadora, gravador, tocador de músicas e vídeos e, acima de tudo, acesso à internet, o que oferece um espectro ainda maior de possibilidades e conteúdo. Em uma trilha semelhante estão os tablets, aparelhos portáteis com telas um pouco maiores que dos smartphones que têm como benefício principal o rápido acesso à internet e a possibilidade de individualização de serviços prestados pela instalação de aplicativos.

O mais curioso é que, ainda que os smartphones e os tablets estejam concentrados nas classes mais altas, o telefone celular em geral ganhou espaço como mídia a ponto de ficar atrás apenas da TV.[4] Mesmo se considerarmos as classes mais baixas, o celular só perde em presença para a televisão. É verdade que os telefones celulares estão disponíveis em diferentes tecnologias, com serviços oferecidos por diversas operadoras, que oferecem níveis variados de acesso ao público, e por isso a expectativa inicial é que os aparelhos e serviços mais recentes (e caros), que oferecem mais acessos e possibilidades, estejam concentrados nas classes mais altas. É o que verificaremos nos próximos trechos através da observação de várias pesquisas.

O aparelho celular se torna uma mídia com maiores possibilidades a partir do momento que permite a conexão com a internet, transformando-se em um instrumento multimídia portátil, uma espécie de canivete suíço da mídia contemporânea. O papel da internet, portanto, é o agente transformador dos últimos anos e, por isso, vale o mergulho nas suas origens até os dias de hoje.

Lidando com novidades

Nesse momento, percebe-se que o ambiente digital, com a internet e seus equipamentos utilizados para acesso, ainda é algo *relativamente* novo, que cresceu muito nos últimos 20 anos e que não para de se transformar e introduzir no mercado novidades atraentes. E são esses os fatores que explicam a dificuldade de profissionais de publicidade e marketing, e até mesmo dos usuários, em compreender essa rede como uma ferramenta de comunicação

---

[4] Novamente, chamamos a atenção para a diferença dos números disponibilizados pelo Censo 2010 do IBGE, utilizados no Capítulo 1, que, no período, apontavam um número menor de telefones ativos. A quantidade de telefones celulares tem crescido de tal maneira que é provável que esses números necessitem de novas revisões em breve. De qualquer maneira, decidimos manter os dois valores (Censo 2010 e Cetic 2013) para que o leitor possa fazer suas próprias comparações, se lhe convier, e assim se sensibilizar com a importância desse novo canal de comunicação com o consumidor.

particular e que, por isso, necessita de uma abordagem própria. Isso significa que, em parte, os conceitos mais tradicionais que utilizamos para compreender as mídias precisam ser questionados ou adaptados para que se entenda o funcionamento do território digital. Pode ter texto, mas não é como um jornal. Pode ter muitas fotos e desenhos, até simular o virar das páginas, mas não é como uma revista. Pode ter música e pode ser chamada de web-rádio, mas não é como o rádio. Pode ter filmes, dos caseiros às superproduções internacionais, mas não é TV nem cinema. Esse ambiente digital tem um pouco de tudo e, ao mesmo tempo, não é nada disso, isoladamente.

Na prática, vem ocorrendo com os ambientes digitais um fenômeno similar ao que ocorreu com outras mídias, quando novas: a cada surgimento de uma nova mídia, preconizava-se a "morte" das anteriores. Mas é só observar e ver que praticamente todas estão aí, por enquanto, reinventando-se todo dia.

Outro fenômeno é que todas as novas mídias, nascidas da tecnologia, não trazem em si a linguagem adequada já desenvolvida. A TV era rádio com imagem, o cinema era teatro filmado, até que se desenvolveram linguagens novas e adequadas ao meio. Com a internet, é bem parecido. A diferença é que, hoje, parece conter todas as linguagens das demais mídias – a relação entre a linguagem de carta e e-mail, telefone e VoIP, rádio convencional e rádio on-line, a linguagem do cinema nos ambientes virtuais etc. (GOSCIOLA, 2003). No entanto, devemos compreender que estas não são as mídias "tradicionais" no ambiente on-line, mas sim as linguagens tradicionais transferidas para o ambiente on-line onde, a partir dessa transferência, desse deslocamento, ganharam uma linguagem própria. Por isso, pode ser mais interessante entendermos esses territórios digitais como espaços que envolvem diversas possibilidades de comunicação on-line em massa, utilizando-se dos formatos tradicionais e criando os seus próprios.

Internet

História da internet

De forma simples, a internet é uma coleção de roteadores e circuitos. Esses componentes são conectados em computadores, que se comunicam através de um mesmo protocolo, de uma mesma linguagem. E é por causa dessa linguagem comum que conseguem distribuir várias informações, que podem ser construídas, obtidas e transformadas por pessoas.

Segundo Krol e Hoffman (1993), a internet pode ser definida sobre três pontos:

- Uma rede formada por outras redes baseadas em protocolos TCP/IP.
- Uma comunidade de pessoas que usam e desenvolvem essas redes.
- Uma variedade de recursos que podem ser acessados por essas redes.

Observando-se esses três pontos, percebe-se que a descrição cabe também às pequenas redes de computador e outros aparelhos digitais, como celulares, videogames e tablets. Nesse sentido, a ligação desses diversos sistemas computacionais dos setores de uma mesma empresa em um único prédio comercial pode ser considerada um ambiente de internet. Até mesmo conectar dois computadores em uma mesma casa para uso familiar se encaixa nessa descrição. No entanto, essa rede não tem grandes fins comerciais ou publicitários que sejam atrativos, já que está confinada a um grupo muito pequeno de pessoas para ser considerada uma mídia de comunicação mercadológica.

A internet no Brasil

Apesar de o acesso à internet ter crescido nos últimos anos, nem todos têm esse acesso em casa. Hoje, sabemos que há 27 milhões de domicílios que conseguem acessar a rede de seu lar – apenas 43% de todos os domicílios do Brasil.[5] Enquanto há outras pessoas que não têm qualquer acesso à internet, muitos têm fora do seu domicílio, como no trabalho, na casa de amigos e parentes ou em *lan houses*, por exemplo. Isso é realidade principalmente nas classes mais baixas: na classe A, 98% dos domicílios possuem acesso à internet; na B, 80%; na C apenas 39% e, na D e E, somadas, 8% (Gráfico 7.2). Notar essa diferença é importante, pois impacta diretamente o consumo do conteúdo na web, bem como o tempo de acesso. Espera-se que, em sua casa, as pessoas tenham mais liberdade de escolher o que querem consumir e quando querem consumir. Com o aumento do acesso à internet no lar, é provável que sejam identificadas mudanças significativas no comportamento de consumo do conteúdo que já está disponível na rede.

O cenário é de mudança, e rápida. Segundo o site Secundados,[6] o acesso tem aumentado significativamente nos últimos anos, especialmente nas classes B e C, entre 2008 e 2013.

---

[5] A base é de 62,8 milhões de domicílios, segundo a pesquisa Cetic. TIC Domicílios – 2013. Disponível em: <http://cetic.br/pesquisa/domicilios/indicadores>. Acesso em: set. 2014.
[6] Confira o relatório completo da Secundados. Disponível em: <http://secundados.com.br>. Acesso em: set. 2014.

GRÁFICO 7.2 Classe social dos internautas

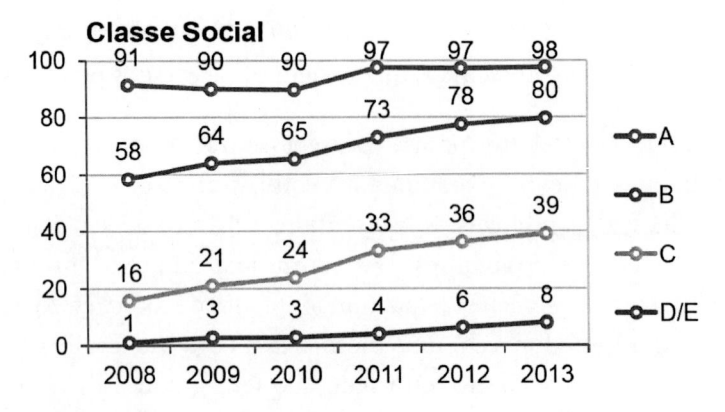

```
Classe Social
100  91     90     90     97     97     98
                                               ──○── A
 80                          73     78     80
         64     65
     58                                        ──○── B
 60
                       33     36     39
 40                                            ──○── C
     16  21     24
 20
      1   3      3      4      6      8        ──○── D/E
  0
    2008 2009  2010  2011   2012   2013
```

Fonte: SECUNDADOS. Dados da internet no Brasil. Disponível em: <http://secundados.com.br/dados-da-internet-no-brasil/>. Acesso em: dez. 2014.

Entre 2008 e 2013, a quantidade de domicílios com acesso à internet cresceu 22 pontos percentuais, enquanto na classe C o aumento foi de 23. Ainda há espaço para crescer, e o aumento da acessibilidade dos meios de ingresso à rede tende a fazer esses números crescerem cada vez mais (Tabela 7.1).

TABELA 7.1 Proporção de domicílios com acesso à internet, por velocidade da conexão

		Percentual sobre o total de domicílios com acesso à internet[1]						
Percentual (%)		Até 256 Kbps	Mais de 256 Kbps a 1 Mbps	Mais de 1 Mbps a 2 Mbps	Mais de 2 Mbps a 4 Mbps	Mais de 4 Mbps a 8 Mbps	Acima de 8 Mbps	Não sabe / Não respondeu
TOTAL		11	19	13	8	7	21	23
Classe social	A	6	9	9	10	5	47	14
	B	9	17	13	8	8	26	18
	C	12	21	13	7	6	13	27
	D E	14	18	14	7	4	6	37

[1] Base: 27,2 milhões de domicílios que possuem acesso à internet. Respostas estimuladas. Dados coletados entre setembro de 2013 e fevereiro de 2014.

Fonte: CETIC. TIC Domicílios – 2013. Disponível em: <http://cetic.br/pesquisa/domicilios/>. Acesso em: dez. 2014.

Mas que tipo de acesso é esse? Será ele rápido o suficiente para que se consiga fazer uso dos mais diversos conteúdos? Surpreendentemente, sim. Das pessoas que acessam a internet de casa, temos que 21% têm acesso a velocidades de 8 Mbps ou maior – são 5,5 milhões de domicílios que conseguem, sem dificuldades, navegar pela rede, coletar informações, assistir aos filmes e ouvir suas músicas. Segundo CGI.BR (2012):

> *O rápido avanço dos dispositivos móveis e o crescimento das velocidades da banda larga nos domicílios verificados no Brasil estão alinhados às tendências internacionais de mobilidade e de uso intensivo de aplicações consumidoras de banda, como streaming de áudio e vídeo. A proporção de domicílios com velocidade de acesso superior a 2 Mbps, por exemplo, vem crescendo. Passou de 6% em 2008 para 32% em 2012. (CGI.BR, 2012, p. 32)*

Apesar do número ser consideravelmente alto e alinhado às tendências de consumo da internet, a velocidade está muito abaixo da média mundial. A empresa norte-americana Ookla disponibiliza informações sobre os usos globais dos seus softwares de verificação da velocidade da rede de computadores,[7] apresentando um cenário alarmante para o Brasil: enquanto a média mundial de velocidade é de 20,5 Mbps, a do Brasil é de 12,5 Mbps, o que nos deixa em 69º lugar no *ranking* mundial, atrás do Quirguistão, da Tailândia e do Uruguai – este último tem a maior velocidade média da América Latina, 22,5 Mbps. Em mobile o cenário também é negativo: a 64ª posição, com uma média de 5,96 Mbps, abaixo da média mundial de 8,8 Mbps. Temos de levar em consideração que a velocidade média não representa a acessibilidade: esta é uma medida referente àqueles que possuem acesso à internet em casa. Em termos matemáticos, teríamos uma média de velocidade alta se pouquíssimos indivíduos tivessem acesso à rede em um país e, ao mesmo tempo, fossem também detentores de velocidades altas para acesso. As pesquisas aqui apresentadas demonstraram que o brasileiro está acessando mais a internet, ainda que com velocidades abaixo das disponíveis em outros lugares do planeta.

Mas, entre os que acessam, há o hábito de consumir conteúdo midiático? Quantas vezes um brasileiro conecta-se à rede? A maioria dos que acessam a internet o faz diariamente. Novamente encontramos uma relação entre "consumo de internet" e "educação/classe social", com uma concentração no tempo de acesso nas classes mais altas e de maior nível de educação. Conforme a pesquisa TIC Domicílios – 2013, veja a Tabela 7.2.[8]

---

[7] Veja o site da Ookla Netindex. Disponível em: <http://www.netindex.com/download/all-countries>. Acesso em: set. 2014.
[8] CETIC. TIC Domicílios – 2013. Disponível em: <http://cetic.br/pesquisa/domicilios/indicadores>. Acesso em: set. 2014.

TABELA 7.2 Proporção de usuários de internet, por frequência do acesso individual

Percentual sobre o total de usuários da internet[1]

Percentual (%)	Diariamente	Pelo menos uma vez por semana	Pelo menos uma vez por mês	Menos de uma vez por mês
TOTAL	71	22	5	1

[1] Base: 85,9 milhões de pessoas que usaram a internet há menos de três meses em relação ao momento da entrevista. Respostas estimuladas. Dados coletados entre setembro de 2013 e fevereiro de 2014.

Fonte: CETIC. TIC Domicílios – 2013. Disponível em: <http://cetic.br/pesquisa/domicilios/indicadores>. Acesso em: dez. 2014.

É evidente que a internet deixou de ser novidade. Seus usos são cada vez mais frequentes, mais variados, e vemos cada vez mais aparelhos para acessá-la, que convivem uns com os outros ganhando funções diferentes. Como nos lembra Jenkins (2008), vivemos em uma era de convergência midiática. Está relacionado com as mudanças tecnológicas, mas acima de tudo "altera a relação entre tecnologias existentes, indústrias, mercados, gêneros e públicos. A convergência altera a lógica pela qual a indústria midiática opera e pela qual os consumidores processam a notícia e o entretenimento" (JENKINS, 2008, p. 41). Apenas mais motivos para que nós, publicitários e profissionais de marketing, entendamos suas origens, sua importância contemporânea e pensemos sobre suas possibilidades.

Internet é a nova mídia de massa

Já se foi o tempo em que se questionava essa afirmação. Na verdade, bem no início da construção da internet como a conhecemos hoje, os primeiros experimentos foram baseados em conexões feitas entre poucos computadores. Enquanto a internet tinha esse formato, não podia ser considerada uma mídia de massa.

Para qualquer mídia ser considerada de massa, assim como financeiramente viável para anunciantes, é preciso existir um mínimo de usuários da nova mídia (*critical mass*) (MORRIS e OGAN, 1996). Isso significa que é preciso existir um número mínimo de pessoas de uma população (alguns autores defendem 10% a 20%) que utilizem aquele meio para se comunicar. Assim, toda uma sociedade pode ser influenciada pela nova ferramenta de forma a considerá-la e até utilizá-la como meio de comunicação.

Podemos dizer que os primeiros televisores não poderiam ser considerados mídias de massa, já que poucas pessoas tinham acesso a esse meio – assim como os primeiros computadores. A própria internet foi desenvolvida aos poucos, pedaço por pedaço, principalmente por amadores, estudantes e acadêmicos.

Com esse desenvolvimento, as pequenas redes foram conectadas a outras pequenas redes, que se ligaram a outras pequenas redes, que trocavam informações com uma rede um pouco maior. E, conforme a quantidade de computadores ligados crescia, as redes não apenas ofereciam mais informação, mas também entregavam diversas novas possibilidades.

É nesse momento que surgem as maiores discussões dos profissionais envolvidos com a comunicação on-line. Como fazer algo adequado à internet se ela é, na verdade, um conjunto de várias mídias diferentes ao mesmo tempo?

Poderíamos organizar os principais usos da internet em algumas categorias: acessar a rede mundial de computadores (WWW) para estudos, entretenimento, trabalho; comunicação com outros indivíduos, grupos de pessoas, empresas e máquinas (sistemas automatizados); troca de arquivos diversos, como documentos, programas, músicas, fotografias, vídeos. Mas essa organização é uma simplificação das possibilidades, limitada pela observação de um cotidiano contemporâneo, que tem se alterado velozmente.

Já se medem hoje as diversas atividades comuns na internet, categorizada por comunicação; busca de informações e transações; consumo de multimídia; educação; uso de downloads, criação e compartilhamento de conteúdo, em proporção ao total de usuários (Tabela 7.3):[9]

TABELA 7.3 Proporção de usuários de internet, por atividades realizadas na internet – Comunicação

Percentual sobre o total de usuários da internet[1]

Percentual (%)	Participar de redes sociais, como o Facebook, Orkut ou Google +	Enviar mensagens instantâneas como chat do Facebook ou chat do Skype	Enviar e receber e-mail	Conversar por voz por meio de programas como o Skype	Usar microblogs, como o Twitter	Participar de listas de discussão ou fóruns
TOTAL	77	74	72	32	18	17

[1] Base: 85,9 milhões de pessoas que usaram a internet há menos de três meses em relação ao momento da entrevista. Respostas estimuladas. Cada item apresentado se refere apenas aos resultados da alternativa "sim". Dados coletados entre setembro de 2013 e fevereiro de 2014.

Fonte: NIC.br – set. 2013 a fev. 2014.

---

[9] CETIC. TIC – Domicílios 2013: C – Uso da internet. Disponível em: <http://cetic.br/pesquisa/domicilios/indicadores>. Acesso em: set. 2014.

Comunicação

É dominante o uso das redes sociais digitais e das trocas de mensagem por texto, especialmente as instantâneas. Apesar de o uso dessas redes sociais ser o principal motivo de uso da internet, essas proporções sofrem flutuações consideráveis quando observamos certas particularidades do perfil sociodemográfico. Um dos dados mais interessantes é a relação do uso da mídia para comunicação com o grau de instrução: notou-se que quanto maior o grau de instrução do indivíduo, maior é seu uso de internet para esse fim – em todos os usos. Por exemplo: enquanto o envio de mensagens instantâneas envolve 55% de quem é analfabeto funcional ou tem educação básica, o uso sobe para 81% para quem tem ensino superior. Quando se trata de e-mails, temos 51% de uso para quem tem ensino fundamental, 74% para médio e 95% para superior. Usar Skype, Twitter e participar de fóruns responde, respectivamente a 31%, 16% e 13% de quem tem ensino médio, e 51%, 27% e 37% de quem tem ensino superior. Podemos refletir que isso se relaciona com as características da mídia, onde grande parte da comunicação é essencialmente textual, exigindo mais educação do usuário para interação. Ou ainda, os usos podem estar relacionados com as profissões, já que níveis superiores tendem a fazer mais uso de tecnologias TIC. Isso converge com o cenário apresentado pelo IBGE, onde notamos também que o aumento do poder aquisitivo e da educação da população tende a elevar a demanda por produtos e serviços especializados – incluindo as plataformas de comunicação digitais.[10]

Usar a internet para comunicação é uma tarefa bastante pertinente para os mais jovens. Enquanto esse uso é relevante para os públicos de 10 a 15 anos, são as pessoas de 16 a 24 que mais utilizam a internet com esse fim, mas também muito concentrado entre o público de 25 a 34 anos. Isso é um padrão para todas as faixas etárias, com exceção do uso de e-mails: quanto maior a idade, maior a utilização desse meio para comunicação. Enquanto 76% das pessoas de 16 a 24 declararam que usam e-mails, 81% o fizeram na faixa de 60 anos ou mais. Isso pode ser um indicativo importante para orientar estratégias de comunicação conforme o público-alvo da campanha.

A ideia de que o uso da internet está centrado nas classes mais altas já foi colocada em xeque anteriormente, mas a detalhamos na Tabela 7.4:

---

[10] Confira a análise no Capítulo 1, em "Brasil – Síntese macroambiental".

TABELA 7.4 Proporção de usuários de internet, por atividades realizadas na internet – Comunicação

Percentual sobre o total de usuários da internet[1]

Percentual (%)		Participar de redes sociais, como o Facebook, Orkut ou Google +	Enviar mensagens instantâneas como chat do Facebook ou chat do Skype	Enviar e receber e-mail	Conversar por voz por meio de programas como o Skype	Usar microblogs, como o Twitter	Participar de listas de discussão ou fóruns
Classe social	A	69	77	91	56	28	32
	B	78	77	82	41	22	23
	C	77	71	65	25	15	12
	D E	76	71	47	11	10	5

[1] Base: 85,9 milhões de pessoas que usaram a *internet* há menos de três meses em relação ao momento da entrevista. Respostas estimuladas. Cada item apresentado se refere apenas aos resultados da alternativa "sim". Dados coletados entre setembro de 2013 e fevereiro de 2014.

Fonte: CETIC. TIC – Domicílios 2013: Disponível em: <http://cetic.br/pesquisa/domicilios/indicadores>. Acesso em: set. 2014.

Enquanto as redes sociais digitais são mais comuns nas classes mais baixas, o uso de e-mails, ferramentas de voz, microblogs e fóruns se concentra nas classes mais altas. Não há ainda clareza nos motivos que levam a essa diferença. Além do mais, seria preciso mais tempo de uso desses espaços para enxergarmos um padrão de preferência relacionado à classe social. Mas, quando se trata de computação, internet e outros elementos relacionados às tecnologias de informação e comunicação, o tempo é algo que traz consigo mudanças significativas. No momento, cabe enxergarmos que a comunicação publicitária pode se beneficiar dessa aglomeração sociocultural para construção das suas estratégias.

Consumo multimídia e outras atividades

Dentre os hábitos de consumo de mídias pela internet, o mais comum é "ouvir música" e "assistir a filmes e vídeos". Não por acaso, são diversos os serviços digitais que oferecem esse tipo de conteúdo. Das respostas estimuladas, é curioso notar como "ouvir música on-line" e "ouvir rádio on-line", apesar de serem aparentemente semelhantes, diferem tanto em percentual. Isso ocorre por conta do tipo de serviço prestado, em que a rádio on-line não necessariamente toca apenas música, mas oferece reportagens, comentários de especialistas, notícias minuto a minuto e outras particularidades.

TABELA 7.5 Proporção de usuários de internet, por atividades realizadas na internet – Multimídia

Percentual sobre o total de usuários da internet[1]

Percentual (%)		Ouvir música on-line	Assistir a filmes ou vídeos (em sites como o Youtube)	Jogar jogos on-line (conectado à internet)	Ler jornais e revistas	Ouvir rádio on-line	Acompanhar transmissões de áudio ou vídeo em tempo real	Assistir à televisão on-line
TOTAL		63	56	43	42	30	21	18
Grau de instrução	Analfabeto/Educação infantil	48	59	33	33	10	9	27
	Fundamental	61	53	56	23	23	15	17
	Médio	62	55	40	41	29	20	17
	Superior	66	63	34	67	41	31	22
Faixa etária	De 10 a 15 anos	73	63	78	20	25	19	22
	De 16 a 24 anos	73	66	49	42	36	25	21
	De 25 a 34 anos	65	58	38	49	34	23	18
	De 35 a 44 anos	54	48	26	46	26	17	16
	De 45 a 59 anos	42	38	20	47	23	17	13
	60 anos ou mais	35	32	23	52	26	17	13
Classe social	A	60	62	32	68	39	40	25
	B	65	60	41	51	36	25	20
	C	62	53	46	34	26	16	17
	DE	58	51	47	24	22	12	13

[1] Base: 85,9 milhões de pessoas que usaram a *internet* há menos de três meses em relação ao momento da entrevista. Respostas estimuladas. Cada item apresentado se refere apenas aos resultados da alternativa "sim". Dados coletados entre setembro de 2013 e fevereiro de 2014.

Fonte: CETIC. TIC – Domicílios 2013: Disponível em: <http://cetic.br/pesquisa/domicilios/indicadores>. Acesso em: set. 2014.

Novamente, notamos como o grau de instrução está relacionado com o consumo de conteúdo na internet. Em maior parte, quem tem ensino superior tende a consumir mais conteúdo digital. Resta saber se isso está relacionado com o nível de ensino ou se é uma consequência das características socioculturais do Brasil, onde a educação é mais acessível para as classes mais altas. Afinal, notamos a mesma concentração de consumo de mídia digital nas classes A e B.

Os jogos digitais on-line parecem coexistir em um território particular, pois seu público consumidor é o que mais destoa daqueles selecionados na pesquisa. Notamos uma concentração em indivíduos do ensino fundamental – uma característica provavelmente relacionada à faixa etária, em que observamos um pico de 78% de uso entre pessoas de 10 a 15 anos. O mais curioso é que esses jogos são mais consumidos pelas classes sociais baixas – o que contraria certas características de mercado, como o preço alto dos jogos em comparação a outras fontes de entretenimento, além do custo dos aparelhos para jogos (videogames, tablets, smartphones e computadores), que tendem a ser mais caros do que aparelhos mais simples, menos adequados para esse tipo de consumo. Ao mesmo tempo, temos uma proliferação de portais de jogos gratuitos e modelos de negócio mobile que conseguem disponibilizar games sem custos iniciais para o consumidor. Com isso, estamos supondo que o preço (no caso, a disponibilidade de entretenimento gratuito) é o elemento que atrai consumidores das classes mais baixas para esse tipo de consumo – com todos os riscos oferecidos por um olhar sem mais investigação em profundidade. De qualquer modo, o que a pesquisa revela de mais importante não é a diferença no perfil, mas que os jogos on-line estão presentes nos hábitos de consumo midiático – incluindo o dos mais idosos, em que um quarto das pessoas de 60 anos ou mais que usam a internet afirmou utilizá-la para acessar games.

As pessoas de mais idade também revelaram que são aquelas que mais leem revistas e jornais on-line – um provável fruto do hábito midiático conquistado ao longo do consumo de tal mídia no ambiente off-line. Mesmo assim, esse hábito da leitura de notícias e variedades se mostra pertinente para pessoas de quaisquer idades – e há ofertas on-line para agradar a quaisquer gostos.

Para fins de estudo, disponibilizamos também alguns outros números que revelam hábitos de consumo dos usuários de internet para alguns fins mais comuns (Tabela 7.6). É importante que o leitor procure, na fonte, a atualização e o aprofundamento dessas informações se tiver acesso. Assim, pode fazer suas próprias comparações e notar movimentos e tendências.

TABELA 7.6 Proporção de usuários de internet, por atividades realizadas na internet e por motivos para nunca ter utilizado[1]

		Percentual sobre o total de usuários da internet[2]						
Busca de informações e transações	Percentual (%)	Procurar informações sobre produtos e serviços	Procurar informações relacionadas à saúde ou a serviços de saúde	Procurar informações em sites de enciclopédia virtual como Wikipédia	Procurar informações sobre viagens e acomodações	Procurar emprego ou enviar currículos	Fazer consultas, pagamentos ou outras transações financeiras	
	TOTAL	65	45	38	37	24	23	
Educação	Percentual (%)	Realizar atividades / pesquisas escolares	Estudar na *internet* por conta própria	Buscar informações sobre cursos de graduação, pós-graduação e extensão	Fazer cursos à distância			
	TOTAL	55	36	24	12			
Downloads, criação e compartilhamento	Percentual (%)	Compartilhar conteúdo na internet, como textos, imagens ou vídeos	Baixar ou fazer download de músicas	Postar na internet textos, imagens ou vídeos que criou	Baixar ou fazer download de filmes	Baixar ou fazer download de jogos	Baixar ou fazer download de softwares, programas de computador ou aplicativos	Criar ou atualizar blogs, páginas na internet ou website
	TOTAL	60	50	36	33	27	24	20
Motivos por nunca ter usado	Percentual (%)	Por falta de habilidade com o computador	Por falta de necessidade ou interesse	Por falta de condições de pagar o acesso	Por não ter onde usar	Por preocupações com segurança ou privacidade	Para evitar o contato com conteúdo perigoso	Não sabe / Não respondeu
	TOTAL	70	70	26	25	11	10	0

[1] Criação dos autores, baseada na pesquisa CETIC. TIC domicílios – 2013: C – Uso da internet. Disponível em: <http://cetic.br/pesquisa/domicilios/indicadores>. Acesso em: set. 2014.
[2] Base: 85,9 milhões de pessoas que usaram a internet há menos de três meses em relação ao momento da entrevista. Respostas estimuladas. Cada item apresentado se refere apenas aos resultados da alternativa "sim". Dados coletados entre setembro de 2013 e fevereiro de 2014.

Fonte: CETIC. TIC – Domicílios 2013: Disponível em: <http://cetic.br/pesquisa/domicilios/indicadores>. Acesso em: set. 2014.

Assim, os números deixam claro: mesmo havendo certa concentração, a penetração em geral é alta em todas as classes, idades e graus de instrução. É provável que, com o aumento da infraestrutura de distribuição do acesso à internet, o barateamento das plataformas necessárias (hardware) e a frequência de uso da mídia pela população, que leva a novos hábitos e costumes (e cultura), veremos esses números cada vez menos distantes uns dos outros por conta do aumento das possibilidades geradas pelas novas tecnologias, com ofertas para todas as diferenças. Afinal, como mostra a Tabela 7.6, 70% das pessoas que não usam internet afirmam não ter habilidade com o computador para tanto. Apesar dos avanços, que têm feito os sistemas computacionais mais amigáveis ao usuário (ou seja, menos "bicho de sete cabeças"), os equipamentos e softwares ainda se mostram pouco acessíveis, exigindo certa *expertise* para seu controle adequado. É nesse sentido que o hábito do consumo da mídia, com o passar do tempo, pode fazer que as pessoas aprendam melhor a lidar com o novo – que está em constante mudança e que nem é tão novo assim.

World Wide Web[11]

Apesar de todas as discussões e dúvidas sobre formatos e possibilidades, nada disso existiria se não fosse a popularização da WWW. A internet ganhou grande importância comercial quando consideramos a porção que pertence a essa parte da rede. Com seu uso comercial, surgiu também a necessidade de publicidade adequada a esse ambiente.

A WWW é um ambiente de distribuição de diversos formatos de informação (hipermídia) dentro da internet, sendo originalmente desenvolvida pelo Conseil Européen pour la Recherche Nucléaire (Cern), também conhecida como Organização Europeia de Pesquisa Nuclear. Esse ambiente permite que diversos formatos de informação sejam alocados para uma rede de servidores espalhados pelo mundo, porém interconectados, em que a informação desejada pode ser acessada por meio de hiperlinks, que podem apontar para qualquer arquivo disponível dentro da rede.

Em palavras mais simples, a WWW possibilitou que as redes de computadores fossem conectadas umas às outras. A hipermídia, que são os vídeos, imagens, textos, sons etc. (GOSCIOLA, 2003) que acessamos com o clique nos links, facilitou a comunicação, convergindo diversas mídias em um mesmo ambiente, com acesso fácil e rápido.

---

[11] Para um histórico detalhado e crítico sobre internet, ver CASTELLS, M. Lições da história da internet. In: *A galáxia da internet*: reflexões sobre a internet, os negócios e a sociedade. Tradução de Maria Luiza Borges. Rio de Janeiro: Jorge Zahar, 2003.

Esses fatores foram os grandes responsáveis por tornarem a WWW popular e por isso comercialmente interessante, tudo graças à sua facilidade de troca de informações e recursos, além de se tornar canal potencial para propaganda e marketing. A WWW facilitou a comunicação com os diversos mercados, incluindo os nichos, por ter diminuído drasticamente a "barreira da distância física entre os consumidores" (RAFAELI e SUDWEEKS, 1997), que agora trocam informações e se agrupam com muita facilidade. Em muitos casos, a WWW ajudou empresas em sua distribuição de bens e serviços, incluindo aí as relações de empresas com outras empresas (B2B – *business-to-business*), viabilizando negócios quase impossíveis de serem realizados antes de sua popularização.

Formas de anúncio na web

No modelo da internet, o conceito de audiência é muito mais complexo e, por isso, difícil de definir. Pelo fato de existir interatividade, temos a seguinte ilustração:

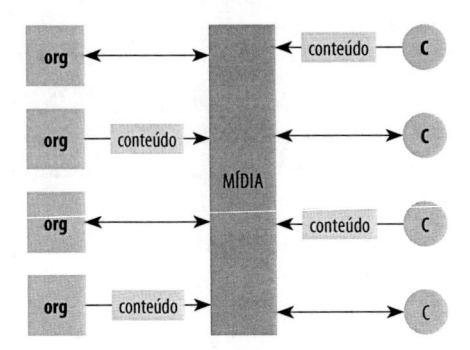

FIGURA 7.1 Relação entre produção e consumo de conteúdo através da mídia.

Esse esquema mostra que tanto o consumidor quanto as organizações podem produzir e receber conteúdo da rede, utilizando a internet como meio. Isso ocorre porque não é mais a mídia em si o único controlador do conteúdo publicado. Ela faz parte do processo de alimentação de informação da mídia junto com o próprio usuário.

No ambiente on-line, as agências (org) ainda contratam as organizações de mídia (Mídia) para inserir seus anúncios dentro da programação oferecida aos consumidores. Mas, a partir desse ponto, tudo é diferente:

a) primeiro, as organizações de mídia não fornecem seu conteúdo para a audiência em um determinado intervalo de tempo. Ao contrário,

"esperam" os consumidores pedirem pela informação, e eles as consomem no momento que desejam;
b) em segundo lugar, as organizações de mídia não transmitem os anúncios junto com seu conteúdo, de forma linear. Elas mandam o conteúdo para os consumidores com uma instrução para receber a devida publicidade diretamente do anunciante. Após receberem o local em que está a publicidade, os consumidores entram em contato com o próprio anunciante para receber a propaganda.

A estrutura de mídia requisitada permite que o anunciante, a agência, a organização de mídia e o consumidor sejam, ao mesmo tempo, fornecedores e consumidores de conteúdo. Há diversas vantagens, do ponto de vista de pesquisa de marketing, na utilização dessa estrutura para comunicação publicitária:

1. são os consumidores que "dizem", com os cliques, qual é o conteúdo publicitário que gostam de acessar. Por isso fica mais fácil medir o tamanho da audiência de uma campanha específica. Diferentemente da estrutura em mídia transmitida, não há pesquisas amostrais;
2. os consumidores podem acessar diferentes organizações de mídia (sites de busca, portais, sites de empresas) e são os próprios consumidores que acessam a propaganda, solicitando-a diretamente do anunciante. Por isso, é mais fácil saber qual é a verdadeira frequência daquele anúncio;
3. a agência e os anunciantes apenas oferecem o conteúdo publicitário no momento em que o consumidor está pronto para acessá-lo – afinal, é ele quem pede para ver a propaganda. Isso significa que não é preciso confiar nas características da organização de mídia até sair o resultado com as pesquisas de audiência para saber se a escolha daqueles portais e daquelas palavras patrocinadas estava adequada com a campanha. Os resultados são instantâneos. Se não está adequado, é mais fácil fazer ajustes no decorrer da campanha. Por isso a internet fornece mais oportunidades para quem quer adequar a mensagem publicitária para um tipo muito específico de consumidor.

É a partir dessas três características que podemos pensar nas vantagens e oportunidades que os anúncios on-line trazem para o anunciante. Em uma comparação com as mídias tradicionais, é possível organizar essas oportunidades em quatro conjuntos, relatados a seguir.

Precisão em medição de resultados

Na mídia transmitida, tudo o que a agência e o anunciante conseguem saber sobre o resultado de uma campanha é aquilo que a organização de mídia apresenta como consequência de sua distribuição, obtendo, como resultado, informações demográficas. É muito difícil de o anunciante saber, sem ter investimento extra em pesquisa de marketing, se seu anúncio na TV sobrepôs em resultados o anúncio em revista, por exemplo.

Na internet, o anunciante e a agência podem ver o consumidor acessar sua publicidade, indicando de onde ele veio. Com isso, é possível enxergar com precisão qual é a frequência e o alcance de cada propaganda anunciada em cada ambiente da rede. A natureza interativa da internet fornece outros formatos de medição, como os *page-views* e os *click-throughs*: os primeiros representam uma oportunidade de o usuário ver e clicar uma publicidade comunicada por um produtor de conteúdo, e os segundos representam a ação do usuário em acessar a publicidade. Além disso, essas medidas são obtidas instantaneamente.

Possibilidade de integração de pesquisas de resultados publicitários com pesquisas de marketing

Pelo fato de a disseminação e a coleta de informação serem simultâneas em qualquer ambiente on-line, a internet oferece vantagens consideráveis relativas à integração dos resultados em propaganda com a pesquisa de mercado:

- A internet possibilita a coleta de informações sobre o local de consumo da mídia, tempo de consumo e resultado da publicidade. Por exemplo: informações sobre visita de páginas, duração da visita, estatísticas de compra on-line enquanto o usuário navega etc.
- O custo de pesquisa dessa maneira é menor do que os métodos-padrão, porque a informação pode ser adquirida por um custo muito baixo por meio de software instalado no servidor do website.
- A informação na internet é com base em censo e não incorpora as margens de erro amostrais. Além disso, os dados podem ser coletados de uma maneira não intrusiva, não produzindo indução ou viés nas respostas (quando consumidores sabem que estão sendo pesquisados ou monitorados, pode haver a tendência de alteração de comportamento, invalidando, assim, toda a pesquisa).
- A oportunidade de medir instantaneamente a resposta dos consumidores por alguma publicidade on-line qualquer, como um banner, é uma poderosa ferramenta para otimizar a eficiência de uma propaganda.

- A pesquisa de mercado pode ser usada para desenvolver o design da publicidade, como de um website, que pode maximizar o número médio de páginas visitadas, bem como o tempo médio gasto pelos usuários por página do ambiente. Uma metodologia semelhante pode ser utilizada para testar e desenvolver mensagem publicitária específica (em termos de apelo, cores, fontes, tamanhos e localização na página) que maximiza os resultados da publicidade (aumento de visibilidade, de interesse no produto ou resposta de compra).[12]

Formatos de propaganda on-line

No Capítulo 6, "Mídia", foram apresentados os principais formatos de anúncio que os portais on-line oferecem para interessados em compra de espaço virtual para publicidade, bem como algumas outras estratégias de presença digital relacionadas à divulgação de marcas, produtos e serviços. Aqui, serão apresentadas as possibilidades mais comuns de anúncio na rede. Deve-se ter em mente que, pela velocidade dos avanços tecnológicos e das linguagens, novas possibilidades de publicidade surgem rapidamente. Por isso, o foco está nas estratégias mais comuns e que dificilmente sofrerão grandes alterações em longo prazo.

Site de busca

Conhecido formalmente por Search Engine Results Page (Serp), é um tipo de página de pesquisa de outras páginas disponibilizadas na rede, tendo como critério de pesquisa uma ou mais palavras-chave inseridas pelo usuário. É um ambiente de "passagem", em que os usuários procuram pelos conteúdos relevantes para eles. A publicidade aqui se estrutura com base no patrocínio dessas palavras-chave, e o usuário obterá como resposta de suas pesquisas não apenas a resposta "natural" de sua pesquisa, mas também o conteúdo publicitário.

Como exemplo, imagine um anunciante que disponibilizou na rede, como parte de uma campanha, um site sobre um novo carro. Nessa campanha, o anunciante patrocinou várias palavras que acredita ser relevantes para o público que quer atingir, como carro, veículo, automóvel. Isso significa que, toda vez que algum usuário daquele site de busca procurar por

---

[12] De certa forma, David Ogilvy (1971), quando preconizava as vantagens dos anúncios de marketing direto sobre os da propaganda convencional, apontava praticamente essas mesmas características. Logo, é interessante apontar que parte desse ganho não é necessariamente advinda da tecnologia nem da mídia, mas da capacidade da agência em colocar elementos geradores de respostas em seus anúncios.

uma dessas palavras, receberá como uma das respostas (geralmente em uma posição de destaque) o link para o site do anunciante. A maior vantagem desse modelo é que a chance de o anúncio veiculado ser relevante para o público-alvo é altíssima, já que a publicidade é apresentada como uma resposta relevante àquilo que ele deseja.

Web banner

Funciona de maneira semelhante à publicidade mais tradicional, utilizando o espaço de um site para a publicação de um anúncio – assim como um jornal disponibiliza espaços em meio aos conteúdos para as mensagens publicitárias. A utilização do espaço virtual de um site foi um dos primeiros modelos disponíveis e já passou por diversas mudanças.

A maior diferença do web banner para o "tradicional" é o hiperlink – clicar no banner virtual geralmente remete à página do anunciante, à experimentação do produto, à pesquisa etc., enfim remete o usuário ao ambiente em que ele pode tomar a ação.

O Interactive Advertising Bureau,[13] uma associação norte-americana que procura auxiliar organizações de mídia on-line, divulgou os padrões de tamanho de web banners, buscando oferecer um *standard* facilitador para agências, anunciantes e gestores de sites. As medidas estão em pixels (Quadro 7.2).

QUADRO 7.2 Padrões de tamanho de web banners

Retângulos e pop-ups		Banners e botões		Torres	
300 x 250	Retângulo médio	468 x 60	Full banner	160 x 600	Torre larga
250 x 250	Pop-up quadrado	234 x 60	Meio banner	120 x 600	Torre
240 x 400	Retângulo vertical	88 x 31	Microbarra	300 x 600	Meia página
336 x 280	Retângulo comprido	120 x 90	Botão 1		
180 x 150	Retângulo	120 x 60	Botão 2		
300 x 100	Retângulo 3:1	120 x 240	Banner vertical		
720 x 300	Pop-under	125 x 125	Botão quadrado		
		728 x 90	Leaderboard		

Fonte: IAB. Disponível em: <http://www.iab.net/guidelines/508676/508767/displayguideline>. Acesso em: dez. 2014.

---

[13] Veja o site do Interactive Advertising Bureau. A versão americana do website possui diversas padronizações e guias que podem ajudar bastante a produção e publicação de material pela web (em inglês). Disponível em: <http://www.iab.net/guidelines/508676/508767/displayguidelines>. Acesso em: dez. 2014.

O banner é criado pela agência e publicado em sites que disponibilizam o espaço virtual para anunciantes. Esse é o principal formato de publicidade dos diversos portais de informação disponíveis na rede, bem como de sites de notícias, lojas virtuais e alguns blogs.

Alguns sites permitem formatos exclusivos de banner, que podem ter funções especiais, como o uso de múltiplos espaços simultâneos na mesma página, para alguma ação diferenciada. Para tanto, é necessária a negociação direta com o website, de maneira semelhante às negociações para inserções de anúncios especiais em revistas e jornais.

E-mail marketing

É uma forma de marketing direto que usa e-mail para comunicar mensagens publicitárias para uma audiência. O uso prático do termo não se refere a qualquer mensagem enviada por e-mail para um cliente atual ou potencial, mas geralmente a:

a) enviar mensagens com informações ou propagandas de produtos ou serviços para clientes cadastrados no banco de dados da empresa anunciante;
b) enviar mensagens por e-mail com o objetivo de melhorar o relacionamento de uma empresa com os seus atuais ou antigos consumidores, com o intuito de aumentar a lealdade do consumidor e manter ou aumentar a frequência dos negócios com eles;
c) enviar e-mails com o propósito de adquirir novos consumidores ou convencer antigos consumidores a comprar algo, com um link na publicidade para uma loja virtual.

Esse tipo de mensagem publicitária tem como principais vantagens o preço baixo de execução, quando comparado com outros tipos de publicidade on-line, além da medição de resultados de maneira instantânea, no caso de e-mails que tenham links para sites.

No entanto, o publicitário deve estar alerta à sua grande desvantagem. Frequentemente, esse tipo de mensagem é visto como spam: a mensagem eletrônica não solicitada, que é enviada para um grande número de usuários, geralmente com fins publicitários, mas que também envolve boatos, correntes, golpes, estelionato, além dos programas maliciosos como os vírus, *worms*, trojans etc. Esse tipo de mensagem "enche a caixa de mensagens" de muitos usuários de e-mail, e facilmente uma campanha que envolva e-mail marketing mal construída pode ser confundida com ele, o que pode causar sérios danos à credibilidade e à imagem da marca da empresa anunciante.

Website

Não se pode deixar de lado o fato de que o próprio ambiente virtual de uma empresa faz parte de qualquer campanha publicitária. Mais do que uma apresentação da organização, ou uma loja, o website é uma representação da própria organização para o consumidor e para seus principais públicos de interesse, aliando à sua percepção de marca quaisquer experiências proporcionadas pelos ambientes virtuais.

Ao entrar no website para solicitar qualquer tipo de informação de uma organização, de um produto ou serviço, por exemplo, o consumidor levará em conta toda a experiência que tem nesse ambiente de maneira semelhante àquela que possui quando visita uma loja real. O mau atendimento, a falta de produtos, a sujeira, a falta de segurança e problemas com o pagamento deixarão o consumidor com uma péssima imagem da loja real. No ambiente virtual, esse comportamento se repetirá caso o site seja confuso, visualmente poluído, lento, com links quebrados e sem as ferramentas de segurança necessárias para transações on-line.

Blogs e redes sociais digitais

Apesar de terem tratamentos e demandas bastante diferentes do ponto de vista técnico da produção e manutenção, conteúdos institucionais ou promocionais na forma de blogs e redes sociais digitais tendem a ter utilizações e gestões semelhantes. Como explica Cipriani (2006, p. 28), o blog (e as redes sociais digitais, nosso complemento) é uma página na internet relativamente fácil de colocar no ar e de atualizar. Diferente de um website ou um hotsite, ele tem a premissa da troca constante com os seus leitores através dos comentários, sugestões e outras ferramentas disponíveis ao usuário para participação e *feedback*. O Youtube, especializado em vídeos, permite aos usuários apontarem se gostaram ou não do filme publicado. Já o Facebook e o Twitter permitem que as pessoas comentem e compartilhem o conteúdo publicado de maneira instantânea. É possível também comprar espaço publicitário nesses sites e promover seus anúncios de outras formas – mas não é disso que tratamos aqui. Referimo-nos às situações em que empresas ou campanhas publicitárias constroem suas próprias páginas nesses espaços – o que costuma ser tentador, especialmente para quem quer entrar em contato com seu público sem gastar muito dinheiro. Afinal, para entrar, basta preencher um cadastro e criar a conta.

Mas prepare-se para gastar tempo, pois, para ser efetivo, é importante que a comunicação seja frequente, o que exige produção e atualização constante, evitando interrupções e inconstância. Além disso, o contato com milhares de consumidores ao mesmo tempo também deve ser feito com cuidado, pois pequenos deslizes podem arruinar o trabalho de construção de imagem feito ao longo dos anos. Por isso, as agências chegam a construir documentos detalhando as políticas de uso do espaço, determinam normas e procedimentos de atualização e gestão e manuais de treinamento para manter os profissionais responsáveis pela atualização alinhados com as intenções da marca.

Apps

Ou aplicativos móveis, são programas desenvolvidos para agir principalmente em celulares e *smartphones*. Suas funções são inúmeras: ferramentas de produtividade, jogos, provedor de informações, conexões com redes sociais, entre tantas outras, aplicados a diferentes áreas – do entretenimento ao direito, da informação meteorológica à saúde, de serviços de localização por GPS à educação – e, claro, também ao consumo e à publicidade. Depois de desenvolvido, o programa é distribuído em lojas digitais como Google Play, App Store (iOS) e Windows Phone Store, podendo ser gratuitos ou pagos, nos mais variados modelos de negócio. Ainda estamos experimentando sobre suas possíveis utilizações, mas a facilitação de acesso às ferramentas de programação e publicação tende a deixar os aplicativos cada vez mais comuns no cotidiano dos donos de celulares.

Jogos digitais

Movimentados por uma indústria bilionária, e sendo a categoria com maior faturamento na indústria do entretenimento global, os jogos digitais são cada vez mais frequentes no cotidiano de quem acessa a internet. Estão nas redes sociais digitais, em portais dedicados, aplicativos móveis, web banners, hotsites e tantos outros espaços da rede. Os *advergames*, jogos criados especificamente para um cliente, construídos do início ao fim em torno de um produto, serviço ou marca (BERIMBAU, 2010), são uma forma que publicitários encontraram de utilizar as mecânicas dos jogos a favor da comunicação. Mas são várias as relações que a publicidade tem com os jogos, especificamente com os digitais. Além de sofrerem com o preconceito de serem pertinentes apenas para um público infantil/adolescente, não são simples de produzir e têm um custo relativamente alto, comparado a outras estratégias de comunicação possíveis pela internet.

Medindo internet

Pouco tempo atrás, o principal argumento que mantinha anunciantes distantes da internet era a dificuldade de medição de resultados publicitários pela rede. Hoje, existem diversos formatos de coleta de dados para analisar não apenas os acessos à publicidade, mas todo o comportamento do consumidor via rede.

Os formatos-padrão de medições de resultados de campanhas on-line são os seguintes:

Impression

Logicamente, na internet a publicidade não é veiculada como em uma revista. A publicidade é requisitada pelo usuário que, do seu computador, clica no website que possui publicidade. E, quando o consumidor pede, ele o faz eletronicamente para um servidor, um computador ligado à rede que guarda em si diversas informações, incluindo a publicidade disponibilizada.

Quando o consumidor faz a requisição de um portal que contém um banner publicitário, por exemplo, o servidor manda para o seu computador todas as informações disponíveis naquela página, incluindo o banner. Nesse momento, conta-se um *impression*, como se quisesse afirmar que o banner foi "impresso" na tela do computador desse consumidor. Ter um banner com cem *impressions* significa, então, que ele foi enviado para cem computadores, mas não necessariamente foi acessado, clicado ou visto.

Click-through Rate (CTR)

O CTR é obtido com a divisão do número de usuários que clicaram na propaganda dentro de uma página pelo número de *impressions*. Por exemplo, se um banner na *internet* teve cem *impressions* e uma pessoa clicou nele, o CTR resultante será de 1%.

As taxas de CTR em propagandas do tipo banner caíram muito ao longo do tempo, algumas vezes medindo menos que 1%. Selecionar o site adequado para a veiculação de sua propaganda, onde a campanha tenha afinidade com o público-alvo (usar um site de filmes para anunciar um filme novo), pode, muitas vezes, aumentar significativamente o CTR de um banner.

Deve-se ter claro que o CTR mede apenas a quantidade dos cliques, não necessariamente a quantidade de pessoas que clicaram. Isso significa que, se uma pessoa clicar 10 vezes no mesmo link, serão consideradas no cálculo todas as suas ações.

Cost per Mille (CPM) ou Cost per Thousand (CPT)

Rádio, TV, jornais, revistas e propagandas on-line podem ser comprados com base em quanto custa para mostrar a propaganda para mil espectadores. Essa é uma métrica tradicional em comunicação mercadológica para calcular o custo relativo de uma campanha ou de uma mensagem publicitária em uma dada mídia. Em vez de usar o custo absoluto, o CPM estima o custo por cada mil pessoas que veem a publicidade, facilitando comparações e evitando as análises incorretas, pois custos absolutos mais baratos podem oferecer CPMs mais elevados.

Ele é obtido multiplicando-se o custo de veiculação da mensagem por mil e dividindo-se o resultado pelo número total da audiência. Por exemplo: O custo de veiculação de um anúncio é de R$ 10.000,00. A audiência total é de 2 milhões de pessoas.

O CPM é calculado como CPM = (R$ 10.000,00 × 1.000) / 2.000.000 = R$ 5,00.

Cost per Impression (CPI)

É utilizado para medir o valor e o custo de uma campanha de marketing específica. A técnica é aplicada em web banners, links de texto, e-mail marketing, spams etc. Esse tipo de medição lembra muito os modelos que existem para TV e mídias impressas para prever custos publicitários. Enquanto a TV usa o Ibope, a mídia impressa calcula o valor do espaço publicitário com base na circulação da revista ou do jornal.

Para a campanha on-line, os números de visitas podem ser muito mais precisos. Quando um usuário requisita acesso à página, o servidor que dá origem às informações cataloga uma entrada. Também, um *tracker* terceirizado pode ser colocado na web page para verificar quantos acessos aquela página obteve. É semelhante ao conceito de CPM, mas não está multiplicado por mil. Isso significa que, quando alguém diz que o CPM é R$ 10,00, seu CPI é de R$ 0,01.

Pay per Click (PPC)

Ou *Cost per Click* (CPC). Modelo de propaganda on-line baseado nos sites de pesquisa, redes de propaganda e conteúdo de websites e blogs, em que os anunciantes só pagam quando o usuário clica sobre a publicidade que está no site.

Os anunciantes compram palavras-chave que acreditam que seu público-alvo pode escrever na barra de pesquisa quando está procurando por um produto ou serviço. Quando um usuário escreve a palavra-chave que coincide com a lista de palavras patrocinadas pelo anunciante, ou vê uma página com conteúdo relevante, a publicidade do anunciante pode ser apresentada. Esse tipo de anúncio também é chamado de "link patrocinado" ou "propaganda patrocinada" e geralmente aparece ao lado, ou algumas vezes acima, dos resultados normais de pesquisa, surgindo em destaque, ou em qualquer lugar que o webmaster/blogger escolher colocar esse tipo de conteúdo.

Propagandas PPC podem também aparecer em websites de "rede de conteúdo". Nesse caso, redes publicitárias, como Google Adsense e Yahoo! Bing Network Contextual Ads, tentam prover propagandas que sejam relevantes ao conteúdo da página em que elas aparecem, sem que nenhuma função de pesquisa esteja envolvida.

Palavras que são muito procuradas podem custar muito mais caro dentro dos sites de pesquisa mais populares. O contraponto do uso desse modelo de publicidade é que pode estar aberto à fraude de cliques: usuários ou *bots*[14] clicam diversas vezes no mesmo link sem a intenção de ver a propaganda, mas apenas para esgotar a verba de patrocínio daquela palavra.

Cost per Action **(CPA)**

É considerado por alguns a melhor forma de comprar propaganda on-line de uma resposta direta do ponto de vista do anunciante. Um anunciante só paga pela publicidade quando a ação ocorrer. Uma ação pode ser a compra de um produto, o preenchimento de um formulário etc. (a ação em si é determinada pelo próprio anunciante).

Propaganda customizada

Lembre-se: os anúncios da mídia-padrão vão até os possíveis consumidores, ao passo que, na internet, possíveis consumidores vão até os anúncios, na maioria das vezes (há discussões aqui sobre o papel dos banners e pop-ups, que se abrem sobre os portais e sites visitados e que teriam perfil similar aos anúncios de mídia transmitida). Por isso mesmo, a publicidade on-line cria uma oportunidade potencial para o marketing no âmbito micro, em que um anunciante em internet tem a possibilidade de desenvolver uma propaganda tão específica que pode falar com apenas um indivíduo, sendo uma ótima ferramenta de comunicação para quem atua em nichos de mercado, como muitos pequenos e microempresários.

---

[14] Um conjunto de scripts ou um programa de computador que executa funções programadas, mas que procura se identificar como um outro usuário na rede, chegando a simular comportamentos mais comuns.

O anunciante pode decidir entregar uma propaganda para um consumidor que demonstrou um tipo específico de comportamento, por exemplo, expressou um nível de interesse alto em algum produto do website comparado com o seu histórico de navegação – da mesma forma que um consumidor pode entrar no site do anunciante pela primeira vez e receber uma propaganda que apresente as características principais da linha de produtos. Ainda, um "revisitante" pode receber informações mais detalhadas sobre o produto para levá-lo para alguma decisão de compra, pois é possível identificá-lo como tal e lhe oferecer um nível mais orientado e sofisticado de informações complementares.

Por novas formas de mensuração

Já destacamos que uma das principais vantagens da internet está na facilidade de mensuração dos esforços de comunicação e de seu retorno. Todo o dinheiro investido pode ser medido em um espaço digital. Assim, é possível perceber quantas pessoas potencialmente observaram seu anúncio, quantas efetivamente clicaram nele e quantas definitivamente compraram seu produto – apenas para citar os percursos mais convencionais de comunicação publicitária e negociação na web.

Mas nem sempre o importante é apenas efetivar uma venda. Por conta do volume de trânsito na internet, nos mais variados espaços, o interesse de uma pessoa em uma determinada loja, serviço ou mercadoria pode ser importante o suficiente para que esse indivíduo seja identificado e qualificado (analisado através de verificação de perfil, diálogo etc.), a fim de gerar um consumidor.

Quem atua com marketing digital utiliza bastante o termo *"leads"* – ou aquelas pessoas que entraram em contato com a empresa, demonstrando algum interesse, que tem potencial para se tornar uma compra efetiva. Esses *leads*, se efetivamente trabalhados, podem se tornar *prospects* (ou pessoas que demonstraram interesse real e estão em processo de negociação com a empresa, em algum nível) para que finalmente se tornem *customers*, ou *clients*, ou simplesmente consumidores ou clientes. Existem diversas empresas de vendas e consultorias norte-americanas que oferecem guias digitais com termos e metodologias diversas,[15] porém a mais utilizada é a BANT (ou OANT, em português[16]). Desenvolvido pela IBM para suas negociações B2B (*busi-*

---

[15] Entre elas, recomendamos a b2b e a marketo, disponíveis em: <www.b2bmarketingzone.com> e <www.marketo.com>, porém a mais simples pesquisa por termos-chave apresentará dezenas delas, com dicas e métodos diferentes. Acessos em: set. 2014.
[16] Como é utilizado pela empresa 2getmarketing2go e explicado no texto do site da empresa. Disponível em: <http://www.automacaodemarketing.com.br/gerenciamento-de-leads/qualificacao-de-leads/processo-de-qualificacao-de-leads>. Acesso em: set. 2014.

ness to business, ou "entre empresas"), o método BANT procura determinar se os contatos que uma empresa faz podem se transformar em uma venda real:

- *Budget* (Orçamento) – Determina se o contato tem orçamento necessário para adquirir aquilo que se está vendendo.
- *Authority* (Autoridade) – Determina se o contato tem a autoridade necessária para tomar a decisão de adquirir aquilo que se está vendendo.
- *Needs* (Necessidades) – Determina se o contato representa uma empresa que tem necessidades que podem ser atendidas por aquilo que se está vendendo.
- *Time* (Tempo) – Determina o tempo necessário para implementação e finalização da venda.

Assim, os *leads* surgem como compradores em potencial. As métricas de acesso e cadastramento na *internet* têm permitido identificar melhor esses *leads*, o que leva empresas a buscar soluções – de marketing e de comunicação – para tentar efetivar vendas. Um cadastro para recebimento de notícias, download de documentos e um compartilhamento de uma página de Facebook podem ser sinais de interesse e podem ser trabalhados para gerar retornos efetivos.

Com isso, queremos demonstrar que as relações comerciais e publicitárias pela internet não se resumem apenas a publicar banners e esperar as vendas subirem no website. Sabíamos que a publicidade e seus reais efeitos nas mentes dos consumidores, bem como sua relação com as vendas, nunca foram algo simples de compreender – mas encontramos cada vez mais maneiras de medir certas relações e trabalhá-las a fim de regular e potencializar a propaganda.

Apesar dessa complexidade, muitos ainda se mantêm nas métricas mais fundamentais, como o "último clique", que dá crédito apenas à última fonte de tráfego que levou o usuário ao website anunciante. Nas relações web, o fluxo de pessoas nem sempre surge de maneira direta de um buscador. Um usuário pode ir navegando entre as páginas, acessando conteúdos, migrando entre portais e blogs até que – em algum momento – ele se depara com um banner que lhe chama a atenção, e ele clica. O processo pode ser importante, pois pode ser estrategicamente utilizado. Pode ser mais interessante anunciar em portais especializados em receitas e culinária cotidiana para trazer usuários para conhecer um novo eletrodoméstico para cozinha do que patrocinar a palavra "batedeira" nos buscadores. Apesar de que, como sugere o aporte teórico da comunicação integrada,[17] deve-se "usar qualquer

---

[17] Recomendamos a obra de Shimp, *Comunicação integrada de marketing: propaganda e promoção*, para aprofundamento em técnicas de comunicação integrada.

forma de contato ou ponto de contato relevante" (SHIMP, 2009, p. 30) no processo de comunicação mercadológica. O importante é compreender que os percursos do navegador web podem ser tão relevantes quanto os momentos de contato.

"É preciso evoluir na mensuração", é o que afirma o diretor de estratégia da Cadastra e membro do Comitê de Performance do IAB Brasil, Tomás Trojan[18]. Na sua crítica às métricas comuns, que ignoram as particularidades dos processos de comunicação e navegação na rede, apresenta três ferramentas que considera melhores:

- Modelo de atribuição linear: em que todas as fontes de tráfego envolvidas em trazer o cliente para o anunciante têm sua participação igualmente dividida. "Vamos supor que o usuário interagiu com o site por cinco vezes antes de converter. Nesse caso, cada fonte de tráfego fica com 20% do valor gerado", explica Trojan.
- Modelo de redução com o tempo: semelhante ao anterior, mas os valores são ponderados de modo que as últimas interações tenham mais peso que as primeiras, sendo a última interação a de maior valor.
- Modelo baseado na posição: em que valores maiores são atribuídos a posições particulares das interações, geralmente a primeira e a última. "É entendido aqui que a primeira interação é que fez que o usuário passasse a conhecer determinada marca e, a última, que ele convertesse", conta Trojan.

Precisamos entender que as métricas disponibilizadas pela internet trazem uma série de benefícios, mas é preciso saber usá-las com competência. Devem-se considerar as particularidades da navegação e usar o processo a favor do anunciante, para que consiga potencializar os acessos em vendas.

E-commerce
Potencial integração da publicidade com as funções transnacionais

Com o crescimento do e-commerce, a internet oferece a facilidade para os consumidores conduzirem transações comerciais diretamente na rede. Apesar de existirem barreiras nesse processo de compra do consumidor e de venda das instituições, que serão explicadas mais adiante, é inegável que a internet aproximou empresas produtoras e mercados consumidores, muitas vezes considerados inacessíveis.

---

[18] TROJAN, T. Mensuração de resultados precisa evoluir. Disponível em: <http://www.adnews.com.br/artigos/mensuracao-de-resultados-para-midia-online-ainda-precisa-evoluir>. Acesso em: dez. 2014.

O ambiente on-line mostra-se uma grande oportunidade para quem comercializa seus produtos pela mídia, já que não só permite direcionar propagandas e estímulos para o público-alvo com o objetivo de encorajar a sua resposta no próprio ambiente de compra, como também oferece a chance de observar o próprio processo de compra e o papel da propaganda nele. Isso dá diversas oportunidades para o desenvolvimento e ajuste de publicidade e de estratégias de marketing.[19]

A pesquisa TIC Domicílios – 2013 revelou que 33% dos usuários de internet fizeram alguma compra on-line em um período de 12 meses. Quando observamos a separação por classe social, a classe A é quem mais compra on-line, com 74% dos usuários realizando alguma compra no mesmo período. Com a classe B, temos 47%, a classe C com 22% e D e E somam 10%. Ainda que seja uma prática concentrada na classe A (como algumas outras, como vimos), o setor do e-commerce vem apresentando grande crescimento nos últimos anos. A Secundados[20] revela que o faturamento do setor cresceu em mais de três vezes entre 2008 e 2013 por conta da quantidade de e-consumidores, cada vez mais numerosos (Quadro 7.3).

QUADRO 7.3 Dados de e-commerce no Brasil

Indicadores	2008	2009	2010	2011	2012	2013	2014
Faturamento de mercado em R$ bilhões	R$ 8,2[1]	R$ 10,6[1]	R$ 14,8[1]	R$ 18,7[1]	R$ 22,5[3]	R$ 28,8[3]	n/a
Número de e-consumidores em milhões de pessoas	13,2[1]	17,6[1]	23[1]	32[3]	42,2[3]	51,3[3]	n/a
Ticket médio em R$ por compra	R$ 328[1]	R$ 335[1]	R$ 373[1]	R$ 349,5[3]	R$ 342[3]	R$ 327[3]	n/a

1 – E-BIT – Webshoppers 24ª edição
2 – Proxxima – E-commerce deve crescer 25% em 2012 segundo E-BIT
3 – E-BIT – Webshoppers 29ª edição

Fonte: SECUNDADOS. E-commerce no Brasil. Disponível em: <http://secundados.com.br/e-commerce-no-brasil/>. Acesso em: dez. 2014.

A análise da E-BIT[21] conta que, apenas no primeiro semestre de 2014, o comércio eletrônico brasileiro saltou para "R$ 16,06 bilhões no primeiro se-

---

[19] Aqui, não se devem também menosprezar a enorme experiência brasileira e principalmente o crescimento mais recente das práticas de marketing direto na televisão e em meios impressos, tendo várias alternativas como canal de resposta, incluindo a internet, mas não se restringindo a ela. Logo, destaca-se que o ganho aqui é de velocidade de resposta no meio, pois ela já era obtida, mas por outros meios.
[20] Veja em Secundados. E-commerce no Brasil. Disponível em: <http://secundados.com.br/e-commerce-no-brasil>. Acesso em: dez. 2014.
[21] E-BIT. Relatório Webshoppers 2014. Disponível em: <http://www.ebit.com.br/webshoppers>. Acesso em: dez. 2014.

mestre de 2014, superando o mesmo período em 2013 (quando registrou R$ 12,74 bilhões), e com crescimento nominal de 26% no setor", conquistando mais de 5 milhões de consumidores novos, com 25 milhões de consumidores ativos nesse período do ano.

Mas o que os brasileiros têm comprado pela internet? Ao longo do ano de 2013,[22] equipamentos eletrônicos, roupas e eletrodomésticos lideraram as preferências. No primeiro semestre de 2014 (Tabela 7.7),[23] foi a categoria de moda e acessórios (com 18% do volume total de pedidos) que liderou as preferências, seguida de cosméticos e perfumaria (16%) e eletrodomésticos (11%). Apesar das mudanças de posição, notamos que esses setores estão, nesse momento, se beneficiando com o aumento do acesso e da confiança nas compras digitais.

TABELA 7.7 Proporção de usuários de internet que adquiriram produtos ou serviços na internet nos últimos 12 meses, por tipos de produtos e serviços adquiridos

Percentual sobre o total de usuários de internet que adquiriram produtos e serviços pela internet nos últimos 12 meses[1]	
TOTAL	**Percentual (%)**
Equipamentos eletrônicos	47
Roupas, calçados, materiais esportivos e acessórios	46
Produtos para a casa / eletrodomésticos	45
Computadores e equipamentos de informática	28
Viagens (reservas de avião, hotel)	24
Livros, revistas ou jornais	22
Ingressos para eventos	16
Filmes, músicas, toques musicais para celular	15
Jogos de computador ou videogame	10
Software	8
Materiais para educação a distância	8
Comida / produtos alimentícios	7
Medicamentos	7
Serviços financeiros, seguros	6
Loterias e apostas	3
Flores	2

[1] Base: 28,7 milhões de pessoas que usaram a internet há menos de três meses em relação ao momento da entrevista e que adquiriram produtos e serviços pela internet há menos de 12 meses em relação ao momento da entrevista. Respostas estimuladas. Cada item apresentado se refere apenas aos resultados da alternativa "sim". Dados coletados entre setembro de 2013 e fevereiro de 2014.

Fonte: CETIC. TIC – Domicílios 2013: Disponível em: <http://cetic.br/pesquisa/domicilios/indicadores>. Acesso em: set. 2014.

---

[22] CETIC. TIC domicílios – 2013: H3 – Proporção de usuários de internet que adquiriram produtos ou serviços na internet nos últimos 12 meses, por tipos de produtos e serviços adquiridos. Disponível em: <http://cetic.br/pesquisa/domicilios/indicadores>. Acesso em: dez. 2014.
[23] E-BIT. Relatório Webshoppers 2014. Disponível em: <http://www.ebit.com.br/webshoppers>. Acesso em: dez. 2014.

O setor cresce muito, mas há espaço para crescer mais se considerarmos o total de internautas que navegam pela rede. Então, o que está dificultando a entrada deles no comércio eletrônico? As duas principais respostas,[24] como podem ser vistas na tabela (Tabela 7.8), indicam que é uma questão de hábito – os brasileiros preferem, ainda, comprar produtos nas lojas. Além disso, é possível que algumas categorias exijam que o consumidor veja ao vivo o produto para tomar a sua decisão. Afinal, pode se tratar de uma limitação da mídia, que apenas representa as mercadorias aos seus consumidores, sem conseguir transmitir características mais perceptíveis ao aparelho sensório.[25] A barreira da "preocupação com segurança" caiu bastante nos últimos anos com a evolução dos sistemas de criptografia e outras estratégias para segurança da transmissão dos dados pela rede – mas ainda aparece como um receio relevante ao consumidor.

TABELA 7.8 Proporção de usuários de internet, por motivos para não comprar pela internet nos últimos 12 meses

Percentual sobre o total de usuários de internet que não adquiriram produtos e serviços pela internet nos últimos 12 meses[1]	
Percentual (%)	TOTAL
Porque prefere comprar pessoalmente, gosta de ver o produto	60
Por falta de necessidade ou interesse	46
Por ter preocupação com privacidade ou segurança, ou por ter preocupação em fornecer informações pessoais/usar o cartão de crédito pela internet	30
Por falta de confiança no produto que irá receber	29
Por força do hábito, costuma comprar nos mesmos estabelecimentos	27
Porque a entrega demora muito ou é problemático receber os produtos em casa	17
Porque não tem como fazer reclamações/devoluções	17
Porque não tem como efetuar o pagamento via internet	13
Por falta de habilidade com a internet	11
Porque é mais caro do que a forma tradicional de compra	8
Porque as mercadorias e serviços procurados não estão disponíveis na internet	6
Porque não consegue completar a compra	6
Não sabe / Não respondeu	0

[1] Base: 57,2 milhões de pessoas que usaram a internet há menos de três meses em relação ao momento da entrevista, mas não realizaram compras pela rede há menos de 12 meses em relação ao momento da entrevista. Respostas múltiplas e estimuladas. Dados coletados entre setembro de 2013 e fevereiro de 2014.

Fonte: CETIC. TIC – Domicílios 2013: Disponível em: <http://cetic.br/pesquisa/domicilios/indicadores>. Acesso em: set. 2014.

---

[24] CETIC. TIC domicílios – 2013: H6 - Proporção de usuários de internet, por motivos para não comprar pela internet nos últimos 12 meses. Disponível em: <http://cetic.br/pesquisa/domicilios/indicadores>. Acesso em: dez. 2014.

[25] Essas discussões sobre a midiatização e o uso da tecnologia para construção da sensação de realidade são muito realizadas na academia. Parte dela pode ser encontrada no "Symposium on Virtual and Augmented Reality", realizado no Brasil. O conjunto de artigos publicados em 2011 na sua 13ª edição, realizada em Uberlândia (MG), pode ser encontrado no link: <http://de.ufpb.br/~labteve/publi/2011_svrps.pdf#page=10>. Acesso em: dez. 2014.

Esses receios vêm diminuindo com o tempo, o que está trazendo ganhos expressivos para o setor, que também se preocupa em cada vez mais transmitir mais informações ao consumidor, inclusive sobre segurança, para que se tenha mais quantidade de acessos relevantes e, se possível, mais compras. O relatório da E-BIT Webshopper, 27ª edição, revelou que, no ano de 2012, os e-consumidores ficaram mais satisfeitos com o varejo on-line, que tem conseguido atender as expectativas do consumidor: "em média, 86,1% dos consumidores brasileiros ficaram satisfeitos com o comércio virtual B2C em 2012, dentro de uma nota de corte de excelência de 85%".[26]

O crescimento do e-commerce não beneficia apenas os varejistas digitais, mas também afeta toda a cadeia produtiva. Com isso, fabricantes procuram se adaptar à diminuição da presença do consumidor no ponto de venda, passando mais informações sobre seus produtos para os varejistas, enquanto a comunicação publicitária também se adapta à utilização do varejo como um ponto de visita, mas nem sempre de compra.

Ainda que apresente números pequenos em comparação à população nacional, não são números irrelevantes. Devemos manter a atenção nesses movimentos de mercado nos próximos anos, os quais podem oferecer formas mais fáceis, seguras e baratas para que o consumidor tenha cada vez mais comodidade nas suas compras, sem a necessidade de sair de casa. E, com isso, a publicidade também precisa buscar novos percursos.

Mobile

CETIC – TIC domicílios

Apresentamos, em pontos diversos, a importância e o papel da telefonia celular e outros aparelhos digitais móveis para o marketing e para a publicidade contemporânea. Neste trecho, vamos olhar mais a fundo, com quantificações, a relevância desses equipamentos.

Já vimos que a quantidade de aparelhos tem crescido rapidamente. Na Tabela 7.9[27] fica mais claro que não se trata de um acesso exclusivo para as classes mais altas. A quantidade de linhas telefônicas é mais de uma para uma parcela significativa da população, incluindo na classe C.

---

[26] E-BIT. Webshoppers 27ª edição. Disponível em: <http://www.webshoppers.com.br/webshoppers/WebShoppers27.pdf>. Acesso em: dez. 2014.
[27] CETIC. TIC Domicílios – 2013: J2A – Proporção de indivíduos, por quantidade de linhas de telefone celular. Disponível em: <http://cetic.br/pesquisa/domicilios/indicadores>. Acesso em: dez. 2014.

TABELA 7.9 Proporção de indivíduos, por quantidade de linhas de telefone celular

Percentual (%)		Percentual sobre o total da população[1]				
		0	1	2	3 ou +	Não sabe/ Não respondeu
TOTAL		18	59	21	2	0
Classe social	A	1	65	26	7	0
	B	7	63	26	4	0
	C	15	62	22	2	0
	D E	41	46	12	1	0

[1] Base: 168,3 milhões de pessoas. Dados coletados entre setembro de 2013 e fevereiro de 2014.

Fonte: CETIC. TIC – Domicílios 2013: Disponível em: <http://cetic.br/pesquisa/domicilios/indicadores>. Acesso em: set. 2014.

Note que a diferença da quantidade de linhas entre a população da classe A e da classe C não é expressiva – apenas é um limitante nas classes D e E. Ou seja, isso é um indicador de que uma parte significativa da população possui mais de um aparelho em funcionamento.

Entre os principais usos[28] do aparelho, efetuar chamadas telefônicas é o principal (apesar de parecer uma obviedade, com a quantidade de funções e possibilidades de comunicação, essa função é cada vez mais questionável!), seguido pelas mensagens de texto e pelas fotos. Nessas três primeiras funções, vemos as formas de produção de conteúdo e comunicação. Em seguida, vêm funções de consumo midiático, como ouvir músicas, jogar, assistir a vídeos e acessar redes sociais. Isso demonstra que o aparelho é uma plataforma de comunicação utilizada também para o consumo de conteúdo (Tabela 7.10).

---

[28] CETIC. TIC – Domicílios – 2013: J4 – proporção de usuários de telefone celular, por atividades realizadas no telefone celular nos últimos três meses. Disponível em: <http://cetic.br/pesquisa/domicilios/indicadores>. Acesso em: dez. 2014.

TABELA 7.10 Proporção de usuários de telefone celular, por atividades realizadas no telefone celular nos últimos três meses

	Percentual sobre o total de pessoas que utilizaram telefone celular nos últimos três meses[1]												
		Percentual (%)	Efetuar e receber chamadas telefônicas	Enviar mensagens de texto SMS ou torpedo	Tirar fotos	Ouvir músicas	Jogar	Assistir a vídeos	Acessar redes sociais	Compartilhar fotos, vídeos ou textos	Acessar e-mail	Buscar informações	Acessar páginas ou sites	Baixar aplicativos	Usar mapas
TOTAL		99	66	55	54	36	33	30	26	25	24	23	23	20
Faixa etária	De 10 a 15 anos	94	75	75	82	77	54	44	35	30	26	30	31	19
	De 16 a 24 anos	99	89	79	84	61	61	59	50	47	46	46	46	37
	De 25 a 34 anos	100	80	68	66	42	41	40	34	34	32	31	30	28
	De 35 a 44 anos	99	65	51	49	23	24	20	18	18	17	16	16	16
	De 45 a 59 anos	100	49	35	27	10	10	9	9	10	9	8	7	8
	60 anos ou mais	99	21	14	9	3	2	3	3	3	3	2	1	3
Classe social	A	99	92	80	55	35	42	53	52	62	54	58	50	52
	B	99	80	67	60	42	41	43	38	38	36	35	35	33
	C	99	66	54	55	35	31	28	23	21	20	20	19	15
	D E	97	40	37	43	27	23	13	11	9	9	8	9	6

[1] Base: 143,3 milhões de pessoas que utilizaram telefone celular há menos de três meses em relação ao momento da entrevista. Respostas estimuladas e rodiziadas. Cada item apresentado se refere apenas aos resultados da alternativa "sim". Dados coletados entre setembro de 2013 e fevereiro de 2014.

Fonte: CETIC. TIC – Domicílios 2013: Disponível em: <http://cetic.br/pesquisa/domicilios/indicadores>. Acesso em: set. 2014. Destaque dos autores.

A classe social se mostra mais utilizadora dos serviços dos telefones celulares em geral, com a classe A utilizando expressivamente mais as suas diferentes funções do que outras classes. Mas o destaque mesmo está na idade – os jovens, especialmente os de 16 a 24 anos, são aqueles que mais utilizam os serviços mobile com frequência, sem grande distinção entre os tipos de uso. Conforme já discutimos, pode ser um fenômeno relacionado aos "nativos digitais" – pessoas que já nasceram dentro de um ambiente midiaticamente conectado pela internet e povoado pelas tecnologias digitais –, ao mesmo tempo que se trata de um fenômeno relacionado aos hábitos de consumo, que estão rapidamente se transformando.

Essa diferença no consumo de serviços sugere que as classes sociais diferem também no tipo de aparelho utilizado. Modelos com tecnologias mais recentes podem ser menos acessíveis, por uma questão de preço. Mesmo assim, no período de um ano, a quantidade de telefones comercializados e utilizados ativamente, de diversas tecnologias, cresce exponencialmente. A Anatel (Quadro 7.4)[29] declarou que, apenas em 2013, foram mais de 271 milhões de acessos à internet através de telefones 2G, 3G e 4G.

QUADRO 7.4 Quantidade de acessos móveis, por tecnologia, em 2013

	3G	2G	4G
Jan.	53.885.849	194.698.221	0
Fev.	58.912.954	190.278.775	0
Mar.	61.303.336	188.598.922	14.702
Abr.	63.874.504	186.248.963	48.459
Maio	66.971.826	183.843.347	105.250
Jun.	70.165.629	180.537.886	174.084
Jul.	73.682.109	178.135.712	257.214
Ago.	77.864.884	175.170.229	398.622
Set.	80.719.239	171.919.384	552.632
Out.	84.864.934	169.115.361	730.574
Nov.	88.452.256	165.942.513	923.351
Dez.	94.763.509	159.695.652	1.309.771
Crescimento	75,86%	−17,98%	8808,79%

Fonte: ANATEL. Brasil fecha 2013 com 271,10 milhões de acessos móveis. Disponível em: <http://www.anatel.gov.br/Portal/exibirPortalNoticias.do?acao=carregaNoticia&codigo=32359>. Acesso em: dez. 2014.

Os aparelhos 2G são utilizados quase que exclusivamente para conversação, sendo muito limitado seu uso de internet. Já os aparelhos 3G oferecem velocidades mínimas de conexão de 200 kbps, sendo possível utilizar diversos serviços da rede. Algumas novas tecnologias de transmissão de dados ainda dessa geração permitem conexões até 21 Mbps. Mas é nos celulares 4G que está a maior velocidade disponível do mercado, atualmente, prevendo um limite de 100 Mbps. Ter a tecnologia para um acesso rápido não implica categoricamente a alta velocidade do acesso, já que os usuários ainda dependem da contratação de provedores de serviço. De qualquer modo, entende-se que, quanto maior a geração do aparelho, maior sua velocidade de conexão com a rede em potencial e também maior a quantidade de serviços disponibilizados no aparelho (que vêm junto com o pacote).

---

[29] ANATEL. Brasil fecha 2013 com 271,10 milhões de acessos móveis. Disponível em: <http://www.anatel.gov.br/Portal/exibirPortalNoticias.do?acao=carregaNoticia&codigo=32359>. Acesso em: dez. 2014.

O maior uso dos telefones celulares para acesso à internet não impediu os PCs e laptops de continuarem a ser utilizados como canal de acesso. Enquanto a quantidade de usuários de internet cresceu, assim acompanhou a quantidade de pessoas com computador em seu domicílio, e também com internet (Tabela 7.11).[30] Ao mesmo tempo, cresce a quantidade de domicílios com banda larga nos computadores e nos telefones celulares. A quantidade de horas navegadas por mês também cresceu e, em 2012, registraram-se mais de 46 horas/mês.

TABELA 7.11 Dados de internet no Brasil

Indicadores	2008	2009	2010	2011	2012	2013	2014
Internautas no Brasil em milhões de usuários	55,9	67,9	73,9	78,5	83,4	102,3	n/a
Domínios registrados no Brasil em milhões de registros	1,53	1,94	2,31	2,65	3,08	3,27	n/a
Computador no domicílio % da população (área urbana)	28%	36%	39%	47%	51%	n/a	n/a
Internet no domicílio % da população (área urbana)	20%	27%	31%	40%	44%	n/a	n/a
Banda larga no domicílio % da população com internet	58,0%	66,0%	68,0%	69,0%	67,0%	n/a	n/a
Banda larga móvel (3G) no domicílio % da população com internet	n/a	n/a	10,0%	17,0%	21,0%	n/a	n/a
Tempo médio de acesso em horas navegadas/mês	22:50	44:40	45:32	48:04	46:19	n/a	n/a

Fonte: SECUNDADOS. E-commerce no Brasil. Disponível em: <http://secundados.com.br/e-commerce-no-brasil/>. Acesso em: dez. 2014.

Publicidade em mobile

Com essas taxas de crescimento, publicitários têm necessitado, cada vez mais, construir websites, banners e outros conteúdos específicos para mobile. As diferenças são diversas, envolvendo a plataforma tecnológica (hardware) e os sistemas operacionais utilizados no acesso à internet (software), o que impacta a produção por necessitar de operacionalizações diferentes (teclado em uns, telas sensíveis ao toque em outros), com possibilidades diversas em propaganda (velocidade de conexão de internet e poder computacional do aparelho) e até no formato do anúncio (por conta dos diferentes tamanhos de tela).

Por isso a IAB Brasil oferece aos profissionais interessados um guia com os formatos mais convencionais para a plataforma móvel. Note os cuidados necessários com a resolução da imagem, tipo de propaganda, linguagem de programação e tamanho do arquivo (Quadro 7.5).

---

[30] Confira o website da Secundados, disponível em: <http://secundados.com.br>. Acesso em: set. 2014.

QUADRO 7.5 IAB Brasil: Guia de formatos para plataforma móvel

GUIA DE FORMATOS PLATAFORMA MÓVEL - Revisão: 4º TRI/2013

	FEATURE PHONES			SMART PHONES - WEB & APPS				SMART PHONES & TABLETS - WEB & APPS				
	Small Banner	Medium Banner	Large Banner	Banner & Banner expansível	Wide Banner & Wide Banner expansível	Interstitial	Banner	Interstitial	CatFish ou Adhesion banner	Banner + Layer HTML 5	Video Layer	Travelling Vídeo ou Imagem
Resolução inicial	120x20	168x28	216x36	300x50	320x50	300x250	Variável*	Variável*	Variável*	Variável*	Variável*	Variável*
Resolução final	-	-	-	300x250	320x416 / 320x480	-	-	-	-	Variável*	-	-
Peso max.	3kB	4kB	5kB	50kB**	50kB**	3G: 50kB / Wifi: 80kB*	50kB**	3G: 50kB / Wifi: 80kB*	50kB*	3G: 50kB / Wifi: 80kB*	3G: 200kB / Wifi: 500kB*	3G: 100kB / Wifi: 200kB*
Tipo de criativos	GIF, JPG, GIF animado, PNG			GIF, JPG, GIF animado, PNG, HTML, JS			GIF, JPG, GIF animado, PNG, HTML, JS				MP4	GIF, JPG, GIF animado, PNG, HTML, JS, MP4

Exemplos de compatibilidade

IAB USA	x	x	x	x	x	x	x	x	x	x	x	x
MMA	x	x	x	x	x	x	x	x	x			
UOL	x	x	x	x	x	x	x	x		x	x	
YAHOO	x	x	x	x			x					
SMART AD SERVER	x	x	x	x		x	x	x	x	x	x	x

* Variável segundo o tipo de dispositivo autoajustável
** Peso máximo recomendado: variável segundo o tipo de conexão

Fonte: IAB BRASIL. Guia de formatos para plataforma móvel. Disponível em: <http://iabbrasil.net/portal/guia-de-formatos-
-para-plataforma-movel/>. Acesso em: dez. 2014.

M-commerce
E-BIT Webshoppers Brasil 2014-1

Algo que apareceu como uma novidade no mercado em 2011, o comércio por telefones celulares vem crescendo, tanto quanto a plataforma mobile. No período de um ano, o volume transacional do total do e-commerce pela plataforma mobile dobrou: de 3,6% registrado em junho de 2013 para 7% em junho de 2014.[31]

O crescimento ocorre por conta de duas situações, principalmente. Em primeiro lugar, o aumento do uso do telefone celular, como já vimos. Em segundo, o investimento dos websites de e-commerce em novas formas de vendas para seus consumidores, que já costumam acessar suas lojas digitais pelos aparelhos móveis.

A E-BIT[32] enxerga esse futuro e aponta quatro das principais razões para acreditar em uma tendência de crescimento forte já nos próximos anos, as quais destacamos no Quadro 7.6:

QUADRO 7.6 Indicadores de crescimento do m-commerce

O crescimento no uso de telefones celulares no mundo é impressionante. Atualmente, são mais de 6,5 bilhões de linhas ativas em todo o planeta, uma média de quase uma linha por habitante. No Brasil é quase 1,4 linha habilitada por habitante (fonte: Anatel).
O aumento nas vendas de smartphones e de conexões de banda larga no Brasil justifica o crescimento vertiginoso do m-commerce. Em 2013 foram vendidos 35,6 milhões de smartphones (fonte: IDC) e a estimativa para 2014 é que esse número seja superior a 50 milhões. Em 2013, 12 milhões de domicílios no país já tinham tablets para uso de seus moradores (fonte: Cetic.br).
Com esse crescimento rápido, vemos a adoção do uso de telefones celulares e tablets para consulta de informações de produtos, comparação de preços e compra usando esses dispositivos móveis. Os consumidores estão a cada dia mais móveis, comprando em casa, nas lojas de rua e em shopping centers, e esperam que as lojas entendam esse comportamento.
Os varejistas que ainda não entenderam essa mudança de comportamento dos consumidores deverão deixar de vender, somente em 2014, aproximadamente R$ 2,5 bilhões (estimativa do total gasto em compras por dispositivos móveis).

Fonte: E-BIT. Relatório Webshoppers 2014. Disponível em: <http://www.ebit.com.br/webshoppers>. Acesso em: dez. 2014.

Apesar de ser algo que está apenas iniciando, o rápido crescimento das plataformas digitais em geral que mostramos ao longo de todo este capítulo é um sinal de que o m-commerce tende a se tornar uma forma aceitável de transação comercial. Temos de levar em consideração que, assim como mostraram todos os dados sobre mobile e internet, há uma tendência de o serviço ser utilizado inicialmente pelas classes mais altas, pelos adolescentes e

---

[31] E-BIT. Relatório Webshoppers 2014. Disponível em: <http://www.ebit.com.br/webshoppers>. Acesso em: dez. 2014.
[32] Ibidem.

jovens adultos e pelas pessoas que têm ensino superior (que não necessariamente pertencem *ao mesmo* conjunto de pessoas!). Ainda assim, as pesquisas revelam que a velocidade de mudança e de absorção das novas tecnologias é muito rápida e, por isso, as grandes empresas estão se movendo para compreender o cenário e se adaptar às novas possibilidades que ele traz. Com isso, pequenas e médias empresas, mais ágeis em seus processos, já arriscam investimentos nessas áreas, na tentativa de ganhar vantagens competitivas.

Do ponto de vista publicitário, ainda apenas pensamos criativamente em todas as possibilidades que isso pode oferecer. Isso nos motiva a observar essa plataforma com mais e mais atenção. Usar os serviços e testar as possibilidades, conversar com especialistas técnicos e com os próprios varejistas para compreender as condições atuais que dão vantagem e as dificuldades de implementação, bem como estudar suas aplicações em outros lugares do mundo para aprender com os acertos e erros alheios – esse é o caminho a trilhar para produzir publicidade criativa e pertinente para esse canal promissor.

Boas práticas e negociação

A IAB Brasil é uma instituição sem fins lucrativos que procura trazer normas e padrões para o setor da publicidade digital, divulgando conhecimento, incentivando o debate e assim estimulando o desenvolvimento de um setor regulamentado, eficiente e acessível. Com essas preocupações, tornou público um guia de autoria própria com recomendações de "boas práticas" sobre a relação cliente-agência na atuação sobre o mercado digital. Um guia semelhante foi elaborado para empresas anunciantes e agências que produzem conteúdo em redes sociais digitais, apontando os principais cuidados que essas organizações devem ter ao lidar diretamente com o público.

Grande parte desse conteúdo envolve cuidados importantes para qualquer contato com clientes, agências e consumidores finais. São práticas que podem ser exercitadas no cotidiano de qualquer profissional, independente de atuação no ambiente digital. Por isso, são dicas relevantes para todos os leitores desta obra e que convergem com as visões que apresentamos ao longo dos textos.

Nestas páginas finais do capítulo, disponibilizamos, no Quadro 7.7 e no Quadro 7.8, uma adaptação dos guias por acharmos relevante para todos aqueles profissionais que estiverem entrando nesse ambiente ou que estão com dificuldades em atuação. Os guias podem ser acessados pela internet em links que serão apresentados no início de cada segmento.

Trechos entre colchetes [exemplo] indicam complementos ou destaques nossos, que julgamos necessários para a adaptação.

QUADRO 7.7 IAB Brasil: guia de boas práticas do mercado digital

Investimento. [A verba de comunicação] deve contemplar todas as ações, como custos associados à produção de um site, manutenções mensais, presença em redes sociais, produções de peças de mídia e vídeos, por exemplo. Ao iniciar um projeto ou uma concorrência, é importante deixar claro para a agência qual é a verba total de investimento. Assim fica mais fácil buscar, nas propostas apresentadas, aquelas que melhor utilizam a verba ou proponham maneiras interessantes e inovadoras [para buscar melhores resultados]. Isso facilita o trabalho da agência em formatar melhor uma solução focada e viável ao seu projeto.

Público-alvo: É importante entender em detalhes qual é o público-alvo da sua marca, com as tradicionais informações (idade, sexo, classe social/econômica) e outras comportamentais. Antes de iniciar o projeto, é válido ter acesso a pesquisas que podem contribuir para direcionar sua ação de comunicação.

Objetivos: É importante ter claramente qual é o objetivo do seu negócio e da estratégia de comunicação da sua empresa. Por exemplo, crescer em uma determinada região do Brasil ou superar o concorrente em vendas, deixando explícitas metas quantitativas e qualitativas. Esses objetivos, sempre que possível, devem ser discutidos e elaborados entre agências e anunciantes (em conjunto). Isso facilitará o resultado final de qualquer ação de comunicação. Existe ainda a necessidade de mudança na cultura interna das empresas que atrelam seus investimentos [no ambiente digital] somente em campanhas de produtos/serviços ou lançamentos. [Esse ambiente] requer um trabalho contínuo ao longo do ano, como parte estratégica dos objetivos do seu negócio e construção de uma marca.

Indicadores de sucesso: Devem estar totalmente relacionados aos objetivos do negócio. Não fique restrito às métricas digitais (fãs no Facebook, seguidores no Twitter, visitas ao site, tempo médio de navegação). [Busque informações que] ajudem a construir um cenário contemplando uma análise geral da marca, [bem como] resultados em vendas. Para isso os anunciantes devem compartilhar com agências e parceiros dados necessários para criação dos indicadores de sucesso.

Prazos: Tanto em uma campanha quanto em uma concorrência, ter prazos de acordo com a complexidade do projeto é um ponto importante para o resultado do trabalho. Se possível, anunciante e agência devem estabelecer esses prazos em conjunto. Assim fica mais fácil definir os recursos necessários para cumprimento de cada fase do projeto. (...) Especificamente no caso de concorrências, o prazo estabelecido para avaliação, elaboração e apresentação deve ser o mesmo para todas as agências envolvidas e deve levar em consideração que as agências precisam planejar a alocação dos profissionais que irão trabalhar no projeto.

Integração: Sempre quando há um trabalho integrado de várias agências em um mesmo projeto de comunicação, a recomendação é buscar sinergia e transparência entre todos os envolvidos. É válido criar uma rotina de reuniões presenciais entre as agências e cliente, sempre com a coordenação direta do anunciante como *hub* do processo. As melhores ideias surgem desse trabalho colaborativo.

Histórico de resultados: Dividir histórico de resultados anteriores, com o que funcionou ou não no passado, ajuda a ter sucesso na nova ação de comunicação. Apontar os motivos de ter dado certo ou não a tal estratégia também ajuda a contribuir para elaboração de um projeto com grandes chances de êxito.

Divulgação/mídia on-line: Os mesmos atributos de planejamento de mídia tradicional (alcance, frequência, cobertura, visibilidade) devem se integrar a outros específicos do digital: taxas de cliques, impressões, "likes", menções, sentimentos positivos e negativos do consumidor. É papel dos veículos simplificar e padronizar os formatos de veiculação, facilitando assim o entendimento de agências e anunciantes. Também é importante saber vender os benefícios da mídia paga on-line de forma direta e que faça sentido para os gestores de marca dos anunciantes.

Meio digital estratégico para sua marca: Ao contrário do que alguns pensam, as atividades digitais devem ser gerenciadas por um profissional sênior. O processo de briefing e aprovação deve envolver, desde o início, profissionais com capacidade de aprovação. O investimento no meio on-line precisa ser acompanhado de um processo de qualificação da mão de obra e fomento do conhecimento sobre o [ambiente digital] nas empresas. Caso contrário, é grande o risco de gerar um efeito contrário.

Fonte: Disponível em: <http://iabbrasil.net/portal/guia-de-boas-praticas-do-mercado-digital-2>. Acesso em: dez. 2014.

QUADRO 7.8 IAB Brasil: guia de boas práticas de social media

Boas práticas em *social media*

O acesso à internet não é mais padronizado e concentrado nos PC's. No momento atual, o consumo das plataformas digitais é fragmentado em diferentes dispositivos (desktop, laptop, celular, tablet etc.) e diferentes plataformas (redes sociais, aplicativos, buscadores etc.). Com a alta oferta de dispositivos e também de mídias sociais, o conteúdo deve se ajustar quanto ao formato e abordagem de acordo com seu contexto e considerar essa fragmentação de acessos.

No entanto, independentemente da plataforma utilizada, os conteúdos podem ser publicados em diversos formatos:

Textos: Posts e microposts com textos curtos publicados por pessoas reais (ou marcas) que se identificam, de preferência na 1ª pessoa do plural. Não devem ultrapassar 420 caracteres no Facebook, 270 no Linkedin e 120 no Twitter. Sempre devem conter um convite à interação, com *call to action*, que indique claramente a ação que o usuário deve fazer ou perguntas para estimular a discussão.

Fotografias, infográficos, ilustrações: Em alguns casos, usar imagens será vantagem competitiva para poder se destacar em outros conteúdos de marcas, amigos, familiares, colegas, entre tantos outros (...). Além disso, [o uso dessas imagens] permite entregar uma mensagem mais direta e ajuda a explicar, de forma mais clara e objetiva, assuntos e temas mais complexos.

Vídeos: É um formato que costuma chamar bastante a atenção, porém não é o mais indicado para levar o usuário para fora das mídias sociais ou plataformas proprietárias das empresas (sites e blogs). De preferência, devem ser breves (inferiores a 10 minutos), e em casos de conteúdos mais longos (palestras, aulas etc.), uma boa saída é dividir a exibição em pequenos módulos e/ou capítulos.

Enquetes: Trata-se de uma ótima ferramenta de interação, que não exige muito esforço do usuário. Muito útil para gerar discussão e fazer pequenas pesquisas de opinião.

Diretrizes para a interação com usuários

O relacionamento com os usuários e seguidores deve ser feito com frequência e não apenas em momentos de crise. As interações, sejam elas reativas ou proativas, são fundamentais para o sucesso da estratégia de engajamento das empresas com seus públicos.

Portanto, **sempre que alguém comentar ou citar a marca ou produto em questão**, a empresa deve responder, seja um comentário positivo ou negativo. A melhor tática é agradecer a cada comentário, crítica ou sugestão publicada.

No caso de dúvidas ou reclamações de usuários, publique imediatamente uma resposta. Mesmo que não tenha o que dizer, o fato de responder demonstra que a marca está atenta à reclamação. A princípio, nenhuma manifestação deve ser apagada nos perfis das redes sociais, a não ser que contenha uma linguagem inadequada e ofensiva.

No momento de **moderar comentários negativos**, responda-os, na medida do possível, mantendo-os visíveis para todos os seguidores da página. Se o caso não estiver resolvido, convide os usuários com problemas a conversas privadas, buscando resolver cada uma de suas questões fora de ambientes públicos. E se estiver errado, peça desculpas.

Além de atuar na interação espontânea, as **empresas também podem ser proativas nesse relacionamento**, por meio de ações de ativação. São elas: os concursos culturais, o uso de ferramentas de enquete, até mesmo o envio de newsletters para base de contatos e a divulgação dos perfis das redes sociais da empresa em suas mídias proprietárias: site, blogs, assinatura de e-mail, publicações etc. Outra boa prática de ativação é identificar perfis de influenciadores e os convidar para interagir, seguindo-os e citando-os nas publicações.

Fonte: Disponível em: <http://iabbrasil.net/portal/guia-de-boas-praticas-de-social-media>. Acesso em: dez. 2014.

8

AGÊNCIA DE PUBLICIDADE

Agência: histórico e funções

A Lei Federal nº 4.680, de 18 de junho de 1965, regulamentada pelo Decreto nº 57.690, de 17 de fevereiro de 1966, diz que: "A Agência de Propaganda é pessoa jurídica especializada na arte e técnica publicitárias que, através de especialistas, estuda, concebe, executa e distribui propaganda aos veículos de divulgação, por ordem e conta de clientes-anunciantes, com o objetivo de promover a venda de produtos e serviços, difundir ideias ou informar o público a respeito de organizações ou instituições colocadas a serviço deste mesmo público".

Muito já se alterou nestas mais de quatro décadas. Mídias surgiram, papéis foram criados ou questionados, relações foram alteradas. Enfim, um novo cenário, que ainda é regido por uma lei de outra época e algumas regulamentações e verdadeiras extensões de modos de relacionamento, estes, sim, com alguma atualização, como as questões de veiculação e remuneração propostas pelo Cenp. Mas voltemos ao princípio para entendermos bem o processo.

A agência de publicidade surgiu como um desdobramento dos serviços do corretor de anúncios. As primeiras agências apareceram no século XIX, na Inglaterra, França, Alemanha e nos Estados Unidos (é de 1914 a primeira agência fundada no Brasil, a Eclética Publicidade[1]), em princípio só para venda do espaço em jornais. Eram apenas organizações angariadoras

---

[1] Há algumas dúvidas sobre a primeira agência e até mesmo a data precisa da fundação (1913 ou 1914). Como já citamos, preferimos ficar com essa afirmação de Ricardo Ramos.

de anúncios, algumas das quais compravam espaços por atacado nos jornais para revendê-los aos anunciantes em pequenas porções. Logo, porém, convenceram-se de que era preciso dar aos anunciantes uma colaboração mais eficiente, ou seja, fazer que os anúncios fossem mais eficazes, para que eles, animados com os resultados, aumentassem a verba de investimento e, por outro lado, isso servisse de exemplo aos que não anunciavam.

Assim foi que essas primeiras agências, aproveitando uma experiência então nascente, foram se encarregando de redigir e ilustrar os anúncios, contribuindo, dessa forma, para os primórdios do desenvolvimento da técnica publicitária.

Hoje em dia, a agência de publicidade é uma empresa independente, sem filiação legal ou econômica com o anunciante, que se dedica ao planejamento, à produção e à distribuição da publicidade de qualquer empresa que demande tais serviços. Existem algumas derivações quanto a isso, como as agências de propriedade da própria empresa anunciante, chamadas *house--agencies*, surgidas quase sempre em função de uma demanda de velocidade (caso típico do varejo) ou de uma especialização muito sofisticada (caso de áreas muito técnicas). Nesses casos, até podem ser justificadas. Porém, muitas vezes, elas surgiram motivadas pela empresa para "trocar de bolso" as comissões de agência, e aí quase sempre os resultados efetivos costumam ser muito ruins, em termos de qualidade de comunicação.

Em tese, qualquer um pode ter uma agência. É só registrar a empresa, como qualquer negócio. Pode-se até comprar uma agência em funcionamento. Mas uma agência é, antes de qualquer coisa, os clientes que ela conquista e conserva. Os serviços, ela presta porque tem bons profissionais. A agência é a soma dos talentos a seu serviço no atendimento, no planejamento, na pesquisa, na criação, na mídia, na produção e na administração. O restante é apenas mobiliário e máquinas, como qualquer outro escritório.

O negócio publicitário repousa sobre a qualidade dos serviços prestados. Nele há uma constante: o talento. Talento para criar, talento para administrar, talento para vender uma ideia. Publicidade é um negócio como qualquer outro. Fazer somente comunicação não basta. É necessário que a empresa seja economicamente viável. Afinal, invertendo o ditado, o negócio é a alma da propaganda.

O que faz uma agência de propaganda? Essencialmente, aconselha e assiste o cliente em seus desafios de comunicação com o mercado. Nesse ponto, as funções da agência estão se tornando cada vez mais diferenciadas. Hoje, o modelo de agência focado principalmente para o negócio da propaganda, que tem sua história e especialização (o que se reflete até mesmo no principal da aprendizagem em muitos cursos de nível superior) pautadas pela propaganda, particularmente de massa, tem diminuído sensivelmente. Isto é, pensando e executando trabalhos para as demandas de empresas anunciantes. Porém, as exigências das empresas-clientes modificaram-se: deixaram de demandar apenas anúncios para solicitarem verdadeiras consultorias em diversas áreas do marketing e da comunicação.[2]

A maioria dos manuais de publicidade foi desenvolvida a partir de modelos norte-americanos de atuação (como em tantas outras áreas do marketing). E quase sempre apontando soluções para médias e grandes empresas voltadas ao mercado de consumo, em médias e grandes cidades. Mas a realidade brasileira, tão diversificada e realmente tão criativa, soube abrir espaços para outros modelos de agências que, na prática, superam em muito o molde original.

Lamentavelmente, uma das poucas questões ainda mal resolvidas é o modelo de remuneração, pautado em percentuais sobre o investido, o que, muitas vezes, inibe o crescimento das pequenas e médias agências, pois estas não conseguem cobrar o merecido preço pelo real trabalho que efetuam. Como se vê na própria história, para começar, o nome *agência* é um condicionador desse processo, por caracterizar um agente, e não uma consultoria, real papel que as agências vêm assumindo desde muito tempo.

Então, o que faz uma agência de propaganda? Em alguns casos, tudo ligado à comunicação mercadológica, inclusive propaganda. E aqui não se pode correr o risco de apontar apenas um modelo. Deve-se – mais uma vez – buscar a utilização de modelos exemplares, que permitam que os estudantes e profissionais possam, a partir deles, criar sua própria condição de construção de um desenho adequado ou de um ponto de análise dos modelos existentes.

Em busca de um modelo

O modelo tradicional de agência conta com profissionais exercendo essencialmente as seguintes funções:

- atendimento;
- planejamento;
- criação;

---

[2] Desde a primeira versão deste livro, o professor Armando Sant'Anna já preconizava que as empresas buscavam serviços pautados em uma demanda muito maior do que apenas propaganda. Na época, ele já apontava o marketing, a promoção e as relações públicas. E isso é algo que continua crescendo de forma bastante acelerada para muitas outras disciplinas.

- mídia;
- produção.

Cada uma dessas funções, em teoria, é exercida por algum profissional. Em modelos extremamente enxutos de agências, às vezes, várias funções são exercidas por apenas um profissional; em modelos mais sofisticados, cada função é desenvolvida por grupos especializados de profissionais.

Para que essas funções possam ser bem exercidas, é necessário sempre lembrar que uma agência de propaganda é um negócio, que visa à sua própria sustentabilidade e lucratividade. Por isso, ela também precisa contar com profissionais que se dedicam à sua gestão administrativa.[3] E mais uma vez apontamos que, em pequenas agências, tais funções costumam se acumular em poucos profissionais, muitas delas sobrepostas em seus sócios ou gestores; em grandes agências, sofisticam-se e podem gerar suportes importantes, como as áreas de tráfego, de contabilidade, de gestão de pessoal etc.

Em relação ao perfil de atuação como agência, geralmente se apontam duas tendências contemporâneas:

- **as agências de comunicação integrada** – aquelas que se propõem a desenvolver um pensamento estratégico que consiga contemplar as principais ferramentas de comunicação com o mercado, de forma orquestrada, harmoniosa, gerando sinergias entre elas; quase sempre são grandes organizações, que se propõem a gerar planejamentos sofisticados aos seus clientes e formas de implementação e controle das mais desenvolvidas;
- **as agências especializadas** – por ferramentas (propaganda, promoção, merchandising, marketing de relacionamento, web etc.) ou por segmento (marketing esportivo, cultural, saúde etc.); são agências que procuram ter um conhecimento dos mais aprofundados sobre características muito específicas desses mercados, propondo-se a atuar como uma verdadeira consultoria para seus clientes.

Entre essas duas tendências, encontram-se centenas de combinações de perfis de agências, seja em visão mais generalista, seja em conglomerados de agências especializadas que se complementam. Internacionalmente, hoje há imensos grupos empresariais abrindo, adquirindo (associação ou fusão)

---

[3] É incontável o número de exemplos de agências criadas por competentes profissionais de propaganda e que, apesar dos excelentes trabalhos apresentados, não sobreviveram, pois seus donos não se prepararam para realmente administrar um negócio, mas conceberam um negócio em que poderiam atuar apenas com maior profundidade em suas especializações.

ou mantendo operações nas mais diversas áreas de atuação da comunicação e do marketing.

Esses megagrupos são proprietários de algumas das principais redes de agências do mundo, várias delas concorrentes entre si. Essas redes conquistam contas importantes (por exemplo, na área automobilística, alimentícia, de saúde etc.) e sustentam operações próprias ou associadas com agências locais onde as marcas estejam presentes, de maneira global (isso é denominado alinhamento de conta). A grande vantagem proporcionada para a comunicação é a possibilidade de troca de experiências das mais diversificadas situações mundiais.

Em sentido inverso, porém nessa mesma tendência de expansão, algumas das principais agências brasileiras estão estendendo suas operações não só para as diferentes regiões do país, mas para fora delas, aproveitando-se da reconhecida qualidade brasileira na propaganda (não só na criação, mas em toda a operação).

Porém, mesmo essas grandes contas, e todas as demais existentes no país, pedem por consultorias diferenciadas. E assim surgem empresas e mais empresas de comunicação especializadas em suas áreas, buscando atuar exatamente onde os grandes não conseguem ou não se interessam – agências diferenciadas, estúdios especializados, consultorias etc.

São muitas as histórias de jovens profissionais ou de já experientes líderes em suas áreas que, com espírito empreendedor, se lançam aos desafios do mercado, quase sempre já tão concorrido, mas sempre aberto às novas propostas de trabalhos profissionais. Os caminhos, seja para empreendedores solitários ou para grupos, parecem sempre abertos para o talento – e avançam para as novas frentes de desenvolvimento do país, em setores de maior crescimento e até mesmo na exportação de serviços (principalmente pelas facilidades proporcionadas pela internet).

É função da agência garantir ao máximo a eficiência e o rendimento das campanhas e dos esforços mais pontuais de atuação; para isso ela deve acompanhar as atividades de seu cliente, das pesquisas preliminares recomendadas para conhecer as possibilidades de um produto até o controle final dos resultados da campanha.

As agências no Brasil obedecem a diversos esquemas de organização interna, moldados segundo suas necessidades peculiares. Porém, os autores destacam o modelo mais atual das agências, o de trabalho mais estratégico desenvolvido em times multidisciplinares (unindo atendimento, planejamento, criação, mídia e produção) e onde todos – acima de suas especializações – são profissionais de comunicação em busca de soluções efetivas para os problemas e as oportunidades levantados para a marca, o produto ou serviço de seu cliente.

Depois, quando os objetivos e estratégias já estão traçados, cada área desenvolve seus esforços específicos (o que não inibe que, durante esse desenvolvimento, novas possibilidades surjam e possam ser novamente partilhadas entre todos, não importando de onde venham).

Mais um pouco de história – A instituição agência de publicidade

No I Encontro de Agências realizado em São Paulo por iniciativa da Associação Brasileira de Propaganda (Abap), um dos documentos mais relevantes foi o relatório da Comissão nº 1, da qual fizeram parte os publicitários Ivan Pinto, Júlio César Ribeiro, Willian Noeman, José Carlos Stabel de Carvalho e Armando Sant'Anna. Desse relatório foram extraídos seus conceitos fundamentais – e é a partir desse ponto que entendemos algumas definições básicas sobre a agência de publicidade.

> Nessa reunião da Abap, entendeu-se que é importante caracterizar a agência de publicidade como o que ela realmente é:
> a) antes de mais nada, uma instituição realizadora de negócios e com finalidades empresariais;
> b) uma empresa especializada na prestação de serviços profissionais no campo da comunicação social e que, para isso, detém um avançado conhecimento capaz de conferir à comunicação do anunciante um diferencial tecnológico impossível de obter com a mesma eficiência em outras eventuais fontes – como a *house-agency*, ou o departamento próprio, ou o trabalho de *free lancers*, ou o estúdio do veículo;
> c) uma empresa que abriga os melhores talentos individuais de uma dezena de especialidades que integram estruturadamente para suprir uma gama ampla e coerente dos serviços mais importantes no campo da comunicação;
> d) uma empresa dirigida por empresários, que regem seu negócio pelas praxes vigentes da ética comercial, tanto quanto qualquer outro empresário, e que visam ao aumento do seu patrimônio, tanto quanto qualquer outro empresário.
> Essa visão de agência é a única que pode, em longo prazo, garantir a continuidade de uma remuneração adequada para o capital, os riscos e a atividade técnica que desempenha.
> E, para que isso seja percebido assim, são necessárias três condições:
> 1. que esteja apoiada num produto que realmente ofereça os benefícios implícitos na sua conceituação. E um tal produto exige o contínuo desenvolvimento e incorporação da mais avançada tecnologia de comunicações, do melhor talento e das mais eficientes técnicas organizacionais ao serviço de agências;

2. que o serviço oferecido seja valorizado por remuneração adequada, capaz de gerar os recursos necessários à manutenção do seu alto nível. E, principalmente, que o valor desse serviço não seja degradado pelo rebaixamento dos custos mínimos previstos na lei e na praxe; pela prestação de tarefas gratuitas; pelo oferecimento de favores espúrios à finalidade comercial e técnica do negócio de agência; pelo oferecimento gratuito de talento a título de concorrência;

3. que, simultaneamente, o negócio de agência mantenha uma ação planejada de comunicação com a sociedade em geral e o mercado de anunciantes em particular, com a finalidade de lhes fazer chegar uma percepção correta do seu papel econômico, tecnológico e social.

Além disso, ainda nessa linha, e para caracterizar que a Agência não exerce meramente serviços de intermediação ou corretagem mas, sim, de prestadora de serviços técnicos altamente especializados, dever-se-ia estudar a conveniência de fazer com que o relacionamento comercial seja efetuado diretamente entre veículo e agência e desta, por sua vez, diretamente com o Cliente, não se limitando a cobrança a ser feita aos cuidados da agência, mas assumindo esta responsabilidade financeira da operação.

Em resumo, já avançamos muito em algumas áreas, desde aquela época. Mas há espaços enormes ainda a serem ocupados. Temos modelos diferenciados de remuneração, entre comissionamento e taxas fixas mensais (chamados de *fees*). Temos serviços prestados por relações contínuas de serviço ao cliente por período estabelecido (exemplo, dois anos) e temos serviços prestados por trabalho (*jobs*). Temos agências especializadas em segmentos; agências especializadas em funções (exemplo, proliferando bastante nos Estados Unidos, é o de birôs criativos). Temos agências-mãe alavancando uma série de agências superespecializadas, que muitas vezes até atendem clientes concorrentes. Temos muito espaço e muita criatividade. E, na verdade, nenhum dos modelos é tão ruim que não mereça existir, nenhum deles é perfeito que vire o ideal. A demanda e a criatividade contam muito aqui também, é claro.

Organizando uma agência

As próximas orientações buscam apontar os papéis ideais em uma agência típica. Toda e qualquer variação, em função das características de sua atuação, de seus profissionais ou do próprio mercado, deve ser levada em conta para sua análise mais apurada.

Organização geral

Como em qualquer empresa, uma agência de publicidade deve ser regida por grandes princípios:

a) Divisão de serviços

Uma agência de publicidade dedica-se a operações administrativas comerciais, financeiras e técnicas de tal complexidade que, muitas vezes, cada grupo de operações – sobretudo o grupo de operações técnicas – tem de ser subdividido. Importa, portanto, criar serviços que correspondam, cada um deles, a cada uma dessas funções, serviços racionalmente separados, dentro dos quais o pessoal é classificado.

b) Hierarquia

Entre as tantas teorias de gestão, duas clássicas ainda podem ser utilizadas para indicar os caminhos da construção de um bom modelo de agência, para saber se cada empregado deve depender de diversos chefes especializados ou se, pelo contrário, só deve ter um único chefe, que por sua vez depende do escalão superior. Uma das teorias é a de Taylor: cada empregado pode depender de uma pluralidade de chefes, tendo estes individualmente o seu raio de ação determinado; a outra é de Fayol: cada empregado deve apenas responder ao seu chefe direto, e cada chefe deve responder apenas por seus subordinados, sendo somente possível um acordo entre dois subordinados com a condição de os seus superiores respectivos serem dele informados todas as vezes que ocorrer.

Genericamente, em uma agência de publicidade, pode-se usar o esquema Fayol na organização hierárquica e aplicar-se o esquema Taylor à organização funcional. Porém, por se tratar de uma prestação de serviços com características diferenciadas, ela pode ser muito mais flexível e mais aberta em suas relações, sempre buscando proporcionar um ambiente em que exista o comprometimento de todos na busca de soluções inovadoras e efetivas para os desafios de todo cliente.

c) Competência

É essencial buscar o potencial máximo dos colaboradores, segundo as suas aptidões. Uma agência de publicidade pode evidentemente recrutar profissionais já no mercado (de outras agências, empresas, veículos ou fornecedores da área) ou jovens promissores estudantes ou recém-formados nos cursos de graduação de Comunicação Social com habilitação em Publicidade e Propaganda.[4] Note-se que a legislação não obriga que um profissional nessa área seja formado em nível superior, muito menos no curso

---

[4] Denominação segundo a regulamentação do MEC. Popularmente, esse curso também é conhecido como Propaganda e Marketing.

de Comunicação/Propaganda. Porém, tanto as agências quanto as empresas clientes (principais contratantes) cada vez mais privilegiam tal formação, por entenderem que ela baliza os princípios básicos de um bom profissional. Além disso, em ambos os casos, postura responsável e proativa, domínio dos utilitários básicos de informática, um bom repertório geral (social, político, cultural...) e proficiência em língua estrangeira fazem muita diferença na definição da contratação.

No primeiro caso, obviamente, deve-se buscar recrutar pessoas que já adquiriram notável competência. Os bons líderes das agências com certeza estão sempre atentos aos movimentos das agências concorrentes e, por consequência, estão sempre analisando os trabalhos desses profissionais, tanto pelas ações que estão no mercado quanto em concursos e outras premiações. A principal vantagem desse modelo é a possibilidade de obtenção de profissionais prontos. O risco é que tais profissionais possam ter custos elevados demais para a realidade da agência ou que não sejam tão flexíveis para aculturar-se a uma nova dinâmica de trabalho.

Um método preferível em todos os pontos de vista, exceto para demandas imediatas, consiste em organizar sistematicamente a formação de novos empregados. Nesse caso, o recomendável é buscar os estudantes das faculdades inicialmente como estagiários.

O estágio é um processo regulamentado por lei e que constantemente sofre alterações em sua legislação, por isso aqui apresentaremos apenas as linhas gerais, que devem ser atualizadas segundo as normas mais vigentes.

Estágio é momento de aprendizagem, de experimentação de vocação, habilidades e competências (que já devem ter sido "pré-testadas" pelo estudante na faculdade, tanto em exercícios das aulas quanto na agência experimental, na empresa júnior e em tantas alternativas quantas a escola possa oferecer), e como tal deve ser encarado por estagiário e empregador. Lamentavelmente, muitas vezes os estagiários são compreendidos apenas como mão de obra barata. Por serem ávidos por "mostrar serviço", costumam trabalhar muito mais e mais animados, até mesmo em funções diferentes das de sua formação. Tal prática deve ser combatida e denunciada às autoridades, pois a legislação é rigorosa contra esse procedimento.

De maneira geral, o estagiário será sempre registrado formalmente, remunerado e com horas contratadas segundo a legislação, com funções preestabelecidas e período determinado para a realização de sua experiência. Findo o estágio, ele deverá ser efetivado ou deixar a agência.

Caso venha a ser efetivado, torna-se um funcionário com direitos e deveres definidos pela legislação trabalhista, começando sua trajetória profissional por um período de experiência. A partir dessa etapa, o salário irá sendo reajustado de acordo com a evolução e competência.

d) Controle

Trata-se aqui tanto do controle do pessoal como da execução do trabalho. Esses controles podem ser exercidos por meio da vigilância do pessoal durante a própria execução (agrupamento de criativos sob a liderança de um diretor de criação) ou *a posteriori*, graças a um sistema de controle contabilístico (*time-sheet*).

O serviço de tráfego tem uma função de controle muito importante nesse setor. Em algumas agências, os controles são todos informatizados e controlados simultaneamente segundo seus diversos aspectos (o atendimento controla o andamento; o financeiro controla a rentabilidade do trabalho para a agência etc.), o que acaba prescindindo do cargo de tráfego, mas não de suas funções.

Organização hierárquica

Segundo o sistema preconizado por Fayol, cada empregado é colocado sob a custódia de seu chefe direto, único juiz da sua competência, único qualificado para lhe dar ordens. Diversas funções podem ser assumidas por um mesmo indivíduo (por exemplo, a direção financeira a cargo do diretor geral), e, inversamente, cada serviço se subdivide em tantos departamentos quanto necessários. Nesse modelo, devem ser observados os princípios da administração de Fayol: previsão, planejamento, organização, direção, coordenação e controle, em todos os departamentos em que a agência se subdividir.

Organização funcional

Se fizermos a abstração da noção hierárquica, seremos levados a traçar um esquema de organização de uma agência de publicidade que dê uma ideia mais exata do trabalho que ela desenvolve. O serviço de tráfego desempenha, como veremos, um papel puramente administrativo de orientação, de previsão e de controle. Os chefes de grupo, em cada um dos assuntos que lhes dizem respeito, estão em constantes relações pessoais com os chefes dos serviços técnicos e estes (sistema Taylor) dependem, portanto, de uma pluralidade de chefes de grupo, que lhes são hierarquicamente iguais. Obviamente, aqui está a essência da organização, que será muito diferenciada se contar com 50 funcionários ou 500, todos unidos ou separados por unidades, interligados por sistemas informatizados de gestão ou com trabalhos administrados pessoalmente.

Níveis hierárquicos

A organização visa capacitar todos a produzir mais, quantitativa e qualitativamente, dentro de certa unidade de tempo, com a adoção de métodos mais racionais, sem aumento de tempo de trabalho ou esforço.

Ela deve ser elaborada de modo que a sua estruturação seja embasada nos valores que devem ser seguidos por todos os elementos que integram o quadro social da agência, de maneira a assegurar o cumprimento de suas finalidades sociais e econômicas, com os seguintes objetivos:

a) em níveis gerenciais, orientar processos de gestão e de decisão;
b) em níveis técnico-operacionais, definir e informar sobre os procedimentos;
c) descrever a organização, canais de comunicação, níveis hierárquicos, princípios administrativos e divisão funcional do trabalho.

Esses níveis podem ser subdivididos nos seguintes:

1. Níveis dos problemas gerais de gestão:

A – Conselho de Administração.
B – Diretoria Geral.
C – Assembleia de Acionistas.

2. Níveis dos problemas da gestão funcional e setores de fiscalização e execução:

- Diretoria Executiva

A – Administrativa (gerência, finanças, pessoal, contabilidade, almoxarifado, serviços gerais, TI).
B – Planejamento e Desenvolvimento (atendimento, planejamento, pesquisa, prospecção/novos negócios e tráfego).
C – Criação (redatores, diretores de arte, estúdio, produção gráfica e eletrônica/multimídia – som e imagem: RTVC + web).
D – Mídia (planejamento, negociação, *checking*).

Diretrizes administrativas

As diretrizes administrativas devem ser elaboradas de modo a manter suficiente flexibilidade para serem modificadas sempre que necessário, respeitando-se as normas básicas praticadas pela organização.

O grupamento das divisões de trabalho deve ser feito de maneira sistemática e ordenada, com a análise dos objetivos de quem executa o trabalho, o processo empregado na sua realização, as pessoas envolvidas e os locais onde se executam os serviços; partindo das especializações, de modo a facilitar o controle, contribuindo para a coordenação e a redução das despesas. Em muitas agências, a conquista ou perda de uma conta com maior volume de trabalho pode alterar de modo significativo todo o processo.

Estrutura

O objetivo do grupamento e da estruturação do trabalho é fazer que sua organização se processe, tanto quanto possível, automaticamente. O organograma pode ser feito do tipo funcional, agrupado por especializações: administrativa, planejamento, criação, mídia e produção.

Aptidões do publicitário e o trabalho em agência de propaganda

Uma boa formação, para começar

Quando se fala em publicitário, forma-se mentalmente a imagem de um indivíduo de aparência diferenciada, vestido de acordo com a última moda e com hábitos refinados. Ou então um ser bastante excêntrico, com roupas muito diferenciadas. Cada estereótipo desses pode ser um deles, mas não necessariamente. Em geral, é apenas mais uma pessoa. Nenhum gênio, se bem que muitos possam ser geniais.

Essencialmente, o publicitário deve ter algo de psicólogo, deve ter uma sólida base técnica, conhecer solidamente os princípios da comunicação e saber as limitações que os diferentes meios de comunicação impõem. Precisa ter noções de sociologia, principalmente de sociologia da comunicação, antropologia, filosofia... Isto é, uma boa formação nas chamadas humanidades.

Além disso, é preciso ser um eterno curioso e acompanhar o ritmo dos negócios e da sociedade. Mais que isso, é preciso gostar muito do que faz. Vivemos um novo período, aparentemente uma era de transição ou um momento em que as regras sociais não são tão claras. Um momento que interfere profundamente na maneira de as pessoas se relacionarem, se divertirem, se informarem e, por extensão, consumirem. Portanto, um momento para o surgimento de novos preceitos mercadológicos, novos nichos, oportunidades para profissionais de marketing e comunicação com o mercado. Desafios novos para regras que ainda estão sendo escritas. E que, pela velocidade das mudanças, podem ser quebradas imediatamente depois de criadas.

O profissional que pretende se manter competente e competitivo em seu mercado deve entender que as mutações sociais, econômicas e mercadológicas não são um meio para levá-lo a um cenário futuro, ele precisa estar preparado para ajudar a construir esse futuro. Por isso, deve atualizar-se permanentemente, acompanhando de perto as mudanças que estão sendo engendradas e não ter medo delas. Deve ter mente ousada, assumir riscos e não ser eclipsado por preconceitos.

É necessário valorizar os conceitos morais e éticos e estabelecê-los como base de sua profissão. Honestidade, justiça, verdade, consciência de sua atuação, responsabilidade social e transparência devem ser seus princípios profissionais, mesmo que o caminho rápido do sucesso aponte fortemente outras trilhas não éticas.

O publicitário deve possuir um amplo conhecimento da estrutura e dos fatores da comunicação para alcançar seu objetivo prático. Em todas as atividades da propaganda, é preciso ter e usar talento. Todo o trabalho de comunicação é essencialmente de criatividade, sempre entendendo que criatividade é a capacidade de solucionar problemas atuais ou futuros com os recursos disponíveis (dinheiro, tempo, pessoas, estruturas etc.). O trabalho publicitário, quase todas as vezes, é o resultado de um grande espírito de equipe, nunca a tarefa de uma só pessoa.

A ação eficiente é aquela bem fundamentada, bem planejada, bem pensada, bem produzida e bem veiculada. Para obter os resultados esperados, ela é o produto de muitas pessoas que colocam o seu talento e os seus esforços a serviço da empresa-cliente.

Um modelo "de rotina"

A boa comunicação começa com uma boa marca, um bom produto ou serviço, que tenha uma boa distribuição e um preço de justo valor, como já comentamos quando falamos em marketing. E, a partir daí, começa nosso fluxo de trabalho:

1. As primeiras informações, os objetivos e metas, o conhecimento dos fatos a serem divulgados são levados à agência pelo atendimento, que é o elo formal entre a agência e o cliente.

É quem faz o briefing (síntese dos dados colhidos), que, com o relatório de visitas, é registrado internamente (onde existe, é encaminhado ao tráfego) para que seja aberto o job.

2. O tráfego é o profissional que vai efetuar a distribuição do trabalho, coordenar o seu andamento e fixar os prazos em que cada uma das fases deve estar concluída. Nas agências com sistemas automatizados de gestão, parte desse processo é efetuada pelos softwares de controle, e a outra parte, pelo tráfego ou pelo próprio atendimento, que executa também a função, nesse caso.

3. A primeira etapa é a do planejamento, e são completadas as informações colhidas com o cliente com outros dados levantados em pesquisas. O planejador sintetiza, analisa, interpreta, cruza as informações, tira as conclusões, esquematiza os trabalhos, define as estratégias a serem adotadas. Em situações bastante simples de trabalho, o atendimento dialoga com o planejamento e encaminha diretamente para as áreas envolvidas. Em casos mais complexos, há duas grandes linhas:

a) o planejamento é quem realiza todo esse processo descrito, determinando as estratégias e orientando os demais departamentos;

b) o planejamento lidera um grupo interno com as principais áreas envolvidas (e, se necessário, prestadores de serviço externos para complementar a visão), e desse grupo sairão as definições estratégicas já partilhadas.

4. A estratégia de criação é desenvolvida com o pessoal da criação; em alguns casos, há uma dupla dedicada à conta e atua diretamente. Escolhido o conceito da campanha, os criativos envolvidos – que tradicionalmente formam duplas de criação entre diretor de arte e redator, porém podem ser agrupados segundo o perfil da agência, às vezes com muitos profissionais atuando em times – se reúnem para desenvolver o processo criativo, geralmente o chamado *brainstorm*, ou tempestade cerebral, quando – por um período – todos os participantes devem expressar toda e qualquer ideia relacionada, sem nenhuma preocupação de exequibilidade, para posterior filtro.

Ao final, cada um desenvolve sua parte nas peças ou definições de ações, dando, assim, uma proposta formal à mensagem. Importante destacar que, na praxe brasileira, é costume a agência apresentar três caminhos criativos para a aprovação do cliente, buscando explorar ao máximo as alternativas propostas.

5. A estratégia de mídia é desenvolvida com o pessoal do departamento correspondente. Em casos simples, é feito apenas o levantamento do solicitado. Em casos mais complexos, são estudadas alternativas mais eficientes e inovadoras; há um diálogo constante com a criação, buscando propor ou viabilizar formatos que alimentem ou sustentem as ideias de criação. Várias peças ganhadoras de prêmios de criação nasceram no departamento de mídia, que não somente concebeu um novo formato como conseguiu transformá-lo em realidade, negociado com os veículos.

No departamento de mídia, processa-se a seleção de meios, escolha de veículos que serão utilizados, faz-se a programação, o descritivo de mídia, e elabora-se o orçamento de veiculação.

6. Para uma apresentação bastante completa, o departamento de produção faz as tomadas de preços, gerando previsões do custo da criação e finalização das peças propostas.

7. Por fim, todo esse material de planejamento (incluindo todas as soluções e sugestões dentro do campo do marketing e da comunicação), criação (layouts, textos, sinopses etc.), planos de mídia e orçamentos, é reunido e forma o plano de comunicação, que é apresentado ao cliente pelo atendimento. Em campanhas de maior investimento, é comum hoje a presença dos demais líderes da agência, tanto no momento de coleta de briefing quanto na apresentação, para que possa haver uma real compreensão do caso e da proposta, pela agência e pelo cliente.

8. Caso esse plano receba ressalvas que mereçam ser revistas, o atendimento retorna ao ponto do processo que precisa ser refeito. Se aprovado, inicia-se a sua produção, segundo seu perfil:

Produção:

a) as possíveis fotos ou artes são produzidas (internamente ou em estúdios de fornecedores);
b) as peças finais são revistas;
c) se anúncio de mídia impressa, esse material é encaminhado aos veículos;
d) se material gráfico (folhetos, fôlderes etc.), é encaminhado às gráficas;
e) se peças de produção eletrônica (para rádio ou TV/cinema), são encaminhadas para as produtoras, seguindo seus fluxos de produção (que variam de caso em caso, dependendo da complexidade da produção);
f) se peças de base interativa (web, multimídia etc.), são encaminhadas para os responsáveis pela arte-finalização e pela programação.

Mídia:

Enquanto isso, a mídia faz os ajustes comerciais, reserva de espaço e preparação das autorizações que deverão ser expedidas junto com o material pronto para veiculação.

Vai começar a ação. Peças prontas e aprovadas pelo cliente, em sua versão definitiva. Observe que, por simplificação de modelo, não estamos apontando as fases de pré-teste de conceitos, ideias e de peças prontas, sempre úteis para ajustes ainda mais precisos em toda a comunicação.

Os anúncios vão para a televisão, web, para o cinema, outdoor, para jornais, revistas, rádios. As ações de comunicação vão para as ruas, lojas, para os pontos de encontro dos públicos-alvo. E tem início o grande julgamento.

Chegou o momento de o target julgar e opinar. O anúncio será visto? Notado? Vai ser lido? Acreditado? Levará algum consumidor à ação? Seja sim ou não, o resultado será conhecido em curto ou médio prazo.

E toda a equipe da empresa-cliente, também apoiada pela agência, estará a postos para acompanhar os resultados.

Assim é o mundo da propaganda: dinâmico, versátil, variado. Um trabalho que quase todo mundo pensa saber fazer. Por isso é que tanto dinheiro é desperdiçado, e tantas propostas são repudiadas. Ao mesmo tempo, quando bem concebidas e realizadas, quantos resultados positivos proporcionam às marcas. É só analisar: considere a maioria das marcas de sucesso que você conhece. Puxe pela memória e veja como a maioria delas tem, em sua trajetória de sucesso, momentos fundamentais de apoio da comunicação. Boa propaganda ajuda bons produtos a serem conhecidos, adotados e a se tornarem produtos de uso contínuo.

Detalhando um pouco mais os papéis e funções na agência

Para facilitar um pouco mais a compreensão do processo, buscamos separar as funções em atividades-fim (que lidam diretamente com a propaganda) e atividades-meio (que dão suporte às atividades-fim).

Atividades-fim: atendimento, planejamento, criação, produção e mídia

a) Atendimento (contato)

Costuma-se dizer que o profissional de atendimento de uma agência desempenha uma dupla função: em relação aos clientes que lhe são destinados, representa a agência; em relação aos serviços internos da agência, representa os clientes. E, com essa perspectiva, acaba tornando-se um eterno solitário. Mas não é bem assim: a quase totalidade das relações entre a agência e os clientes realiza-se por intermédio dele.

Nas agências mais estruturadas, e com contas de alto investimento, é comum encontrar organizações mais complexas, com diretorias, supervisores, atendimentos e assistentes para conta ou grupo de contas. O profissional de atendimento não se limita a ser apenas um intermediário; muito pelo contrário, é um verdadeiro orientador do jogo, que conhece os principais fundamentos da comunicação e as principais características dos mercados onde as marcas ou os produtos atuam. Liderança e organização, visão estratégica e competência tática de controle, capacidade de negociação e habilidade para relacionamento com diversos perfis profissionais – essas são as características básicas do profissional de atendimento.

b) Planejamento

Função que vem crescendo de importância na maioria das agências, porém já era parte de organogramas de algumas, mesmo que com outras denominações. No passado, era a área responsável por pesquisas (realizadas internamente ou contratadas de institutos) e até mesmo a área de geração de prospecção de novos negócios/novas contas.

Hoje, tem a liderança do pensamento estratégico do time da agência e, segundo preconiza o próprio Grupo de Planejamento de São Paulo,[5] é da responsabilidade do planejador, junto com o diretor de criação, a geração dos *insights* criativos que deverão balizar a criação da campanha. Isto é, "esta nova dupla de criação" (planejador + diretor de criação) não apenas desenha o plano, mas, mediante o *insight*, aponta claramente um norte a ser seguido.

Cabe ao planejador a elaboração definitiva do plano de comunicação, no qual serão apresentados uma visão situacional (produto, mercado, consumidor, concorrência etc.), seu diagnóstico e prognóstico, objetivos e estratégias a serem trilhados. Desse plano serão definidos os briefings de criação e de mídia, para posterior fechamento do plano de ação proposto pela agência ao cliente.

Também cabe ao planejador, junto às áreas envolvidas, apontar os principais meios de controle e revisão do plano proposto.

c) Criação

É a área mais visível das agências e, muitas vezes, a área que mais colabora para atrair candidatos aos cursos de comunicação/propaganda. Extremamente charmosa e, às vezes, exageradamente destacada, é o local onde os nortes traçados pelo planejamento são concretizados em ações e peças. Para os leigos, é espaço de criatividade onde as ideias vão surgindo "do nada", por pura inspiração. Porém, é espaço de trabalho, de realização dia a dia, de criação sob encomenda, com pressão de tempo e de recursos, com limitadores das políticas do próprio cliente, do segmento ou da legislação.

Na criação, conceitos que parecem antagônicos podem se unir, e a pertinência ao público-alvo, ao perfil da marca e dos meios precisa ser absolutamente ligada a um sentido inovador, visando destacar a mensagem diante de tamanho volume de informações disponíveis ao público. Aqui, arte e artesanato, repertório e profundo conhecimento do consumidor, perfil e motivações fazem toda a diferença na procura pela mensagem memorável, que não seja mais destacada que a própria marca, mas ajude-a a se firmar na mente

---

[5] Veja o endereço: <http://www.grupodeplanejamento.com.br>. Acesso em: mar. 2015.

e no coração do público, para que, na próxima decisão de compra, ele a leve em conta e, no momento da compra, a tenha empaticamente na memória.

d) Diretor de criação

A criação é normalmente liderada por um profissional mais experiente, com maior afinidade com o perfil dos clientes e dos mercados e com competências de gestão de seus liderados, buscando proporcionar as condições para que eles possam produzir o melhor. O diretor de criação de uma agência é responsável não apenas pela direção funcional do seu serviço, mas também pela tendência geral da agência, do ponto de vista dos conceitos e da estética da comunicação.

e) Redator e diretor de arte

Profissionais com profunda sensibilidade às artes e ao repertório sociocultural dos diversos estratos da população, antes eram conhecidos por suas habilidades diferenciadas de geração de textos ou de elaboração de layouts. Hoje, mais conhecidos como **criativos**, atuam quase sempre de forma híbrida, sabendo conceber os aspectos visuais da comunicação e também a escrita (títulos ou textos). Vivendo um contínuo desafio dentro de determinados segmentos, muitos se tornam especialistas nas áreas em que mais atuam e têm seus empregos disputados entre as agências que contam com clientes do setor.

Com as novas tendências de formatos diferenciados de comunicação, cada vez mais se exige dos criativos um repertório cultural e de linguagens o mais variado (que vai do clássico ao mais popular, do teatro à manifestação cultural de rua, sem menosprezo ou preconceito em relação a nenhuma forma de expressão).

Nas agências menores, é comum o redator também fazer a revisão dos textos (o que não recomendamos, por ser difícil revisar o que se conhece tanto) e o diretor de arte liderar a equipe de arte (layouts e artes-finais), além de acompanhar toda a fase de produção, aprovando imagens e a finalização de layouts e de provas gráficas.

f) Produtor gráfico ou eletrônico

A ação da criação não se encerra no layout. Se for uma peça gráfica, fotógrafos ou ilustradores podem participar do processo criativo, não apenas realizando o solicitado, mas ampliando alternativas criativas, oferecendo propostas ainda mais adequadas conceitualmente e bem resolvidas tecnicamente. Um produtor é um facilitador dos trabalhos, pois, por conhecer muito bem os principais processos, orienta o time da agência sobre a viabilidade e as oportunidades que as tecnologias oferecem para a realização das ideias. O mesmo ocorre na produção eletrônica, e também aí há um enorme espaço de criatividade na criação e produção das peças para rádio/TV/cinema e internet, já que seus realizadores quase sempre se tornam coautores das criações (jingles, trilhas, spots de rádio, comerciais, videoapresentações etc.).

Em agências maiores, com maior volume de trabalho, essas áreas são bastante distintas e contam com diversos profissionais, muitos deles advindos das próprias produtoras ou fornecedoras.

Os produtores são responsáveis não só pela seleção dos fornecedores mais adequados a cada tipo de trabalho, como também por toda a negociação de orçamentos, buscando as melhores condições para a empresa-cliente, sem esquecer as margens de remuneração para a própria agência.

Antigo ditado nas agências afirma que uma agência é, em suma, a qualidade dos prestadores de serviço que ela consegue trazer para si. E, nessa lógica, o produtor (tanto gráfico quanto eletrônico) é o principal maestro dessa ala fundamental na entrega de qualidade de uma agência, que são seus fornecedores de produção. Quase sempre, ele lidera – junto com a criação – as possíveis áreas de estúdios fotográficos, de som e de vídeo internos, que existem para agilizar layouts, dar maior fidelidade às propostas e até mesmo produzir trabalhos mais simples.

g) Mídia

O trabalho da área de mídia conta essencialmente com três fases:

- planejamento;
- negociação;
- controle (*checking* e fatura).

Para a área de planejamento, mais estratégica, privilegia-se a experiência do profissional, além de um vasto repertório de conhecimento dos meios e dos títulos/programas e do perfil de consumo de meios dos públicos-alvo. É um profissional que sabe lidar com muitos dados simultaneamente, dos veículos e dos mercados, e sempre que possível utiliza softwares de programação, buscando as alternativas mais viáveis e rentáveis.

Para a área de negociação, privilegia-se o profissional com boa base relacional e com capacidade de argumentação e construção de parcerias com os contatos dos veículos, buscando diferenciações de preços e condições de veiculação. É de sua habilidade parcela importante do aumento da rentabilidade da agência, entregando melhores programas de mídia aos clientes.

Para a área de controle, é fundamental uma base de dados forte para o efetivo cumprimento do plano segundo o aprovado pelo cliente, enviando autorizações de veiculação, materiais (físicos ou virtuais, digitais ou analógicos) e verificando sua real veiculação dentro das condições estipuladas. Controla os pagamentos aos meios e o recebimento das comissões e das bonificações de volume.[6] Por fim, é quem faz a ponte com a área de contabilidade da agência, providenciando e orientando toda a parte burocrática desse processo.

Atividades-meio: tráfego, serviços de arquivo e documentação artística, gestão administrativa e contábil

a) Tráfego

O tráfego é o profissional que regula o "processo de produção" de uma agência, visando conciliar as possibilidades internas de geração de planos e de peças/ações da agência com as demandas dos diversos clientes. Profissional com extrema capacidade para organização de trabalhos e geração de processos, seja mediante controles físicos ou virtuais (existem diversos sistemas para essa gestão), cabe a ele não apenas controlar os fluxos, mas analisar custos e rentabilidade em cada operação.

Em algumas agências, as funções do tráfego foram distribuídas entre o sistema de gestão informatizado e os principais envolvidos na gestão da conta (quase sempre, a equipe de atendimento). Outros ainda transferiram parte da gestão para a equipe interna de planejamento.

Compete ao tráfego priorizar a execução dos serviços, segundo negociação bastante hábil com a área de atendimento e com as áreas internas envolvidas em cada trabalho. De todo modo, havendo um profissional específico ou não, as funções são primordiais e nenhuma agência consegue entregar qualidade dentro das condições previstas e com margens de rentabilidade se não existir alguém (ou alguns profissionais) controlando o tráfego interno de trabalhos.

Suas principais siglas:

- Conta – todos os trabalhos realizados para um determinado cliente;
- Job – trabalho específico, pontual;
- PIT – pedido interno de trabalho (quase sempre emitido pelo atendimento e distribuído aos envolvidos diretamente);
- OS – ordem de serviço (similar ao PIT);
- PS – pedido de serviço (similar ao PIT).

---

[6] Esses termos são explicados no Capítulo 6.

No PIT, é costume vir, além das identificações de cliente e nomes dos envolvidos, as datas de solicitação e de aprovação e as características básicas do trabalho.

O tráfego precisa ter sempre um mapa completo da situação dos trabalhos da agência, instrumento que norteará seus gestores sobre seu desempenho administrativo e suas possíveis áreas de melhoria de processo ou de gestão.

b) Serviço de arquivo e documentação artística

No passado, as agências contavam com um setor dedicado à documentação artística completa de cada trabalho para que os profissionais pudessem obter rapidamente acesso aos históricos e referências de seus processos de elaboração e realização de trabalhos. Hoje, com as bases informatizadas, essa função quase sempre fica na esfera do próprio tráfego ou até mesmo do time encarregado do cliente. De toda forma, é informação essencial na compreensão da real cultura da conta.

Trata-se de arquivar racionalmente, por um lado, todas as propostas criadas pela agência e, por outro, todos os documentos suscetíveis de apresentar qualquer interesse, ainda que a muito longo prazo, do ponto de vista das estratégias e da criação publicitária (até mesmo materiais de referência). Não se pode esquecer que, muitas vezes, mesmo quando a relação entre a agência e o cliente já é antiga, nem sempre seus profissionais terão participado de todo o processo, e essa é uma forma bastante rica para aculturação de todos.

c) Serviço de documentação – em algumas empresas, esse banco de conhecimentos também é denominado SIM – Serviço de Informações a Marketing, com a mesma função

É evidente que cada serviço técnico de uma agência de publicidade organiza a sua própria documentação, mais ou menos abundante, mantida em dia e bem classificada e arquivada, conforme a importância de cada serviço. Mas é indispensável organizar um serviço central de documentação, particularmente útil aos líderes das áreas e acessível a todo o pessoal. O princípio fundamental desse serviço deve ser difundir toda a sua documentação às pessoas suscetíveis de se interessar por ela e a seguir reagrupá-la em um local único, onde fique racionalmente arquivada e seja fácil de localizar.

Sendo muito diversas as fontes de documentação (revistas, livros e publicações variadas, relatórios, exemplos de trabalhos publicitários etc.), encontramo-nos em geral na presença de documentos de dimensões bastante variáveis, que vão do recorte de imprensa ao cartaz, passando pelo livro ou pelo display, e que precisam ser arquivados de acordo com sua constituição, seu material e formato. Com as modernas possibilidades de digitalização, esses arquivos se tornaram extremamente virtuais, porém alguns materiais físicos ainda merecem ser arquivados para futuras consultas.

Caso a agência não disponha de um banco de dados exclusivo, pode utilizar um dos diversos que se encontram disponíveis de forma digital, de fácil acesso e compreensão.

Finalmente, o serviço de documentação é geralmente encarregado do arquivo da correspondência comum a todos os serviços (cópias por datas) e da conservação de, pelo menos, dois exemplares de todos os trabalhos executados pela agência e de tudo o que for suscetível de constituir os seus arquivos.

d) Serviços de contabilidade

A organização do serviço de contabilidade de uma empresa qualquer implica o estabelecimento de um plano de contas, isto é, uma lista do conjunto de contas com relações existentes entre elas. Cada empresa tem uma organização diferente conforme o seu gênero de atividades.

À contabilidade cabe fazer as operações nos livros, os lançamentos, verificar as contas, relatórios de contas individuais dos clientes, fornecedores e correspondentes diversos e demais operações contábeis. Nas relações de agências e clientes, o cliente pode ter, a qualquer momento, acesso aos dados relativos à gestão de sua conta, em uma política clara de transparência da gestão, conforme o especificado em contrato, a legislação e as práticas do mercado.

e) Orçamentos e previsões de custo

O orçamento de publicidade de uma empresa é um elemento de previsão, que permite o estabelecimento do programa de ação. Esse orçamento tem de ser preparado de tal maneira que o investimento publicitário possa variar conforme as circunstâncias. Do ponto de vista contábil, um orçamento de publicidade é essencialmente uma previsão e não um compromisso rígido de despesa.

No seu papel de distribuidor de publicidade, a agência toma o lugar dos seus clientes para negociar, da melhor maneira possível, os interesses desses últimos, as compras de espaço, de tempo etc. Baseando-se nos orçamentos que recebe dos fornecedores, a agência transmite as propostas aos clientes, registra a sua concordância e, uma vez realizada a ação e depois de recebidas e verificadas as faturas dos fornecedores, debita pura e simplesmente aos seus clientes essas faturas, mais a remuneração prevista.

De acordo com a lei, quando a distribuição é feita a veículos que destinem comissão à agência, esta nada cobrará ao cliente, retendo a comissão. Nos casos em que não exista comissão à agência, ela debitará ao cliente uma taxa de honorários de supervisão técnica em percentual negociado sobre o custo do serviço. A elaboração de um PIT implica, pois, a existência de um orçamento a ser aprovado ou já aceito pelo cliente.

f) Demais funções de gestão

Como toda empresa, a agência é uma pessoa jurídica que precisa de controles formais de sua atividade, tanto para bases fiscais e trabalhistas, quanto para sua gestão interna. São funções que podem ser exercidas pelos seus próprios dirigentes, por empregados contratados para tal ou por prestadores de serviço, como contadores, que orientam e executam processos documentais. Como já comentamos no início deste capítulo, muitas agências competentes no exercício de suas funções especializadas não sobreviveram por não dominarem as competências de gestão empresarial.

Prospecção de novos negócios

A aquisição de novos trabalhos por uma agência de propaganda é a preocupação constante de todo diretor geral desejoso de desenvolver a sua empresa. E essa é uma ação que tanto pode vir da conquista de novas frentes de trabalho entre os clientes atuais, como da conquista de novos clientes. Obviamente, tal aquisição depende de uma série de ações e até mesmo de acasos.

Não existe método infalível para angariar novos clientes. Porém, a primeira característica a ser destacada, obviamente, é a qualidade do trabalho da agência, de forma elevada e contínua, e o papel de seus dirigentes à frente das associações e dos grupos de desenvolvimento da atividade. Se estes forem notadamente destacados, será óbvio que as demais empresas saberão considerar a agência e seus profissionais em futuras demandas.

Nos anos 1970, o próprio David Ogilvy (1971) já afirmava que um método eficiente para a conquista de contas é estabelecer alvos e lutar para conquistar contas importantes dentro daqueles segmentos de mercado, com o objetivo de, por meio de trabalhos notáveis para clientes menores, chamar a atenção dos clientes desejados. Hoje, é também comum a ideia de prospectar esses clientes menores para, com um bom trabalho, crescer junto com eles, tornando-os importantes e fiéis para a agência que soube ajudá-los a ganhar mercados.

O chamado **capital relacional**, fruto de relações sociais ou comerciais, desempenha sempre um papel importante e pode ser trabalhado já no período de estudante. Porém, é possível organizar racionalmente a prospecção em uma agência empregando métodos similares de comunicação que ela sabe recomendar aos seus clientes. Afinal, o provérbio da "casa de ferreiro" precisa ser realmente compreendido também nesse caso.

A prospecção é geralmente confiada a um diretor ou a um supervisor de grupo que tenha habilidades relacionais, além de sólidos conhecimentos gerais comerciais e técnicos. Se a agência for pequena, um deles poderá consagrar uma parte de seu tempo aos seus clientes fixos e outra parte à prospecção; se a agência for maior, poderá ter supervisores especializados em cada setor; e se a agência for sofisticada, os prospectores serão por sua vez especialistas, conforme os seus conhecimentos particulares, os mercados, as suas relações etc.

Seja como for, a prospecção implica:

a) Análise de si mesmo e do potencial de mercado

Deve-se começar por um estudo aprofundado do funcionamento da agência, segundo as especialidades dos serviços que ela pode ofertar aos clientes.

A seguir, deve-se empreender um verdadeiro estudo do mercado com o objetivo de descobrir o gênero e o nome dos clientes potenciais.

b) Definir a prospecção

As primeiras questões são: a agência deseja avançar sobre mercados em que ela já atua ou pretende diversificar a atuação para novos segmentos? As informações já dominadas para os clientes atuais podem ser "abertas" para outros clientes?

Se a resposta for novos mercados, o próximo passo é um estudo aprofundado daqueles que apresentem sinais mais marcantes de crescimento e nos quais a boa comunicação pode vir a ser um diferencial para a marca.

Se a resposta for mercados atuais, o próximo passo já é partir para a seleção das contas a serem prospectadas.

Profissionais bem informados por suas relações sociais e pelas mídias especializadas em negócios, marketing e comunicação contam com um bom volume de informações para entender as empresas que aparentem estar abertas a ouvir agências de propaganda.

A partir do momento em que estiver definida a empresa, é importante descobrir o maior número possível de informações sobre o cliente potencial para poder argumentar com base, demonstrando sua proficiência nas características do mercado (pesquisas, informações sobre a concorrência, tendências tecnológicas, perfis de consumidor etc.). Assim, o prospector falará a mesma linguagem dos clientes potenciais e poderá conquistá-los por meio de uma exposição de fatos ou de ideias capazes de lhes interessar imediatamente.

c) Apresentar-se e manter contatos

Costumam ser utilizados os seguintes meios:

- a publicidade de imprensa – em revistas especializadas ou em publicações industriais, econômicas ou comerciais;
- participação ativa em eventos e encontros profissionais, expondo suas ideias e seus trabalhos;
- apresentações pessoais – o primeiro objetivo é conseguir a autorização para a visita do representante da agência. O seguinte é manter um contato permanente com o responsável da empresa em questão, até que se produza um novo fato, que permita a apresentação de novas propostas por parte da agência.

Ao se apresentar perante um cliente em perspectiva, a agência procurará fornecer-lhe todas as informações que pareçam convenientes sobre sua história, seus métodos de trabalho, a habilidade e experiência de seus profissionais, campanhas de êxito que lançou, premiações profissionais de destaque da agência e dos clientes atendidos e, finalmente, sua situação de gestão profissional, incluindo a financeira.

Procurará, sobretudo, convencer o cliente potencial de que conhece as particularidades de seu negócio e seus problemas de divulgação, estando, portanto, em condições de apresentar-lhe planos de comunicação que promovam ganhos efetivos para a marca e para a participação no mercado.

É óbvio que a solicitação de novas contas obedece a regras e critérios de ética profissional. A agência deve competir com base em seus próprios méritos, segundo os princípios éticos adotados pelas agências.

É de boa norma que a agência procure, mediante contatos pessoais, conhecer os fatores diversos que possam influir na mútua seleção da agência pelo cliente potencial e deste pela agência. Uma agência experiente costuma considerar todas essas particularidades, da mesma forma que estuda a situação econômico-financeira e os demais problemas do cliente que deseja conquistar. Por isso, diz-se que um dos mais delicados trabalhos da agência é saber fazer, com inteligência, tato e oportunidade, sua apresentação a um cliente-anunciante cuja conta pretende administrar.

Relatório de visitas a *prospects* e clientes

Toda comunicação enviada a um possível cliente deve ter duas cópias, pelo menos: uma serve para o arquivo geral e a outra fica na área de prospecção, onde deve ser classificada em um dossiê aberto em nome do cliente possível. Todas as conversas pessoais, por e-mail ou telefônicas, enfim todas as trocas de mensagens etc. devem ser imediatamente seguidas da elaboração de um registro, em um relatório de visitas, para conhecimento dos líderes da agência e para arquivo.

Nos sistemas informatizados, esse é um processo interno bastante rotineiro, que não permite apenas arquivar dados e documentações para acesso rápido no futuro, como também gerar um calendário que indique automaticamente o período previsto para novos contatos.

O dossiê deve conter, entre outros, os seguintes dados: razão social da empresa, endereço, diretoria, capital social, relação de produtos fabricados, estimativas de faturamento global e por produto, relação de concorrentes, posição no mercado (do cliente-anunciante potencial e dos concorrentes), anúncios e esforços de comunicação já feitos pelo cliente e analisados pela agência, anúncios dos concorrentes, pesquisa de mercado dos produtos em questão, agências que já atenderam a conta e, se possível, um relatório da forma de atendimento e motivos por que deixaram de atender. É fundamental contar com informações pessoais sobre os profissionais do cliente que serão contatados (posição, perfil pessoal e social, experiência profissional, tempo de empresa, gostos, preferências e hábitos), informações junto aos veículos (se mantinham a programação e outros detalhes), informações bancárias etc.

Já que esse é um procedimento que se iniciará na prospecção, é fundamental mantê-lo após a conquista, para que essa base histórica e de conhecimentos se mantenha sempre ativa e fundamente os próximos passos nos clientes atuais.

As sete exigências para o anunciante-cliente

Toda agência tem histórias sobre boas propostas que foram tão alteradas por todos os envolvidos no processo de aprovação que seu resultado final se tornou absolutamente agradável a todos – e ineficiente no mercado.

Diz um adágio, adaptado para o mundo da propaganda, que "de médico, de publicitário e de louco, todo mundo tem um pouco". E o maior entrave a um bom relacionamento é, justamente, quando o cliente "começa a querer entender mais do que a agência" e a querer fazer títulos, escrever textos e fazer a programação de mídia. Mexe em tudo e depois, quando os resultados não são os esperados, joga toda a culpa na agência. Isso é comum em pequenos, médios e grandes anunciantes. Se a publicidade, como em todas as outras profissões, vive do talento de seus profissionais, também é verdade que ela é técnica e, portanto, as recomendações da agência podem obviamente ser discutidas, mas devem ser respeitadas. Porque, atrás do gesto de "mexer em tudo", quase sempre há um sinal claro de insegurança do cliente em relação à agência. E isso é realmente o que deve ser combatido.

A **primeira** exigência de uma agência com relação ao seu cliente é que haja um respeito mútuo e que o relacionamento se mantenha nos limites profissionais. O cliente deve julgar que a agência é mais eficiente do que ele no que respeita a criação, planejamento, mídia e outros assuntos de comunicação. O cliente deve participar junto com a agência da campanha, mas não deve tentar fazê-la. E, ao analisar o trabalho da agência, deve fazer críticas técnicas, não deixando nunca que o seu gosto pessoal seja o juiz – sempre lembrando que, normalmente, ele não é o público-alvo da campanha.

A experiência tem demonstrado que as melhores campanhas são aquelas em que o cliente soube formular bem o seu problema, fez a dotação de verba necessária e compreendeu as próprias limitações (da verba, do produto e do mercado) ao analisar e aprovar as campanhas. Não existe milagre e, quando tudo é feito de acordo com as regras, os resultados são sempre superiores aos esperados.

A **segunda** exigência é que o cliente saiba definir perfeitamente o seu problema e dar a justa avaliação ao papel da propaganda no contexto de seu marketing. A campanha deve ter funções definidas e a responsabilidade de seus resultados compatível com essas funções. O cliente deve saber o que esperar da campanha, definir bem os objetivos e estabelecer adequadamente as metas.

A **terceira** exigência é que o cliente forneça um briefing perfeito e completo à agência, não escondendo nenhuma informação que possa ser de real validade para equacionar as soluções a serem propostas. É fácil entender que, atualmente, uma parcela enorme dos produtos do mercado apresenta diferenças mínimas entre si, o que torna as informações a respeito de seus pontos fortes e de suas fragilidades ainda mais sigilosas. Porém, se não houver um clima de plena confiança entre as partes envolvidas, as chances para que a agência apresente seu melhor são mínimas.

O planejamento publicitário só poderá traçar as diretrizes adequadas se essas três exigências forem plenamente satisfeitas. A boa criação só poderá surgir se toda a equipe estiver bem informada de todos os dados. O plano de mídia só será o exato se o público-alvo estiver bem definido. Ainda hoje existem inúmeros anunciantes que não sabem definir suas necessidades e, por isso, fazem uma série de observações descabidas quando analisam uma campanha.

Além disso, é preciso que o anunciante tenha o "senso da medida". Alguns anunciantes têm uma verba bem limitada e insistem em comparar criação e soluções mercadológicas com grandes anunciantes. Em geral, as campanhas de grande ressonância são as que contam com excelente estratégia de exposição, com uma verba adequada de mídia e cuja produção não sofre limitações severas. Um comercial de televisão com orçamento mais alto tende a entregar qualidade final superior à de um com orçamento reduzido. O comercial veiculado mais vezes nos horários adequados tende a obter maior *recall* do que outro veiculado menos vezes em outros horários.

Assim, a **quarta** exigência é que a verba seja compatível com os resultados esperados e que haja o senso da medida. Para participar de uma competição, é preciso ter consciência dos esforços que os competidores poderão realizar. E preparar-se, seja para enfrentamento direto (guerra frontal) ou indireto (estratégia de guerrilha).

A **quinta** exigência é que o anunciante conceda à agência prazos suficientes para a realização de um bom trabalho. Entendemos que há ocasiões especiais, em que a oportunidade é fator essencial e os prazos são bem curtos. Mas, nesse caso, a rapidez da comunicação deve ser pensada de modo a valer mais do que a qualidade criativa. Os anunciantes, muitas vezes, deixam a comunicação como o último item a ser resolvido e depois a agência é que tem de se superar para atender os prazos. Fato comum é a exigência de apresentar um plano em três ou quatro dias e depois o cliente demorar mais de 15 dias para liberar a campanha.

O anunciante precisa entender que a responsabilidade é sua e da agência e não somente dela. Um bom plano, com um cronograma bastante detalhado do trabalho e das condições ideais de sua produção, envolve ambos, que devem buscar atuar com o máximo respeito profissional ao seu próprio trabalho, sabendo oferecer a melhor condição para que seu parceiro na empreitada possa também entregar seu melhor.

A **sexta** exigência é que o anunciante saiba respeitar o direito de opinião da agência. Ele não pode querer, por ser o "pagador da conta", que a agência seja "burro de presépio" e só diga "sim". O direito da agência de dizer "não" é um ponto muito importante no relacionamento cliente-agência. Afinal, todo o processo de definição por uma agência com certeza levou em conta a condução profissional de seus líderes e de suas competências para proporcionar resultados efetivos à sua empresa. Se isso não estiver ocorrendo, há algo de errado na relação que merece ser revisto imediatamente, para o bem de ambos.

A **sétima** exigência é que o cliente entenda que a propaganda é um negócio e a agência, uma empresa, que, como a sua, tem direito ao lucro. Assim, é preciso que as regras relativas ao dinheiro estejam bem delimitadas: o que deve ser cobrado e o que não deve; o que conta com taxa de agência e o que não conta; o que custa e por que custa. É muito importante que o cliente cumpra fielmente os prazos de pagamentos, evitando que a agência necessite se desdobrar para manter seus pagamentos em dia, passando a financiar o cliente que rotineiramente atrasa os seus pagamentos.

Resumindo:

1º Respeito mútuo.
2º Definição de necessidades.
3º Informação.
4º Senso de medida e verba adequada.
5º Prazo adequado.
6º Direito de opinião.
7º Pagamento justo e no prazo.

Como escolher a agência certa para sua empresa

Se, por um lado, destacamos fortemente as responsabilidades da empresa para que sua agência possa lhe entregar seu melhor trabalho, também é fundamental que a empresa saiba, desde antes do início da relação, buscar a agência mais adequada para seu negócio – o que não significa contratar a maior, a mais famosa, a mais criativa. Significa ter critérios para buscar a mais adequada.

Para tanto, listamos algumas das principais questões que, por nossa experiência, parecem ser as mais relevantes para esse filtro.

a) A agência possui uma compreensão real da cultura do negócio?

Toda agência versátil e sensível pode chegar ao entendimento intelectual de um negócio mediante o estudo de suas características. Mas, se não possuir compreensão como um todo dessa chamada cultura de negócio (como já destacamos no briefing, não é apenas deter informações, mas entender com profundidade as motivações de todos os envolvidos no negócio), a consecução de um trabalho correto por parte da agência se tornará árdua e as relações entre as partes, um tanto difíceis.

b) A agência conta com pessoal suficiente, com um alto nível de talento e experiência?

Muitas agências possuem alguns poucos elementos de competência comprovada e um número relativamente alto de talentos em formação. Como cliente potencial de uma agência, o anunciante deseja ficar satisfatoriamente convencido de que ela possui talento em profundidade e que uma ponderável proporção desses elementos estará pessoal e intimamente envolvida com seu negócio.

c) As pessoas que estão fazendo a apresentação da agência são as mesmas que realmente trabalharão na conta?

Algumas pessoas são especialmente aptas como apresentadoras e são elas que normalmente conduzem perfeitamente os entendimentos com um novo cliente. Depois disso, dificilmente serão vistas novamente porque, muito naturalmente, estarão ocupadas em fazer novas apresentações para outros clientes. No entanto, o cliente potencial deve ter o direito de conhecer também a equipe de trabalho, além dos apresentadores, porque é fácil prometer tudo nessa fase de "troca de juras de amor eterno", mas o dia a dia será construído por quem realmente estiver envolvido no trabalho.

d) Gosto desse pessoal? Respeito-o? Posso confiar nele?

Em outras palavras, quais as chances que teremos de trabalhar bem e construtivamente, juntos? Porque, não importa qual a dimensão com que a agência se apoie em outros critérios, se não existir um genuíno e mútuo entendimento, o relacionamento tenderá a não ser produtivo.

Aí estão os quatro quesitos básicos a serem considerados. Mas, sob o risco de parecermos um tanto presunçosos, gostaríamos de sugerir aos anunciantes algumas tantas precauções ao escolherem uma nova agência de propaganda.

1. Informe à sua atual agência o que você pretende fazer. É grande o número de anunciantes que "saem à francesa", agindo furtivamente, mantendo tudo em segredo. Isso causa dificuldades para todos e também levanta dúvidas na mente da agência potencial a respeito da integridade de tal anunciante e se ele virá a ser realmente um bom cliente.
2. Informe à sua agência por que você está escolhendo uma nova agência. Mesmo que isso não sirva para segurar a conta, ajudará a agência a se organizar e evitar os mesmos erros novamente. Se você vai desdobrar a conta, desdobre os amigos.

3. Decida que tipo de habilidades e serviços você mais precisará da agência antes de iniciar a procura. As suas necessidades não serão iguais às de todo mundo; logo, você precisa colocar suas prioridades em ordem diferente.
4. Decida o tipo de agência com o qual você deseja trabalhar, não somente em termos de uma agência de comunicação integrada ou especializada, orientada no sentido de marketing ou altamente criativa, mas também em termos de experiência, tamanho, perfil dos proprietários, principais profissionais, clientes atendidos etc.
5. Não se deixe confundir. Assim que correr a notícia de que você está procurando uma agência, sua vida pode se tornar um inferno. Surgirão propostas das mais diferenciadas, em grande volume, na proporção da importância de sua conta e do volume de recursos que historicamente sua empresa investe. Prepare-se para, com paciência, saber verdadeiramente garimpar as propostas e dê uma chance a todas elas. Não tenha receio de acrescentar mais alguns nomes à sua lista preliminar nesse estágio. Você pode estar descobrindo alternativas das mais interessantes.
6. Não faça uma lista enorme só para constar. Você terá grandes problemas se acabar listando 20 agências, por exemplo. Se não puder reduzi-la para cinco, então você não sabe o que deseja e fará muita gente, inclusive você mesmo, perder tempo e dinheiro. Se rapidamente conseguir uma redução para três agências, então você sabe exatamente o que pretende. Graças às publicações especializadas e aos sites das agências, é possível gerar bons filtros sobre os critérios que mais lhe chamam a atenção, antes de falar pessoalmente com as agências.
7. Convide as agências de sua curta lista para que se apresentem, contando suas propostas de trabalho, detalhes de seus clientes, pessoal, faturamento etc. Limite o tempo de atendimento ao mínimo razoável. Isso evitará consumir muito tempo na apresentação formal e permitirá a você concentrar-se nos pontos essenciais que lhe interessam a respeito da agência, em vez de ter de ouvir uma longa exposição de números e fatos.
8. Escolha dois nomes da lista de clientes das agências que se destacaram e peça para ver detalhadamente o que tem sido feito para ambos. Não importam quais os clientes a serem escolhidos, mas, assim, você terá não só a oportunidade de ver os melhores trabalhos da agência, como também de tentar entender o processo da agência.

Cabe a você determinar se tal perfil de trabalho revela ser bom ou não para suas demandas.

9. Não reúna todo o seu pessoal no dia da apresentação. É importante para a agência conhecer a todos, mas não nessa hora. Se você os trouxer, a apresentação se tornará um evento, no qual todo mundo ficará tentado a dizer alguma coisa sem comunicar coisa nenhuma. Não é produtivo. Nessa fase, leve em consideração apenas os líderes que estarão envolvidos nos relacionamentos futuros com a agência, pois eles contam com a sensibilidade e a capacidade adequada a essa análise.

10. Procure chegar a uma decisão nesse estágio, se possível. Se ainda não estiver seguro, o melhor será pedir a uma ou duas agências uma apresentação especulativa – mas que sejam uma ou duas apenas. Em alguns momentos, é prática do mercado gerar concorrência entre muitas agências – em raras situações, com uma pequena remuneração para bancar os gastos. Mas nada remunera o esforço e a entrega de inteligência de tantos talentos reunidos e a imensa massa de ideias que serão dadas de graça à empresa. Por mais que seja prática de mercado, não é ético.

11. Tenha consciência de que não está pedindo uma campanha de propaganda, mas tão somente procurando uma agência. Se uma agência se recusar a apresentar um trabalho especulativo, não a risque automaticamente – ela pode estar certa. Converse mais, entenda seus motivos. Pode estar aí o diferencial de relacionamento que você procura.

12. Não dê um resumo para depois ficar esperando novos contatos com soluções. Você precisa estar consciente de que pode ou não trabalhar com uma determinada agência. Assim, colabore com ela. Dê-lhe seu tempo, acesso às informações e alguém com quem ela possa estabelecer contatos contínuos durante o desenvolvimento das ideias. Proceda da mesma forma como se deve proceder no cotidiano das contas: coparticipando e permitindo que o melhor de cada lado apareça.

13. Não fixe prazos arbitrários e artificiais. Mudar de agência é uma séria decisão e, a menos que você tenha criado uma situação confusa de seu lado ou que a agência atual tenha declarado que deseja romper o relacionamento, não existe nenhuma razão especial para a pressa. Deixe a agência fazer direito o que for necessário. Isso servirá para você sentir quão ansiosa ela se acha para conquistar

sua conta. Mas também indicará o quão cuidadosa ela é e indicará a velocidade natural em que gosta de trabalhar.

14. Anime a agência a apresentar ideias, em vez de anúncios e peças perfeitamente acabados. Você é também um profissional. Assim, não precisa de uma apresentação totalmente acabada para compreender o que lhe está sendo proposto. Algumas agências costumam gerar verdadeiros shows nessa hora. Não se deixe levar somente pelo espetáculo, mas foque a essência do trabalho.
15. Informe às agências concorrentes de sua decisão. Não as deixe tomar conhecimento pela imprensa especializada. E lhes diga, caso lhe perguntem, quais as razões por que não foram escolhidas. Elas provavelmente realizaram um grande esforço na apresentação e você lhes deve algo em troca. E poderão voltar a ser consultadas, no futuro.
16. Não mude de agência, a menos que esteja convencido de que não há alternativa. Você tem tanto a perder em termos de continuidade e entendimento quanto a ganhar em termos de renovado entusiasmo e nova projeção. Mas, geralmente, você já está convencido, porque a semente da dúvida começa a brotar na mente do anunciante uns bons 12 meses antes que ele se decida a agir – e, nessa altura dos acontecimentos, no que diz respeito à agência, já é muito tarde. Por isso, ao sentir certo incômodo em relação à sua agência atual, fale com ela. Promova uma reunião clara com os líderes da agência e os envolvidos de sua empresa. Jogue clara e racionalmente. Se, mesmo assim, o rompimento for inevitável, aja então segundo esses critérios.

Conselho final: empresa que reclama demais de suas agências e as troca constantemente com certeza tem um só problema: não sabe escolhê-las e não sabe manter relacionamentos estáveis. Revise seus padrões antes de pensar em mudar de agência.

Em tempo: em um esforço diferenciado, a Associação Brasileira de Anunciantes (ABA) e a Federação Nacional das Agências de Propaganda (Fenapro) definiram e publicaram diretrizes comuns para a busca, seleção e gestão do relacionamento, a partir da perspectiva do anunciante (cliente), o que está muito em linha com o aqui preconizado e que vale ser conhecido: disponível em: <http://fenapro.org.br/images/stories/guia-melhor-pratica2014.pdf>. Acesso em: dez. 2014.

9

PROPAGANDA POLÍTICA

Propaganda política: conceitos

A propaganda política, tal e qual a examinamos hoje em dia, isto é, como um negócio, uma atividade organizada para influenciar a opinião pública e orientá-la, surgiu somente no século XX. Aparece no bojo de uma evolução que lhe proporciona ao mesmo tempo seu campo de ação – pessoas de diferentes idades, classes sociais e residentes de todos os estados brasileiros – e seus meios de ação – as novas técnicas de informação e de comunicação.

Ela é um dos fenômenos dominantes da primeira metade do século XX: os grandes acontecimentos de nossa época, a revolução comunista e o fascismo, não seriam sequer concebíveis sem a sua existência. Foi em grande parte devido à propaganda política que Lênin logrou instaurar o bolchevismo; Hitler deveu-lhe, essencialmente, suas vitórias. Mais que estadistas e líderes guerreiros, esses dois homens, que, de maneiras bem diferentes, marcaram profundamente a história contemporânea, foram dois gênios da propaganda, e ambos proclamaram a supremacia dessa moderna arma: "O principal" – disse Lênin – "é a agitação e a propaganda, em todas as camadas do povo". Hitler disse: "A propaganda permitiu-nos conservar o poder, a propaganda nos possibilitará a conquista do mundo".

O que existiu, segundo alguns historiadores, foi efeito do controle policial. Contudo, a propaganda precedia a política ou o exército e lhes facilitava a ação; a política alemã não podia fazer muito fora das fronteiras da Alemanha. Representam vitórias da propaganda a anexação, sem combate, da Áustria e da Tchecoslováquia e a derrocada da estrutura militar e política da

França. A propaganda política, incontestavelmente, ocupa o primeiro lugar, antes da política, na hierarquia dos poderes do totalitarismo moderno.

No decurso da Segunda Guerra Mundial, a propaganda sempre acompanhou os exércitos, e às vezes os precedeu. Na Espanha, as brigadas internacionais dispunham de comissários políticos. Na Rússia havia companhias alemãs de propaganda. Se a resistência francesa não tivesse compreendido obscuramente a importância vital do esforço para cumprir e difundir folhetos e volantes de conteúdo frequentemente diminuto, jamais teria sacrificado milhares de homens. A propaganda fez mais para a conversão da China ao comunismo do que as divisões de Mao Tsé-Tung. Rádio, jornal, fôlderes e "santinhos", discursos, cartazes e, hoje em dia com presença maciça, a televisão e a web opõem as ideias umas às outras, refletem os fatos e disputam entre si os homens. Desde que existem complicações políticas, isto é, desde o início do mundo, a propaganda existe e desempenha o seu papel.

Foram, por certo, uma espécie de propaganda aquelas movidas por Demóstenes contra Felipe ou por Cícero contra Catilina. Napoleão compreendeu perfeitamente que um governo deve preocupar-se, sobretudo, em obter o assentimento da opinião pública. "Para ser justo, não é suficiente fazer o bem, é igualmente necessário que os administrados estejam convencidos. A força fundamenta-se na opinião. Que é governo? Nada, se não dispuser da opinião pública".

Políticos estadistas e ditadores de todos os tempos procuraram estimular o apego às suas pessoas e aos seus sistemas de governo. Todavia, não há nada de comum entre as inscrições eleitorais de Pompeia e uma campanha de propaganda como a conhecemos atualmente. Hoje, as formidáveis ações de propaganda têm à sua disposição a televisão, o rádio, a internet, a imprensa de grande tiragem, os cartazes gigantescos e todos os novos processos de reprodução gráfica.

A palavra que a designa é também contemporânea do fenômeno: *propaganda* é um dos termos que destacamos arbitrariamente das fórmulas do latim pontificial empregado pela Igreja ao tempo da Contra-Reforma (*de propaganda fide*); é mais ou menos reservada ao vocabulário eclesiástico (Colégio da Propaganda) até irromper na língua comum, no curso do século XX. A palavra, definida como a propagação de princípios e teorias, foi introduzida pelo papa Clemente VII, quando fundou a Congregação da Propaganda, com o fito de propagar a fé católica pelo mundo. Deriva do latim *propagare*, que significa reproduzir por meio de mergulhia, ou seja, enterrar o rebento de uma planta no solo. *Propagare*, por sua vez, deriva de *pangere*, que quer dizer enterrar, mergulhar, plantar.

Seria, então, a propagação de doutrinas religiosas ou princípios políticos de algum partido.

Vemos, pois, que a propaganda compreende a ideia de informar, de plantar, fazer crescer uma ideia, uma crença, na mente alheia.

As suas atuais definições estão muito longe de seu primeiro sentido apostólico: "A propaganda é uma tentativa de influenciar a opinião e a conduta da sociedade, de tal modo que as personagens adotem uma opinião e uma conduta determinadas". Ou ainda: "A propaganda é a linguagem destinada à massa; ela emprega palavras ou outros símbolos veiculados pela televisão, pela web, pelo rádio, pela imprensa e pelo cinema. O papel do publicitário é o de influir na atitude das massas no tocante a pontos submetidos ao impacto da propaganda, objetos da opinião".

A propaganda confunde-se com a publicidade nisto: procura criar, transformar ou confirmar certas opiniões, empregando, em parte, meios que lhe pede emprestados; distingue-se dela, contudo, por não visar a objetivos comerciais e sim políticos: a publicidade atende a necessidades ou preferências visando a determinado produto particular, enquanto a propaganda sugere ou aponta crenças e reflexos que amiúde modificam o comportamento, o psiquismo e mesmo as convicções religiosas ou filosóficas.

Entretanto, a propaganda política não é uma ciência condensável em fórmulas. Movimenta, inicialmente, mecanismos fisiológicos, psíquicos e inconscientes bastante complexos, alguns dos quais conhecidos; ademais, seus princípios provêm tanto da estética como da ciência.

Não vamos debater com o objetivo de saber qual das duas – publicidade ou propaganda – é filha da outra. Durante longo tempo, elas andaram entrelaçadas, evoluindo paralelamente. Numerosos são os processos comuns à propaganda e à publicidade: ao anúncio corresponde a "profissão de fé"; à marca de fábrica, o símbolo; ao slogan comercial, o estribilho político.

Parece na verdade que a propaganda se inspira nas invenções e no êxito da publicidade, copiando um estilo que, segundo se julga, agrada ao público.

O progresso técnico logo arrasta a publicidade a um novo estágio: ela procura, de preferência, impressionar mais que convencer; sugestionar antes que explicar. A repetição e as imagens atraentes derrotam progressivamente os anúncios sérios e demonstrativos: de informativa, a publicidade torna-se sugestiva. Novas e criativas maneiras de se apresentar, mídias alternativas, técnicas inovadoras entram em ação, mormente devido ao estímulo de pesquisas que descortinam perfis de consumo, desejos, necessidades latentes ou não. A propaganda empresta todas essas técnicas, tomando tais processos para uso próprio.

Primeiro nos Estados Unidos, mas hoje também no Brasil, todo um setor da propaganda política continua a viver em simbiose com a publicidade. Por exemplo, as campanhas eleitorais pouco diferem das campanhas publicitárias; as famosas paradas com orquestras, garotas e cartazes não passam de ruidosa publicidade. As carreatas e os comícios, como conhecemos no Brasil, assumem o mesmo papel. Outro ramo da propaganda política, entretanto, embora ainda se inspire nos processos e nos estilos publicitários, desligou-se da publicidade para criar uma técnica própria, que é a propaganda de natureza mais ampla e mais característica e que tem tido maior influência na história contemporânea.

Limita-se a propaganda de tipo publicitário a campanhas mais ou menos espaçadas cujo padrão é a campanha eleitoral: é a valorização de certas ideias e de certos homens mediante processos bem delimitados, expressão normal da atividade política. Outro tipo de propaganda, de tendência totalitária, decorre da fusão da ideologia com a política, joga com todas as "molas" humanas. Não mais se trata de uma atividade parcial e passageira, mas da expressão concreta da política em movimento, como vontade de conversão, de conquista e de exploração.

Esta é a propaganda ligada à introdução, na história moderna, das grandes e sedutoras ideologias políticas, como o jacobinismo, o marxismo e o fascismo, e ao embate de nações e blocos de nações nas novas guerras.

Tal propaganda política data, na verdade, da Revolução Francesa: os primeiros discursos de propaganda, os primeiros encarregados de propaganda partiram dos clubes, das assembleias, das comissões revolucionárias; foram eles que empreenderam a primeira guerra de propaganda e a primeira propaganda de guerra.

Uma nação, pela primeira vez, libertava-se e organizava-se em nome de uma doutrina subitamente considerada universal. Uma política interior e exterior, pela primeira vez, fazia-se acompanhar pela expansão de uma ideologia e, por isso mesmo, segregava a propaganda. Surgiram, então, todos os recursos da propaganda moderna: a *Marselhesa*, o barrete frígio, a festa da Federação, a do Ser Supremo, a rede dos clubes jacobinos, a marcha sobre Versalhes, as manifestações de massa contra as Assembleias, o cadafalso nas praças públicas, as críticas violentas e as injúrias.

Um novo tipo de guerra origina-se também da Revolução. Progressivamente, são mobilizadas todas as energias nacionais até a fase da guerra total que Ernest Junger acreditava atingida em 1914 e que, na realidade, só o seria durante a última Grande Guerra, de 1939. Depois de 1791, a ideologia alia-se aos exércitos para a condução das guerras, tornando-se a propaganda a auxiliar da estratégia. Visa-se criar internamente a coesão e o entusiasmo e instaurar no campo inimigo a desordem e o medo. Ao abolir, cada vez mais, a distinção entre a frente e a retaguarda, a guerra total oferece à propaganda, como campo de ação, não só os exércitos, mas as populações civis, pois, visando-se a elas, atinge-se mais seguramente os exércitos, consegue-se mesmo sublevar essas populações, suscitando o aparecimento de novos tipos de soldados, homens, mulheres, crianças, na retaguarda do inimigo, espiões, sabotadores ou guerrilheiros.

Não será nunca demasiado salientar até que ponto as guerras modernas preparam o terreno para a propaganda ao favorecerem a exaltação, a credulidade, o maniqueísmo sentimental. As guerras serviram de laboratório para os técnicos de psicologia, como serviram para os engenhos mecânicos. A propaganda ligou-se à guerra a ponto de substituí-la naturalmente: desde 1947 nutriu a Guerra Fria, tal como alimentou em 1939 a "Guerra de Nervos". A atual propaganda é a guerra levada a cabo por outros meios.

A propaganda foi secularizada pelo jacobinismo e pelas grandes ideologias modernas. Mas, desviando-se, não regressa ela às suas origens? Trata-se, ainda, de difundir uma fé – *de fide propaganda* por certo, uma fé terrena, cujas expressão e disseminação muito pedem emprestado à psicologia e à técnica das religiões. As novas propagandas políticas têm tirado inspiração de uma teoria de libertação e de salvação, ligada, contudo, ao instinto de potência e de luta – mitologia ao mesmo tempo guerreira e revolucionária.

Tais mitos, que tocam no mais profundo do inconsciente humano, constituem representações ideais e irracionais ligadas à luta: exercem sobre as massas poderosa influência dinâmica e coerciva.

Propaganda do tipo leninista

O marxismo poderia ser caracterizado pelo seu poder de difusão; trata-se de uma filosofia capaz de propagar-se entre as massas, de início porque repousa em uma dialética que pode ser reduzida à sua extrema simplicidade, sem se deformar substancialmente.

Para Marx, a consciência de classe é a base da consciência política. Mas, abandonada a si mesma, é uma atividade puramente sindical e não atinge a consciência política. Cumpre despertá-la previamente, educá-la e arrastá-la à luta em âmbito mais largo que o constituído pelas relações entre operários e patrões.

A propaganda tomada em um sentido mais amplo torna-se a correia da transmissão, ao mesmo tempo rígida e flexível, que continuamente liga as massas ao partido, levando pouco a pouco a unir-se à vanguarda na compreensão e na ação.

A propaganda do tipo bolchevista pode ligar-se a duas expressões essenciais: a **revelação política** (ou denúncia) e a **palavra de ordem**. Consistem essas revelações em destrinchar, por entre os sofismas com que as classes dominantes envolvem seus interesses, a natureza e o real fundamento de seu poder e dar às massas uma representação clara. Elas abrangem todos os domínios e constituem a condição necessária e fundamental para a formação das massas, tendo em mira sua atividade revolucionária.

A palavra de ordem leva-nos ao aspecto combativo e construtivo dessa propaganda. Palavra de ordem é a tradução verbal de uma fase tática revolucionária. Expressa o objetivo mais importante do momento, o quanto possível clara, breve e eufonicamente. "Todo poder aos sovietes"; "Cumprir e superar o plano em quatro anos". Uma palavra de ordem condensa a linha política do momento, não é um excitante vazio, oco etc. Ela baliza etapas escalonadas que compelem as demais forças a tomarem posição pró ou contra a colaboração, visando a objetivos concretos e sedutores para as massas. Deve corresponder não só à situação política, mas, inclusive, ao nível de consciência das massas. Não tem valor se não repercute largamente nessa consciência e, para tanto, deve distinguir as aspirações latentes no tocante ao tema mais favorável.

Para trabalhar o meio fazendo a difusão, o bolchevismo passou a distinguir duas espécies de agentes: os **propagandistas** e os **agitadores**. O seu papel, de início, é fazer a propaganda e a agitação por todos os meios, diligenciando no sentido de adaptar seus argumentos ao meio em que se encontram.

A grande diversidade de sua imprensa constitui uma das características da propaganda comunista. Existem jornais para cada região e cada profissão; todos se repetem, mas o fazem de maneira apropriada às diversas mentalidades. Traduz-se essa atividade, no regime capitalista, pelo sustentáculo das reivindicações, pela ação nos sindicatos e nos agrupamentos de toda espécie, bem como por realizações concretas, testemunhando inequívoca vontade. Esse é o papel da amostra-testemunho que se observa na municipalidade, ao desenvolverem as obras sociais, as colônias de férias, ao construírem moradias e instalações para a prática de esportes. A propaganda em decorrência é autenticada, justificada pelos atos, e isso é fundamental àqueles aos quais longos anos de experiência impõem dúvidas no tocante ao valor dos programas políticos.

É incontestável que, sob a sua forma moderna, a propaganda política foi inaugurada por Lênin e Trotsky; o primeiro, lançando suas palavras de inovação sem precedentes ao dirigir-se pelo rádio às massas, passando por cima dos governantes. Criaram eles uma vasta rede psicopolítica que, por meio de múltiplos canais – imprensa, rádio, teatro, cinema, jornais locais e de fábrica, conferências, comícios e outros meios –, atingia os pontos mais afastados da Rússia.

O esforço da propaganda, sobretudo nas democracias populares, processa-se em grande parte tendo como alvo o fomento da produção: discursos, filmes, canções, cartazes, grandes gráficos, condecorações para o operariado etc. criam uma mística do plano, cujas manifestações as mais variadas invadem as ruas e os lugares de trabalho, apelando para todos os habitantes.

Propaganda do tipo hitlerista

É enorme a contribuição de Hitler e Goebbels à propaganda moderna. Eles não a inventaram, mas a transformaram. Hoje, o mundo sabe a que ponto chegaram os resultados dessa mecânica gigantesca. O grande número de técnicas e processos introduzidos pelo nazismo em matéria de propaganda, todavia, subsiste mesmo fora do clima de ódio e delírio em que desabrochou, e nada pode impedir que faça parte do arsenal da propaganda política. O hitlerismo corrompeu a concepção leninista de propaganda. Transformou-a em uma arma em si, utilizada indiferentemente para todos os fins.

As palavras de ordem apresentavam base racional. Quando Hitler se dirigia às massas invocando o sangue e a raça, importava-lhe apenas incitá-las, incutindo nelas profundamente o ódio e o desejo de potência. Essa propaganda mais visa a objetivos concretos, ela se derrama por meio de gritos de guerra, de imprecações, de ameaças, de vagas profecias e, se faz promessas, estas são a tal ponto malucas que só atingem o ser humano em um nível de exaltação em que a resposta é irrefletida.

Seria preciso fazer a história das sucessivas variações que sofreram os temas da propaganda hitlerista durante a Segunda Guerra, desde a conquista do espaço vital até a defesa do povo, passando pela Nova Europa e a salvaguarda dos valores cristãos. Desde essa época, a propaganda não está mais vinculada a uma progressão tática; converte-se ela mesma em tática, em uma arte particular com leis próprias, tão utilizável como a diplomacia e os exércitos.

Em virtude de sua força intrínseca, constitui uma verdadeira artilharia psicológica em que se emprega tudo quanto tenha valor de choque; em que, finalmente, a ideia não conta, contanto que a palavra penetre.

Compreenderam perfeitamente os ditadores fascistas que a aglutinação de massa moderna abria aos seus empreendimentos imensas possibilidades por eles empregadas desavergonhadamente, com total desprezo pelo ser humano. "O homem moderno está surpreendentemente disposto a crer", dizia Mussolini. Hitler descobriu que a massa, ao aglutinar-se, assume um caráter mais sentimental, mais feminino: "O povo, em grande maioria, está numa disposição e num estado de espírito a tal ponto feminino, que as suas opiniões e os seus atos são determinados muito mais pela impressão produzida nos sentidos que pela reflexão pura". Essa é a razão efetiva do êxito da propaganda nazista em relação às massas alemãs: o predomínio da imagem sobre a explicação, do sensível brutal sobre o racional.

Ouvimos falar do rufar dos tambores que acompanhava Hitler ao subir as escadas do Congresso de Nuremberg e dos jogos de luz que lhe permitiam, da tribuna, dosar à vontade a iluminação. Desse ponto de vista, é também compreensível que o nazismo tenha frequentemente dirigido apelos à mulher, e o tenha feito com êxito. Hitler declarava: "Quando alcançarmos o poder, cada mulher alemã terá um marido". A propaganda hitlerista mergulhou suas raízes nas mais obscuras zonas do inconsciente coletivo, ao gabar a pureza do sangue, ao glorificar os instintos elementares de violência e destruição, ao renovar, por meio da cruz gamada, remotíssima mitologia solar. Empregou sucessivamente temas diversos e até contraditórios, com a única preocupação de orientar as multidões ante as perspectivas do momento.

Por que tal descontinuidade não prejudicou a propaganda, visto não apenas ter ela conseguido mobilizar um povo, como também atingir gravemente certas nações europeias? Por certo, o esforço foi colossal. Nesse domínio, Hitler e Goebbels nada deixavam ao acaso: preparavam cuidadosamente toda manifestação. Hitler assinalou mesmo que as horas do entardecer eram as mais favoráveis ao domínio de uma vontade alheia.

Também o público estava "preparado". Comunidades não estatais foram deslocadas, anulando-se toda espécie de intermediários para que o indivíduo se oferecesse sem resistência às solicitações da propaganda; havia bem poucos domingos em que uma família podia reunir-se na intimidade. O partido e o Chefe estavam presentes em toda parte: nas ruas, nas fábricas e até mesmo dentro das casas, nas paredes dos quartos. Jornais, cinema e rádio repetiam incessantemente a mesma coisa. Em suma, é inegável que alguns mitos hitleristas correspondiam a uma constante da alma germânica, seja a uma situação criada pela derrota, pelo desemprego e por uma crise financeira sem precedentes.

O êxito da propaganda nazista foi também explicado pela interpretação da teoria dos reflexos condicionados de Pavlov. Quando um determinado ícone aparece com frequência em todas as peças ou ações de comunicação, independentemente do que está sendo comunicado, é possível que venha a existir a mesma reação quando somente o ícone é apresentado. Aqui consiste a analogia em relação à teoria de Pavlov, que propõe que existem reações condicionadas a um determinado estímulo, que foi insistentemente apresentado ao indivíduo. São os reflexos condicionados.

Na publicidade, é possível identificar alguns processos assim. Quando uma música é insistentemente presente em todas as ações de comunicação, fazendo menção ou não ao produto ou serviço anunciado, basta que a melodia seja ouvida para que os indivíduos façam a relação direta, reagindo ao estímulo musical. Da mesma forma acontece quando há um personagem, ou uma frase-símbolo, bastando que venha à tona para que os reflexos apareçam de maneira efetiva.

O estímulo da sensualidade aparece na comunicação de produtos de higiene pessoal e beleza, assim como na de bebidas alcoólicas. As associações com as modelos e seus lindos cabelos, ou com o encontro informal em um bar, amigos e mulheres bonitas, promovem reações condicionadas, reforçando o paralelo existente com a teoria de Pavlov. A propaganda política pode, igualmente, utilizar o instinto sexual. Mulheres graciosas, simbolizando países, decorrem desse reflexo, bastante atenuado no caso.

O condicionamento realizado em larga escala pelo nazismo, entretanto, foi calcado, sobretudo, no instinto do poder. Ou era o apelo à grandeza ou à motivação pelo terror. Os temas iam e vinham. Ao açúcar, juntava-se o chicote, mas com tal intensidade, fazendo tanto barulho, que só alguns indivíduos obstinados em refletir notavam a descontinuidade.

Estimulado, o instinto de luta pode manifestar-se de duas maneiras antagônicas: uma, negativa ou passiva, exteriorizada pelo medo e pelas atitudes de depressão, de inibição; outra, positiva, que conduzia à exaltação, a um estado de excitação e agressividade. A excitação pode levar ao êxtase, a um estado que, conforme indica o nome, decorre de uma saída para fora de si mesmo.

Esse é bem o estado ambíguo do alemão submetido à propaganda hitlerista, petrificado pela exaltação e ao mesmo tempo por uma angústia que, aliás, pode ter passado ao subconsciente. Muitos que seguiam Hitler e por ele morreram não o amavam, nem o detestavam. Na verdade, fascinados por ele, tinham-se tornado autômatos em suas mãos.

Democracia e propaganda

É possível encontrar na história propagandas políticas que fizeram pesar sobre o mundo espantosa ameaça. É verdade que encontraram condições sociais e econômicas favoráveis a isso, permitindo o extremo negativo da propaganda, que é a manipulação das massas. Já apareceram verdadeiras "epidemias psicológicas" conscientemente provocadas; "engenheiros de almas" já fabricaram em série indivíduos de mentalidade teleguiada. A propaganda tem importante – mas não decisivo – papel nesses episódios.

Vivemos a era da comunicação de massa? Sim, pois a propaganda é feita para as massas. Mas, também, cada vez mais permite dispensá-las e reduz a espontaneidade do concurso por elas prestado.

Por detrás de um símbolo, multidões e exércitos põem-se em movimento; o tema de um editorial dá a milhões de homens, e no mesmo dia, um único e conveniente modo de pensar. Uma seita que se tenha apossado das estações de rádio, de televisão e dos jornais tem à sua disposição poderosíssimos meios de influenciar as massas e pode, daí em diante, falar e agir em nome delas. A internet, com os sites e as comunidades nas redes sociais, possibilitou que grupos racistas, neonazistas ou até de pedófilos se encontrassem ao redor do mundo, comunicando-se de maneira instantânea, propagando ideologias. A internet deu a cada indivíduo um microfone, para que grite ao mundo o que desejar.

A influência potencial das massas por certo aumentou. Mas, e a influência real delas? Não é precisamente a propaganda o instrumento de eleição que, nas mãos da potência estatal ou das potências do dinheiro, permite neutralizar essa influência, entorpecê-la e explorá-la em proveito próprio?

Aldous Huxley traçou uma sátira dos espíritos pré-fabricados: desde o nascimento a criança é condicionada por alto-falantes, dirigidos para seu inconsciente, depois pela escola e pela sociedade que a orientam infalivelmente para o compartimento que lhe é destinado. Ele pregou a educação contra a propaganda: a formação de espíritos dotados do poder de escolha, de homens conscientes e responsáveis. Contra a invasão da mentira e do mito, cumpre erguer e fortificar a faculdade de rejeitar, sem a qual não existe moral e muito menos inteligência.

A liberdade não é ensinada, mas a educação predispõe a ela. A liberdade não funciona validamente senão sobre um fundo de hábitos adquiridos.

As democracias não souberam inventar a tempo uma propaganda que oferecesse resistência à ideologia conquistadora do fascismo, até que a guerra as compelisse à mobilização psíquica. Foi apenas sob a pressão das grandes derrotas que a maior parte dos homens compreendeu a causa pela qual tinham sido chamados às armas.

Não há democracia senão quando o povo é mantido informado, onde é chamado para conhecer a vida pública e dela participar. Não se trata unicamente de instrução, de formação intelectual, mas também de conhecimento dos negócios públicos. É preciso esclarecer o povo sobre os problemas de que dependem a sua vida e saúde. Não limitar os debates públicos a disputas que tradicionalmente vêm alimentando as eleições.

O público, dir-se-á, está fatigado de propaganda. Esse tédio é incontestável, e precisamente pelo mau gosto dos excessos de propaganda.

A verdade precisa de um clima para existir e conquistar. Seria inútil crer que se lhe pudesse criar tal clima, um tal campo de força, em um século em que todos os problemas se colocam em termos de massa, sem recorrer ao poderio da propaganda.

Opinião e propaganda

Em que medida a propaganda é a violação psicológica de que o nazismo nos deu trágico exemplo e à qual seria impossível o indivíduo resistir? Devemos situar o indivíduo em relação à propaganda, sua receptividade e suas possibilidades de defesa.

É admissível o próprio desígnio de influenciar a opinião em um sentido determinado? Muitos julgam suficiente confiar no bom senso da opinião individual judiciosamente esclarecida. Cada qual que opine por si mesmo, sendo provável que esse parecer alcance a realidade objetiva, caso pressões exteriores não venham interferir para frustrá-la.

Essa confiança na sanidade natural da opinião é uma tese frequente. Podemos responder desde já como o grande jornalista norte-americano Walter Lippmann (2008): "sem embargo de acentuar-se a liberdade dos cidadãos, essa de nenhum modo constitui uma garantia de objetividade na opinião pública moderna [...] porquanto essa opinião, na realidade, toca um mundo desconhecido".

É certo que a complexidade de numerosos problemas econômicos e sociais ultrapassa a compreensão da opinião pública. Todavia, questões tão pouco acessíveis como taxas cambiais, relação entre os salários e os preços e equilíbrio demográfico sempre determinam, no mais alto grau, a vida política real de um Estado moderno.

O indivíduo tem bastante trabalho para formar uma opinião. É raro, aliás, que procure realmente ser levado a um julgamento autônomo. Até em domínios acessíveis, ele principia por procurar referências no grupo social em que vive, no seu jornal, entre os parentes e amigos. Busca referência em sites de que tem prévio conhecimento ou foram indicados por amigos ou formadores de opinião.

Opinar é, para o indivíduo, situar-se socialmente em relação ao seu grupo e aos grupos externos (Jean Stoetzel). Portanto, é não somente legítimo, mas recomendável, interpretar o significado de sua opinião em relação à opinião comum. É o que os investigadores fazem quando, de suas sondagens, tiram uma média estatística que julgam representar a opinião pública acerca deste ou daquele assunto. Essas sondagens, entretanto, dificilmente atingem a opinião de um indivíduo engajado em um grupo; atingem, de preferência, uma opinião já abstrata, visto ser artificialmente constituída e situada de improviso no plano nacional ou internacional.

A sondagem da opinião tira a média do que já é uma média; daí vêm sua limitação e suas possibilidades de erro. Com efeito, a opinião em bruto surge no nível do grupo dentro do qual o indivíduo opina, mas, como esses grupos ordinariamente são múltiplos (família, sindicato, partido, clube e outros), o indivíduo pode emitir opiniões diferentes nos diversos âmbitos e, por vezes, até opiniões contraditórias.

Gallup explica que há uma tendência de a maioria das pessoas acompanhar o que os psicólogos chamam de "impressão da totalidade" e que esse fato deve ser entendido como uma tendência de seguir um pequeno grupo do qual o leitor faz parte. Essa tendência, ele explica, é chamada pelos psicólogos de tipicidade. Portanto, típico é aquele indivíduo que compartilha da opinião média daquele grupo ao qual pertence. Já atípico seria aquele que não compartilha da mesma opinião do grupo.

A opinião não tem um caráter original, autenticamente pessoal, que alguns lhe conferem, mas é relativa a um grupo ou a muitos grupos – e, de outro lado, não reflete naturalmente a realidade, ao contrário, dela nos dá uma imagem deformada pelos interesses comuns ao grupo, quer interesses de classe, quer interesses profissionais, quer interesses nacionais.

Agir sobre a opinião não é, pois, usurpar injustamente a autonomia pessoal: é influir sobre forças coletivas, resultantes de pressões sociais e nas quais o indivíduo não está senão secundariamente empenhado. Agir sobre a opinião não é forçosamente deformar a verdade: é modificar uma visão que, de ordinário, já se afastou bastante da realidade, talvez a fim de reaproximar-se dela. Isso é suficiente para justificar o projeto de propaganda, porém, naturalmente, nem todos os seus modos de aplicação.

Mito, mentira e fato

A propaganda política contemporânea não é simplesmente o uso pervertido das técnicas de difusão destinadas às massas. Ela precedeu a invenção da maior parte dessas técnicas: seu aparecimento coincide com o dos grandes mitos que arrastam um povo e o galvanizam em torno de uma visão comum do futuro.

O mito é uma participação antecipada que preenche um momento e reaviva o desejo de felicidade e o instinto de potência; o mito é indissoluvelmente promessa e comunhão. Nisso a propaganda se confunde com a poesia e dela se nutre. A propaganda pode vir a substituir a poesia épica na função primitiva de contar histórias ao povo, as de seu passado e seu futuro, dando-lhes, pois, uma alma comum. A propaganda tomou à poesia grande número de seus processos: a sedução do ritmo, o prestígio do verbo e até a violência das imagens. No seu manejo encontraremos facilmente certos artifícios da ação dramática, com saltos, com tempos fortes e fracos, com golpes teatrais orientados no sentido de excitar o temor ou a esperança.

Acreditamos que certos aspectos da propaganda moderna apresentem função mais poética que política, induzindo o povo a sonhar com as grandezas do passado e com amanhãs mais felizes. A propaganda política consegue captar o devaneio que cada um de nós alimenta acerca de nossas origens e de nosso futuro, sonhos da infância e o acariciado desejo de felicidade. Com a ajuda dos mitos de que se nutre e que, de volta, amplifica, como em um sonho, a propaganda aproximou até o absurdo o desejo ou o ódio de seu objeto – o que, em estado de vigília, os homens não ousam ou não podem atingir. Esse gênero de fantasia não é forçosamente doentio; todos os povos vivos o nutrem. Estimulado, contudo, por sábio maquiavelismo, termina em pesadelo.

Tal como no sonho, a propaganda contribui para fazer-nos viver outra vida, uma vida por procuração. Toda a sua habilidade consiste em fazer-nos acreditar que o estadista, o chefe de partido, o governo nos representam e não somente defendem nossos interesses, mas também endossam nossas paixões, nossos cuidados, nossas esperanças. O chefe não é verdadeiramente reconhecido como tal se o súdito não tiver o sentimento (ilusório, pouco importa) de que ele o compreende, que adivinha o que vai fazer, que agiria tal como ele.

Um governo, por ter certas qualidades – ser honesto, clarividente e capaz –, satisfará apenas à fração da população que possui idênticas qualidades. Torna-se popular apenas a partir do dia em que o homem da rua, incapaz de julgar dessa maneira, mas impelido por sentimentos muito mais poderosos, ilude-se e acredita que o governo age levado por sentimentos análogos aos seus. Se essa identificação é impossível, apesar de fácil em tempos normais, o governo torna-se, então, o objeto da projeção de todos os maus sentimentos e, pensa a massa, não pode mais agir senão por maldade, por baixos interesses, traição.

Todos os chefes de Estado se esforçam por obter a projeção da massa em relação a sua própria pessoa; alguns forçam a adesão popular usando processos líricos e quase mediúnicos, como Hitler; outros, como Roosevelt e Churchill, ao familiarmente convidarem seus concidadãos a compartilhar os seus cuidados e suas esperanças. Recordamo-nos das famosas "conversas ao pé do fogo" com que Roosevelt regularmente se dirigia pelo rádio a cada norte-americano como um amigo que cumpria associar às suas aflições e aos seus projetos. A argumentação do tipo "Sou um dos vossos" ou "Colocai-vos em meu lugar" é o recurso favorito dos estadistas em países democráticos. Em circunstâncias trágicas, essa projeção no tocante ao chefe é favorecida pela necessidade de procurar refúgio junto a um "pai" que nos proteja; a exploração desse sentimento constituiu a base da propaganda paternalista adotada por muitos chefes de Estado.

Disso decorre o uso corrente e de certa forma normal da censura e da notícia falsa: a censura, visando interditar a difusão de notícias contrárias à causa que se defende e aos fatos que se pretende estabelecidos; a falsa notícia, visando criar fatos que virão em apoio à tese sustentada a partir de um acontecimento real deformado ou até de uma ocorrência forjada em todos os seus aspectos.

Contra a notícia falsa, o desmentido é, em geral, destituído de força, visto ser muito difícil desmentir sem parecer defender-se como acusado, e acontece que, quanto mais grosseira a falsidade da notícia, maior o seu efeito e mais difícil se torna retificá-la, porquanto o público procede naturalmente ao seguinte raciocínio: "Não teriam ousado afirmar semelhante coisa se dela não estivessem seguros". Hitler sabia que a credibilidade de uma mentira amiúde aumenta em função de uma enormidade. "A mais descarada mentira sempre deixa traços, embora reduzida a nada".

É preciso estar atento também ao fato de que os povos amam sonhar, mas chega um momento em que não querem mais ouvir histórias. Por toda parte, a gente reclama fatos, números, testemunhos. O próprio estilo dos discursos e dos artigos despojou-se da pompa, em busca de frases breves e incisivas, de fórmulas diretas. Apressamo-nos em rejeitar, sem ler, uma brochura cuja apresentação nos diz que "cheira a propaganda". E quando somos enganados, o ressentimento permanece vivo. Certas propagandas se enfraqueceram muito por terem sido desmentidas por um fato.

O desgosto pela propaganda é, por certo, um dos fatores essenciais da abstenção eleitoral. Fariam muito bem os partidos políticos de não mais levar em conta indefinidamente a faculdade de esquecimento das massas; é tempo de lembrar que a propaganda não é apenas o enunciado de atraente programa sem conteúdo ou a prática de habilidades táticas; que os recursos da mentira acabam por esgotar; que os mecanismos psíquicos mais bem montados se transformam abruptamente e que, para ser eficiente, uma verdadeira propaganda progride apenas passo a passo ou, por outras palavras, não avança na direção de novos objetivos a menos que os pés estejam bem firmes no terreno já conquistado. A mentira, finalmente, é nociva à propaganda; se seu mito lhe é essencial, os fatos não o são menos.

O mau uso que, muitas vezes, tem sido feito da propaganda habituou-nos a considerá-la como um método de perversão e de mentiras. No fundo, essa reação é sã. Mas a consequência é de temer: a propaganda, função política natural, torna-se acanhada; ela se refugia na informação, esconde-se por detrás das notícias e das estatísticas. Nenhuma pessoa quer ouvir falar de propaganda: fazem-se documentação, informação e reportagem. A propaganda é cada vez menos poética e cada vez mais estatística. Uma tabela numérica ou o envio de um e-mail podem mentir tanto quanto um discurso, e a falsificação é frequentemente mais difícil de desvendar. Para remediar essa disfarçada perversão dos canais de informação, cumpre separar logo a função de propaganda da função de informação.

A propaganda é necessária e acreditamos que um partido ou um governo podem desenvolvê-la sem precisar recorrer à mentira. Contudo, ela não deve ser dissimulada por detrás da informação e corrompê-la.

Leis e técnicas

Vamos expor as leis da propaganda política o mais objetivamente possível. É lógico que ninguém pode alimentar a pretensão de encerrar a propaganda dentro de certo número de leis funcionais. Ela tem várias formas e dispõe de recursos quase ilimitados. Joseph Goebbels já dizia: "Fazer propaganda é ilimitado em suas variações, em sua flexibilidade de adaptações, em seus efeitos".

O verdadeiro profissional de propaganda é aquele que quer informar e convencer, aplicando toda espécie de receitas, segundo a natureza da ideia e dos ouvintes, agindo, de início, pelo contágio de sua fé pessoal, por suas próprias virtudes de simpatia e eloquência. Não são elementos facilmente mensuráveis; contudo, a propaganda de massa teria resultados insignificantes se não fosse sustentada por tenaz e múltiplo esforço de propaganda individual.

As leis existentes não têm caráter de necessidade; são, antes, regras de uso que podemos deduzir, a título de indicações, da história recente da propaganda política.

Lei de simplificação e do inimigo único

Em todos os domínios, a propaganda logo se empenha na busca da simplificação. Trata-se de dividir a doutrina e a argumentação em alguns pontos, definindo-os o mais claramente possível. O propagandista tem à sua disposição uma escala inteira de fórmulas: manifestos, profissões de fé, programas, declarações, catecismo, os quais, em geral sob forma afirmativa, enunciam certo número de proposições em texto conciso e claro.

Devemos observar que a redução a fórmulas claras, fatos e números produz sempre melhores resultados que uma longa demonstração. É uma debilidade de alguns partidos não terem conseguido jamais encerrar suas doutrinas e seus programas em algumas fórmulas e símbolos assaz evidentes para serem conservados de memória. É importante lembrar também que uma boa propaganda não visa a mais de um objetivo de cada vez. Trata-se de concentrar o tiro em um só alvo durante dado período.

A forma simplificadora mais elementar e rendosa é, evidentemente, concentrar sobre uma única pessoa as esperanças do campo a que pertencemos ou o ódio pelo campo adverso. Os gritos de "Viva Fulano" ou "Abaixo Sicrano" pertencem aos primeiros ensaios da propaganda política e forneceram-lhe sempre um bom cabedal para a sua linguagem de massas. Reduzir a luta política à rivalidade entre pessoas é substituir a difícil confrontação de teses pelo lento e complexo mecanismo parlamentar, espécie de jogo do qual os latinos amam o lado dramático e passional.

A individualização do adversário oferece inúmeras vantagens. As pessoas apreciam enfrentar seres visíveis a forças ocultas. Mormente ao serem persuadidas de que o verdadeiro inimigo não é tal partido ou nação, mas o chefe desse partido ou dessa nação, se ganha duplamente: por um lado, tranquilizam-se os adeptos, convencidos de terem pela frente não massas resolutas como eles, mas uma multidão mistificada conduzida por um mau pastor e que o abandona ao se lhes abrirem os olhos; por outro lado, espera-se dividir o campo adversário retirando-lhe alguns elementos. Sempre serão atacados, consequentemente, indivíduos ou pequenas frações, e nunca massas sociais ou nacionais em conjunto. Hitler não combateu a Igreja, mas "uma súcia de padres hostis ao Estado".

Lei de ampliação e desfiguração

A ampliação exagerada das notícias é um processo jornalístico empregado correntemente pela imprensa de todos os partidos que coloca em evidência todas as informações favoráveis aos seus objetivos; a frase casual de um político, a passagem de um avião ou de um navio desconhecidos transformam-se em provas ameaçadoras. A hábil utilização de citações destacadas do contexto constitui também processo frequente. As informações importantes jamais são comunicadas em bruto; ao aparecerem já vêm valorizadas, carregadas de um potencial de propaganda.

Ao noticiar uma greve nos Estados Unidos, a imprensa alemã não dizia: "Roosevelt realiza uma arbitragem, recusada pelos grevistas", e sim "Os grevistas respondem à estúpida política social de Roosevelt com a recusa da arbitragem". Essa inflação começa, pois, no estágio da informação e geralmente é acentuada pelo título e pelo comentário.

A preocupação constante dos propagandistas nazistas era a de uma publicidade por atacado. "Toda propaganda deve estabelecer seu nível intelectual segundo a capacidade de compreensão dos mais obtusos dentre aqueles aos quais se dirige. Seu nível intelectual será, portanto, tanto mais baixo quanto maior a massa de homens que se procura convencer", dizia Hitler. Daí a ironia pesada, a zombaria cínica, as injúrias que caracterizam a eloquência hitlerista. É certo que a propaganda, sem cair em tais excessos, reclama uma expressão que seja compreendida pelo maior número possível. Cumpre graduar e pormenorizar o mais possível, e logo apresentar a tese em bloco e de maneira a mais surpreendente. Não acreditamos naquele que principia opondo restrições às suas próprias assertivas.

Lei de orquestração

A primeira condição para uma boa propaganda é a infatigável repetição dos temas principais. Goebbels dizia: "A Igreja Católica mantém-se porque repete a mesma coisa há dois mil anos. O Estado Nacional-Socialista deve agir analogamente". A repetição pura e simples, entretanto, logo desperta o tédio. Trata-se, portanto, ao insistir obstinadamente sobre o tema central, de apresentá-lo em diversos aspectos: "A propaganda deve limitar-se a pequeno número de ideias e repeti-las incansavelmente". As massas não se lembrarão das ideias mais simples a menos que sejam repetidas centenas de vezes.

As alterações nela introduzidas não devem jamais prejudicar o fundo dos ensinamentos a cuja difusão nos propomos, mas apenas a forma. A palavra de ordem deve ser apresentada sob diferentes aspectos, embora sempre figurando condensada, em uma fórmula invariável, à maneira de conclusão. A qualidade fundamental de toda campanha de propaganda é a permanência do tema, aliado à variedade de apresentação. A orquestração de dado tema consiste na sua repetição por todos os órgãos de propaganda, nas formas adaptadas aos diversos públicos e tão variadas quanto possível. "Para um público diferente, sempre um matiz diferente". Tal como é uma campanha militar, cada um combate com suas próprias armas no setor que lhe é designado.

Uma grande campanha de propaganda tem êxito quando: 1) se amplifica em ecos indefinidos; 2) consegue suscitar um pouco por toda parte a retomada do mesmo tema e estabelece entre os seus promotores e transmissores verdadeiro fenômeno de ressonância, cujo ritmo pode ser seguido e ampliado.

É evidente, aliás, que, para obter tal ressonância, o objetivo de uma campanha deve corresponder a um desejo mais ou menos consciente no espírito das grandes massas. Exige o prosseguimento e o desenvolvimento de uma campanha de propaganda, acompanhando de perto a sua progressão, que se saiba alimentá-la continuamente de informações e de novos slogans e retomá-la na ocasião oportuna sob forma diferente e o quanto possível original (reuniões, votações, coletas de assinaturas, manifestações de massa e outras).

Uma campanha tem duração e ritmo próprios: deve agarrar-se, no início, a um acontecimento particularmente importante, desenrolar-se tanto quanto possível progressivamente e terminar em uma apoteose, em geral por uma manifestação de massa.

O fator principal de uma campanha de propaganda é, em todo caso, a rapidez. É preciso fazer revelações continuamente, apresentar argumentos novos e a um ritmo tal que, quando o adversário responda, a atenção do público esteja voltada para outro lado. Suas respostas sucessivas não conseguirão recobrar o fluxo ascendente das acusações e o único recurso será recuperar a iniciativa, se puder, e atacar com maior rapidez ainda.

Certos temas devem ser abandonados por serem contraditos pelos fatos ou pela propaganda adversária. Nesse caso, o propagandista não reconhece o erro – é regra evidente que a propaganda não se contradiz. Ela se cala no pertinente aos pontos fracos. Mas, em regra, o silêncio é acompanhado de ofensivas de despistamento, tática utilizada por todos os propagandistas apanhados em erro. A condição essencial de uma boa orquestração, em todos os casos, é a cuidadosa adaptação do tom e da orquestração aos diversos públicos.

Lei de transfusão

Jamais acreditaram os verdadeiros propagandistas na possibilidade de fazer propaganda a partir do nada e impor às massas não importa que ideia e em que momento. A propaganda, em regra geral, age sempre sobre um substrato preexistente, seja uma mitologia nacional, seja simples complexo de ódios e de preconceitos tradicionais.

Princípio conhecido por todo orador público é o de que não se deve contradizer formalmente uma multidão, mas, de início, declarar-se de acordo com ela, acompanhando-a antes de amoldá-la ao objetivo visado. Segundo Walter Lippmann (2008), "O chefe político apela imediatamente para o sentimento preponderante da multidão". O que conta é prender pela palavra e por associações sentimentais o programa proposto à atitude primitiva que se manifestou na multidão.

Uma das principais preocupações dos publicitários reside na identificação e no uso do gosto popular, mesmo dentro de todas as idiossincrasias existentes, a fim de adaptar-lhes à publicidade e apresentação de um produto. Essencial é dar, imediatamente, sentido aos hábitos e atitudes do consumidor, fazendo uso de seu campo repertorial. Isso acontece afirmando, por exemplo, que tal creme dental alveja os dentes ou que tal azeite contém menos colesterol, o que, de nenhum modo, constitui a única ou nem mesmo a principal qualidade de um azeite ou um creme dental.

Lei da unanimidade e de contágio

Desde que a sociologia existe, tem-se localizado a pressão do grupo sobre a opinião individual e os múltiplos conformismos que surgem nas sociedades. Todos quantos praticam sondagem da opinião sabem que um indivíduo pode professar sinceramente duas opiniões bastante diferentes e até contraditórias acerca de um mesmo assunto, segundo opine como membro de um grupo social (igreja, partido etc.) ou como cidadão privado. Torna-se evidente que as opiniões antagônicas só subsistem no espírito do indivíduo devido à pressão dos diversos grupos sociais aos quais pertence.

A maioria dos homens tende, antes de tudo, a harmonizar-se com seus semelhantes; raramente ousarão perturbar a concordância reinante em torno deles, ao omitir uma ideia geral. Decorre, de fato, que inúmeras opiniões não passam, na realidade, de uma soma de conformismos, e se mantêm apenas por ter um indivíduo a impressão de que a sua opinião é esposada unanimemente por todos no seu meio. Em consequência, será tarefa da propaganda reforçar essa unanimidade e mesmo criá-la artificialmente.

Certos processos de propaganda parecem conformar-se a essa lei de contágio. Para atrair o assentimento, para criar a impressão da unanimidade, os partidos recorrem frequentemente a manifestações – comícios e "showmício" e desfiles de massas –, passeatas e mais comumente as carreatas.

As massas modernas, deprimidas e incrédulas no tocante a si mesmas, são espontaneamente atraídas por aqueles que parecem possuir o segredo de uma felicidade que delas se afasta e aparentam poder estancar sua sede de heroísmo; por tipos, por iniciados, donos do futuro. Quando o exemplo humano é coletivo, a irradiação é maior. As religiões políticas do mundo moderno suscitaram suas ordens e seus conventos a exemplo da Igreja Católica, agrupamentos de elites, escolas de quadros, campos de juventude... Não há melhor agente de propaganda que uma comunidade de homens vivendo os mesmos princípios em um ambiente de fraternidade.

Denominador comum de todas as propagandas são as imagens da amizade, da saúde e da alegria. Crianças brincando de roda, jovens praticando esporte, ceifeiros que cantam, essas vulgaridades de cinema de propaganda de todos os países se aproveitam do desejo de felicidade e liberdade, da necessidade de evasão do citadino preso ao escritório ou ao computador e privado de verdadeiros contatos humanos. Infelizmente, conhecemos por experiência que realidade de miséria e de angústia pode camuflar-se por detrás desses quadros risonhos.

A propaganda dispõe de toda espécie de recursos para criar a ilusão de unanimidade. Um meio de contágio mais difundido é, evidentemente, a manifestação de massas, comício ou carreatas. Distinguem-se facilmente os elementos destinados a transformar a multidão em um único ser: bandeiras, estandartes, emblemas, insígnias, inscrições, legendas, uniformes, música, projetores, tochas.

Deve-se levar em conta que o delírio da multidão não é um estado simples, que se mantém em crescente exaltação. É essencialmente um estado rítmico, com períodos de tensão, aos quais sucedem súbitos afrouxamentos. A encenação de uma carreata ou de um comício precisa considerar esse ritmo. Os oradores têm o cuidado de entremear os discursos com sentenças, frases irônicas que afrouxam inesperadamente a atenção dos ouvintes e provocam o riso, o melhor meio de moldar uma multidão, dando-lhe o sentimento de uma espécie de alegre cumplicidade.

A manipulação política

A manipulação, frequentemente esquecida, desempenha um papel importante em política, mas, exatamente como o boato, os manuais não a mencionam. A manipulação supõe primeiro a escolha de um alvo: procura-se o ponto fraco do adversário, avalia-se sua capacidade de reação ao acontecimento e monta-se a armadilha mais apropriada para enfraquecê-lo: por exemplo, no caso de um governo, agravando a ruptura entre governantes e governados às vésperas de eleições.

Em segundo lugar, é preciso escolher o suporte, o vetor da operação: o terrorismo, o boato, as operações antipessoais que visam ao mesmo tempo a um homem e a um sistema. Nos dois primeiros suportes, a vantagem – incalculável – é o anonimato, a impossibilidade de descobrir a fonte, a pessoa que concebeu a operação e, o que tem um efeito cumulativo, a incerteza na qual se deixa o adversário quanto à origem do golpe.

Em terceiro lugar, a eficácia da operação depende dos contatos, dos articuladores usados e especialmente dos meios de comunicação, que podem criar o acontecimento, amplificá-lo, explorá-lo (mesmo quando não há nada). Em quarto lugar, pode-se procurar orientar as consequências dirigindo a opinião para este ou aquele alvo privilegiado, determinado partido, político ou ministro.

Seria preciso examinar a adaptação dessa lógica aos três subsistemas que evocamos: terrorismo, boato, Watergate. Nos três casos, a experiência nos ensina que:

- A opinião é considerada ao mesmo tempo como objetivo e como meio: espera-se provocar uma agitação da opinião. Exploram-se sua sensibilidade, seu respeito a certos valores. Procura-se criar agitação em profundidade.
- Existe intenção de determinar uma crise ou, mais exatamente, uma ou várias rupturas dentro do sistema de governo, entre governantes e partidos, entre partidos, governantes e a opinião: a intenção é criar uma crise de confiança, tirar proveito do descontentamento difuso de determinado grupo, desestabilizar ou enfraquecer um governo considerado alvo prioritário, agravar a tensão com outros governos.
- Existe desproporção clara entre o que está em jogo – um atentado, um boato, um caso de espionagem entre partidos – e as consequências psicológicas e políticas, as ressonâncias populares, o acontecimento assim criado (por exemplo, a demissão de Nixon): o que caracteriza a manipulação é o ganho máximo com um risco mínimo, a transformação de um fato medíocre, insignificante em si, em acontecimentos políticos dos mais importantes.

A manipulação proporciona, realmente, um máximo de ganho, com um mínimo de custo: todas as precauções são tomadas para reduzir o risco – o anonimato da operação terrorista ou do boato, a incerteza sobre os motivos reais de operação. Se necessário, a manipulação pode ser posta em prática por partes, usando vários pontos de articulação; o que se vê de fora não corresponde de maneira alguma à trama real, diminuindo ou anulando os riscos de reação a reação (a reação pode ser ineficaz ou atingir o adversário errado, o que aumenta o ganho).

Esse tipo de operação exige um custo ideológico mínimo (ninguém é atacado diretamente, não se polemiza, nada está em jogo, aparentemente). Em certos casos, o risco é nulo: tudo – bem ou mal – é ganho, até o fracasso da operação deixa um saldo positivo (criou-se inquietude, a confiança ficou abalada, houve rupturas na opinião). O único caso em que há realmente fracasso é quando é possível atingir a origem da manipulação, desmascarar quem a concebeu: trata-se de caso raro e, de qualquer maneira, acumulam--se desmentidos e despistamentos.

Os ganhos da operação podem ser imediatos, aumenta-se a parte do fictício e do incerto no jogo político (a opinião e o governo dispõem apenas de ficções contra as quais lutar). Aumenta-se também a receptividade de certos elementos de articulação ou de certos atores dos meios de comunicação que são apenas "companheiros de um trecho da estrada", coloca-se o governo em falso (ele nada pode fazer, está condenado ao imobilismo – o que aumenta ainda mais a irritação cega dos governados contra ele). Tira-se proveito dos descontentes e fracionistas de todas as correntes, fundindo em uma só suas cóleras ou seus receios e enfraquecendo ainda mais o sistema: tirar proveito é uma técnica clássica de exploração da manipulação.

Vê-se, portanto, que os subprodutos desse tipo de operação são múltiplos e que se trata de ganhos consideráveis, às vezes duradouros. Nada existe que possa sustar os efeitos da armadilha montada, uma vez que não se conhece o adversário e que a opinião foi manipulada.

No nível primário, uma parte da opinião precipita-se na armadilha, manifesta sua hostilidade ao governo que, por definição, nada pode fazer (ele ignora a origem do caso, receia uma provocação ou tem medo de enganar-se de adversário). Ele é, portanto, necessariamente o perdedor.

No nível secundário, assiste-se a efeitos cumulativos: as reações de uma parte da população irritam uma ou outra parte e correm o risco de criar contrarreações.

As consequências na vida política são desprezíveis (ataques personalizados contra o presidente, o ministro etc.), como também não o são as consequências sobre o sistema (contestação, pelos meios de comunicação, da polícia e da justiça).

O jogo dos partidos políticos para tirar proveito do movimento de opinião só pode enfraquecer o governo, cuja margem de manobra é muito pequena; e esse jogo é feito com objetivos totalmente estranhos ao atentado.

No nível superior, cria-se então um acontecimento cujas consequências dificilmente podem ser medidas. A eficácia da manipulação depende, sobretudo, da conjuntura política que permite, ou não, uma amplificação das consequências aparentes, uma reprise (como em publicidade), que torna possível uma exploração pelos meios de comunicação (por exemplo, próximo a eleições).

A leitura do acontecimento assim criado deve ser feita em conjunto com acontecimentos anteriores e futuros. É o encadeamento desses acontecimentos (atentados, boatos etc.) que dá significação real ao atentado – que, em si mesmo, repetimos, é insignificante. Mas essa leitura é recusada pela opinião pública, que só vê o que é aparente, e pela *intelligentsia*, que precisa dessas aparências para alimentar suas especulações e seus processos ideológicos; como no caso dos boatos, há aqueles que exploram, tiram proveito, informam, amplificam e procuram aproveitar-se da situação confusa criada.

Discorrer sobre esses fatos é uma ocasião inesperada, uma dádiva dos céus para os meios de comunicação; é um ótimo pretexto para excluir, excomungar. O terrorismo intelectual – de direita ou de esquerda – vem acrescentar seus efeitos à manipulação: agitação que também deixa algumas marcas e que entra nos planos de quem concebeu a operação. O que caracteriza a manipulação é a exploração necessária dos bons sentimentos do povo, da *intelligentsia*, dos que informam, os quais carregam de roldão os partidos. É um elemento indispensável da armadilha, que deve fazer funcionar a imaginação dos diversos grupos e daqueles que informam.

Contra os bons sentimentos da opinião pública – os órgãos de informação – não há muito que fazer: a política não é racional, e um governo pode até correr riscos ao tentar desmontar publicamente o mecanismo da manipulação.

A manipulação é um fenômeno geral, permanente. Pode-se considerar que:

- A todo e qualquer momento, existem sempre várias estruturas de manipulação armadas, prestes a funcionar "em proveito de".
- Pode haver, em um dado momento, várias manipulações preparadas ou em preparação, mas as ocasiões de disparálas, considerando a conjuntura política e a probabilidade de repercussões políticas ou psi-

cológicas do alvo que se quer atingir, são menos numerosas do que se pode prever.

- Essas operações são concebidas ou realizadas segundo um encadeamento mais ou menos contínuo: não é para operação única que tem uma importância política, mas sim o encadeamento de operações de manipulação em um determinado lapso de tempo; sua trama é mais ou menos bem concebida e os efeitos cumulativos são mais ou menos bem calculados.

Essas operações exigem, frequentemente, fases de preparação, de sensibilização de opinião ou de "desinformação", que são difíceis de perceber de antemão e, em parte, pertencem ao campo da clandestinidade (senão uma política preventiva de contramedidas poderia ser colocada em funcionamento); quem concebeu a operação e seus articuladores realizam todos os esforços para manter o segredo dessa fase de preparação que permitirá "criar", literalmente, o acontecimento.

As operações de manipulação apresentam, portanto, um jogo muito complexo no qual aqueles que as concebem obtêm um rendimento máximo, desde que respeitem as regras desse jogo: manter o adversário na incerteza da origem real do golpe, orientar a opinião em direção de falsos responsáveis. Sem dúvida, os que articulam, ou exploram, ou aproveitam a situação criada têm outros objetivos próprios, mas seu jogo faz "objetivamente" parte do sistema ou do programa (o "organizador" pode também desempenhar seu papel na exploração do acontecimento, uma vez este criado).

Não se fala muito desses mecanismos de manipulação por diversas razões:

- primeiro, porque os meios de comunicação (e seus professores de moral) estão geralmente na berlinda; ora, a noção de independência dos meios de comunicação (da imprensa escrita, especialmente) é um tabu de nossos tempos; e
- em segundo lugar, porque a manipulação, sob certos aspectos, consegue colocar em julgamento a intervenção de governos estrangeiros (o terrorismo internacional ou nacional parece dispor de apoios singulares): o verdadeiro problema, nesse caso, é o da proteção da independência nacional, expressão que não agrada muito a certos intelectuais, e da "independência" mais ou menos fictícia de certos setores da opinião de um Estado liberal. Ora, como pode um Estado liberal se defender contra operações desse estilo? Ele cai na armadilha de seu próprio liberalismo.

É importante destacar que os manuais não mencionam o importante papel da manipulação na propaganda política e que o assunto deve ser abordado e não constitui incondicional apoio ao seu uso. Há um fator ético que deve suplantar o uso de qualquer ferramenta, que deve vir à frente. É necessário entender como o processo se faz presente na propaganda política, mas não como um manual para seu uso, e sim como um painel que busca apresentar o tema de maneira transparente, apontando como e de que forma a manipulação é utilizada e quais os seus efeitos.

O marketing na política brasileira

Na política, uma das variáveis mais imprevisíveis é o próprio produto: o candidato. Várias tentativas já foram realizadas para uma aplicação correta de um plano mercadológico, e as primeiras utilizaram apenas pesquisas. O pioneiro foi Adhemar de Barros quando, no final da ditadura Vargas, se candidatou ao governo do estado de São Paulo. Sabia de sua vitória antecipadamente graças ao trabalho então encomendado ao Ibope. Posteriormente, os dados de pesquisas eram veiculados sem qualquer censura ou controle pelos candidatos, como argumento para convencer os indecisos. E tanto deu certo essa estratégia que chegou a ser proibida. Hoje, as entidades e empresas que realizaram, para conhecimento público, pesquisas de opinião pública relativas às eleições de 2014 registraram cada pesquisa na Justiça Eleitoral até cinco dias antes da divulgação de cada resultado, conforme disciplinamento da Resolução do TSE nº 23.400, de 17 de dezembro de 2013.

Do âmbito do estado de São Paulo, o interesse da pesquisa de opinião pública da área político-partidária ampliou-se pelo Brasil. Foi utilizada nacionalmente e, em âmbito regional, por um sem-número de candidatos. Já se uniam duas importantes ferramentas de marketing: pesquisa e propaganda. Mas há casos de planos integrados que, muitas vezes, falham porque o candidato... Bom, mas essas falhas e outros detalhes podem ser mais bem relatados por pessoas e empresas que se envolveram, como profissionais de propaganda ou marketing, em casos de campanhas políticas que podem servir como exemplos do que deve e do que não deve ser feito. Evidentemente, em algumas situações há que se evitar identificação pública, fato bastante compreensível. O candidato poderá ser reincidente específico, e não convém entregar suas armas aos adversários. Poderá, assim, utilizar as próprias falhas para uma reciclagem.

Apesar dos grandes progressos que a publicidade apresenta no Brasil, a propaganda política ainda tem sido intuitiva, com grande influência do próprio candidato e da estereotipia de táticas eleitorais. É uma atividade bastante nova, pois somente de 1982 para cá, com a reconquista da democracia e o restabelecimento das eleições diretas, é que começaram a ser empregados com mais intensidade os modernos instrumentos do marketing.

Nas eleições da década de 1980, a maioria dos candidatos, tanto para os cargos executivos como para os legislativos, entregou suas campanhas para as agências de publicidade, utilizando-se de planejamento com análise do momento político, forças dos candidatos, uso de publicidade, relações públicas e promoção de vendas, organização e ritmo da campanha, análise da eficiência e seleção de meios, pesquisas das tendências eleitorais e anseios da população. Enfim, uma técnica apurada com estratégias e táticas bem definidas.

O grande perigo é quando se faz tudo certo e o trabalho começa a surtir efeito. O candidato começa a ter repercussão, as pessoas principiam a olhar para ele e algumas outras começam até a se convencer... Aí o candidato passa a querer fazer tudo sozinho. Joga todo o planejamento embaixo da mesa e passa a não acreditar mais nas pesquisas.

Há outro problema. Em política, as coisas têm de ser feitas com rapidez. E elas são muito maleáveis. Às vezes, um fato que nada tem a ver com o candidato pode pôr tudo a perder – ou, então, levá-lo para cima. Às vezes, uma palavra dita fora da presença do assessor da campanha pode determinar que o candidato perca um bairro, uma cidade, um estado ou até um país. Então, além do planejamento, é necessário que haja alguém imbuído de que o planejamento é importante e que esteja sempre ao lado dele. Que o acompanhe para seu fiel cumprimento. É preciso não esquecer que o produto é dinâmico. Não é aquele que se coloca na prateleira e fica lá... Muitas vezes, ele não fica. É quando o candidato não faz as coisas que a assessoria indicou.

É preciso entender que não se pode vender um candidato como se vende um sabonete. Uma das funções do marketing é transmitir ao consumidor uma emoção criada sobre uma coisa quase sempre inanimada. E um candidato não é uma coisa inanimada, sem vida, sem caráter, como um produto qualquer. Levando-se em conta essa "peculiaridade", as táticas a serem adotadas são as mesmas de uma campanha promocional comum, simplesmente transpondo do comércio para a política todo o arsenal técnico disponível: as pesquisas e sua interpretação, a definição dos objetivos estratégicos e do público-alvo, a identificação dos atributos do candidato, a avaliação dos fatores objetivos e subjetivos da campanha e a criação a partir desse conhecimento global.

Em uma campanha eleitoral, a exemplo de um lançamento comercial, devem-se analisar o candidato (ou produto) e o mercado (ou eleitorado).

Quanto ao candidato, assim como se estuda a embalagem de um produto, cuida-se de seu aspecto, sua forma de falar e de se vestir, seu jeito de andar etc. Tal como se examina a qualidade intrínseca de um produto, analisam-se as ideias do candidato, destacando-se as melhores. Quanto ao mercado, é preciso levar em conta os aspectos geográficos, econômicos e sociais que determinam ou influem em sua dimensão.

Exemplificando: o partido equivale à fábrica, os diretórios aos canais de distribuição, os cabos eleitorais aos atacadistas, e os eleitores aos consumidores finais.

O marketing político e a propaganda governamental

A função da propaganda governamental deve ser comunicar ao povo o que o governo deseja fazer, o que está fazendo, como uma derradeira prestação de contas dos compromissos assumidos e, por outro lado, colher subsídios junto à população para traçar uma linha administrativa que atenda a suas reivindicações. Para isso devem ser traçadas diretrizes de uma política de comunicações utilizando-se não somente os meios de comunicação de massa da propriedade privada, mas também órgãos de comunicação do governo (House Organs, RTC, Diário Oficial).

Não se pode pensar em estabelecer o monopólio da informação, nem se valer da verba da propaganda para tentar um nível de controle da informação, pois atitudes desse tipo só servem para desinformar o público e manter-se mal informado sobre o que o público pensa. Deve ser estabelecido um plano de marketing político, no qual a comunicação deverá atingir objetivos múltiplos, dentro de critérios de possibilidade econômica e da convivência social.

Propaganda governamental competitiva

É maior a oportunidade em áreas com alternativas de mercado privado, isto é, as empresas públicas competem com as empresas privadas na oferta de produtos. Nesse caso, temos duas possibilidades: a competitividade em que existe o interesse do fator lucro (que, no caso das empresas públicas, se reverte em benefícios sociais) e a competitividade pelo exercício de tarefas semelhantes, servindo a empresa estatal como uma abertura para os mais carentes.

No primeiro caso estão empresas como os bancos estatais, que utilizam verbas provenientes do resultado do próprio negócio, não sendo usada verba oriunda de impostos. No segundo, educação (escolas), saúde (hospitais) e moradia (habitação), que competem com a iniciativa privada, fazem propaganda com a utilização de receitas de impostos, mas em contrapartida oferecem serviços à população.

Propaganda governamental de serviços comunitários

São os serviços em que há cobrança de valor monetário e que oferecem grandes possibilidades de marketing. Em contrapartida, são serviços que, pelo seu valor social, não admitem lucro e, muitas vezes, chegam a trabalhar em regime deficitário, sendo subsidiados com verbas de impostos e taxas. Incluem-se os serviços de transportes, estacionamento, os de gás, água e esgotos; os Correios ou casos como os de habitação financiada pela Caixa Econômica Federal.

Propaganda governamental de serviços sociais

São os de mérito social, por contribuírem com benefícios sociais, como a redistribuição da riqueza ou a saúde, a educação etc. Incluem-se o ensino de forma ampla, a Defesa Civil, o Corpo de Bombeiros. São casos em que a propaganda é usada mais para reprimir a utilização dos serviços do que para provocar a sua demanda. São de efeito preventivo: campanhas como a de serviços contra enchentes, a de menores abandonados, a da velhice desamparada, a de conservação de bens públicos etc.

Propaganda governamental de serviços de uso voluntário

São os casos em que o marketing tem maior aplicação em serviços (ou produtos) cuja aquisição e consumo são feitos voluntariamente. Como exemplo, citamos a utilização de bibliotecas públicas, serviços postais, hotéis etc.

Propaganda governamental informativa

É a propaganda utilizada como prestação de contas dos atos governamentais e da aplicação do dinheiro público. É mais ou menos utilizada, dependendo da cobertura noticiosa que a imprensa dá às obras públicas. É a informação de início de programas, de conclusão de obras, de previsões orçamentárias. São destacados também os casos em que produtos ou serviços têm pouca alternativa de valor monetário, o que torna difícil a prática de marketing. Por exemplo: Defesa Nacional, Segurança Pública, serviços de saneamento, a maioria das formas de educação, assentamento de terra etc.

Propaganda governamental cultural e de lazer

Tem muita utilidade no marketing que pretende obter a participação popular e que vise ao desenvolvimento cultural e ao aprimoramento do lazer, como programação de visitas aos museus, zoológicos, concertos sinfônicos, teatro, balé, hábito de leitura, competições esportivas, passeios a pé, de bicicleta, ginástica comunitária etc.

Propaganda governamental institucional

É utilizada nos casos em que o fortalecimento da imagem do governo deve interagir com a ação da população no sentido de obter maior cooperação e credibilidade, mediante o respaldo para a motivação popular em torno do programa de governo.

A informação como essência da democracia

O Poder Público deve prestar contas comunicando suas ações ao povo, em nome do qual o poder é exercido. Deve também manter fluentes e contínuos seus canais de comunicação com o povo, para saber o que este quer.

Portanto, a essência da democracia traduz-se nessa via de mão dupla da comunicação entre a opinião pública e seus governantes, a tal ponto que, se uma dessas vias é bloqueada, seja no caso de censura, seja impedindo os canais de expressão popular, a democracia fica ameaçada, ou pelo menos não terá um bom funcionamento.

Não pretendemos discutir o papel político da propaganda do governo, mas situá-la em um contexto maior de responsabilidades sociais, no qual ela é fundamental para a própria existência da sociedade. Na propaganda de governo, a comunicação estabelece-se com três públicos: o cidadão, o contribuinte e o usuário de serviços públicos, todos eles consubstanciados na figura do indivíduo, cuja satisfação e felicidade devem ser objeto da ação do Estado.

Prestar contas à população de seus atos é um dever de todo governo, como uma forma de manter os cidadãos informados das ações e realizações, fazendo uma administração transparente. Sedimentado na vontade popular, eleito democraticamente nas urnas, o governo não precisa usar de artifícios para conquistar a simpatia do povo. Ele se impõe pelo resultado de uma ação efetiva emanada do próprio povo com a sua participação, e a prestação de contas na forma publicitária deve ser feita com destaque aos benefícios que o povo usufrui nos serviços que o Estado proporciona.

Reiteramos a premissa de que não há democracia senão onde o povo é mantido informado e chamado a conhecer a vida pública. Não se trata unicamente de instrução de formação intelectual, mas também dos negócios públicos. É preciso esclarecer o povo sobre os problemas de que depende o bem-estar social.

A internet veio contribuir para que a informação seja mais acessível à população. Sites como do Portal do Governo Brasileiro (www.brasil.gov.br/), Portal de Serviços e Informação do Governo Federal (www.e.gov.br/), Portal do Rio Grande do Sul (www.estado.rs.gov.br/), Portal do Rio de Janeiro (www.governo.rj.gov.br/), Portal do Senado Federal (www.senado.gov.br/), Portal da Assembleia Legislativa do Estado de São Paulo (www.al.sp.gov.br) ou ainda uma ferramenta que fornece informações "cruas" sobre todos os candidatos às eleições para todos os cargos de todos os partidos do país (www.tse.gov.br) permitem maior acesso de todo cidadão ao que está acontecendo nas instâncias governamentais.

Os canais de TV que transmitem ao vivo seções da Câmara Federal, do Senado Federal, do Supremo Tribunal Federal, entre outras, permitem mais vigilância sobre o papel e o trabalho dos representantes do povo, contribuindo sobremaneira para a manutenção e o desenvolvimento da democracia. É o papel do povo como guardião da democracia, fazendo uso de uma poderosa arma que é a informação.

A chamada grande imprensa não se caracteriza por bem informar o público dos atos governamentais e, quando o faz, na maioria das vezes, não é eficiente no conteúdo, nem na exatidão ou na ênfase. Assim, o governo usa a informação metódica a serviço das verdadeiras causas do interesse público, útil a toda a coletividade, com mensagens que são de utilidade pública e constituem obrigação do Estado.

Atingindo os cidadãos, indivíduos de uma coletividade, processa-se a comunicação Estado-povo e povo-Estado, a partir de uma política de ação social que tem de ser construída sobre a vontade popular, planejada e traçada com base nos caminhos que buscam o bem comum. A execução dessa política exige processos muito bem estruturados de comunicação, seja para captação desses anseios, seja para corrigir eventuais desvios de rota, para comunicar ações de incentivo e evolução social ou, simplesmente, prestar contas da administração, submetendo-a à apreciação da sociedade.

Também se utiliza a comunicação como um instrumento básico de relacionamento governo-sociedade, na medida em que o governo e seus órgãos usam os meios de comunicação de massa para expor, informar e orientar os cidadãos contribuintes. A comunicação, nesses casos, é a própria essência da igualdade de direitos, pois os benefícios sociais que não forem convenientemente divulgados só serão aproveitados por uma minoria, caracterizando intolerável privilégio.

É essa a razão do uso da comunicação por ministérios, secretarias, empresas ou departamentos e todos que podemos agrupar como necessidade de informar e orientar a população sobre seus próprios serviços e como utilizá-

-los, embora entre ela e esses órgãos governamentais não exista propriamente uma relação comercial. E cada vez mais o cidadão pagador de impostos toma consciência de que os serviços públicos que lhe são oferecidos são por ele custeados e não se trata de benemerência do governo.

Há ainda as empresas governamentais que disputam o mesmo mercado de empresas da iniciativa privada. Trata-se de empresas, do ponto de vista do marketing, iguais a quaisquer outras, obrigadas inclusive a apresentar resultados – remunerar seus acionistas e conquistar seu consumidor. Elas utilizam verbas que não são componentes do orçamento do Estado, não têm como receita os impostos estaduais, são oriundas da venda de seus serviços, resultado de sua imagem pública e da aceitação popular que têm.

Suas verbas e estratégias de comunicação são determinadas por estudos que levam em conta o mercado, a concorrência e os objetivos da empresa. Essas verbas e estratégias não devem ser divulgadas, pois tal atitude seria de enfraquecimento diante de seus concorrentes, elementos que possibilitarão que eles utilizem táticas estratégicas das empresas que disputam o mesmo mercado. Não é ética, nem recomendável em termos de marketing, nem praxe do mercado publicitário, a divulgação desses dados.

As campanhas do governo são democráticas, se não forem impostas, se se despirem de toda forma de autoritarismo e força, quer quanto ao seu conteúdo, quer quanto ao processo de comunicação.

Obviamente que esse processo supõe o uso de meios de comunicação de massa, cuja exploração no Brasil foi entregue pelo próprio governo a empresas particulares. Entendemos, pois, que o uso desse poder de comunicação dos veículos deve ser pago pelo Poder Público em qualquer instância. A não adoção dessa prática gera o abuso indiscriminado do Poder Público, alterando a relação de poder entre o governo e a sociedade.

Conclusões

Victor Hugo já dizia que "não há nada mais importante do que uma ideia, cuja oportunidade chegou". Em termos políticos, pode significar que não basta ter a ideia, é preciso, igualmente, que surja a ocasião, o sentido de oportunidade para pô-la em execução.

Partindo de princípios elementares do setor de comunicações, observando determinadas leis do marketing moderno, empregando certos conceitos básicos da propaganda e da promoção, chegamos à conclusão de que uma campanha pública pode e deve ser conduzida tal e qual uma campanha para produtos ou serviços privados. A diferença, se é que existe, talvez seja que na propaganda comercial lidamos com fatos, elementos tangíveis, dados palpáveis e objetos mensuráveis, enquanto na propaganda política lidamos com partidos, candidatos, redutos, diretórios, cabos eleitorais e seus familiares, isto é, pessoas que podem, direta ou indiretamente, exercer influências positivas ou negativas e, assim, alterações profundas nos resultados finais.

Há que se considerar, ainda, os vários estágios do processo político e dos próprios candidatos, com suas plataformas e suas personalidades instáveis, as injunções partidárias, a legislação pertinente, a falta de uma programação preestabelecida e, o que parece mais importante, as limitações impostas pela absoluta falta de uma estrutura racional capaz de formar e informar a opinião pública sobre as marchas e contramarchas de todo o processo político-partidário.

Como conciliar, então, esses fatores, aqueles princípios, aquelas leis, com os interesses do candidato, do partido, dos eleitores? Como atender, ao mesmo tempo, ideias e pensamentos discrepantes, pessoas e grupos conflitantes, propósitos e objetivos divergentes? Esse é o desafio. Toda a questão se resume em saber lidar eficiente e criteriosamente com aqueles que, pelo exercício do voto, podem tirar alguém do cargo que ocupa e colocar um pretendente a esse cargo.

Essa é uma tarefa fácil e difícil ao mesmo tempo. Tarefa fácil se considerarmos os princípios mercadológicos da equivalência dos fatores mencionados (partido com indústria etc.). A dificuldade reside em detectar os obstáculos a serem superados para que todo o processo mercadológico se desenvolva tendo em vista a promoção, a venda, a distribuição e a absorção do candidato.

A grande dificuldade é que, ao contrário do que ocorre em uma indústria, a máquina partidária só é acionada às vésperas das eleições, estando o produto, ou seja, o candidato, assim como tudo o mais que o cerca, completamente despreparado para atender com objetividade à demanda, nem sempre crescente, de um nome, uma imagem, um apelo adequado e aos anseios e expectativas do eleitorado. Isso porque nossos partidos só funcionam alguns meses antes das eleições.

Assim, normalmente, a maioria das campanhas realizadas ainda é insossa, grotesca, ignorante, ou simplesmente se limita a apelos demagógicos, aos chavões, às frases feitas, às críticas ao outro candidato. Não são feitas pesquisas completas, não existe uma filosofia partidária, não há uma política preestabelecida em que se basear para criar, produzir e divulgar uma campanha eleitoral.

Devemos pensar, também, que hoje em dia o povo deseja não apenas líderes políticos com boa aparência, bem-falantes, extrovertidos. Ele quer, além disso, candidatos com conteúdo, com mensagens que traduzam suas aspirações, suas inquietudes – inquietudes que são, em grande parte, frutos de insegurança provocada pela conjuntura em que vive o povo.

 Assim, pode-se afirmar que, quanto mais cedo os partidos e os candidatos se conscientizarem do verdadeiro papel que lhes está reservado, maiores chances terão. Que, a exemplo do que se faz na indústria, uma pesquisa periódica sobre as aspirações populares e os anseios dos eleitores poderá ajudar a detectar problemas e encaminhar suas soluções. Que uma análise mais objetiva, mais consentânea com as demandas do povo, poderá criar maiores e melhores oportunidades. E que aqueles candidatos e partidos que desejarem sobreviver à ameaça de sumir, de se extinguir, devem urgentemente aproveitar essa oportunidade, o momento presente, para consolidar suas posições, procurando até, se possível, ampliá-las e alargá-las.

10

LEIS E REGULAMENTOS

As regras do jogo

Construir uma campanha publicitária, como visto ao longo de todo o livro, não é simples: é necessário um grande número de pessoas, de entidades, de relacionamentos.

Um lado da cadeia produtiva envolve dinheiro e risco e, por isso, envolve estratégia e responsabilidade. O outro lado envolve o consumidor, ou melhor, pessoas, classificadas mediante estudos da estatística, da psicologia, da sociologia. E isso implica ainda mais responsabilidade.

Profissionais e pesquisadores que trabalham e estudam o campo da comunicação publicitária têm ainda muitas dúvidas a respeito dos verdadeiros efeitos da mídia na sociedade. Ainda estão longe de encontrar a resposta para diversas perguntas sobre o papel das mídias, os seus efeitos na "massa" e se de fato existe uma "massa", um corpo social único. Essas perguntas podem aparecer quando o profissional questiona os efeitos de seu próprio trabalho. Será que criar uma grande campanha de cigarros, um produto que comprovadamente vicia e faz mal à saúde, é ético? Mas se existe essa "necessidade" no mercado consumidor, por que não a atender? É correto promover campanhas publicitárias que criam mundos fantasiosos, mergulhando o consumidor em uma ilusão de que ele pode "ser" se "tiver"? Ou essa é apenas a exploração comercial de mais uma necessidade identificada? Estamos jogando pelas regras ou as estamos criando?

Não há respostas certas ou erradas para essas questões. O que podemos afirmar é que elas costumam aparecer quando o publicitário se sente encurralado pelo seu próprio senso de ética. No entanto, a característica da ética profissional que pode transformá-la em um problema é a sua subjetividade.

Por isso, surgem as organizações que buscam controlar a publicidade, dizer o que pode e o que não pode no jogo publicitário, e com frequência essas entidades são organizadas pelos próprios profissionais da área, na tentativa de auxiliar o desenvolvimento de todo o setor. Nesse sentido, a Associação Brasileira das Agências de Publicidade (Abap) publicou, em 2011, os Indicadores de Sustentabilidade para a Indústria da Comunicação e a Associação dos Profissionais de Propaganda (APP) instituiu, no ano de 2014, o Código de Ética dos Profissionais de Propaganda, ambos destacados ao final deste capítulo.

É assim que se justifica o fato de haver relatórios com as leis que regulam o setor publicitário, o que era difícil de encontrar há alguns anos. Entrar em contato com organizações, advogados e até com o governo para obter cópias das leis ou para obter modelos de contrato, ou para descobrir novos talentos publicitários, exigia um esforço extra do profissional da área.

Há ambientes na internet que disponibilizam toda essa informação atualizada e completa, complementada com as diversas organizações que auxiliam profissionais e estudantes a entender as regras do jogo publicitário, oferecendo todo tipo de ajuda na compreensão desse ambiente de negócios e na adequação a ele, com material pronto para impressão.

Hoje a facilidade de contato com as diversas entidades que controlam o setor e com aquelas que auxiliam o profissional é enorme. Grupos que disponibilizam material de qualidade que envolve a base operacional (como emissão de contratos), passando pela descoberta de novos talentos, até grupos que discutem a ética na comunicação, tudo está "mais disponível".

Como referência de pesquisa, foi feito um levantamento com os profissionais do setor e com os ambientes on-line mais importantes para quem busca compreender essas regras do jogo. Os parágrafos seguintes, em vez das leis na íntegra, trarão nomes, endereços e indicações de entidades que são referência para todos os profissionais da área, seja no mercado de trabalho ou no ambiente acadêmico.

Princípios básicos na relação entre agências e cliente

Uma vez que as agências de propaganda prestam serviços profissionais adaptados à necessidade de cada cliente-anunciante, há uma flexibilidade e variação nos contratos de trabalho entre as agências e seus clientes. Entretanto, vários princípios foram estabelecidos pela tradição e experiência, e atualmente o seu relacionamento está previsto por lei federal.

Deve ficar bem patente que não é função da agência financiar a propaganda de seus clientes, pois qualquer financiamento dessa espécie envolveria tal volume de capital que muitas agências tecnicamente capazes, mas de capital modesto, seriam eliminadas. Para perfeito desenvolvimento das relações agência-cliente, é recomendável que esse relacionamento se processe de acordo com as leis que regulamentam a atividade.

Nesse sentido, diversas organizações auxiliam agências e anunciantes, no ambiente legal inclusive. Vários sites disponíveis na internet oferecem documentos e programas que podem servir de modelo para que o relacionamento agência-cliente siga as normas legais, garantindo também que seja protegido por elas. A seguir há um resumo de alguns desses sites,[1] com uma breve descrição e link para acesso.

Sobre defesa da concorrência

Conselho Administrativo de Defesa Econômica (Cade) – www.cade.gov.br

Órgão do governo que fiscaliza os abusos de poder econômico que podem ser gerados em processos de concentração de empresas (fusões, incorporações e associações), prevenindo negócios desse tipo que sejam danosos à concorrência. O Cade ainda tem poder para impor obrigações às empresas envolvidas para evitar danos às organizações atuantes no mesmo setor.

Além de ter papel fiscalizador, o Cade orienta os interessados. O seu site permite uma série de consultas a processos, apresenta e detalha taxas, apresenta relatórios e oferece acesso à pesquisa de pessoas e processos, além de dar notícias sobre audiências, decisões jurídicas e outros temas relevantes.

O site ainda dispõe todas as leis que protegem a concorrência, com destaque para:

- Lei nº 8.884, de 11 de junho de 1994, que proíbe a concorrência desleal.
- Decreto nº 57.690, de 1º de fevereiro de 1966, que tem ligação com a Lei nº 4.680, que regulamenta a atividade de publicidade no Brasil, a própria profissão e o código de ética desses profissionais.

---

[1] Descrições feitas com base em visitas aos endereços especificados.

Instituto Brasileiro de Estudos de Concorrência, Consumo e Comércio Internacional (Ibrac) – www.ibrac.org.br

Entidade sem fins lucrativos que promove pesquisas, seminários e workshops sobre temas relacionados à defesa da concorrência, comércio internacional e consumo.

Além dos cursos e seminários, o Ibrac ainda oferece revistas com diversas notícias e artigos sobre o tema. Os números mais antigos estão disponíveis para download no site e podem servir como importante fonte de estudo. O site reúne também as leis, portarias e resoluções mais relevantes, podendo servir de guia rápido para quem procura dar os primeiros passos para o entendimento desses temas.

Conselho Executivo das Normas-Padrão (Cenp) – www.cenp.com.br

Extraído do próprio site:

> O Conselho Executivo das Normas-Padrão é uma entidade criada pelo mercado publicitário para fazer cumprir as Normas-Padrão da Atividade Publicitária, documento básico que define as condutas e regras das melhores práticas éticas e comerciais entre os principais agentes da publicidade brasileira.

O site do Cenp é bastante didático e tem muita informação relevante para qualquer profissional da área, com diversas explicações, documentos e manuais que demonstram métodos e processos.

O site disponibiliza:

- Formulários e instruções para obtenção de Certificado de Qualificação Técnica em publicidade.
- Acesso a bancos de pesquisa de mídia disponibilizados pelo Ibope, Ipsos-Marplan e IVC.
- Documento com todas as normas-padrão da atividade publicitária.
- Manual de procedimentos licitatórios.

O Cenp existe desde 1998 e já passou por algumas revisões, em 2000 e 2002 e em 2007. Isso não altera o fato de o site do Cenp ser referência para qualquer profissional e estudante publicitário, sempre apontando quaisquer mudanças e atualizações feitas em suas normas.

Sobre associações do setor

Associação Brasileira de Agências de Publicidade (Abap) – www.abap.com.br

A Abap envolve grande parte das agências nacionais, "representando os interesses das agências de publicidade associadas à indústria da comunicação, poderes constituídos, mercado e sociedade", como consta em seu site.

O site dispõe de diversos guias e documentos para quem quer conhecer o ambiente publicitário, como estudos sobre a indústria da comunicação no Brasil e legislações mais relevantes para o setor.

Associação dos Profissionais de Propaganda (APP) – www.appbrasil.org.br

A APP é reconhecida pela sua tradicional atuação no mercado publicitário. Tornou-se a entidade que não apenas representa as agências, mas também as pessoas físicas profissionais.

Oferece cursos, palestras e promove concursos, com destaque para o Festival Universitário de Propaganda (*Fest'Up*), que busca a aproximação de estudantes de publicidade com as organizações e os profissionais consagrados do setor.

Associação Brasileira de Propaganda (ABP) – www.abp.com.br

A ABP é a mais antiga entidade do setor em nosso país; foi fundada em 16 de julho de 1937 com os seguintes objetivos: trabalhar pelo desenvolvimento e enobrecimento da propaganda; incentivar o desenvolvimento das técnicas de propaganda; defender os interesses dos que trabalham nessa área. Promove uma série de atividades de valorização dos profissionais e do setor que merecem ser conhecidas.

Clubes ou grupos

Muitas das funções do universo da propaganda estão propondo grupos ou formas associativas para troca de experiências e desenvolvimento de seus profissionais. Hoje, a maioria dos médios e grandes centros de propaganda já conta com alguns desses grupos, e vale a pena visitar seus sites, pois disponibilizam diversas informações importantes para quem estuda e quer saber mais sobre a área. Alguns deles (nos quais há links para vários outros) são:

- Clube de Criação de São Paulo (www.ccsp.com.br).
- Clube de Criação do Rio de Janeiro (www.ccrj.com.br).

- Grupo de Mídia (www.grupodemidia.com.br).
- Grupo de Planejamento de São Paulo (http://grupodeplanejamento.typepad.com/v1/).

Sobre filmes

Sindicato dos Trabalhadores na Indústria Cinematográfica do Estado de São Paulo (Sindcine) – www.sindcine.com.br

O site do sindicato pode servir como um bom começo se você desejar guias, explicações e auxílios básicos para estudar ou atuar na profissão. Há acesso fácil para algumas normas de equipes de filmagem estrangeiras, procedimentos-padrão para filmagem no Brasil, contatos para tirar dúvidas e até software para auxílio de confecção de contratos de trabalho.

Os destaques do site são as abas:

- Profissionais: tabelas com piso salarial para os profissionais de filmes e vídeos publicitários, com indicação das diversas funções cinematográficas.
- Legislação: resoluções, instruções normativas, medidas provisórias, portarias, decretos e leis mais relevantes para quem atua no setor. Alguns podem ser baixados em arquivo; outros estão no corpo do site.

Para quem busca mais informações legais, o Sindcine indica o site da Ancine, que disponibiliza todo o cenário legal nacional.

Agência Nacional do Cinema (Ancine) – www.ancine.gov.br

Esse site do governo disponibiliza diversas informações para quem atua na área ou estuda filmagem. Se você não busca nenhum arquivo ou documento e apenas está à procura de ajuda, vale a pena começar olhando a aba "espaço do usuário", que contém vários guias que atendem aos problemas mais comuns, oferecendo também algumas outras formas de contato, caso queira informações mais específicas.

A própria Ancine define seu site da seguinte forma:

> Através desta página oficial, a Ancine disponibiliza à classe cinematográfica, pesquisadores, jornalistas e interessados em geral, dados estatísticos, boletos de recolhimento, referentes às opções de mecanismos legais, formulários, editais, informações e notícias, na intenção de facilitar o acesso à informação a respeito de suas realizações e competências.

Nesse site, podemos encontrar:

- Legislação: leis, decretos, portarias, medidas provisórias, atos de outros órgãos, acordos internacionais de cinema, legislação de outros países, instruções normativas e outras legislações.
- Editais e apoio: editais de fomento em distribuição, coprodução e finalização, programas de apoio, prêmios e incentivos do governo brasileiro.
- Biblioteca: informes, artigos, dados de mercado, informações de festivais e eventos nacionais e internacionais.
- Espaço do usuário: perguntas frequentes, contatos e manuais para filmagem e produção dentro e fora do Brasil, para brasileiros e estrangeiros.

As diversas leis que regulamentam os filmes, incluindo os publicitários, podem ser encontradas no site da Ancine. Todas as leis estão disponíveis para download.

Sobre fotografia

Associação Brasileira dos Fotógrafos de Publicidade (Abrafoto) – www.abrafoto.org

Além de informações sobre profissionais do setor, parceiros e até classificados de produtos e serviços relacionados, o site tem bastante informação sobre a prática da profissão de fotógrafo. Seus guias vão de sugestões de organização até a parte legal da profissão.

No site da Abrafoto ainda encontramos:

- Planilha e composição de custos: pode ser usada como um *check-list* do orçamento e também como uma explicação detalhada do cachê do fotógrafo, das verbas de produção, despesas gerais e impostos.
- Utilização da fotografia na publicidade: explicações e guias sobre suas diversas utilizações, períodos de validade, categorias, mídias, territórios, direitos e licenças.
- Orçamento-padrão Abrafoto: define os direitos e deveres do fotógrafo e do cliente, estabelecendo todas as regras e protegendo ambas as partes, durante e depois de terminado o trabalho.
- Como preencher a nota fiscal: guia simples com os pontos mais importantes no preenchimento do documento.

- Protocolo de entrega de fotografias: modelo de prova da execução, entrega e recebimento das fotos encomendadas.
- Autorizações: modelos de autorização de uso de imagem com fim comercial, sem fim comercial, autorização de modelos e termo de compromisso.
- Portfólio: dicas e roteiro para construção e organização de portfólio profissional.
- Direito autoral: explicações sobre o que é, funções e aplicações. Disposição completa da Lei do Direito Autoral (nº 9.610/98).

Além disso, existem alguns modelos de contrato para quem presta serviços relacionados. Com o objetivo de auxiliar o profissional da área em sua organização e defesa legal, de forma que possa reivindicar direitos e cumprir seus deveres, esses contratos são bons guias para quem está começando ou ainda tem pouca experiência no setor.

No ambiente "Contratos" de seu site, a associação dispõe as várias situações com as quais o fotógrafo pode deparar. Há o cuidado de deixar claro que tais situações devem ser tratadas de maneira adequada, de acordo com o que for encomendado pelo seu cliente (agência/anunciante). Vale esclarecer que, apesar de o modelo envolver o contrato com os fotógrafos, a preocupação legal com qualquer profissional envolvido no setor publicitário deve estar sempre presente e, por isso, essas propostas devem ser ajustadas conforme o modelo de negócio ou a relação com o cliente.

Sobre contratos, cartas, atas e outros documentos

Como qualquer outro profissional, o publicitário deve preocupar-se com o ambiente legal de seu trabalho. O relacionamento com entidades jurídicas e físicas torna necessário um cuidado extra no percurso e no fechamento das negociações, bem como em todos os processos, registrando-os e oficializando-os devidamente.

Esse tema às vezes é "indigesto" para estudantes e profissionais, principalmente para aqueles que têm pouca experiência prática ao lidar com direitos e deveres sobre esse aspecto. Além do mais, não é da formação do publicitário conhecer a fundo o lado jurídico de sua profissão e, por isso, esse aprendizado costuma surgir conforme a necessidade profissional, no dia a dia do trabalho em agências, empresas e como profissional *free-lancer*.

Para ajudar aqueles que precisam mergulhar nesse ambiente legal, diversos sites dispõem modelos de documentos oficiais que podem auxiliar profissionais ou estudantes (da área publicitária, inclusive). Além dos sites de associações apontados anteriormente, outros importantes ambientes que servem como guia nesse processo são:

Site Contábil – www.sitecontabil.com.br

O site é de uma empresa que busca atualizar conteúdos contábeis, implementação de softwares contábeis etc. Pela própria proposta de negócio, o site possui, de maneira aberta a visitantes, diversas informações úteis para quem é da área ou para aqueles que estão precisando aprender mais a respeito ou buscar boas referências. O destaque aqui vai para o campo "modelos de documentos",[2] no qual há links com modelos para cartas, cessões, compras, locações, contratos de serviços, convenções, recibos, requerimentos etc.

Extraídos desse site, alguns modelos podem ser úteis para a maioria dos profissionais do ramo, como:

- Contrato de prestação de serviços de agenciamento e divulgação de imagem.
- Contrato de cessão de direitos autorais.
- Contrato de publicidade.

Esses modelos estão disponíveis ao final do livro. No entanto, é recomendada a visita ao site para que se encontre o modelo mais apropriado à necessidade, bem como uma revisão dos termos presentes no modelo para que sejam garantidas sua utilidade e sua funcionalidade.

Universo Jurídico – www.novaprolink.com.br

Esse site é de uma empresa brasileira de tecnologia e informação na área jurídica, a Prolink. O portal desenvolvido pela organização possui diversas notícias úteis ao profissional do setor, bem como alguns modelos de contratos, cartas, petições, atas etc. que podem ser encontrados com a ferramenta de busca disponível no site. Alguns modelos são especialmente úteis para publicitários,[3] como:

- Contrato de licença de uso de imagem.
- Contrato de representação comercial, veiculação de imagem e venda de produtos na internet.

---

[2] Disponível em: <http://www.sitecontabil.com.br/modelos_contrato.htm>. Acesso em: 24 fev. 2015.
[3] Alguns modelos estão disponíveis ao final deste livro.

- Contrato de reprodução fotográfica.
- Contrato de locação de espaço publicitário de prazo determinado (ou indeterminado).

Leis mais relevantes para o setor

A profissão de publicitário exige grande responsabilidade. Em um primeiro momento, é preciso ter responsabilidade com o cliente, com o produto anunciado, com a empresa anunciante, com marcas e outras propriedades. Na construção da campanha, deve-se ter cuidado com a linguagem utilizada, com os direitos de veiculação de imagem, com a proposta de premiação, até com o próprio produto que está sendo anunciado. Além disso, a mensagem, que pode chegar a ter milhões de espectadores, deve respeitar crenças, valores e costumes.

Essa responsabilidade é cobrada por toda a sociedade, que é defendida pelas diversas leis que regulam, direcionam ou limitam a profissão de um publicitário. De maneira direta ou indireta, essas leis impactam as propostas de campanha, o tipo de mensagem, o produto anunciado e até o próprio meio de comunicação. Em São Paulo (por muitos considerado o centro comercial do país), proibiu-se a propaganda exterior,[4] como em outdoors, cartazes, *backlights*, banners, painéis etc., o que causou grande movimentação em todo o setor, principalmente pelos profissionais que estavam diretamente relacionados com toda a estrutura de comunicação externa na cidade, a qual não era pequena. Ao final, exigiu-se que as agências e os anunciantes se adaptassem à nova situação, buscando novas alternativas de comunicação em massa.

O entendimento de leis pode não ser da formação curricular do publicitário, mas é necessário para a atuação profissional. Por isso, a seguir serão reunidas as principais leis que regulam ou limitam a comunicação publicitária, as quais não estão disponíveis na íntegra, em todo seu texto explicativo, mas apenas indicadas. Esse tipo de informação pode ser adquirido com facilidade na internet, em sites oficiais do governo ou por contato com as entidades e associações indicadas anteriormente.

Aqui também estão disponíveis as leis que comumente moderam a publicidade. Mas casos mais específicos, como a comunicação de bebidas alcoólicas, por exemplo, devem ser observados com atenção, já que possuem

---

[4] Lei nº 14.223, de 26 de setembro de 2006. Disponível em: <http://cadan.prefeitura.sp.gov.br/sisgecan/downloads/Lei_14223_26.09.2006_PAISAGENS_URBANAS.pdf>. Acesso em: 24 fev. 2015

diversas regras de publicidade que devem ser respeitadas. Cabe ao próprio profissional observar quais são as leis que podem impactar sua campanha, bem como as mudanças desse ambiente legal, que não são frequentes, mas trazem grandes consequências para projetos e planejamentos.

Sobre direitos autorais

LEI Nº 9.610, DE FEVEREIRO DE 1998[5]

Altera, atualiza e consolida a legislação sobre direitos autorais e dá outras providências.

A lei regula os direitos do autor, envolvendo obras literárias, composições musicais, obras audiovisuais, fotográficas, ilustrações, desenhos e até programas de computador. Ela protege a propriedade do autor, dando-lhe apenas os direitos de publicação da obra, seja ela impressa ou transmitida por rádio, TV ou internet. Isso exige um cuidado na seleção do que pode ou não ser publicado em uma campanha: ilustrações, fotografias, esculturas, textos e músicas famosas podem estar protegidos por direitos autorais.

Sobre propriedade industrial, marcas e patentes

LEI Nº 9.279, DE 14 DE MAIO DE 1996[6]

Regula direitos e obrigações relativos à propriedade industrial.

De certa forma semelhante à lei de direitos autorais, as patentes protegem a propriedade industrial, envolvendo descobertas e teorias científicas, esquemas e métodos administrativos e publicitários, obras literárias e arquitetônicas, programas de computador etc. Os exemplos que tornam mais claras as aplicações dessa lei residem na indústria alimentícia, em que certas construções de sabores, como o de um refrigerante, são patenteadas e de uso específico de uma indústria, dando apenas a ela o direito de utilizá-las com fins comerciais. No entanto, a lei protege a construção química daquele sabor, a composição de ingredientes – uma mudança na receita original, substituindo um ingrediente que não altere muito o sabor final do produto, transforma o produto em algo totalmente novo.

Com os avanços tecnológicos, que oferecem novos métodos de análise cada vez mais eficientes e precisos, a "cópia" de produtos é progressivamente

---

[5] Lei disponível em: <http://www.planalto.gov.br/ccivil/leis/L9610.htm>. Acesso em: 24 fev. 2015.
[6] Lei disponível em: <http://www.planalto.gov.br/ccivil/LEIS/L9279.htm>. Acesso em: 24 fev. 2015.

mais rápida – um novo produto só é realmente inovador por alguns meses. Depois de algum tempo, surgem concorrentes com propostas semelhantes. Além disso, essas patentes duram dez anos, mas podem ser prorrogadas.

Isso tem feito que as indústrias do setor não busquem a diferenciação por meio de produtos, mas sim de serviços, imagens de marca e outras propriedades intangíveis que, aliás, também são protegidas por patentes. A ideia é de que o produto pode até ser copiado, mas o conjunto entre produto, serviço e imagem da marca forma um composto orgânico, sinérgico, em que cada elemento se complementa. Dessa forma, a "cópia" de um dos elementos tem grande impacto sobre a proposta da empresa.

Apesar de o exemplo utilizar a indústria alimentícia, essa característica tem afetado muitas indústrias, principalmente as de bens de consumo, que cada vez mais buscam a diferenciação na construção de marcas, cujos "sinais distintivos visualmente perceptíveis", como consta na lei, são suscetíveis de registro. Isso significa que apenas a sua forma e suas cores (e variações destas) podem ser registradas, mas não os seus valores, percepções e associações feitas por consumidores e outros públicos de interesse e construídas mediante, principalmente, publicidade.

Sobre as restrições publicitárias

LEI Nº 9.294, DE 15 DE JULHO DE 1997[7]

Dispõe sobre as restrições ao uso e à propaganda de produtos fumígeros, bebidas alcoólicas, medicamentos, terapias e defensivos agrícolas, nos termos do § 4º do art. 220 da Constituição Federal.

Essa lei regula a veiculação de publicidade sobre os produtos citados, limitando a comunicação desses produtos a pôsteres, painéis e cartazes na parte interna do local de venda. A lei também limita a distribuição do produto e a própria mensagem publicitária nos casos em que a comunicação é permitida.

Essa lei considera "bebida alcoólica" aquelas que estão acima de 13 °GL, o que isenta dessa restrição de comunicação as cervejas, por exemplo. No entanto, por se tratar, de qualquer maneira, de bebida alcoólica, a publicidade sobre cervejas e outras bebidas com até 13 °GL não está livre de certas limitações e obrigações:

---

[7] Lei disponível em: <http://www.planalto.gov.br/ccivil/leis/L9294.htm>. Acesso em: 24 fev. 2015.

- não sugerir o consumo exagerado ou irresponsável, nem a indução ao bem-estar ou saúde, ou fazer associação com celebrações cívicas ou religiosas;
- não induzir as pessoas ao consumo, atribuindo aos produtos propriedades calmantes ou estimulantes, que reduzam a fadiga ou a tensão, ou qualquer efeito similar;
- não associar o uso do produto à prática de atividades esportivas, olímpicas ou não, nem sugerir ou induzir seu consumo em locais ou situações perigosos, abusivos ou ilegais;
- não empregar imperativos que induzam diretamente ao consumo;
- não incluir a participação de crianças ou adolescentes.

A propaganda conterá, nos meios de comunicação e em função de suas características, advertência, sempre que possível falada e escrita, sobre os malefícios do fumo, bebidas alcoólicas, medicamentos, terapias e defensivos agrícolas, segundo frases estabelecidas pelo Ministério da Saúde, usadas sequencialmente, de forma simultânea ou rotativa.

LEI Nº 11.265, DE 3 DE JANEIRO DE 2006[8]

Regulamenta a comercialização de alimentos para lactantes de primeira infância e também a de produtos de puericultura correlatos

A ideia dessa lei é impedir o anúncio de que um produto qualquer possa substituir a amamentação nos primeiros 2 anos de vida de uma criança. Ela regula a publicidade de produtos para crianças nesse período, obrigando a inclusão de mensagens que variam conforme o tipo de produto:

> O Ministério da Saúde informa: o aleitamento materno evita infecções e alergias e é recomendado até os 2 (dois) anos de idade ou mais.

> O Ministério da Saúde informa: após os 6 (seis) meses de idade continue amamentando seu filho e ofereça novos alimentos.

A lei também rege as informações contidas nos rótulos dos produtos, impossibilitando mensagens que sugiram que tal produto substitui a amamentação. Além disso, os rótulos também devem possuir mensagens do Ministério da Saúde conforme consta na lei.

---

[8] Lei disponível em: <http://www.planalto.gov.br/ccivil/_ato2004-2006/2006/lei/L11265.htm>. Acesso em: 24 fev. 2015.

Sobre sorteios, prêmios e brindes

DECRETO Nº 70.951, DE 9 DE AGOSTO DE 1972[9]

Regulamenta a Lei nº 5.768, de 20 de dezembro de 1971, que dispõe sobre a distribuição gratuita de prêmios, mediante sorteio, vale-brinde ou concurso, a título de propaganda, e estabelece normas de proteção à poupança popular.

São comuns as campanhas publicitárias que propõem o ganho de prêmios, como casas, carros, viagens, barras de ouro... Ora, por que não dinheiro?

Como consta na lei, são permitidas as premiações que ofereçam:

- mercadorias de produção nacional ou regularmente importadas;
- títulos da Dívida Pública e outros títulos de crédito que forem admitidos pelos ministros da Fazenda e do Planejamento;
- unidades residenciais, situadas no país, em zona urbana;
- viagens de turismo;
- bolsas de estudo.

Por isso, em anúncios, é comum que haja os dizeres "prêmios no valor de até cem mil reais", por exemplo, convertendo o valor do prêmio (que é um dos itens permitidos por lei) em valor que seja rapidamente percebido.

Todo tipo de sorteio, premiação e brinde deve ser autorizado por lei, que proíbe esse tipo de promoção para alguns produtos, como medicamentos, armas, fumo, bebidas alcoólicas e alguns produtos indicados pelo Ministério da Fazenda, além de não autorizar planos que:

- importem em incentivo ou estímulo ao jogo de azar;
- proporcionem lucro imoderado aos seus executores;
- permitam ao interessado transformar a autorização em processo de exploração dos sorteios, concursos ou vales-brindes, como fonte de receita;
- importem em distorção do mercado, objetivando, com a promoção, o alijamento de empresas concorrentes;
- propiciem exagerada expectativa de obtenção de prêmios; importem em fator não educativo da infância e da adolescência;
- tenham por condição a distribuição de prêmios com base na organização de séries ou coleções de qualquer espécie, como de símbolos,

---

[9] Lei disponível em: <http://www.planalto.gov.br/ccivil_03/decreto/antigos/D70951.htm>. A referida Lei nº 5.768, de 20 de dezembro de 1971, está disponível em: <http://www.planalto.gov.br/ccivil/Leis/L5768consol.htm>. Acesso em: 24 fev. 2015.

gravuras, cromos (figurinhas), objetos, rótulos, embalagens, envoltórios, nos termos das instruções da Secretaria da Receita Federal do Ministério da Fazenda;
- impliquem a emissão de cupons sorteáveis ou de quaisquer outros elementos que sejam impressos em formatos e com dizeres e cores que imitem os símbolos nacionais e cédulas do papel-moeda ou moeda metálica nacionais ou com eles se assemelhem;
- importem na emissão de cupons ou elementos sorteáveis mediante a aquisição de bens de valor, individual ou no conjunto, inferior a 40% do maior salário-mínimo vigente no país;
- vinculem a distribuição de prêmios aos resultados da Loteria Esportiva;
- não assegurem igualdade de tratamento para todos os concorrentes;
- vierem a ser considerados inviáveis, por motivo de ordem geral ou especial, pelo Ministério da Fazenda.

As leis com respeito a sorteios, prêmios e brindes são bastante restritivas e complexas de maneira a impedir que seja estimulado o jogo de azar no Brasil. Qualquer proposta promocional que envolva tais mecânicas deve ser feita com cuidado para que não haja qualquer problema legal.

Sobre o novo Código Civil

LEI Nº 10.406, DE 10 DE AGOSTO DE 2002[10]

Institui o Código Civil.

Nessa lei, são interessantes, de maneira específica, para os profissionais relacionados com a publicidade, os artigos do Capítulo II, Dos Direitos da Personalidade, em especial os artigos 18 e 19, referentes ao uso de nomes e apelidos em propaganda comercial, e 20, referente ao uso de imagem. São eles:

Art. 18. Sem autorização, não se pode usar o nome alheio em propaganda comercial.

Art. 19. O pseudônimo adotado para atividades lícitas goza da proteção que se dá ao nome.

Art. 20. Salvo se autorizadas, ou se necessárias à administração da justiça ou à manutenção da ordem pública, a divulgação de escritos, a transmissão da

---

[10] Disponível em: <http://www.planalto.gov.br/ccivil/leis/2002/L10406.htm>. Acesso em: 24 fev. 2015.

palavra, ou a publicação, a exposição ou a utilização da imagem de uma pessoa poderão ser proibidas, a seu requerimento e sem prejuízo da indenização que couber, se lhe atingirem a honra, a boa fama ou a respeitabilidade, ou se se destinarem a fins comerciais.

Sobre o Estatuto da Criança e do Adolescente

LEI Nº 8.069, DE 13 DE JULHO DE 1990[11]

Dispõe sobre o Estatuto da Criança e do Adolescente e dá outras providências.

Dentro de todo o Estatuto, os publicitários devem atentar especialmente para a Seção II, Dos Produtos e Serviços, cujos artigos apontam:

- Art. 81. É proibida a venda à criança ou ao adolescente de:
  I. armas, munições e explosivos;
  II. bebidas alcoólicas;
  III. produtos cujos componentes possam causar dependência física ou psíquica ainda que por utilização indevida;
  IV. fogos de estampido e de artifício, exceto aqueles que pelo seu reduzido potencial sejam incapazes de provocar qualquer dano físico em caso de utilização indevida;
  V. revistas e publicações a que alude o art. 78;[12]
  VI. bilhetes lotéricos e equivalentes.

Apesar de especificar a venda do produto, da mesma forma são policiados os anúncios publicitários que incentivam as crianças (que para a lei vão até 12 anos) e adolescentes (até 18) a consumirem os produtos citados.

Sobre a utilização de animais da fauna

LEI Nº 5.197, DE 3 DE JANEIRO DE 1967[13]

Dispõe sobre a proteção à fauna e dá outras providências.

Não é raro o uso de animais em propagandas e promoções dos mais diferentes espécies e portes. O que algumas vezes se esquece, ou pior, releva, é que existem leis que limitam não apenas a caça, perseguição e destruição de diversos animais, mas também a sua utilização, incluindo a publicitária.

---

[11] Disponível em: <http://www.planalto.gov.br/ccivil/leis/L8069.htm>. Acesso em: 25 fev. 2015.
[12] Art. 78. As revistas e publicações contendo material impróprio ou inadequado a crianças e adolescentes deverão ser comercializadas em embalagem lacrada, com a advertência de seu conteúdo. Ibidem.
[13] Disponível em: <http://www.planalto.gov.br/ccivil_03/leis/L5197.htm>. Acesso em: 25 fev. 2015.

Além dos órgãos governamentais que monitoram atividades relacionadas ao uso da fauna nacional, inúmeras organizações nacionais e internacionais não governamentais possuem projetos que organizam a sociedade em prol da defesa dos animais. Essas organizações costumam ser ativas e possuir força dentro das comunidades e dos locais que monitoram e protegem. Algumas indústrias multinacionais têm problemas com o impacto ambiental negativo que a sua produção gera, e, muitas vezes, são essas ONGs que pressionam empresas (e o governo) a tomarem alguma atitude.

Tanto as leis quanto o surgimento de organizações cujo objetivo é a proteção animal apontam que hoje existe uma preocupação social com a fauna e também a flora. Qualquer campanha publicitária ou ação promocional que envolva animais deve ser feita com o cuidado de respeitar leis e impedir o desagrado de ONGs monitoras.

O Conselho de Autorregulamentação Publicitária (Conar)

Trecho extraído do próprio site da organização,[14] em que o Conar se apresenta da seguinte maneira:

> Constituído por publicitários e profissionais de outras áreas, o Conar é uma organização não governamental que visa promover a liberdade de expressão publicitária e defender as prerrogativas constitucionais da propaganda comercial. Sua missão inclui principalmente o atendimento a denúncias de consumidores, autoridades, associados ou formuladas pelos integrantes da própria diretoria. As denúncias são julgadas pelo Conselho de Ética, com total e plena garantia de direito de defesa aos responsáveis pelo anúncio. Quando comprovada a procedência de uma denúncia, é sua responsabilidade recomendar alteração ou suspender a veiculação do anúncio. O Conar não exerce censura prévia sobre peças publicitárias, já que se ocupa somente do que está sendo ou foi veiculado. Mantido pela contribuição das principais entidades da publicidade brasileira e seus filiados – anunciantes, agências e veículos –, tem sede na cidade de São Paulo e atua em todo o país. Foi fundado em 1980.

Em seu site, a organização dispõe o código de regras da publicidade brasileira, criado pelo próprio conselho, a fim de deixar claras as "regras do jogo publicitário". O código reforça e garante o cumprimento das leis nacionais mais relevantes para todo o setor publicitário, muitas das quais foram citadas aqui. Isso fica claro quando se observam os seus princípios gerais, que orientam toda a sequência de regras. Resumindo os princípios do código, vemos que eles são organizados com relação a:

---
[14] Disponível em: <http://www.conar.org.br>. Acesso em: 25 fev. 2015.

- **Respeitabilidade** – a publicidade deve respeitar as instituições, as autoridades e as pessoas, jamais estimulando a discriminação social, política, religiosa ou de nacionalidade.
- **Decência** – "Os anúncios não devem conter afirmações ou apresentações visuais ou auditivas que ofendam os padrões de decência que prevaleçam entre aqueles que a publicidade poderá atingir" (artigo 22).
- **Honestidade** – "Os anúncios devem ser realizados de forma a não abusar da confiança do consumidor, não explorar sua falta de experiência ou de conhecimento e não se beneficiar de sua credulidade" (artigo 23).
- **Medo, superstição e violência** – os anúncios não devem se apoiar em algum medo, explorar superstições ou conduzir mensagem que leve à violência.
- **Apresentação verdadeira** – os anúncios devem conter apresentações verdadeiras dos produtos oferecidos, em que todas as descrições e comparações anunciadas devem ser passíveis de comprovação. Se utilizarem pesquisas ou estatísticas, devem ter fonte identificável e responsável. As informações devem ser claras com respeito a natureza do produto (artificial ou natural), procedência (nacional ou estrangeira), composição, finalidade, valores, preços e condições de pagamento (incluindo o uso do "grátis", que só pode acontecer caso realmente não haja custo para o consumidor), condições de entrega e reposição de produto, limitações em garantia. A apresentação verdadeira envolve também o uso de certas palavras e expressões, sempre zelando pela boa pronúncia da língua portuguesa, salvo quando é necessário transmitir um "clima" pretendido, mas jamais utilizará o calão.
- **Identificação publicitária** – "O anúncio deve ser claramente distinguido como tal, seja qual for a sua forma ou seu meio de veiculação" (artigo 28). Isso não envolve as propagandas subliminares, visto que não é técnica comprovada, mas as tentativas de produzir efeitos "subliminares" são condenadas.
- **Propaganda comparativa** – a comparação é permitida, contanto que esclareça o consumidor, seja passível de comprovação e não se caracterize por concorrência desleal por denegrir imagem de marcas de concorrentes.
- **Segurança e acidentes** – são condenados anúncios que manifestem descaso pela segurança, estimulem uso perigoso do produto oferecido (como correr com um carro) ou deixem de especificar o cuidado com terceiros quando necessário.

- **Proteção da intimidade** – são condenados anúncios que façam uso de imagens de pessoas vivas sem autorização, ofendam alguma crença, valores e etnias, desrespeitem a dignidade das pessoas, a família, a propriedade privada e seus limites.
- **Poluição e ecologia** – são condenados anúncios que estimulem a poluição do ambiente urbano, depredação e poluição da fauna, da flora e dos demais recursos naturais, bem como qualquer tipo de desperdício de tais recursos.
- **Crianças e jovens** – os anúncios devem respeitar o Estatuto da Criança e do Adolescente. Sendo assim, nenhum anúncio deve dirigir apelo imperativo de consumo diretamente à criança, devendo, sim, refletir cuidados especiais em relação à segurança e às boas maneiras. Além disso, "crianças e adolescentes não deverão figurar como modelos publicitários em anúncio que promova o consumo de quaisquer bens e serviços incompatíveis com sua condição, tais como armas de fogo, bebidas alcoólicas, cigarros, fogos de artifício e loterias, e todos os demais igualmente afetados por restrição legal" (parágrafo 1º). "O planejamento de mídia dos anúncios de produtos (...) levará em conta que crianças e adolescentes têm sua atenção especialmente despertada para eles. Assim, tais anúncios refletirão as restrições técnica e eticamente recomendáveis, e adotar-se-á a interpretação a mais restritiva para todas as normas aqui dispostas" (parágrafo 2º).
- **Direito autoral e plágio** – todo anúncio deve respeitar os direitos autorais, nunca utilizando as obras de qualquer autor sem a devida obtenção do direito. Também são condenados anúncios que façam uso desrespeitoso de qualquer obra, incluindo aquelas de domínio público. É condenada também a utilização de composições que se caracterizam por plágio ou imitação.

O Conar ainda observa as regras específicas de anúncio de diversas categorias de produtos e serviços que são vigiados por lei, organizando todas as possibilidades de veiculação de anúncios para aquela categoria, bem como horários de veiculação, cláusulas de advertência exigidas pelo governo e quaisquer outras restrições ou obrigações descritas em leis. As categorias que o Conar observa são:

- Bebidas alcoólicas.
- Educação, cursos e ensino.
- Empregos e oportunidades.

- Imóveis: venda e aluguel.
- Investimentos, empréstimos e mercado de capitais.
- Lojas e varejo.
- Médicos, dentistas, veterinários, parteiras, massagistas, enfermeiros, serviços hospitalares, paramédicos, para-hospitalares, produtos protéticos e tratamentos.
- Alimentos, refrigerantes, sucos e bebidas assemelhadas.
- Produtos farmacêuticos isentos de prescrição.
- Produtos de fumo.
- Produtos inibidores do fumo.
- Profissionais liberais.
- Reembolso postal ou vendas pelo correio.
- Turismo, viagens, excursões e hotelaria.
- Veículos motorizados.
- Cervejas e vinhos.
- Testemunhais, atestados e endossos.
- Defensivos agrícolas.
- Armas de fogo.
- *Ices* e bebidas assemelhadas.

O site do Conar ainda disponibiliza muitas informações para quem deseja compreender melhor as regras do jogo publicitário, deixando claro o que pode e o que não se deve fazer. Além de disponibilizar todas as suas regras para download gratuito, o site possui uma série de casos passados, com a sua descrição e resolução.

Conforme enunciado no início deste capítulo, a subjetividade da ética exige que órgãos controladores, sejam eles governamentais ou não, interfiram no conteúdo publicitário, orientando-o e limitando-o, muitas vezes.

É verdade que, em alguns casos, a agência produtora de um anúncio sabe que ele será sustado pelo Conar. No entanto, como o processo de averiguação não é instantâneo, imediato, sempre algumas pessoas são impactadas pela mensagem. Algumas vezes o suficiente para gerar o "rebuliço" pretendido. Aqui não cabe a discussão da ética de tal atitude, ficando o convite para o leitor tirar suas próprias conclusões sobre essa conduta. Também porque, se houvesse a intenção de entrar nesse aspecto, seria melhor abrir um capítulo novo. O que precisa ficar claro é a regra do jogo publicitário, lembrando que o órgão regulador de maior respeito no setor é organizado e composto pelos próprios profissionais da área e que esse tipo de decisão pode prejudicar anunciantes, agências e envolvidos.

É claro que existem diversos casos de anúncios averiguados pelo Conar que não são suspensos, e, destes, muitos não são propositalmente "fora das regras". Algumas vezes, as propostas diferentes da agência ou os desejos do anunciante não são bem executados ou simplesmente não são bem compreendidos. Enquanto para alguns grupos da sociedade a mensagem é engraçada, para outros pode ser ofensiva. Essa é a orquestração natural das mensagens publicadas. E, por isso, existem leis e organizações que regem a sinfonia caótica de interesses tanto de consumidores, como de anunciantes e publicitários.

O Código de Ética dos Profissionais de Propaganda

Em abril de 2014, a Associação dos Profissionais de Propaganda (APP) lançou suas "Normas de Orientação Ética do Profissional de Propaganda".

Registrado em <www.appbrasil.org.br>, esse Código de Ética coloca-se como uma referência a todo aquele que quer se tornar um profissional da área.

É consulta obrigatória para que se assegurem dos contornos da profissão, como suas responsabilidades legais e éticas perante a sociedade e o mercado em que atuam.

Entende-se como profissionais de propaganda não só aqueles que atuam em agências de propaganda, mas todos que participam da indústria da comunicação.

A primeira edição do código data de 1957, sendo transformado em 1965 em princípios e normas orientadoras da atividade publicitária nacional. O documento aprovado em 2014 é uma nova e complementar norma orientadora de comportamento ético. Com a amplitude que um código deve ter, essa referência a todos os profissionais é leitura obrigatória, principalmente para os novos profissionais do mercado publicitário.

Os Indicadores de Sustentabilidade para a Indústria da Comunicação

A Associação Brasileira das Agências de Publicidade (Abap), em parceria com a Escola Superior de Propaganda e Marketing (ESPM), editou em 2011 os primeiros Indicadores de Sustentabilidade para a Indústria da Comunicação. Esses indicadores permitem que as agências de publicidade mensurem seu grau de envolvimento com as práticas sustentáveis em todos os níveis de sua atuação.

Colocar os impactos socioambientais em pauta no momento da criação da campanha, ou quando o planejamento está sendo desenvolvido, na definição do plano de mídia ou no momento de escolher o fornecedor é primordial para o futuro do planeta.

Por anos se acreditou que a indústria da comunicação não participasse do grupo das indústrias que causam maior impacto ambiental. De fato, como uma empresa essencialmente de serviços, não causa danos consideráveis ao meio ambiente, mas sua atividade cria externalidades inerentes ao tipo de atividade que exerce. E são externalidades de grande monta e que devem ser evitadas.

Os indicadores criados auxiliam a empresa a enxergar com maior clareza como são suas práticas atuais e como elas poderão se reinventar na sua rotina diária, visando causar menor dano à sociedade. A relação com os colaboradores – visto ser esta uma indústria intensiva no uso de mão de obra –, o alinhamento com os fornecedores sobre princípios éticos e de sustentabilidade e a relação com a sociedade do entorno e a população de uma maneira mais ampla necessitam ser medidos através de indicadores padronizados que permitam a construção de um plano de melhoria contínua.

Sustentados em quatro grandes pilares – valor da agência, comunicação responsável, gestão com colaboradores e gestão com a cadeia de valor –, os Indicadores de Sustentabilidade representaram um enorme avanço na gestão dessa indústria.

Conhecer e colocar em prática os indicadores é obrigatório para os participantes desse segmento e para todos que trabalham ou trabalharão nessa indústria.

Veja mais em: <http://www.indicadorsustentavelabap.com.br/compacto/index.html>. Acesso em: fev. 2015.

11

AS NOVAS QUESTÕES DA PROPAGANDA

Quando assumimos a responsabilidade de atualizar esta obra, caímos no dilema de quem reforma um imóvel: em algum momento, ter uma estrutura bem articulada ajuda em muito a pensar soluções harmoniosas; em outro, a estrutura – concebida para um tipo de realidade – parece limitar em muitos aspectos as novas demandas e exige um enorme exercício de criatividade.

Durante a reelaboração deste livro, tanto na oitava quanto nesta nona edição, alternamos várias vezes esses sentimentos. Ao mesmo tempo, sabíamos que não somente estaríamos comprometidos com um modelo, mas também propondo uma linha de reflexão e de conhecimentos em um dos momentos mais marcantes de nossa história, quando uma série de valores e conceitos vem sendo questionada diretamente. Entre eles, a propaganda.

Em um contexto mais amplo: responsabilidade social, sustentabilidade, pessoas com perfis diferenciados de consumo de mídia, interatividade, ambiente colaborativo, novas arenas da comunicação, fim da propaganda em seu formato tradicional, modificações radicais no universo do marketing, as agências vão acabar, as agências não vão acabar... Essas e tantas outras expressões continuam ocupando espaço crescente no ambiente de negócios, gerando palestras acaloradas, estudos, livros e debates dos mais diversos tons.

Todas elas são questões importantes. Apesar de termos opiniões próprias em relação a muitos desses temas, na prática assumimos que não caberiam com tamanha evidência, apesar de eles pontuarem praticamente todas as questões aqui tratadas.

A priori, correndo o risco da generalização e de dar um peso talvez desequilibrado à discussão no momento e no local em que tais questões estiverem recebendo reflexões pautadas por pontos iniciais de reflexão que esperamos que sejam úteis em sua formação pessoal e profissional, levantamos os seguintes aspectos:

Consumismo

Há tempos, mas com maior ênfase a partir dos anos 1960, levantaram-se questões sobre o exagero do nível de consumo e na utilização de estratégias de marketing e de propaganda extremamente agressivas, promovendo a obsolescência programada. Tais soluções, acelerando o consumo através de motivações não pautadas em funcionalidade (mas em *status* e outros sentimentos de pertencimento e de posse), levariam a uma sociedade centrada apenas no TER e não no SER, gerando exclusões e perdas sociais graves em alguns casos, em função do modelo econômico daí decorrente.

Com certeza, essa é uma discussão importante na trajetória de jovens cidadãos e profissionais. Porque ela, junto a outros tantos pontos, conduz a mais dois conceitos fundamentais:

- *Sustentabilidade* – segundo vários estudiosos, o planeta não consegue se recuperar na mesma velocidade em que consumimos seus recursos. E, se todo o planeta consumisse nos mesmos níveis dos povos mais ricos do hemisfério norte, precisaríamos de no mínimo 2,5 vezes a Terra para nos sustentar. Em resumo, segundo esses estudiosos, o planeta não aguenta mais o ritmo. E já dá sinais graves, entre eles o aquecimento global.
- *Responsabilidade social empresarial* – nos últimos tempos, temos percebido um crescimento em escala exponencial de empresas e organizações gerando discursos sobre sua responsabilidade social. Responsabilidade que não se posiciona apenas na empresa, mas a precede, com a escolha de sua cadeia de fornecedores; permeia suas relações com seus próprios funcionários e prestadores de serviços, além de suas concepções de perfis de produto e/ou de serviço, e ainda suas relações com as comunidades de impacto direto e indireto; e lhe sucede, em função do pós-venda, do descarte de embalagens e de resíduos do produto, de assistência técnica e garantias etc. Enfim, papéis importantes aos quais uma parcela da sociedade estará mais atenta, e para alguns públicos fará a diferença na escolha de sua marca.

Ainda estão em alta as questões mais amplas, que envolvem fortemente as questões de ÉTICA e de LEGISLAÇÃO a respeito do consumo e da comunicação mercadológica (cada vez mais restrita e demarcada em suas fronteiras).

Modelo de negócio e remuneração

Por outro lado, como já destacamos mais notadamente nos capítulos "Mídia" e "Internet e mobile", as gerações mais jovens – diante das novas tecnologias e linguagens – parecem responder (em muitos casos) de forma bastante diferente das maneiras tradicionais que serviram de base para a maioria das teorias, técnicas e práticas de comunicação. Com as tendências fortes de convergência digital, com a implantação da TV digital e de tantas opções de comunicação por equipamentos móveis (genericamente denominados *mobile*, do inglês), e a enorme possibilidade de interatividade daí advinda, "profetas" preconizam o final de uma era e, consequentemente, dos modelos de comunicação mercadológica eficientes até então.

Dentro de nosso ambiente, as questões mais fundamentais são:

- O marketing atual será capaz de responder a todas essas questões e ainda colaborar para que as empresas continuem lucrativas?
- A comunicação mercadológica realmente irá tornar-se toda dialogada, construída segundo a demanda do usuário (não mais um espectador, mas um participante ativo no processo)?
- Os formatos mais tradicionais da propaganda (30 segundos no *break* do programa, páginas duplas etc.) ainda terão espaço? Serão substituídos radicalmente pelas novas formas? Ou serão complementados, construindo novos modelos?
- As agências continuarão agências ou se transformarão definitivamente em consultorias e grandes planejadores de estratégias e conteúdos de comunicação?
- Dentro dessas novas possibilidades de agências, que já pontuam em vários locais do mundo, com resultados ainda controversos, tendem a permanecer e até mesmo crescer:
  - Agências de atendimento/planejamento e criação, sem mídia (que estará sendo elaborada por outros formatos de planejamento e negociação de espaços e oportunidades de conteúdos)?
  - Agências isoladas de criação, reunindo os melhores talentos de diversas áreas e formações, propondo soluções sofisticadas e especializadas para alguns tipos de mercados, e contratadas segundo demanda de agências e clientes do setor?

- O uso cada vez mais contínuo das chamadas técnicas de cocriação e inovação aberta, em que os desafios mercadológicos e de comunicação são abertos publicamente, dando espaço para que proponentes do mundo todo enviem suas sugestões e remunerando aquelas que forem aceitas pela empresa?
- Nas tendências de cocriação, caminhamos para assumir de vez que o consumidor deseja também se expressar, principalmente através das redes sociais, tornando-se corresponsável pela geração de conteúdo relevante para a marca, o que o tornaria mais próximo, mais fiel, porém – ao mesmo tempo – muito mais crítico e atento a todos os movimentos que a marca vier a fazer em seu mercado?
- Se os consumidores estão 24 horas por dia atentos e comentando as ações e experiências com a marca, como gerar um modelo de negócio de comunicação que consiga responder 24 horas por dia/7 dias por semana?
- Será cada vez mais frequente o acesso das marcas a sistemas sofisticados de base tecnológica, com programação semântica, que agirá de modo robotizado a apresentar sua marca ou produto/serviço a todo aquele que demonstrar interesse pelo setor de sua atuação, via redes digitais?
- Um grande fortalecimento do papel de planejador de comunicações com o mercado e seus diversos públicos, provavelmente na empresa ou em grandes e sofisticadas consultorias, fazendo a orquestração dos principais fornecedores de serviços de comunicação?
- Uma multiplicação imensa dos perfis de prestadores de serviços de criação e produção de comunicação e possibilidades de contato com a marca?
- Um "renascer" da propaganda, englobando um sentido mais amplo das comunicações da marca e sendo encabeçada por uma espécie de macroconsultoria, reunindo junto a si empresas afiliadas e prestadoras de serviços pontuais mas estratégicas?
- Um crescimento de todo o processo de comunicação dirigindo-se à individualização de mensagens, todo baseado em bancos de dados e gestão de relacionamentos (CRM caminhando para a gestão de Big Data)? Comunicação pautada em programática?
- Diante dessas tantas possibilidades, as denominações e principalmente as funções atuais dos profissionais de agências (atendimento, planejamento, criação, mídia e produção) obterão novas e di-

ferenciadas dimensões, exigindo um processo contínuo e cada vez mais acelerado de aprendizagem/desaprendizagem desses profissionais? Como?
- De forma mais ampla, o atual mix de ferramentas de comunicação fará sentido em futuro breve?
  - O uso diferenciado de estratégias, conhecidas hoje como de guerrilha ou de *buzz* marketing, rapidamente se desgastará, porque também não conseguirá efetividade de retornos (tendo se tornado apenas mais uma ação entre tantas), ou se tornará a base das ações táticas mais importantes em futuro breve (para mercados mais competitivos)?
  - De uma vez por todas, ficará praticamente impossível falar em princípios comuns de efetividade de comunicação para situações de mercado tão diferenciadas, ou a chamada globalização de comunicação será capaz de superar as barreiras locais e tornar-se realmente forte em praticamente todas as situações?
- Como será solucionado o impasse mais impactante para a relação entre empresas e suas agências ou consultorias (após a solução da questão da remuneração)?
  - Para obter as melhores soluções, parece fundamental que os parceiros estejam muito envolvidos na realidade do negócio, dos produtos e serviços. Por outro lado, o envolvimento de um maior número de pessoas pode fragilizar o conhecimento de questões confidenciais das organizações. Como proceder?
- Segmento a segmento de mercado, região a região, grandes, médias e pequenas empresas terão acesso a tamanhos diferenciais, ou isso somente aumentará o abismo entre pequenos e grandes, regionais e nacionais, nacionais e internacionais? Sobre esse aspecto, vale consultar o belo trabalho que tanto a Associação Brasileira das Agências de Propaganda (Abap) quanto a Federação Nacional das Agências de Propaganda (Fenapro) vêm fazendo em prol de mercados regionais e na disseminação de boas práticas em todas as regiões do país.
- Como as empresas continuarão construindo marcas (o que sempre exige investimentos de médio e longo prazos) se, por um lado, as pessoas parecem cada vez menos sensíveis a elas e, por outro, os investidores cobram resultados cada vez maiores e mais urgentes? Como equilibrar o branding com o retorno sobre investimento (ROI), de modo harmônico?

- Entre as novas arenas de comunicação, o espaço do varejo continuará em alta, assumindo e praticamente ditando as regras de preço e posições mercadológicas, ou as indústrias encontrarão alternativas de equilíbrio?
- Dentro desses novos parâmetros, é possível imaginar uma nova onda de surgimento de *house-agencies* ou de soluções próximas, que sejam de propriedade das indústrias? Mais ainda: as grandes organizações tenderão a se tornarem proprietárias dos novos canais de comunicação com seus públicos?
- Toda a tendência de desenvolvimento de conteúdos próprios das marcas (*branded content*) são reais inovações em forma e conteúdo?
- Quais as inovações que os processos denominados *storytelling* estão trazendo para a forma de as marcas dialogarem com seus públicos (comentamos a respeito ao final do capítulo "Criação publicitária")?
- Por fim: como atuar profissionalmente em um ambiente tão exigente e tão competitivo, conseguindo trabalhar com afinco não somente na busca dos resultados esperados pela organização, mas também com o sentimento de estar atuando a favor da construção de uma nova sociedade, com novas e mais justas relações sociais, e que favoreça as questões mais amplas, como a sustentabilidade?

Essas e tantas outras questões estão em aberto. Esperando que os profissionais que assumirem os reais desafios do presente e do futuro saibam propor respostas. Que gerarão novos desafios. E novas oportunidades. E novas respostas. E...

Esperamos que, nas próximas edições, possamos internalizar nos capítulos os avanços que muitos dos atuais profissionais, professores e até mesmo estudantes já estejam propondo e realizando em seus mercados.

Sucesso a todos! E até lá!

APÊNDICE

DATAS COMEMORATIVAS

	JANEIRO
1º	Dia Mundial da Paz
	Dia Nacional de Cuba
	Dia da Comunicação
	Dia da Confraternização Universal
	Dia de N. Sra. dos Navegantes
	Independência do Haiti e Dia Nacional do Haiti
2	Dia Nacional da Abreugrafia *(controvérsia: Dia 4?)*
	Dia de Santa Clara e São Casimiro *(Padroeiros dos alfaiates)*
	Dia do Sanitarista
	Dia de Santa Genoveva *(Padroeira dos tapeceiros)*
4	Dia do Hemofílico
6	Dia da Gratidão
	Dia de Reis
7	Dia da Liberdade de Cultos
	Dia do Leitor
8	Dia Nacional da Fotografia
	Dia do Fotógrafo
9	Dia do Astronauta
	Dia do Fico
12	Aniversário da cidade de Belém *(1616)*
13	Dia do Leonismo Internacional (Lions Club)
14	Dia do Empresário de Contabilidade
	Dia do Enfermo

		JANEIRO (cont.)
15	Dia Mundial dos Compositores	
	Dia da Imprensa Filatélica	
	Dia dos Adultos *(Japão)*	
17	Dia de Santo Antão *(Padroeiro dos animais)*	
	Dia dos Tribunais de Contas	
19	Dia Mundial do Terapeuta Ocupacional	
20	Dia Nacional do Fusca	
	Dia de São Sebastião *(Padroeiro do Rio de Janeiro; dos arqueiros e dos presidiários)*	
	Dia do Farmacêutico	
	Dia do Museu de Arte Moderna *(Rio de Janeiro)*	
21	Dia Mundial da Religião	
22	Dia de São Vicente *(Padroeiro dos donos de bar)*	
24	Dia Mundial do Hanseniano	
	Dia Nacional do Aposentado	
	Dia da Constituição	
	Dia da Previdência Social	
	Dia de São Francisco de Salles *(Padroeiro dos escritores e dos jornalistas)*	
25	Aniversário da cidade de São Paulo *(1554)*	
	Dia do Carteiro	
27	Dia dos Oradores	
28	Dia do Comércio Exterior *(Em homenagem à Abertura dos Portos, em 1808)*	
	Dia do Portuário	
29	Dia do Jornalista	
30	Dia Nacional da História em Quadrinhos	
	Dia da Não violência	
	Dia da Saudade	
31	Dia Mundial dos Mágicos	
	Dia de São João Bosco *(Padroeiro dos aprendizes)*	

APÊNDICE 417

	FEVEREIRO
1º	Dia do Publicitário
2	Dia de Iemanjá
	Dia do Agente Fiscal
3	Dia de São Brás *(Padroeiro dos animais selvagens)*
4	Aniversário da cidade de Macapá
	Dia de Santa Verônica *(Padroeira dos fotógrafos)*
5	Dia do Datiloscopista
6	Dia do Agente de Defesa Ambiental
7	Dia do Gráfico
9	Dia de Santa Apolônia *(Padroeira dos dentistas)*
10	Dia do Atleta Profissional
11	Dia Mundial do Enfermo
	Dia do Zelador
14	Dia Internacional do Amor
	Dia de São Valentim *(Padroeiro dos namorados)*
16	Dia do Repórter
19	Dia do Esportista
	Primeira transmissão da TV em cores no Brasil *(1972)*
20	Aniversário da criação do Correio Aéreo Nacional *(1941)*
23	Dia do Rotaryano
	Dia do Surdo-mudo
27	Dia Nacional do Livro Didático
	Dia Nacional dos Idosos
	Dia de Santa Honorina *(Padroeira dos barqueiros)*
	Dia de São Baldomer *(Padroeiro dos chaveiros)*
	Dia do Agente Fiscal da Receita Federal

MARÇO		
	1º	Aniversário da cidade do Rio de Janeiro
		Dia Panamericano do Turismo
		Dia do Turismo Ecológico
	2	Dia Nacional do Turismo
	3	Dia Nacional do Meteorologista
	4	Dia de São Casimiro *(Padroeiro dos costureiros)*
	5	Dia da Integração Corporativista
		Dia do Filatelista Brasileiro
	7	Dia Mundial da Oração
		Dia do Fuzileiro Naval
	8	Dia Internacional da Mulher *(Em homenagem a 129 operárias que morreram queimadas em Nova York, nessa data, em 1857, em uma ação da polícia contra uma manifestação pela diminuição da jornada de trabalho de 14 para 10 horas por dia e pelo direito à licença-maternidade.)*
	9	Dia das Sociedades dos Amigos de Bairros
	10	Dia do Conservador
		Dia do Sogro
		Dia do Telefone
	11	Dia do Motociclista *(É mais frequente ser considerado como 27 de julho)*
	12	Aniversário da cidade do Recife *(1537)*
		Dia do Bibliotecário *(Em homenagem ao engenheiro e bibliotecário Manuel Bastos Tigre, nascido nessa data em 1882.)*
	14	Dia Nacional da Poesia *(Em homenagem ao nascimento de Castro Alves)*
		Dia do Vendedor de Livros
	15	Dia Mundial dos Direitos do Consumidor
		Dia de Santa Luísa de Marillac *(Padroeira dos assistentes sociais)*
	17	Aniversário da cidade de Aracaju *(1855)*
		Dia do Fã
	18	Dia de Frei Angélico *(Padroeiro dos artistas e pintores)*
	19	Dia da Escola *(Vários sites – como o do IBGE – indicam o dia 15 de março.)*
		Dia de São José *(Padroeiro dos administradores, dos carpinteiros, dos marceneiros e dos operários)*
		Dia do Carpinteiro *(Em homenagem a São José, padroeiro dos carpinteiros)*
		Dia do Consertador
		Dia do Marceneiro
	21	Dia Mundial da Floresta
		Dia Mundial da Infância
		Dia Mundial da Poesia
		Dia Mundial para Eliminação da Discriminação Racial *(Em memória do Massacre de Shaperville, Johannesburgo, África do Sul, em 1960, quando 69 negros foram mortos pelo exército em uma manifestação pacífica contra a Lei do Passe.)*

	MARÇO (cont.)
21	Início do Outono
22	Dia Mundial da Água
23	Aniversário da cidade de Florianópolis *(1726)*
	Dia Mundial do Meteorologista
	Dia da Meteorologia
	Dia do Terceiro Setor
24	Dia Mundial do Combate à Tuberculose
25	Dia de São Dimas *(Padroeiro dos agentes funerários)*
26	Aniversário da cidade de Porto Alegre *(1772)*
	Dia do Cacau e do Chocolate
	Dia dos Animais
27	Dia Internacional do Teatro
	Dia Nacional do Circo e do Artista Circense *(Homenagem ao palhaço Piolin – Abelardo Pinto –, que nasceu nessa data em 1897.)*
	Dia do Grafiteiro *(Homenagem a Alex Vallauri, que morreu nesse dia em 1987.)*
28	Dia Mundial da Juventude *(Também creditado como 12 de agosto)*
	Dia do Diagramador
	Dia do Revisor
29	Aniversário da cidade de Curitiba *(1693)*
	Aniversário da cidade de Salvador *(1549)*
31	Dia da Integração Nacional
	Dia da Saúde e da Nutrição

ABRIL	
1º	Dia da Mentira
2	Dia Internacional do Livro Infantil *(Em homenagem à data de nascimento do escritor Hans Christian Andersen.)*
4	Dia Nacional do Jipeiro *(Escolhido em eleição pelo site Universo 4x4.)*
	Dia Nacional do Parkinsoniano
	Dia de Santo Isidoro de Sevilha *(Padroeiro dos internautas)*
5	Dia das Telecomunicações
	Dia de São Vicente Ferrer *(Padroeiro dos churrasqueiros)*
	Dia do Propagandista *(Também creditado como 2 de abril. Em 14 de julho há o Dia do Propagandista de Laboratório.)*
7	Dia Mundial da Saúde *(Data estabelecida pela OMS – Organização Mundial de Saúde.)*
	Dia de João Batista de La Salle *(Padroeiro dos professores)*
	Dia do Corretor
	Dia do Jornalista Brasileiro *(Em homenagem à data de fundação da Associação Brasileira de Imprensa – ABI – em 1908.)*
	Dia do Médico-Legista *(Em comemoração à data em que, em 1886, foi oficializada, em São Paulo, a perícia médico-legal no Brasil.)*
8	Aniversário da cidade de Cuiabá *(1719)*
	Dia Mundial do Combate ao Câncer
	Dia da Natação
	Dia do Correio *(Em comemoração ao decreto assinado em Portugal, em 1805, estabelecendo a Nova Regulação do Correio.)*
9	Dia Nacional do Aço
	Dia da Biblioteca
	Dia do Astronauta *(Em comemoração à data de divulgação da primeira lista de astronautas pela Nasa.)*
10	Dia da Engenharia *(Em homenagem à morte de João Vilagrin Cabrita, em 1866, comandante do Batalhão de Engenheiros do Exército Brasileiro na Guerra do Paraguai.)*
11	Dia da Escola de Samba *(Em homenagem à fundação do bloco Ouro sobre Azul, por Paulo Portela, origem do Grêmio Recreativo Escola de Samba Portela.)*
12	Aniversário da cidade de Fortaleza *(1726)*
	Dia do Obstetra *(Em homenagem à morte, em 371, de São Zenão de Verona, santo protetor dos recém--nascidos.)*
13	Dia Internacional do Beijo
	Dia do Hino Nacional *(Em comemoração à ida, para Portugal, em 13 de abril de 1831, de D. Pedro I, quando os populares cantavam a música de Francisco Manoel da Silva. Também creditada como 6 de setembro, quando, em 1922, foi oficializada a letra de Osório Duque Estrada, vencedora de concurso.)*
	Dia do Office-Boy
	Dia do Parque de Diversão
	Dia dos Jovens

APÊNDICE 421

	ABRIL (cont.)
14	Dia Internacional do Café Dia Panamericano Dia da América Dia do Técnico em Serviço de Saúde
15	Dia Mundial do Desenhista Dia da Conservação do Solo *(Em homenagem ao nascimento do americano Hugh Hammond Bennett, em 1881, considerado o pai da conservação dos solos.)* Dia do Desarmamento Infantil
16	Dia Mundial da Voz
17	Dia Internacional das Lutas Camponesas *(A data marca confronto entre trabalhadores rurais sem-terra e a polícia no município de Eldorado dos Carajás, no Pará, que resultou em 19 mortes e dezenas de feridos, no ano de 1996.)* Dia Nacional da Botânica *(Em homenagem ao nascimento, em 1794, do botânico alemão Carl von Martius, que veio ao Brasil na comitiva da Imperatriz Leopoldina, quando do seu casamento com D. Pedro I.)* Dia Nacional do Vendedor-Balconista *(Existe também o Dia do Balconista, em 30 de outubro.)*
18	Dia Mundial do Radioamador *(Em comemoração à fundação da União Internacional do Radioamador, no ano de 1925, em Paris.)* Dia Nacional do Livro Infantil *(Em homenagem à data de nascimento do escritor Monteiro Lobato.)*
19	Dia de Santo Expedito *(Padroeiro da Polícia Militar)* Dia do Exército Brasileiro *(Em comemoração à vitória brasileira na 1ª Batalha dos Guararapes, em 1648, ocasião em que as três raças formadoras do nosso povo – índios, brancos e negros – uniram-se para expulsar os holandeses.)* Dia do Índio *(Em homenagem ao I Congresso Indigenista Interamericano, em 1940, no México.)*
20	Dia Nacional do Diplomata *(Em homenagem à data de nascimento de José Maria da Silva Paranhos, o Barão do Rio Branco, em 1845. Entre 1902 e 1912, foi o ministro de Relações Exteriores, participando de diversas disputas pela ampliação das fronteiras brasileiras.)*
21	Aniversário da cidade de Brasília *(1960)* Dia Nacional da Polícia Civil e Militar *(Em homenagem a Tiradentes, que foi membro do 1º Regimento de Cavalaria.)* Dia da Latinidade Dia de Tiradentes *(Em homenagem à data de execução, pela forca, de Joaquim José da Silva Xavier, o Tiradentes, em 1792.)* Dia do Metalúrgico *(Em homenagem a Tiradentes, patrono dos metalúrgicos brasileiros)*
22	Descobrimento do Brasil *(Ocorrido em 1500, quando o navegador Pedro Álvares Cabral avistou o Monte Pascoal, na Bahia.)* Dia da Aviação de Caça *(Ver a justificativa no Dia da Força Aérea Brasileira)* Dia da Comunidade Luso-brasileira Dia da Força Aérea Brasileira *(Em comemoração à ação do 1º Grupo de Aviação de Caça, que realizou o maior número de missões durante a Segunda Guerra Mundial. Foram 11 missões, envolvendo 44 decolagens, com apenas 22 pilotos.)* Dia do Planeta Terra *(Também chamado de Dia Mundial da Terra, em comemoração ao primeiro protesto público contra a poluição, comandado pelo senador norte-americano Gaylord Nelson, em 1970.)*

	ABRIL (cont.)
23	Dia Mundial do Escoteiro *(Em homenagem a São Jorge, padroeiro dos escoteiros)*
	Dia Mundial do Livro e dos Direitos de Autor *(Instituído pela Unesco em 1995 para atrair a atenção das autoridades e da população para esses meios de transmissão de conhecimento. Nessa data morreram os escritores Cervantes e Shakespeare e nasceu Nabokov.)*
	Dia de São Jorge
	Dia do Chorinho *(Em homenagem ao nascimento de Alfredo da Rocha Vianna Filho, mais conhecido como Pixinguinha, em 1897.)*
	Dia do Serralheiro
24	Dia Internacional do Jovem
	Dia do Agente de Viagem
25	Dia Mundial das Vocações
	Dia de São Marcos *(Padroeiro dos vidraceiros)*
	Dia do Contabilista Brasileiro *(Em comemoração à data de criação do Conselho Perpétuo do Registro Geral, em 1926.)*
26	Dia Mundial das Nações
	Dia Nacional de Prevenção e Combate à Hipertensão Arterial *(Data de fundação, em 1994, da Associação Paulista de Assistência ao Hipertenso – APAH.)*
	Dia da Primeira Missa no Brasil *(Celebrada por Frei Henrique de Coimbra, em 1500, em Porto Seguro, Bahia, em um domingo de Páscoa.)*
	Dia do Goleiro *(Em homenagem à data de nascimento do goleiro Manga, Aílton Corrêa Arruda, em 1937.)*
27	Dia Nacional da Caatinga
	Dia da Empregada Doméstica *(Em homenagem a Santa Zita, padroeira da categoria)*
	Dia de Santa Zita *(Padroeira dos copeiros e das domésticas)*
	Dia do Educador Sanitarista
	Dia do Sacerdote
28	Dia Internacional das Vítimas de Acidentes de Trabalho
	Dia da Educação
	Dia da Sogra
	Dia do Trabalhador Joalheiro *(Em comemoração à fundação do Sindicato dos Trabalhadores Joalheiros, em 1959, em São Paulo.)*
29	Dia da Juventude Operária Católica
30	Dia Nacional da Mulher *(Em homenagem ao nascimento da feminista Jerônima Mesquita, em 1880, fundadora do Conselho Nacional de Mulheres do Brasil.)*
	Dia da OEA (Organização dos Estados Americanos)
	Dia do Ferroviário *(Em comemoração à inauguração, em 1854, da primeira estrada de ferro do Brasil, construída pelo Barão de Mauá, Irineu Evangelista de Souza, entre Petrópolis e Rio de Janeiro.)*

	MAIO
0	Dia das Mães *(Festa móvel. Comemorada no 2º domingo de maio. A data foi criada pela norte-americana Anna Jarvis, sendo festejada pela primeira vez em 26 de abril de 1910; no Brasil, em 12 de maio de 1918, trazida pela Associação Cristã de Moços – ACM – de Porto Alegre.)*
1º	Dia Mundial do Trabalho *(Em homenagem aos mártires da repressão policial à greve geral de 1º de maio de 1886, em Chicago, reivindicando, entre outros itens, a redução da jornada de trabalho de 13 para 8 horas diárias.)*
2	Dia Nacional do Ex-combatente
3	Dia do Sertanejo
	Dia do Taquígrafo
5	Dia Nacional do Expedicionário
	Dia da Comunidade
	Dia de Rondon
6	Dia de São João *(Padroeiro dos tipógrafos)*
	Dia do Cartógrafo *(Em homenagem à data do registro do mais antigo trabalho cartográfico no Brasil.)*
7	Dia do Oftalmologista
	Dia do Silêncio
8	Dia Internacional da Cruz Vermelha
	Dia da Vitória
	Dia do Artista Plástico
	Dia do Profissional de Marketing
10	Dia da Cavalaria
	Dia do Campo
12	Dia Mundial do Enfermeiro *(Em homenagem ao nascimento de Florence Nightingale, considerada a fundadora da enfermagem moderna.)*
	Dia da Enfermagem
13	Dia da Abolição da Escravatura
	Dia da Ascensão
	Dia da Fraternidade Brasileira
	Dia do Automóvel
	Dia do Zootecnista
14	Dia Continental do Seguro
15	Dia Internacional da Família
	Dia Nacional do Controle da Infecção Hospitalar
	Dia de Santo Isidoro Lavrador *(Padroeiro dos agricultores)*
	Dia do Assistente Social
	Dia do Gerente Bancário
16	Dia de Santo Honorato de Amiens *(Padroeiro dos padeiros)*
	Dia do Gari

	MAIO (cont.)
17	Dia Internacional da Comunicação e das Telecomunicações
18	Dia Internacional dos Museus
	Dia Nacional de Combate ao Abuso e à Exploração Sexual de Crianças e Adolescentes
	Dia dos Vidreiros
19	Dia de Santo Ivo *(Padroeiro dos advogados e dos juristas)*
20	Aniversário da cidade de Palmas-TO *(1989)*
	Dia Mundial da Metrologia *(Em homenagem à data de assinatura, em 1875, da Convenção do Metro.)*
	Dia Nacional do Medicamento Genérico
	Dia de São Bernardino de Sena *(Padroeiro dos publicitários)*
	Dia do Comissário de Menores
21	Dia da Língua Nacional
22	Dia do Apicultor
23	Dia da Juventude Constitucionalista
24	Dia da Infantaria
	Dia do Café
	Dia do Datilógrafo
	Dia do Detento
	Dia do Telegrafista
	Dia do Vestibulando
25	Dia da Indústria
	Dia do Massagista
	Dia do Massoterapeuta
	Dia do Trabalhador Rural
26	Dia Nacional de Combate ao Glaucoma
27	Dia do Profissional Liberal
28	Dia Internacional de Luta pela Saúde da Mulher
	Dia Nacional de Redução da Mortalidade Materna
	Dia de São Bernardo de Menthon *(Padroeiro dos alpinistas)*
29	Dia do Estatístico
	Dia do Geógrafo
30	Dia da Decoração
	Dia de Santa Joana D'Arc *(Padroeira dos soldados)*
	Dia do Geólogo
31	Dia Mundial das Comunicações Sociais
	Dia Mundial sem Tabaco
	Dia do Comissário de Bordo

APÊNDICE ■ **425**

	JUNHO
1º	Dia da Imprensa *(Em homenagem ao jornal Correio Braziliense, lançado em junho de 1808. Até 1999, a data era comemorada em 10 de setembro, lançamento da Gazeta do Rio de Janeiro, que se acreditava ser o mais antigo jornal brasileiro.)*
	Dia de Caxias
	Dia de São Justino *(Padroeiro dos filósofos)*
2	Dia Nacional da Imunização
	Dia da Comunidade Italiana
3	Dia Mundial do Administrador de Pessoal
4	Dia Internacional das Crianças Vítimas de Agressão
5	Dia Mundial do Meio Ambiente *(Criado pela Organização das Nações Unidas – ONU – para marcar a abertura da 1ª Conferência Mundial de Meio Ambiente, em Estocolmo, na Suécia, em 1972.)*
	Dia da Ecologia
6	Dia da Logística
7	Dia da Liberdade de Imprensa
8	Dia do Citricultor
9	Dia Mundial da Imunização
	Dia de Anchieta *(Homenagem ao jesuíta José de Anchieta, nascido em 19 de março de 1534 e falecido nesse dia, em 1597.)*
	Dia de São Columbano *(Padroeiro dos poetas)*
	Dia do Porteiro
	Dia do Tenista
10	Dia da Artilharia
	Dia da Língua Portuguesa *(Em homenagem à data da morte do poeta português Luís Vaz de Camões. Também creditado como o Dia de Portugal.)*
	Dia da Raça
11	Dia da Marinha Brasileira *(Em homenagem ao dia da vitória brasileira na Batalha Naval do Riachuelo, em 1865, durante a Guerra do Paraguai.)*
	Dia do Educador Sanitário
12	Dia do Correio Aéreo Nacional *(Em homenagem ao feito dos tenentes Casimiro Montenegro Filho e Nelson Freire Lavenère-Wanderley de levarem, de avião, em 1931, duas cartas do Rio para São Paulo, o que deu origem ao Correio Aéreo Militar.)*
	Dia do Enxadrista *(Também creditado como Dia Nacional do Xadrez. Em comemoração à fundação, em 1902, do Clube de Xadrez São Paulo.)*
	Dia dos Namorados *(Criação do publicitário João Dória, em 1949, para estimular as vendas no mês de junho. A data escolhida foi a véspera do Dia de Santo Antônio.)*
13	Dia de Santo Antônio *(Também creditado como Dia das Casamenteiras, por ser Santo Antônio o santo casamenteiro.)*
	Dia do Ecologista Brasileiro *(Em homenagem ao dia do nascimento de José Bonifácio de Andrada e Silva, em 1763. O Patriarca da Independência foi naturalista e considerado o primeiro ecologista brasileiro.)*
	Dia do Turista

	JUNHO (cont.)
14	Dia Universal de Deus
	Dia do Profissional de Relações Públicas
	Dia do Solista
15	Dia de São Vito *(Padroeiro dos atores e dos dançarinos)*
	Dia do Paleontólogo
16	Dia da Unidade Nacional
17	Dia Mundial da Luta contra a Desertificação *(Data de encerramento, em 1994, da Convenção Internacional de Combate à Desertificação.)*
18	Dia do Imigrante Japonês *(Em comemoração à chegada, em 1908, no porto de Santos-SP, a bordo do navio Kasato-Maru, de 781 imigrantes do Japão, a primeira leva da imigração japonesa no Brasil.)*
	Dia do Químico *(Em homenagem ao dia da criação, em 1956, dos Conselhos Federal e Regionais de Química.)*
19	Dia Nacional do Luto
	Dia do Vigilante
20	Dia Mundial do Refugiado
	Dia do Revendedor
21	Dia Nacional de Controle da Asma
	Dia da Música
	Dia do Intelectual
	Dia do Mel
	Dia da Mídia
	Início do Inverno
22	Dia Mundial do Fusca *(Em comemoração à data de início da produção do Volkswagen – o "carro do povo", de Ferdinand Porsche –, em 1934, na Alemanha.)*
	Dia do Aeroviário *(Em homenagem à data de promulgação do Decreto nº 1.232, em 1962, que regulamentou a atividade.)*
	Dia do Orquidófilo *(Homenagem à data de nascimento, em 1842, do botânico carioca João Barbosa Rodrigues, diretor do Jardim Botânico do Rio de Janeiro.)*
23	Dia Internacional das Aldeias SOS
	Dia Olímpico *(Em homenagem à data de fundação, em 1894, do Comitê Olímpico Internacional – COI, pelo Barão de Coubertin.)*
	Dia do Lavrador
24	Dia Internacional do Leite
	Dia Mundial dos Discos Voadores *(Em comemoração ao dia, no ano de 1947, em que o piloto norte-americano Kenneth Arnold relatou ter avistado objetos que lembravam "um prato" [saucer, em inglês] "atirado sobre a água", notícia que repercutiu em todo o mundo, consagrando o termo "flying saucers", como os discos voadores são chamados em inglês.)*
	Dia da Comunidade Britânica
	Dia das Empresas Gráficas
	Dia de São João
	Dia do Caboclo

	JUNHO (cont.)
25	Dia do Imigrante
	Dia do Quilo *(Em comemoração à data em que, em 1862, o imperador D. Pedro II adotou no Brasil o Sistema Métrico Decimal, criado na França em 1793.)*
26	Dia Internacional de Apoio às Vítimas da Tortura *(Em homenagem à data de realização, em 1987, da Convenção contra a Tortura e Outras Penas ou Tratamentos Cruéis, Desumanos ou Degradantes, realizada pela ONU.)*
	Dia Internacional do Combate ao Tráfico de Drogas *(Data da aprovação, em 1987, do Plano Multidisciplinar Geral sobre Atividades Futuras de Luta contra o Abuso de Drogas, após reunião internacional promovida pela ONU.)*
	Dia do Metrologista *(Em homenagem à data de promulgação, no Brasil, em 1862, pelo Imperador D. Pedro II, da Lei nº 1.157, que oficializou o Sistema Métrico Decimal.)*
27	Dia Internacional do Diabético
	Dia Nacional do Progresso
	Dia dos Artistas Líricos
28	Dia da Revolução Espiritual
	Dia do Orgulho Gay *(Em homenagem à data em que, em 1969, mais de 200 homossexuais e simpatizantes enfrentaram a tentativa da polícia de Nova York de invadir o bar Stonewall, no Greenwich Village.)*
29	Dia da Telefonista *(Em homenagem ao padroeiro da categoria, São Pedro.)*
	Dia de São Pedro *(Padroeiro dos pescadores, viúvos, chaveiros, porteiros e telefonistas.)*
	Dia do Escritor Paulista *(Em homenagem à data de nascimento, em 1897, do escritor Afonso Schmidt, na cidade paulista de Cubatão.)*
	Dia do Papa
	Dia do Pescador *(Em homenagem ao apóstolo pescador São Pedro, padroeiro dos pescadores.)*
30	Dia do Caminhoneiro

JULHO		
1º	Dia Mundial da Arquitetura	
	Dia da Vacina BCG	
	Dia do Engenheiro de Saneamento	
2	Dia do Hospital	
	Dia dos Bombeiros Brasileiros	
3	Dia de São Tomé *(Padroeiro dos arquitetos, dos pedreiros e dos cegos.)*	
4	Dia Internacional do Cooperativismo	
	Dia do Operador de Telemarketing	
5	Aniversário do Exército da Salvação	
8	Dia do Panificador	
9	Dia da Revolução e do Soldado Constitucionalista	
10	Dia Mundial da Lei	
	Dia da Pizza	
	Dia da Saúde Ocular	
	Dia do Truco	
11	Dia Mundial da População	
	Dia Nacional dos Trabalhadores em Serviços Telefônicos	
12	Dia do Engenheiro Florestal	
13	Dia Mundial do Rock	
	Dia do Cantor	
	Dia do Engenheiro Sanitarista	
14	Dia de São Camilo de Lellis *(Padroeiro dos enfermeiros)*	
	Dia do Administrador Hospitalar	
	Dia do Propagandista de Laboratório	
15	Dia Internacional do Homem	
	Dia do Comerciante	
16	Dia de Santa Clara *(Padroeira das bordadeiras)*	
17	Dia do Protetor de Florestas	
18	Dia do Trovador	
	Dia do Veterano de Guerra	
19	Dia Internacional da Caridade	
	Dia Nacional do Futebol	
20	Dia Internacional da Amizade	
	Dia do Amigo	
22	Dia de Santa Maria Madalena *(Padroeira dos perfumistas e das prostitutas)*	

	JULHO (cont.)
23	Dia de Santa Brígida da Suécia *(Padroeira dos terapeutas)*
	Dia do Guarda Rodoviário
25	Aniversário de Criação do Ministério da Saúde
	Dia de São Cristóvão
	Dia do Colono
	Dia do Escritor
	Dia do Motorista
	Dia do Taxista
26	Dia da Vovó
	Dia de São Joaquim e Santa Ana *(Padroeiros dos avós e caseiros)*
	Dia do Detetive Particular
27	Dia Nacional da Prevenção de Acidentes do Trabalho
	Dia da Prevenção de Acidentes de Trabalho
	Dia do Despachante
	Dia do Motociclista *(Há alguns poucos registros de essa homenagem ser em 11 de março.)*
28	Dia do Agricultor
29	Dia de Santa Marta *(Padroeira dos garçons e hoteleiros)*
31	Dia Nacional do Outdoor

AGOSTO	
0	Dia dos Pais *(Festa móvel comemorada no 2º domingo de agosto. Criada pela norte-americana Sonora Louise Dodd, pela primeira vez em 19 de junho de 1910, aniversário de seu pai. Nos EUA, a data é festejada no 3º domingo de junho. No Brasil, o publicitário Sylvio Bhering lançou a festa em 14 de agosto de 1953, dia de São Joaquim, patriarca da família.)*
1º	Dia Mundial da Amamentação
	Dia do Cerealista
	Dia do Selo Postal Brasileiro *(Em comemoração à data de lançamento do primeiro selo brasileiro, o Olho-de--Boi, em 1843.)*
2	Dia Internacional do Folclore
3	Dia de Santa Lídia *(Padroeira dos tintureiros)*
	Dia do Capoeirista
	Dia do Tintureiro *(Em homenagem à data da padroeira da categoria, Santa Lídia.)*
4	Dia do Padre *(Em homenagem a São João Maria Vianney, padroeiro dos padres. Também é comemorado no primeiro domingo do mês, caso 4 de agosto não seja um domingo.)*
5	Dia Nacional da Saúde *(Em comemoração ao nascimento do bacteriologista Oswaldo Cruz, nesse dia, em 1872, no município paulista de São Luiz do Paraitinga.)*
	Dia da Farmácia
8	Dia Nacional de Combate ao Colesterol
	Dia do Pároco
9	Dia Internacional dos Povos Indígenas
10	Dia da Enfermeira
	Dia de São Lourenço *(Padroeiro dos arquivistas, dos cozinheiros e dos vidreiros)*
11	Dia da Televisão *(Em homenagem à sua padroeira, Santa Clara, nascida nesse dia. Conta a lenda que ela, enclausurada, velha e doente, assistia às missas pelas sombras projetadas em sua parede. Pela Lei Federal nº 10.255/2001, a data seria 18 de setembro, aniversário da primeira transmissão de televisão – em 1950 – no Brasil.)*
	Dia do Advogado *(Em comemoração à data de criação do primeiro curso de Ciências Jurídicas no Brasil, em 1827. Nessa data, estudantes de direito e advogados costumam realizar o "Dia do Pendura", saindo dos restaurantes sem pagar a conta.)*
	Dia do Direito
	Dia do Estudante *(A data comemora o mesmo evento do Dia do Advogado: a criação do primeiro curso de Ciências Jurídicas no país, em 1827.)*
	Dia do Garçom
	Dia do Magistrado
12	Dia Internacional da Juventude *(Também creditado como 28 de março)*
	Dia Nacional das Artes
	Dia do Cortador de Cana
13	Dia Internacional dos Canhotos
	Dia do Economista
	Dia do Pensamento

	AGOSTO (cont.)
14	Dia da Unidade Humana
	Dia do Controle da Poluição Industrial
15	Dia da Informática *(Em comemoração à data registrada como de criação do primeiro computador, o Eniac, em 1946.)*
	Dia da Santa Casa da Misericórdia *(Em comemoração à fundação da primeira Santa Casa, em 15 de agosto de 1498, em Portugal.)*
	Dia do Solteiro
16	Dia de São Roque *(Padroeiro dos cães)*
17	Dia do Patrimônio Histórico
19	Dia Internacional da Fotografia
	Dia da Aviação Agrícola
	Dia do Ator
20	Dia de São Bernardo de Claraval *(Padroeiro dos apicultores)*
	Dia do Maçom *(Nesse dia, em 1822, maçons brasileiros se reuniram para decidir que estava na hora de o Brasil se tornar independente de Portugal. O imperador D. Pedro I, que era maçom, declarou a independência duas semanas depois, em 7 de setembro.)*
21	Dia da Habilitação
22	Dia do Excepcional
	Dia do Folclore *(Em comemoração à data de publicação do texto de Ambrose Merton – pseudônimo de William John Thoms – em 1846, na revista londrina* The Antheneum, *pedindo apoio para o registro do folclore do país.)*
	Dia do Supervisor Educacional *(Em comemoração à criação da Associação dos Supervisores de Educação, no Rio Grande do Sul, em 1972.)*
23	Dia da Injustiça
	Dia de Santa Rosa de Lima *(Padroeira dos floristas)*
24	Dia da Infância
	Dia de Exu *(No candomblé, comemora-se o dia da entidade que mexe com forças terríveis, provocando acontecimentos dramáticos e causando o mal. Em 24 de agosto, Getúlio suicidou-se e, em 1572, aconteceu o Massacre de São Bartolomeu, quando mais de 20 mil protestantes foram assassinados na França por ordem de Catarina de Médici.)*
	Dia de Santo Ausendo de Sancy *(Padroeiro dos surdos)*
	Dia de São Bartolomeu
	Dia do Artista
25	Dia de São Genésio *(Padroeiro dos comediantes)*
	Dia de São Luís IX *(Padroeiro dos cabeleireiros)*
	Dia do Exército
	Dia do Feirante *(Em comemoração à data de realização da primeira feira livre do Brasil, em São Paulo, no ano de 1914.)*
	Dia do Soldado *(Em homenagem à data de nascimento do Duque de Caxias, padroeiro do Exército brasileiro.)*

AGOSTO (cont.)	
26	Dia da Igualdade da Mulher
	Nascimento de Albert Sabin
27	Dia da Limpeza Urbana
	Dia do Corretor de Imóveis *(Em comemoração à data de regulamentação da profissão, em 1962.)*
	Dia do Peão de Boiadeiro
	Dia do Psicólogo *(Em comemoração à data de publicação da Lei nº 4.119/64, que regulamentou a profissão.)*
28	Dia Nacional do Bancário *(Em comemoração ao início da greve que a categoria mobilizou em 1951 contra o Decreto nº 9.070, que proibia as greves no país.)*
	Dia de Santo Agostinho *(Padroeiro dos editores)*
	Dia do Avicultor
	Dia do Voluntário
29	Dia Nacional do Combate ao Fumo
	Dia de Combate à Desnutrição
30	Dia de São Fiacre *(Padroeiro dos horticultores e dos jardineiros)*
31	Dia da Nutricionista *(Em comemoração à data de fundação da Associação Brasileira de Nutricionistas, em 1949, no Rio de Janeiro.)*

APÊNDICE ■ **433**

	SETEMBRO
1º	Dia do Profissional de Educação Física
	Início da Semana da Pátria
2	Dia do Florista
	Dia do Repórter Fotográfico
3	Dia de São Gregório Magno *(Padroeiro dos cantores)*
	Dia do Biólogo
	Dia do Guarda Civil
	Dia das Organizações Populares
5	Dia Nacional de Conscientização e Divulgação da Fibrose Cística
	Dia da Amazônia
	Dia do Oficial de Farmácia
	Dia do Oficial de Justiça
6	Dia do Alfaiate
	Dia do Barbeiro e do Cabeleireiro
7	Dia da Independência do Brasil
8	Dia Internacional da Alfabetização
9	Dia da Velocidade
	Dia do Administrador *(Em comemoração à data de assinatura da Lei nº 4.769/65, que criou a profissão de administrador.)*
	Dia do Médico Veterinário
10	Dia Nacional da Seresta
11	Dia Nacional do Cerrado
12	Dia de São Guy de Arderlecht *(Padroeiro dos carroceiros)*
13	Dia de São João Crisóstomo *(Padroeiro dos locutores)*
	Dia do Agrônomo *(Controvérsia: existe também o Dia do Engenheiro Agrônomo, comemorado em 12 de outubro.)*
14	Dia da Cruz
	Dia do Frevo
15	Dia do Cliente
	Dia do Musicoterapeuta
16	Dia Internacional da Preservação da Camada de Ozônio
17	Dia da Compreensão Mundial
	Dia do Transportador Rodoviário de Carga
18	Dia da Televisão *(Pela Lei Federal nº 10.255/2001, essa seria a data oficial, comemorando o aniversário da primeira transmissão de televisão – em 1950 – no Brasil. Também se comemora em 11 de agosto, em homenagem à sua padroeira, Santa Clara, nascida nesse dia.)*
	Dia de São José de Copertino *(Padroeiro dos astronautas e dos aviadores)*
	Dia dos Símbolos Nacionais

	SETEMBRO (cont.)
19	Dia de São Genaro
	Dia do Comprador
	Dia do Ortopedista
	Dia do Teatro
20	Dia do Funcionário Municipal
	Dia do Gaúcho
21	Dia Internacional da Paz
	Dia Nacional de Luta dos Portadores de Deficiência Física
	Dia da Árvore
	Dia de São Mateus *(Padroeiro dos contadores, dos banqueiros e dos caixas de banco.)*
	Dia do Fazendeiro
	Dia do Radialista
22	Dia Mundial de Combate ao Mau Hálito
	Dia da Defesa da Fauna
	Dia da Juventude no Brasil
	Dia de São Maurício *(Padroeiro dos tecelões)*
	Dia do Contador
	Dia dos Amantes
23	Dia Mundial do Coração
	Dia do Soldador *(Controvérsia: há registros da comemoração tanto no dia 23 como no dia 24 de setembro.)*
	Início da Primavera
25	Dia Mundial da Radiodifusão
	Dia do Trânsito
26	Dia Interamericano de Relações Públicas
27	Dia Internacional do Idoso *(Controvérsia: a data, pela ONU, é 1º de outubro.)*
	Dia Mundial do Turismo
	Dia da MPB
	Dia de São Cosme e São Damião *(Padroeiros dos barbeiros e dos farmacêuticos)*
	Dia do Ancião
	Dia do Encanador
28	Dia Internacional do Sexagenário
	Dia do Hidrógrafo
	Dia do Ventre Livre
29	Dia de São Gabriel *(Padroeiro dos carteiros, dos filatelistas, dos diplomatas e dos radialistas)*
	Dia de São Miguel Arcanjo *(Padroeiro dos comerciantes e dos paraquedistas)*
	Dia do Anunciante
	Dia do Petróleo

	SETEMBRO (cont.)
	Dia do Professor de Educação Física
30	Dia da Bíblia
	Dia da Navegação
	Dia da Secretária
	Dia de São Jerônimo *(Padroeiro das secretárias e dos tradutores)*
	Dia do Jornaleiro *(Apesar de haver referências a 15 de dezembro, essa é a data oficialmente adotada pelos Sindicatos de Jornaleiros.)*
	Dia do Tradutor

	OUTUBRO
1º	Dia Internacional da Terceira Idade
	Dia Internacional do Idoso *(Controvérsia: há referências ao dia 27 de setembro. Pela ONU, 1º de outubro é a data correta.)*
	Dia Nacional de Doação do Leite Humano
	Dia de Santa Terezinha
	Dia do Prefeito
	Dia do Representante Comercial
	Dia do Vendedor
2	Dia Interamericano da Água
	Dia Nacional do Habitat
3	Dia Mundial do Dentista
	Dia das Abelhas
	Dia do Latino-americano
	Dia do Petróleo Brasileiro
4	Dia Mundial dos Animais
	Dia da Natureza
	Dia de São Francisco de Assis
	Dia do Barman
	Dia do Cão
	Dia do Poeta (*Controvérsia: em algumas referências, citado como dia 20 de outubro.*)
5	Dia Internacional das Aves
	Dia Internacional do Professor
	Dia de São Benedito *(Padroeiro dos negros)*
6	Dia do Tecnólogo
7	Dia do Compositor Brasileiro
8	Dia do Nordestino
9	Dia Mundial dos Correios
	Dia do Atletismo
10	Dia Mundial da Saúde Mental
	Dia Mundial do Lions Clube
	Dia do Empresário Brasileiro
11	Dia do Deficiente Físico
12	Dia da Cirurgia Infantil
	Dia da Criança
	Dia de Nossa Senhora Aparecida
	Dia do Corretor de Seguros
	Dia do Engenheiro Agrônomo *(Em comemoração à data da regulamentação da profissão, em 1933.)*
	Dia do Mar

	OUTUBRO (cont.)
13	Dia do Fisioterapeuta
	Dia do Terapeuta Ocupacional
14	Dia da Pecuária
15	Dia do Educador Ambiental
	Dia do Normalista
	Dia do Professor
16	Dia Mundial da Alimentação
	Dia da Ciência e da Tecnologia
	Dia do Anestesista
17	Dia da Apicultura
	Dia da Indústria Aeronáutica Brasileira
	Dia do Eletricista
	Dia do Maquinista
	Dia do Profissional de Propaganda
18	Dia de São Lucas *(Padroeiro dos médicos, dos cirurgiões e dos escultores)*
	Dia de São Lucas Apóstolo *(Padroeiro da arte)*
	Dia do Controlador de Voo
	Dia do Estivador
	Dia do Médico
	Dia do Securitário
20	Dia Internacional do Controlador de Tráfego Aéreo
	Dia Mundial e Nacional da Osteoporose
	Dia do Arquivista
21	Dia de Santa Úrsula *(Padroeira das professoras)*
	Dia do Contato Publicitário
22	Dia do Paraquedista
	Dia do Radioamador
23	Dia da Aviação *(Em homenagem à data de nascimento de Santos Dumont)*
	Dia do Aviador Brasileiro
24	Dia Internacional do Desenvolvimento
	Dia da Organização das Nações Unidas (ONU)
	Dia de Santo Antônio Maria-Claret *(Padroeiro dos livreiros)*
25	Dia Nacional da Saúde Bucal
	Dia da Construção Civil
	Dia da Democracia
	Dia de São Crispiniano *(Padroeiro dos sapateiros)*
	Dia do Dentista Brasileiro
	Dia do Macarrão
	Dia do Sapateiro

	OUTUBRO (cont.)
26	Dia do Trabalhador da Construção Civil
28	Dia de São Judas Tadeu
	Dia do Funcionário Público
29	Dia Nacional da Livre Iniciativa *(Instituído pela Associação Brasileira de Mantenedoras de Ensino Superior – ABMES – para divulgar o que as empresas privadas de ensino superior têm realizado pelo país.)*
	Dia Nacional do Livro
30	Dia do Balconista
	Dia do Comerciário
31	Dia Mundial da Poupança
	Dia Mundial do Comissário do Voo
	Dia das Bruxas *(Halloween)*
	Dia do Saci

	NOVEMBRO
1º	Dia de Todos os Santos
2	Dia de Finados
3	Dia Mundial da Usabilidade *(Promovido a partir de 2005 pela Usability Professionals' Association – UPA – para promover a conscientização dos benefícios da usabilidade e de projetos centrados no usuário.)*
	Dia de Santo Humberto *(Padroeiro dos caçadores e dos guardas-florestais.)*
4	Dia de São Carlos Bartomeu *(Padroeiro dos catequistas)*
	Dia do Inventor
	Dia do Orientador Educacional
5	Dia Nacional de Controle da Dengue
	Dia Nacional do Design *(Também creditado como Dia do Designer. Em homenagem à data de nascimento de um dos maiores designers brasileiros, o pernambucano Aloísio Magalhães, 1927-1982.)*
	Dia da Ciência
	Dia da Cultura
	Dia de São Martinho de Porres *(Padroeiro dos sindicalistas)*
	Dia do Cinema Brasileiro *(Em comemoração à data de exibição do primeiro filme brasileiro, de autoria do português Antônio Leal, com imagens do centro do Rio. Há referências da comemoração em 19 de junho, dia de uma filmagem feita por Afonso Segreto, em 1898, de cenas na Baía de Guanabara.)*
	Dia do Rádio Amador
	Dia do Técnico em Eletricidade
8	Dia Mundial do Urbanismo
	Dia do Aposentado
9	Dia do Hoteleiro
	Dia do Manequim
	Dia do Radiologista
10	Dia Nacional da Surdez
	Dia do Trigo
11	Dia de São Martinho *(Padroeiro dos comissários)*
12	Dia Nacional do Supermercado
13	Dia de Bom Homem de Cremona *(Padroeiro dos negociantes)*
	Dia do Mau Humor
14	Dia Mundial e Nacional do Diabetes
	Dia Nacional da Alfabetização
	Dia dos Bandeirantes
15	Dia de Santo Alberto Magno *(Padroeiro dos cientistas)*
	Dia do Joalheiro
	Proclamação da República *(1889)*

NOVEMBRO (cont.)	
17	Dia Interamericano do Ministério Público
	Dia Internacional do Estudante
	Dia da Criatividade
19	Dia da Bandeira
20	Dia Nacional da Consciência Negra
	Dia do Auditor Interno
	Dia do Biomédico
	Dia do Músico Evangélico
21	Dia Mundial da Televisão
	Dia da Homeopatia e do Homeopata
	Dia das Saudações
	Dia do Diabético
22	Dia de Santa Cecília *(Padroeira dos músicos)*
	Dia do Músico
23	Dia Internacional do Livro
25	Dia Internacional contra a Exploração da Mulher
	Dia Mundial do Doador de Sangue
	Dia da Baiana do Acarajé
	Dia de Santa Catarina de Alexandria *(Padroeira dos bibliotecários e dos estilistas)*
27	Dia Mundial da Luta contra o Câncer
28	Dia Mundial de Ação de Graças
	Dia do Soldado Desconhecido
30	Dia do Estatuto da Terra
	Dia do Síndico

	DEZEMBRO
1º	Dia Mundial de Luta contra a Aids *(Instituído pela ONU e pela Assembleia Mundial de Saúde.)*
	Dia de Santo Egídio *(Padroeiro dos veterinários)*
	Dia de Santo Elói *(Padroeiro dos garagistas, dos mecânicos, dos metalúrgicos, dos joalheiros, ourives e relojoeiros.)*
	Dia do Casal
	Dia do Numismata
2	Dia Nacional das Relações Públicas
	Dia Nacional do Samba *(Criado pelo vereador baiano Luís Monteiro da Costa em homenagem ao dia em que o compositor Ari Barroso pisou em Salvador pela primeira vez.)*
	Dia Panamericano da Saúde *(Instituído pelo Decreto Federal nº 8.289, de 2 de dezembro de 1941.)*
	Dia da Astronomia *(Criado pela Sociedade Brasileira de Astronomia em homenagem à data de nascimento de D. Pedro II, que era astrônomo amador.)*
4	Dia da Propaganda *(Homenagem à fundação, em 1936, em Buenos Aires, da Asociación de Jefes de la Propaganda.)*
	Dia de Santa Bárbara *(Padroeira dos bombeiros e dos fogueteiros e, no sincretismo brasileiro, Yansã, senhora das águas bravas, dos raios, tempestades e ventanias.)*
	Dia do Orientador Educacional
	Dia do Pedicuro
	Dia do Perito Criminal Oficial
5	Dia Internacional do Voluntariado *(Estabelecido em 1985 pela Assembleia Geral das Nações Unidas.)*
	Dia da Cruz Vermelha Brasileira
6	Dia de São Nicolau *(Padroeiro dos marinheiros e das noivas. São Nicolau, o "Santa Claus", é o Papai Noel nos países de origem saxônica.)*
7	Dia Internacional da Aviação Civil
	Dia do Pau-brasil
8	Dia da Família *(Instituído pelo Decreto Federal nº 52.748, de 24 de outubro de 1963.)*
	Dia da Imaculada Conceição
	Dia da Justiça
	Dia do Cronista Esportivo
9	Dia da Criança Defeituosa
	Dia do Alcoólico Recuperado
	Dia do Fonoaudiólogo *(Em homenagem à data de regulamentação da profissão no Brasil, pela Lei nº 6.965/81.)*
10	Dia da Declaração Mundial dos Direitos Humanos
	Dia do Palhaço
11	Dia de São Damaso *(Padroeiro dos arqueologistas)*
	Dia do Agrimensor
	Dia do Arquiteto
	Dia do Engenheiro
	Dia do Tango

	DEZEMBRO (cont.)
13	Dia de Santa Luzia *(Padroeira dos oculistas)*
	Dia de Santa Lúcia *(Padroeira dos eletricistas)*
	Dia do Avaliador
	Dia do Cego
	Dia do Marinheiro
	Dia do Perito em Engenharia
	Dia do Óptico
14	Dia Nacional do Ministério Público *(Instituído pela Lei nº 8.625/93)*
	Dia do Engenheiro de Pesca
15	Dia do Esperanto
	Dia do Jardineiro
16	Dia do Reservista
	Dia do Teatro Amador
18	Dia Internacional do Migrante
20	Dia da Bondade
	Dia do Mecânico
21	Dia do Atleta
22	Início do Verão
23	Dia do Atleta Amador
	Dia do Vizinho
24	Dia Internacional do Perdão
	Dia do Órfão
25	Natal *(Em homenagem à data considerada como de nascimento de Jesus.)*
26	Dia da Lembrança
	Dia de Santo Estêvão *(Padroeiro da construção civil)*
	Dia do Pedreiro
27	Dia de São João Evangelista *(Padroeiro dos teólogos)*
28	Dia da Marinha Mercante
	Dia do Petroquímico
	Dia do Salva-vidas
29	Dia Internacional da Biodiversidade
31	Dia da Esperança
	Dia de São Silvestre/Réveillon

MODELOS DE CONTRATOS

Contrato de prestação de serviços de agenciamento e divulgação de imagem

Identificação das partes contratantes

CONTRATANTE: (Nome do Agenciado), (Nacionalidade), (Estado Civil), (Profissão), Carteira de Identidade nº (_____), CPF nº (_____), residente e domiciliado na Rua (_____), nº (_____), bairro (_____), CEP (_____), Cidade (_____), no Estado (____).

CONTRATADO: (Nome do Agenciador), com sede em (_____), na Rua (_____), nº (_____), bairro (_____), CEP (_____), no Estado (___), inscrito no CNPJ sob o nº (_____), e no Cadastro Estadual sob o nº (_____), neste ato representado pelo seu diretor (_____), (Nacionalidade), (Estado Civil), (Profissão), Carteira de Identidade nº (_____), CPF nº (_____), residente e domiciliado na Rua (_____), nº (_____), bairro (_____), CEP (_____), Cidade (_____), no Estado (____).

As partes acima identificadas têm, entre si, justo e acertado o presente Contrato de prestação de serviços de agenciamento e divulgação de imagem, que se regerá pelas cláusulas seguintes e pelas condições descritas a seguir.

Do objeto do contrato

Cláusula 1ª. O presente contrato tem como OBJETO a prestação, pelo AGENCIADOR, dos serviços de divulgação do AGENCIADO junto às produtoras, agências publicitárias, agências de modelos e similares, em todo o território nacional e no exterior, sem responsabilidade de conseguir trabalhos ou serviços, comprometendo-se, exclusivamente, a representar o AGENCIADO e promover sua divulgação e veiculação junto aos mercados citados, sendo responsável pela divulgação, distribuição e comercialização da imagem do AGENCIADO, o qual poderá aceitar ou não os serviços que lhe forem oferecidos.

Parágrafo único. Os serviços objeto do presente contrato são inerentes ao AGENCIADOR, e, portanto, este não poderá transferir a responsabilidade de sua execução para outrem que não esteja previamente contratado, salvo se houver expressado permissão por parte do AGENCIADO.

Das obrigações do agenciado

Cláusula 2ª. O presente. O AGENCIADO deverá deixar em poder do AGENCIADOR:

a) ficha cadastral sempre atualizada;
b) autorização de uso de imagem, para divulgação em sites da internet, em revista e jornal de circulação nacional e internacional;
c) materiais fotográficos e similares, conforme for solicitado pelo AGENCIADOR.

Cláusula 3ª. Havendo necessidade de feitura de outro material publicitário, seja fotográfico, ou qualquer outro, de acordo com solicitação do AGENCIADOR, deverá o AGENCIADO preparar o material requerido, cujos gastos correrão por sua própria conta.

Parágrafo único. Caso o AGENCIADO não produza o novo material publicitário, conforme requisitado e dentro das especificações estipuladas pelo AGENCIADOR, este restará eximido de responsabilidade pelo não cumprimento dos serviços de agenciamento de imagem ora contratados, desde que demonstrado que a impossibilidade do seu cumprimento resultou da imprescindibilidade do material publicitário.

Das obrigações do agenciador

Cláusula 4ª. Deverá o AGENCIADOR, para a devida prestação dos serviços objeto deste contrato, promover a divulgação da imagem do AGENCIADO, utilizando-se, para tal, de todos os seus conhecimentos na área de divulgação de imagem, inclusive na área de marketing.

Parágrafo primeiro. O AGENCIADOR deverá realizar o envio do material fotográfico e similar, que estiverem à sua disposição, para as agências de publicidade, agências de modelo, entre outras, conforme a melhor política de marketing, determinada segundo os seus critérios e conhecimentos, de modo a melhor desempenhar os serviços de agenciamento de imagem, conforme disposto no *caput* da cláusula 1ª do presente contrato.

Parágrafo segundo. Havendo necessidade de produção de novo material publicitário para o cumprimento dos serviços de agenciamento de imagem ora contratados, o AGENCIADOR deverá requerer, por escrito, ao AGENCIADO a produção desse material, fornecendo-lhe as especificações necessárias.

Parágrafo terceiro. O custeio da produção do material publicitário caberá exclusivamente ao AGENCIADO.

Cláusula 5ª. A distribuição, pelo AGENCIADOR, do material publicitário, entregue quando da assinatura do presente contrato ou produzido posteriormente, deverá ocorrer em um período de (___) dias após a sua entrega pelo AGENCIADO.

Parágrafo único. O não cumprimento do prazo estipulado no *caput* da presente cláusula acarretará a rescisão deste contrato.

Da remuneração

Cláusula 6ª. O AGENCIADO pagará ao AGENCIADOR, pelos serviços por este prestados, o valor de R$ (_____) (valor expresso), com os descontos previstos em lei, a ser pago todo dia (___) de cada mês.

Parágrafo primeiro. Em caso de atraso no pagamento referido no *caput* da presente cláusula, incidirá uma multa de (___)% ao dia.

Parágrafo segundo. O AGENCIADO, caso execute algum trabalho específico da carreira de modelo fotográfico ou manequim, a partir da assinatura deste instrumento, estará obrigado a ceder ao AGENCIADOR o equivalente a (___)% do seu cachê ou de qualquer remuneração em espécie, enquanto vigorar o presente contrato.

Do vínculo contratual

Cláusula 7ª. Não há estipulação, no presente contrato, de exclusividade, podendo o AGENCIADO realizar quaisquer outros trabalhos, devendo, tão somente, antes de sua execução, comunicar ao AGENCIADOR para que este proceda à análise do trabalho, a fim de verificar se este não prejudicará a execução dos serviços de divulgação de imagem, objeto do presente contrato.

Parágrafo primeiro. Havendo descumprimento da obrigação de submeter ao AGENCIADOR a análise de outros trabalhos, conforme disposto no *caput* da presente cláusula, deverá o AGENCIADO pagar uma multa de (___)% calculada sobre o valor do presente contrato.

Parágrafo segundo. Tanto o AGENCIADOR quanto o AGENCIADO se desobrigam de qualquer vínculo empregatício, visto que ambos são prestadores de serviço.

Parágrafo terceiro. O AGENCIADO não poderá assinar contrato com outro AGENCIADOR enquanto viger o presente contrato.

Da duração

Cláusula 8ª. O presente contrato terá duração de (___) meses, contados a partir da sua assinatura pelas partes.

Parágrafo único. Poderá haver prorrogação do contrato, após o término do prazo estipulado na presente cláusula, desde que haja manifestação expressa das partes neste sentido.

Da rescisão

Cláusula 9ª. O presente instrumento poderá ser rescindido por qualquer das partes, devendo a outra ser avisada com 30 (trinta) dias de antecedência, sem prejuízo do ressarcimento por eventuais prejuízos materiais ocasionados pela rescisão antes do término do prazo previsto na cláusula anterior.

Parágrafo primeiro. No caso de rescisão ou cancelamento deste contrato, o AGENCIADOR colocará à disposição do AGENCIADO todos os materiais e documentos que lhe foram entregues, nos termos da Cláusula 2ª.

Parágrafo segundo. Correm por conta da parte que rescindir ou cancelar o contrato as despesas de remessa do material, conforme disposto no parágrafo anterior, além dos demais custos necessários à aludida devolução de material.

Cláusula 10ª. O contrato também poderá ser rescindido caso uma das partes descumpra o estabelecido nas cláusulas do presente instrumento, cabendo à parte que ocasionou o rompimento o pagamento de multa rescisória, fixada em (___)% do valor previsto na cláusula anterior, à outra parte.

Condições gerais

Cláusula 11ª. O AGENCIADO autoriza o AGENCIADOR a divulgar suas fotos na internet pelo site de divulgação a este pertencente, pagando por essa divulgação, no ato da assinatura deste contrato, a taxa de manutenção/hospedagem anual do book eletrônico no valor de R$ (_____) (valor expresso), sendo o material desenvolvido para internet de propriedade do AGENCIADOR.

Cláusula 12ª. Caso o AGENCIADOR realize os ensaios fotográficos para divulgação do AGENCIADO em seu estúdio fotográfico, os negativos do material produzido serão de propriedade do AGENCIADOR, que poderá comercializá-los, entretanto, única e exclusivamente com o AGENCIADO.

Parágrafo único. Caso o AGENCIADO seja menor de idade, para a realização de todos os ensaios fotográficos, referidos no *caput* da presente cláusula, deverá ser acompanhado por seu responsável ou ser autorizado, mediante documento escrito, para a feitura de aludidos ensaios, resguardados, em qualquer caso, os seus direitos, conforme o estabelecido pela Lei nº 8.069/90 (Estatuto da Criança e do Adolescente).

Cláusula 13ª. Pelo presente contrato, o AGENCIADO autoriza o AGENCIADOR a divulgar, promover, apresentar e submeter à escolha de clientes a imagem do AGENCIADO por meio do material fotográfico colocado à disposição do AGENCIADOR.

Cláusula 14ª. Todas as despesas com viagens, estadas, e demais custos necessários para participação em testes, seleções e trabalhos correm por conta exclusiva do AGENCIADO, exceto em casos em que as partes determinem outra forma de responsabilidade de custeio.

Cláusula 15ª. O presente instrumento passa a valer a partir da sua assinatura pelas partes.

Cláusula 16ª. Este contrato deve ser registrado no Cartório de Registro de Títulos e Documentos.

Do foro

Cláusula 17ª. Para dirimir quaisquer controvérsias oriundas do CONTRATO, será competente o Foro da Comarca de (_____).

Por estarem, assim, justos e contratados, firmam o presente instrumento, em duas vias de igual teor, juntamente com 2 (duas) testemunhas.

(Local, data e ano).

(Nome e assinatura do Representante legal da Agência)

(Nome e assinatura do Agenciado)

(Nome, RG e assinatura da Testemunha 1)

(Nome, RG e assinatura da Testemunha 2)

Contrato de cessão de direitos autorais

Pelo presente instrumento particular, de um lado (_____) (_____) (nome da editora), com sede à Rua (_____) nº (_____), na cidade de (_____), Estado de (___), inscrita no CNPJ sob o nº (_____) e Inscrição Estadual nº (_____), neste ato representada pelo seu Diretor (_____) {titulação}, (_____) {nome completo e por extenso do diretor}, de ora em diante designada simplesmente EDITORA, e, de outro lado (_____) {nome completo e por extenso do autor}, nacionalidade (_____), estado civil (_____), profissão (_____), CPF nº (_____), Cédula de Identidade nº (___), residente e domiciliado à Rua (_____), nº (_____), na cidade de (_____), Estado de (___), de ora em diante chamado simplesmente de AUTOR, têm, entre si, como justo e contratado, na melhor forma de direito, o seguinte:

1º – O AUTOR, sendo titular dos direitos autorais sobre o livro (_____){nome da obra}, cede à EDITORA o direito exclusivo de edição, reprodução, impressão, publicação e venda, em língua portuguesa, sobre o mesmo.

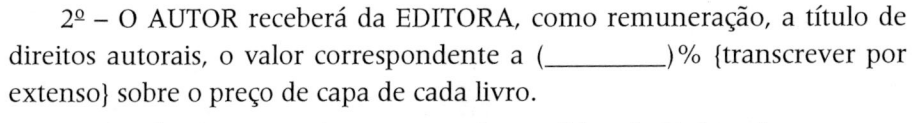

2º – O AUTOR receberá da EDITORA, como remuneração, a título de direitos autorais, o valor correspondente a (_____)% {transcrever por extenso} sobre o preço de capa de cada livro.

3º – Os direitos autorais a que se refere a Cláusula 2ª deste instrumento serão devidos de acordo com as vendas efetivamente realizadas, acusadas pela EDITORA em boletins (_____) {mensais, trimestrais ou semestrais}, emitidos nos meses de (_____) {meses de acordo com a periodicidade dos boletins} de cada ano, e pagos em (_____) {por extenso} parcelas mensais, iguais e consecutivas, vencendo-se a primeira no último dia do mês de emissão do boletim.

4º – O AUTOR receberá da EDITORA, gratuitamente, (_____) {quantidade, transcrita também por extenso} exemplares de cada edição, e a EDITORA disporá também da mesma quantidade, por edição, a título de promoção da obra.

5º – O presente contrato vigorará pelo prazo de (___) anos, contados da data da publicação da primeira edição da obra referida na Cláusula 1ª, ficando automaticamente renovado, por igual período, salvo hipótese de denúncia de qualquer das partes até (___) meses antes do vencimento do contrato.

6º – Fica eleito o Foro desta Comarca para dirimir qualquer dúvida suscitada por este contrato, renunciando-se qualquer outro, por muito especial que seja.

E por estarem as partes em pleno acordo com o disposto neste instrumento particular, assinam-no na presença das duas testemunhas abaixo, em duas vias de igual teor e forma, destinando-se uma via para cada uma das partes contratadas neste instrumento.

Contrato de publicidade

CLIENTE	
CGC/CPF	CONTATO
NOME	

ENDEREÇO DO CLIENTE		
RUA/AV.-Nº		BAIRRO
CIDADE	CEP	UF
TELEFONE	INSCR. ESTADUAL	

DADOS DO ANÚNCIO	
VEÍCULO	PRODUTO
_____	☐ FULL BANNER (CAPA)
	☐ HALF BANNER (CAPA)
	☐ BOTÃO (CAPA)
	☐ MINIBOTÃO (CAPA)
	☐ POP-UP

1ª quinzena	1	2	3	4	5	6	7	8	9	10	11	12	13	14	15	
2ª quinzena	16	17	18	19	20	21	22	23	24	25	26	27	28	29	30	31

MATERIAL PUBLICITÁRIO			
☐ ANEXO	☐ SERÁ ENTREGUE	☐ A SER COMPOSTO	☐ EM RICH MÍDIA

AUTORIZO(AMOS) A(S) PUBLICAÇÃO(ÕES) DO ANÚNCIO NAS CONDIÇÕES ACIMA.
_____, _____ DE _____ DE 20_____

NOME LEGÍVEL
_____

ASSINATURA
_____

PREENCHER O CONTRATO, ASSINAR E ENVIAR PELO CORREIO

Contrato de representação comercial, veiculação de imagem e venda de produtos na internet

Identificação das partes contratantes

CONTRATANTE: (Nome da Contratante), com sede em (_____), na Rua (_____), nº (____), bairro (_____), CEP (_____), no Estado (___), inscrita no CNPJ sob o nº (_____), e no Cadastro Estadual sob o nº (_____), neste ato representada pelo seu diretor (_____), (Nacionalidade), (Estado Civil), (Profissão), Carteira de Identidade nº (_____), CPF nº (_____), residente e domiciliado na Rua (_____), nº (____), bairro (_____), CEP (_____), Cidade (_____), no Estado (___).

CONTRATADA: (Nome da Contratada), com sede em (_____), na Rua (_____), nº (____), bairro (_____), CEP (_____), no Estado (_____), inscrita no CNPJ sob o nº (_____), e no Cadastro Estadual sob o nº (_____), neste ato representada pelo seu diretor (_____), (Nacionalidade), (Estado Civil), (Profissão), Carteira de Identidade nº (_____), CPF nº (_____), residente e domiciliado na Rua (_____), nº (____), bairro (_____), CEP (_____), Cidade (_____), no Estado (___).

As partes acima identificadas têm, entre si, justo e acertado o presente Contrato de Representação Comercial, Veiculação de Imagem e Venda de Produtos na Internet, que se regerá pelas cláusulas seguintes e pelas condições descritas no presente.

Do objeto do contrato

Cláusula 1ª. O presente instrumento tem como objeto a prestação de serviços de representação comercial e venda de produtos pela internet.

Das obrigações da contratada

Cláusula 2ª. A CONTRATADA está obrigada a promover a veiculação, em sua página na internet, da imagem das mercadorias produzidas pela CONTRATANTE.

Cláusula 3ª. A CONTRATADA deverá também realizar todos os atos necessários à venda dos produtos, devendo receber os pedidos, enviar as mercadorias e receber o pagamento efetuado pelos clientes.

Das obrigações da contratante

Cláusula 4ª. A CONTRATANTE está obrigada a manter a exclusividade da CONTRATADA para o que foi estabelecido neste contrato, não podendo contratar outra empresa que realize os mesmos serviços.

Cláusula 5ª. A CONTRATANTE deverá também realizar a entrega dos produtos solicitados pela CONTRATADA na data previamente fixada pelas partes, responsabilizando-se pela sua qualidade perante os clientes da CONTRATADA.

Cláusula 6ª. A CONTRATANTE oferecerá assistência técnica aos produtos vendidos pela CONTRATADA.

Do pagamento

Cláusula 7ª. A CONTRATANTE deverá pagar à CONTRATADA a quantia de R$ (_____) (valor expresso), para que esta confeccione a página na internet com a lista das mercadorias produzidas pela CONTRATANTE.

Cláusula 8ª. A CONTRATANTE pagará, mensalmente, à CONTRATADA, a quantia de R$ (_____) (valor expresso), pela manutenção da página na internet, devendo o pagamento ser feito até o dia (____) de cada mês.

Parágrafo primeiro. Caso o pagamento não seja efetuado na data acertada, a CONTRATANTE pagará multa de (____)% do valor da quantia de manutenção.

Parágrafo segundo. Se o atraso superar a (__) dias, a CONTRATADA suspenderá a exibição da página que contém a lista dos produtos, na internet, até que a CONTRATANTE pague a quantia atrasada.

Da comissão

Cláusula 9ª. A CONTRATADA tem direito a uma comissão de (____)% sobre cada produto vendido, que será descontada, quando do repasse por ela feito, à CONTRATANTE, do valor obtido nas vendas.

Parágrafo único. O repasse do valor obtido na venda desses produtos deve acontecer em até (___) dias da data da remessa da mercadoria.

Da rescisão

Cláusula 10ª. O contrato poderá ser rescindido por ambas as partes, a qualquer momento, devendo, porém, a parte avisar à outra com 30 (trinta) dias de antecedência.

Cláusula 11ª. O contrato também será rescindido caso uma das partes descumpra o estabelecido nas cláusulas do presente instrumento, cabendo à que ocasionou o rompimento o pagamento de multa rescisória, fixada em R$ (_____) (valor expresso), à outra parte.

Do prazo

Cláusula 12ª. O presente contrato terá prazo indeterminado.

Do foro

Cláusula 13ª. Para dirimir quaisquer controvérsias oriundas do presente contrato, as partes elegem o Foro da Comarca de (_____).

Por estarem assim justos e contratados, firmam o presente instrumento, em duas vias de igual teor, juntamente com 2 (duas) testemunhas.

(Local, data e ano).

(Nome e assinatura do Representante legal da Contratante)

(Nome e assinatura do Representante legal da Contratada)

(Nome, RG e assinatura da Testemunha 1)

(Nome, RG e assinatura da Testemunha 2)

Contrato de locação de espaço publicitário de prazo determinado

Identificação das partes contratantes

LOCADOR: (Nome da Empresa Locadora), com sede na Rua (_____), nº (_____), bairro (_____), Cidade (_____), CEP (_____), no Estado (___), inscrita no CNPJ sob o nº (_____), com IE nº (_____), devidamente representada neste ato por

(Nome do representante legal da empresa), (Cargo ou função que exerce na Empresa Locadora), (Nacionalidade), (Profissão), (Estado Civil), Carteira de Identidade nº (_____) e CPF nº (_____), residente e domiciliado na Rua (_____), nº (____); bairro (_____), CEP (_____), Cidade (_____), no Estado (___).

LOCATÁRIO: (Nome da Empresa Locatária), com sede na Rua (_____), nº (____), bairro (_____), Cidade (_____), CEP (_____), no Estado (___), inscrita no CNPJ sob o nº (_____), com IE nº (_____), devidamente representada neste ato por (Nome do representante legal da empresa), (Cargo ou função que exerce na Empresa Locatária), (Nacionalidade), (Profissão), (Estado Civil), Carteira de Identidade nº (_____) e CPF nº (_____), residente e domiciliado na Rua (_____), nº (____); bairro (_____), CEP (_____), Cidade (_____), no Estado (___).

As partes acima identificadas têm, entre si, justo e acertado o presente Contrato de Locação de Espaço Publicitário de Prazo Determinado, ficando desde já aceito, pelas cláusulas abaixo descritas.

Do objeto do contrato

Cláusula 1ª. O presente contrato tem como OBJETO a locação de espaço (outdoor) a ser utilizado para fins publicitários.

Cláusula 2ª. O referido outdoor terá as medidas de (_____) cm por (_____) cm e estará situado à Rua (_____), em frente ao nº (_____), na cidade de (_____), no Estado (___).

Dos direitos e das obrigações do locatário

Cláusula 3ª. O LOCATÁRIO deverá escolher, dentro das exigências feitas pelo município, onde será instalado o outdoor, especificando as suas características de propaganda e arte, bem como a logomarca e cores a serem utilizadas na publicidade. Essa escolha deverá ser feita com uma antecedência de (__) dias, para que o LOCADOR aprove ou não.

Cláusula 4ª. O LOCATÁRIO compromete-se a pagar em dia o aluguel, no valor mensal de R$ (_____) (valor expresso), enquanto o presente instrumento for válido.

Parágrafo primeiro. Todas as parcelas deverão ser pagas no primeiro dia útil do mês corrente, sendo tolerado atraso sem multas ou juros até o quinto dia útil do mesmo mês. Caso o pagamento não ocorra, será cobrada uma multa de (__)% a cada dia de atraso.

Parágrafo segundo. O não pagamento do aluguel implicará, sem necessidade de qualquer notificação, comunicado ou intervenção judicial, a retirada dos cartazes afixados no outdoor locado.

Das obrigações do locador

Cláusula 5ª. O LOCADOR compromete-se a pagar todos os tributos, taxas, encargos trabalhistas, fiscais ou qualquer outro que esteja relacionado ao contrato.

Cláusula 6ª. É dever do LOCADOR a manutenção das boas condições do espaço ora alugado, para que o objetivo de publicidade almejado pelo LOCATÁRIO seja alcançado.

Cláusula 7ª. O LOCADOR obriga-se a expor a publicidade de forma ininterrupta.

Do prazo

Cláusula 8ª. O contrato terá validade de (____) meses, a contar da data de assinatura. Ao prazo do encerramento, o LOCADOR poderá retirar a publicidade exposta sem qualquer tipo de notificação ou intervenção.

Disposições finais

Cláusula 9ª. Em caso de desapropriação, ficam as partes desobrigadas do cumprimento do presente, ressalvando o seu direito à defesa de seus interesses junto ao Poder expropriante.

Do foro

Cláusula 10ª. Para dirimir quaisquer controvérsias oriundas do CONTRATO, as partes elegem o Foro da Comarca de (_____).

Por estarem assim justos e contratados, firmam o presente instrumento, em duas vias de igual teor, juntamente com 2 (duas) testemunhas.

(Local, data e ano).

(Nome e assinatura do Locador)

(Nome e assinatura do Locatário)
(Nome, RG e assinatura da Testemunha 1)
(Nome, RG e assinatura da Testemunha 2)

Contrato de locação e licença de uso de fotos

1. Contratante
NOME:
Logradouro:
Complemento/bairro:
CEP/cidade/UF:
CNPJ:

1.1. Por conta e ordem de seu (sua) cliente-anunciante:
NOME:
Logradouro:
Complemento/bairro:
CEP/cidade/UF:
CNPJ:

2. Contratada/fornecedora
NOME:
Logradouro:
Complemento/bairro:
CEP/cidade/UF:
CNPJ:
Conta bancária:
Banco:
AG./CC:
Fotógrafo anuente:
RG:

3. Objeto
A) Locação e licença de uso de foto

REF. OBRA INTITULADA:

3.1 Para a peça de comunicação publicitária/promocional assim caracterizada (mídia):

Título:
Espécie:

Formato e duração:
Cores:

3.2 Destinada à divulgação/promoção do(a) seguinte marca/produto/projeto/segmento:

3.3 A ser veiculada/distribuída/divulgada (prazo, mídia, território):

Pelo prazo/período de:
Mídia:
Território:

4. Valor e forma de pagamento:

R$
Condições de pagamento:
Multa rescisória (compensatória):
Cláusulas contratuais:

Cláusula 1ª – A CONTRATADA/FORNECEDORA é licenciada pelo(s) fotógrafo(s) titular(es) da(s) obra(s) fotográfica(s) indicada(s) e ora fotógrafo(s) anuente(s), (item 2), recebendo dele(s) poderes para licenciar essa(s) imagem(ns), negociar e receber valores, enfim efetuar toda a transação comercial, obra essa que é assim indicada no item 3.

Cláusula 2ª – Nessa condição, a CONTRATADA/FORNECEDORA concede licença à CONTRATANTE para a utilização e reprodução da referida obra fotográfica em peças publicitárias e/ou promocionais, criadas pela CONTRATANTE para seu CLIENTE-ANUNCIANTE (item 3.1). Essa utilização será feita pelo prazo determinado no item 3.3, a contar da primeira veiculação/distribuição, desde que a mesma não ultrapasse 30 dias da assinatura do presente contrato pela CONTRATADA/FORNECEDORA, através das mídias (item 3.3) e nos territórios discriminados no item 3.3, peça essa destinada a divulgar os produtos/serviços prestados/comercializados pelo CLIENTE-ANUNCIANTE (item 3.2).

Cláusula 3ª – A CONTRATADA/FORNECEDORA se responsabiliza pela licença ora concedida à CONTRATANTE e por eventuais problemas decorrentes da utilização da obra suprarreferida nas peças publicitárias e/ou promocionais, problemas esses, para citar como exemplo, decorrentes de pleitos judiciais ou extrajudiciais de terceiros, no que tange aos direitos autorais, morais e patrimoniais, direitos conexos, direitos de imagem de pessoas ali retratadas, direitos sobre divulgação de monumentos, obras de arte ou quaisquer outros que possam daí decorrer, desde que utilizadas estritamente na forma estabelecida neste contrato.

Parágrafo único – A responsabilidade da CONTRATADA/FORNECEDORA é mantida mesmo se eventuais problemas forem promovidos contra a CONTRATANTE e/ou seu CLIENTE-ANUNCIANTE e decorrentes de eventuais infrações quanto ao uso da referida obra, na forma do *caput* desta cláusula, remanescendo à CONTRATANTE, e/ou a seu CLIENTE-ANUNCIANTE, o direito de regresso.

Cláusula 4ª – A CONTRATANTE não poderá proceder às alterações na obra ora locada, para sua utilização nas peças publicitárias referidas neste contrato.

Cláusula 5ª – Pela autorização ora concedida, a CONTRATADA/FORNECEDORA receberá da CONTRATANTE a importância bruta discriminada no item 4, que lhe será paga na forma descrita também no item 4, mediante apresentação de nota fiscal/fatura correspondente.

Parágrafo único – Eventual remuneração do(s) autor(es) e/ou titular(es) da obra fotográfica e/ou terceiro(s) envolvido(s) ficará a cargo e às expensas da CONTRATADA/FORNECEDORA, nada sendo devido àquele(s) pela CONTRATANTE e/ou por seu CLIENTE-ANUNCIANTE.

Cláusula 6ª – A CONTRATADA/FORNECEDORA concede à CONTRATANTE total exclusividade no segmento dos produtos/serviços fornecidos pelo seu CLIENTE-ANUNCIANTE (item 3.2), para utilização da obra discriminada no item 3.1, pelo período e no território estabelecidos no item 3.3.

Cláusula 7ª – A CONTRATADA/FORNECEDORA autoriza, a título gracioso e sem limite de tempo, a utilização da obra ora locada, exclusivamente para constar em portfólio da CONTRATANTE, inclusive se apresentado via internet, bem como quando em participações de festivais de publicidade e de divulgação de suas premiações.

Cláusula 8ª – A CONTRATADA/FORNECEDORA, devidamente assistida pelo fotógrafo anuente, mediante este contrato, dispensa a citação de crédito fotográfico e fonte junto às obras, quando de suas reproduções, apenas quando para fins publicitários/promocionais.

Cláusula 9ª – A CONTRATANTE deverá efetuar a devolução do(s) original(ais) fotográfico(s) locado(s), no prazo máximo de 15 (quinze) dias a contar da data da assinatura deste contrato. Caso a CONTRATANTE não efetue a devida devolução aqui especificada, a CONTRATADA/FORNECEDORA deverá notificar a CONTRATANTE para que, no prazo suplementar de 5 (cinco) dias, entregue o material locado, sob pena de arcar com a multa indenizatória prevista na cláusula 11 a seguir e eventual ação para sua cobrança.

Cláusula 10ª – Na hipótese de inutilização ou extravio do material, a CONTRATANTE pagará a multa compensatória no valor do contrato, estabelecida no item 4 deste instrumento. A cobrança da multa prevista nesta cláusula não concede à CONTRATANTE e/ou ao seu CLIENTE-ANUNCIANTE nenhum direito de reprodução e/ou uso da foto além do que se encontra contratualmente estabelecido neste instrumento.

Cláusula 11ª – A parte que infringir qualquer uma das cláusulas deste contrato arcará com a multa indenizatória no valor do contrato, previsto no item 4.

Cláusula 12ª – Fica eleito o Foro da Comarca de _____, com exclusão de qualquer outro, por mais privilegiado que seja, para dirimir eventuais litígios porventura oriundos do presente contrato.

E, por estarem assim justos e contratados, assinam as partes, 4 (quatro) vias do presente instrumento, de igual teor e forma, na presença de 2 (duas) testemunhas que igualmente o subscrevem.

Local e data

    Contratante

    Contratada/Fornecedora

    Fotógrafo/Anuente

    Testemunhas: 1ª_____ 2ª_____

REFERÊNCIAS

AAKER, D. *Marcas:* brand equity gerenciando o valor da marca. São Paulo: Negócio, 1999.

ALMEIDA, A. L. T.; MOREIRA, N. C.; FERREIRA, M. A. M.; MATTA, I. B. Programa Bolsa Família como instrumento de inclusão social: reflexões sobre desigualdades de gênero e empoderamento de mulheres. Publicado no VI Enapegs – Encontro Nacional de Pesquisadores em Gestão Social, eixo temático 2: gestão social, políticas públicas e território, 2012. Disponível em: <anaisenapegs.com.br/2012/dmdocuments/355.pdf>. Acesso em: dez. 2014.

ANATEL. Brasil fecha 2013 com 271,10 milhões de acessos móveis. Disponível em: <http://www.anatel.gov.br/Portal/exibirPortalNoticias.do?acao=carregaNoticia&codigo=32359>. Acesso em: dez. 2014.

ANDRADE, C. D. *O avesso dos aforismos*. 2. ed. Rio de Janeiro: Record, 1990.

BANCO DO NORDESTE. BNB Conjuntura Econômica (Escritório Técnico de Estudos Econômicos do Nordeste – Etene). Edição jul./set. 2013, n. 39. Disponível em: <www.bnb.gov.br/projwebren/exec/rcePDF.aspx?cd_rce=45>. Acesso em: dez. 2014.

BAUS, H. M. *Relações públicas:* dinâmica e prática. Rio de Janeiro: Fundo de Cultura, 1961. p. 337.

BERIMBAU, Mauro. *Advergames*: comunicação e consumo de marcas, 210. 136f. Dissertação (Mestrado em Comunicação e Práticas de Consumo) – PPG-COM ESPM, Escola Superior de Propaganda e Marketing, 2010.

BOYD Jr., H.; LEVY, S. J. *Promoção de vendas*. Trad. Auriphebo Berrance Simões. v. 1. São Paulo: Atlas, 1981. p. 161.

BROWN, J. A. C. *Técnicas de persuasão*. Trad. Octávio Alves Velho. 2. ed. Rio de Janeiro: Zahar, 1971. p. 304.

CANFIELD, B. R. *Relações públicas:* princípios, casos e problemas. Trad. Olívia Krâhenbiihl. 3. ed. v. 2. São Paulo: Pioneira, 1988. p. 731.

CARMO, A. et al. *Comunicação:* as funções da propaganda. São Paulo: Publinform, 1970. p. 241.

CARVALHO, A. P. *Técnica de publicidade*. Apostila do Curso de Publicidade do Ipet, 1950.

CASTELLS, M. Communications Power. Oxford: OUP, 2013;

_____. Lições da história da internet. In: *A galáxia da internet*: reflexões sobre a internet, os negócios e a sociedade. Tradução de Maria Luiza Borges. Rio de Janeiro: Jorge Zahar, 2003.

CAVALLINI, Ricardo; XAVIER, Léo; SOCHACZEWSKI, Alon. *Mobilize*. São Paulo: Editora dos autores, 2010.
Censo 2010. RI Bolsa Família e Cadastro Único – Visão geral Brasil. Disponível em: <http://aplicacoes.mds.gov.br/sagi/RIv3/geral/relatorio_form.php?p_ibge=&area=0&ano_pesquisa=&mes_pesquisa=&saida=pdf&relatorio=153&ms=623,460,587,589,450,448>. Acesso em: dez. 2014.
CETIC. TIC Domicílios. Disponível em: <http://cetic.br/pesquisa/domicilios/>. Acesso em: dez. 2014.
CETIC.br. Pesquisa TIC Domicílios 2013. Disponível em: <http://www.cetic.br/pesquisa/domicilios/analises>. Acesso em: dez. 2014.
CGI. BR. TIC Domicílios e empresas 2012: pesquisa sobre o uso das tecnologias de informação e comunicação do Brasil. Disponível em: <http://cetic.br/media/docs/publicacoes/2/tic-domicilios-e-empresas-2012.pdf>. Acesso em: jun. 2014.
CIPRIANI, Fábio. *Blog corporativo*. São Paulo: Novatec, 2006.
COLLEY, R. H. *Sistema de definição de objetivos publicitários para medir a eficiência da propaganda*. São Paulo: Pioneira, 1976.
CORRÊA, Juciani Severo. As contribuições do programa Bolsa Família: Inclusão e permanência escolar. Publicado no IX Anped SUL – Seminário de Pesquisa em Educação da Região Sul, 2012. Disponível em: <http://www.ucs.br/etc/conferencias/index.php/anpedsul/9anpedsul/paper/viewFile/2238/152>. Acesso em: jun. 2015.
DAVIS, S. *La creacion en publicidad*. Barcelona: Las Ediciones de Arte. p. 96.
DOMENACH, J. M. *Propaganda política*. São Paulo: Difusão Europeia do Livro, 1955. Coleção Saber Atual.
DRÈZE, X.; ZUFRYDEN, F. *Internet advertising:* the medium is the difference, 1999. Disponível em: <www.xdreze.org/Publications/cacm-final.pdf>. Acesso em: 20 jul. 2015.
DUAILIBI, R.; SIMONSEN JR., H. *Criatividade:* a formulação de alternativas em marketing. São Paulo: Abril, McGraw-Hill do Brasil, 1971. p. 194.
E-BIT. Relatório Webshoppers 2014. Disponível em: <http://www.ebit.com.br/webshoppers>. Acesso em: dez. 2014.
EHRLICH, Marcio. *Janela Publicitária*. Disponível em: <http://janela.com.br>. Acesso em 18 ago. 2015.
FARINA, M; PEREZ, C; BASTOS, D. *Psicodinâmica das cores em comunicação*. 6.ed. São Paulo. Blucher, 2011.
GALBRAITH, J. K. *O novo estado industrial*. São Paulo: Civilização Brasileira, 1968.
GEDIGames. I Censo da Indústria Brasileira de Jogos Digitais. Disponível em: <http://www.bndes.gov.br/SiteBNDES/bndes/bndes_pt/Galerias/Arquivos/conhecimento/seminario/seminario_mapeamento_industria_games042014_RelApoioCensoIndustriaBrasileiradeJogos.pdf>. Acesso em: set. 2014.
GEROSKY, P. A. Thinking creatively about markets. *International Journal of Industrial Organization*, v. 16, p. 677-695, 1998. Disponível em: <http://www.lse.ac.uk/collections/summerSchool/courseoutlines/management/Lecture_4_Geroski.pdf>. Acesso em: 25 nov. 2007.
GORDON, G. N.; FALK, I. A. *Comunicação pela TV*. Trad. Edmond Jorge. Belo Horizonte: Fórum, 1969. p. 154.
GOSCIOLA, Vicente. *Roteiro para novas mídias:* do game à TV interativa. São Paulo: Senac, 2003.

GRACIOSO, F. Espetáculo e comunicação: um casamento pós-moderno. *Revista da ESPM*, p. 10, 2007.

_____; PENTEADO, J. R. W. *Propaganda brasileira*. São Paulo: Mauro Ivan Marketing Editorial, 2004.

HAAS, C. R. *A publicidade:* teoria, técnica e prática. Trad. António Ribeiro dos Santos. Lisboa: Pórtico, s/d. p. 436.

HEIDINGSFIELD, Myron S.; BLANKENSHIP, Albert B. *Marketing*: comercialização. Trad. Jorge Arnaldo Fortes. 3. ed. Belo Horizonte: Fundo de Cultura, 1968. p. 312.

IAB. Disponível em: <http://www.iab.net/guidelines/508676/508767/displayguideline>. Acesso em: dez. 2014.

IAB BRASIL. Guia de formatos para plataforma móvel. Disponível em: <http://iabbrasil.net/portal/guia-de-formatos-para-plataforma-movel/>. Acesso em: dez. 2014.

HOPKINS, C. *A ciência da propaganda*. São Paulo: Cultrix, 1987.

IBGE. Censo 2010. Disponível em: http://censo2010.ibge.gov.br/resultados/. Acesso em: dez. 2014.

IBGE. Indicadores: Contas Nacionais Trimestrais. Disponível em: <http://www.ibge.gov.br/home/estatistica/indicadores/pib/defaultcnt.shtm>. Acesso em: dez. 2014.

IBGE. Pesquisa Mensal de Emprego – Abril de 2014. Disponível em: <http://www.ibge.gov.br/home/presidencia/noticias/imprensa/ppts/00000017582305112014 23312233208.pdf>. Acesso em: dez. 2014.

IBGE. Pnad: Acesso à Internet e posse de telefone móvel celular para uso pessoal 2011. Disponível em: <http://www.ibge.gov.br/home/estatistica/populacao/acessoainternet2011/default.shtm>. Acesso em: dez. 2014

IBGE TEEN. Distribuição da população. Disponível em: <http://teen.ibge.gov.br/mao-na-roda/cor-ou-raca?print=1&tmpl=component>. Acesso em: dez. 2014.

IBOPE Conhecimento. Disponível em: <http://www.ibope.com.br/pt-br/conhecimento/TabelasMidia/investimentopublicitario/Paginas/default.aspx>. Acesso em: dez. 2014.

INTERBRANDS. Marcas brasileiras mais valiosas 2013. Disponível em: <http://issuu. com/interbrand_sp/docs/131113_encarte_bbb>. Acesso em: dez. 2014.

INTERNATIONAL LABOUR OFFICE. *Marketing*: criando mercados. Trad. Francisco Fernando Fontana. São Paulo: Brasiliense, 1970. p. 177.

JENKINS, Henry. *Cultura da convergência*. São Paulo: Aleph, 2008.

KELLEY, E. J. *Mercadologia*: estratégia e funções. Trad. José Ricardo Brandão Azevedo. 2. ed. Rio de Janeiro: Zahar, 1972. p. 178.

KLEPPNER, O. Economic and social effects of advertsing procedure. Nova York: Prentice-Hall, 1952.

KOTLER, P. *Administração de marketing:* a edição do novo milênio. São Paulo: Prentice--Hall, 2000.

KROL, Ed; HOFFMAN, Ellen. FYI on "What is the Internet?". 1993. Disponível em: <http://tools. ietf. org/html/rfc1462?AFRICACIEL=tpm07rnmcpmhq6c37ollm ksge5>. Acesso em: jun. 2015.

LEDUC, Robert. *Propaganda:* uma força a serviço da empresa. Trad. Silvia de Lima Bezerra Câmara. São Paulo: Atlas. p. 425.

LIPPMANN, W. *Opinião pública*. Petrópolis: Vozes, 2008.
MALHEIROS, A.; MANZO, G. C. *Legislação eleitoral e organização partidária*. São Paulo: Revista dos Tribunais, 1955.
MANZO, José Maria Campos. *Marketing:* uma ferramenta para o desenvolvimento. 3. ed. Rio de Janeiro: Zahar, 1971. p. 192.
McCANN ERICKSON PUBLICIDADE. *Técnica e prática da propaganda*. 4. ed. Belo Horizonte: Fundo de Cultura, 1966. p. 351.
MORRIS, M.; OGAN, C. The internet as mass medium. *Journal of Communication*, v. 46, n. 1, 1996. Disponível em: <onlinelibrary.wiley.com/doi/10.1111/j.1460-2466.1996.tb01460.x/abstract>. Acesso em: jul. 2015.
MURRAY, Edward I. *Motivação e emoção*. Trad. Álvaro Cabral. 2. ed. Rio de Janeiro: Zahar, 1971. p. 180.
MURRAY, Janet H. *Hamlet no Holodeck:* o futuro da narrativa no ciberespaço. São Paulo: Itaú Cultural, 2003.
OGILVY, David. *Confissões de um publicitário*, tradução em capítulos publicada na *Revista Propaganda*, 1971.
PACKARD, Vance. *Nova técnica de convencer*. Trad. Aydano Arruda. 2. ed. São Paulo: Inst. Brasileiro de Difusão Cultural, 1965. p. 247.
PENTEADO, José Roberto Whitaker. *Técnica da comunicação humana*. 10. ed. São Paulo: Pioneira, 1987. p. 348.
PIMENTA, Angela. O que a Dilma quer para o Brasil. Publicado em Exame.com, 28 abril 2010. Disponível em: <http://exame.abril.com.br/revista-exame/edicoes/0967/noticias/ela-quer-brasil-553805?page=7>. Acesso em: dez. 2014.
PUBLIO DIAS, E. O festival de todas as arenas. *Revista da ESPM*, p. 45, 2007.
RAFAELI, S.; SUDWEEKS, F. Networked interactive. *Journal of Computer-Mediated Communication*, v. 2, n. 4, 1997. Disponível em: <onlinelibrary.wiley.com/doi/10.1111/j.1083-6101.1997.tb00210.x/abstract>. Acesso em: jul. 2015.
RAMOS, Ricardo. *Contato imediato com propaganda*. São Paulo: Global, 1987.
REEVES, R. *Reality in advertising*. Londres: Mcgibbon & Kee, 1961.
SAMSTAG, Nicholas. *Como los magoa de la publicidad CAMELAN ... ai mundo de los negócios*. Madri: Anaya, 1970. p. 225.
SCHRAMM, Wilbur. *La ciência de la comunicacion humana*. Quito: Roble, 1966. p. 162.
SEBRAE. Sobrevivência das empresas no Brasil. Coleção Estudos e pesquisas, 2013. Disponível em: <http://www.sebrae.com.br/Sebrae/Portal%20Sebrae/Anexos/Sobrevivencia_das_empresas_no_Brasil=2013.pdf>. Acesso em: dez. 2014.
SECUNDADOS. E-commerce no Brasil. Disponível em: <http://secundados.com.br/e-commerce-no-brasil/>. Acesso em: dez. 2014.
SEMPRINI, Andrea. *A marca pós-moderna*: poder e fragilidade da marca na sociedade contemporânea. São Paulo: Estação das Letras, 2006.
SHIMP, Terence A. *Comunicação integrada de marketing*: propaganda e promoção. Porto Alegre: Bookman, 2009.
SIMÕES, Roberto. *Iniciação ao marketing*. São Paulo: Atlas. p. 160.
TROJAN, T. Mensuração de resultados precisa evoluir. Disponível em: <http://iabbrasil.net/portal/precisamos-evoluir-na-mensuracao/>. Acesso em: dez. 2014.
TROUT, J.; RIES, A. *Posicionamento*: como a mídia faz sua cabeça. São Paulo: Pioneira, 1987.
_____. Posicionamento – A batalha por sua mente. São Paulo: MBooks, 2009.

WEIL, Pierre. *Manual elementar de psicologia aplicada*. São Paulo: Nacional, 1961. p. 267.

WERBACH, K.; HUNTER, D. *For the win*: How game thinking can revolutionize your business. Filadélfia: Wharton Digital, 2012.

WHITHEY, Robert A.; HUBIN, Thomas; MURPHY, John D. *Nova psicologia de persuasão e motivação em vendas*. Trad. Francisco Whitehead Rodrigues. São Paulo: Best-seller, 1967. p. 231.

WOODWORTH, Robert S.; MARQUIS, Donald G. *Psicologia*. Trad. Lavínia Costa Raymond. 9. ed. São Paulo: Nacional, 1971. p. 718.

WRIGHT, Charles R. *Comunicação de massa*. Trad. Mary Akier. Rio de Janeiro: Bloch, 1968. p. 173.